JN272199

法然上人絵伝の研究

中井真孝著

思文閣出版

法然上人絵伝の研究※目　次

第一部

法然上人絵伝の系譜

第一章　「法然伝」研究二題

一　早期成立の法然伝

(1)法然伝研究の問題点

法然の死後、有力な弟子を核にしてできたいくつかの門流が、宗祖の言行についてそれぞれ別個の伝承をもち、それにもとづいた何篇かの伝記が作られた、と推測することには誰しも異存はなかろう。しかし、成立が前後する二、三の伝記について、それらの間に類似の記事が見いだせたとして、のちに作られた伝記はそれ以前に成立した伝記を参照してとりいれ、内容を豊かに、体裁を整えてゆくと考えるのは、一般的な性向ではあるが、初期に成立した伝記については少し問題であろう。これまでの法然伝研究では、伝記によってそうした潤色の過程が跡づけられるものと、そうでないものとがあることを混同してきた。

従来の法然伝研究は、成立年代が明らかであるか、または推定できる何篇かの伝記の間に、内容や表現に共通もしくは類似の記事があると、成立が早いとみられる伝記が原典となり、後続の伝記は先行のそれを継承して潤色を加えて記事をなした、と考えてきた。だが、これは伝記の変化にさまざまな形容があることを無視した論議であって、一種の思い込みにすぎないのである。

室町時代以前の成立にかかる法然伝は、現存するものだけでも十指に余るほど多種におよぶが、このうち最古の法然伝は『法然上人伝記』（以下『醍醐本』という）もしくは『源空聖人私日記』（以下『私日記』という）であって、その他の法然伝の祖形（原資料）になっていると考えられていた。田村圓澄氏は[1]『私日記』が最初に成立した法然伝であり、園城寺の公胤が夢で法然を勢至菩薩の来現とみたと記すところから、公胤夢告の建保四年（一二一六）を成立の上限とし、嘉禄の法難に触れていないところから、嘉禄三年（一二二七）に下限を置いた。一方、三田全信氏は[2]『醍醐本』の方が早く成立したと考え、法然伝がおおむね法然の年忌に作られる傾向にあることを理由に、三回忌にあたる建保二年（一二一四）に成立したという。

『私日記』が最古の法然伝とする説では『私日記』→『醍醐本』の順に、『醍醐本』が最初の法然伝と考える説によれば『醍醐本』→『私日記』の順に成立したとみて、成立史的な系譜を想定する。ところが、『私日記』と『醍醐本』は系統を異にする伝記だとして、両者間に系譜関係を想定しない説もある。[3]

右の法然伝に次ぐものとして、安貞二年（一二二八）に書写された隆寛（劉官）作の『知恩講私記』（以下『知恩講』という）と、嘉禎三年（一二三七）に躭空（湛空）が詞書を作製した『伝法絵流通』［善導寺本の外題は『本朝祖師伝記絵詞』］（以下『伝法絵』という）がある。なかでも『知恩講』について、『醍醐本』と密接な関係にあると指摘したうえで、その成立は早ければ法然の三回忌法要の時期とする説（阿川文正）、建保年間（一二一三〜一九）半ばすぎ以降約一〇年とする説[4]に分かれる。また『私日記』との前後関係においては、『私日記』より後れるとみなされている（三田全信・伊藤唯真）。しかし、法然伝の成立史からみて、『知恩講』を『醍醐本』『私日記』などと並んで古層に属する伝記に位置づけることには、誰も異議をはさまないであろう。

法然伝のなかでも古層に属する『醍醐本』『私日記』および『知恩講』について、成立史的に諸説が交錯しているのはどうしてだろうか。それは前後関係の決め方であろう。例えば田村圓澄氏は、『私日記』が法然を荘厳するためにとりあげた神秘的奇瑞などの聖道門的色彩が、『醍醐本』の「一期物語」ではすべて拒否ないし無視されているから、「一期物語」の成立が『私日記』以後にあることを示す、という。伊藤唯真氏も、法然を道綽の来現、善導の再誕であるとする浄土門的祖師観で書かれた『知恩講』の方が、同じく法然を弥陀の応跡、勢至の化身とみる聖道門的祖師観の『私日記』より後に成立した、とする。しかしながら、祖師の描き方が聖道門的な伝記が古く、浄土門的な伝記が新しいとみなす論拠はどこにもないのである。法然伝の研究において、こうした論者の主観と思い込みは排除されねばならないのである。

(2)原初の法然伝

『醍醐本』は大正年間（一九一二～二六）に醍醐寺から発見された。近世初頭に義演准后の書写にかかる法然伝だが、古体を残している。内容は(1)いわゆる「一期物語」（正しくは「勢観上人見聞」と呼ぶべきか）(2)「禅勝房との問答」(3)「三心料簡事」(4)「別伝記」(5)「御臨終日記」(6)「三昧発得記」の六篇からなるが、写本における改頁の仕方から判断すると、(1)(2)(3)、(4)、(5)(6)の三部に分かれるようである。冒頭に「法然上人伝記」という題号に続いて「附一期物語　見聞書勢観房」とあるところから、(1)は源智（勢観房）の見聞にかかる法然の法語を書き留めたもので、(2)(3)もまた源智の伝える法語であろう。

(5)の末尾に「上人入滅以後三十年に及ぶ。当世上人に値ひ奉れるの人、其の数多しと雖も、時代若し移らば、存生の有様に於て定めて蒙昧を懐くか。之が為に今聊か見聞の事を抄記す」（原漢文、以下同じ）とあり、(6)の前文に「又上人在生の時、口称三昧を発得し、常に浄土の依正を見たまふ。自筆を以て勢至《(観カ)》房に伝ふ。上人往生の後、明遍僧都尋ねて一見を加へ、随喜の涙を流す。即ち本処に送らる。当時聊か此の由を聞き及ぶと雖も、未だ本を見ざれば、その旨を記さず。後に彼の記を得て写せり」、末尾に「此の三昧発得の記、年来の間、勢観房秘蔵して披露せず。没後に於て図らずも伝へ得て書き畢ぬ」とある。(4)以外の各篇の成立は、法然の在世中または没後の間もないころに想定し得るが、これらの識語から、現行本のように六篇まとまったかたちで編集されたのは、源智が亡くなった暦仁元年（一二三八）よりのちの、法然没後三〇年の仁治二年（一二四一）ごろ、源智の弟子の手になると考えられる。(4)の「別伝記」は、源智の門流に伝える法然伝とは系統を異にし、「直《ただ》の人に非ざる」様相を描く法然伝から、必要な箇所を抜粋したものと思われる。

『知恩講』は、法然の廟堂で遺弟らが命日ごとに営んだ「知恩講」の講式である（書名の「私記」は「式」の当て字）。講式とは、法会の式次第およびそのさいに読みあげる賛嘆の詩文のことで、当然そこには伝記の要素が込められており、『知恩講』もまた法然伝の一つに数えてよい。昭和三十九年（一九六四）に東寺宝菩提院から発見された古写本は、「安貞二年八月十二日以上蓮房本書写了　沙弥信阿弥陀仏」という奥書をもつので、安貞二年（一二二八）以前の成立である。[5]

この『知恩講』の作者は、隆寛と推定されている。[6] その理由は、「桑門劉官作」の『別時念仏講私記』の跋文に、貞応三年（一二二四）十月中旬に隆寛が作成したと記し、それを元仁二年（一二二五）二月下旬に『知恩講』と同じ信阿弥陀仏が書写しているからである。この推定の蓋然性は高く、隆寛は法然の高弟として、法然の五七日《いつなぬか》の中陰法要の導師を勤めており、法然滅後の専修念仏集団の指導的立場にあった。

法然の徳を讃える賛嘆文は「第一、諸宗通達の徳を讃す」「第二、本願興行の徳を讃す」「第三、専修正行の徳を讃す」「第四、決定往生の徳を讃す」「第五、滅後利物の徳を讃す」の五つがあり、特に伝記的要素は第一・第三・第四の讃にみえる。第四の讃は、法然が決定往生した徳を讃えて、往生の瑞相が現われたことを述べるが、その「種々の霊異、連々の奇瑞」は世人周知の事実であったという。法然の臨終にまつわる霊異・奇瑞は、親鸞の『西方指南抄』所収の「法然上人臨終の行儀」「諸人霊夢記」や『醍醐本』の(5)「御臨終日記」などによって成文したと考えられている（伊藤唯真）。しかし、それらの古記録と『知恩講』の間には、少なからぬ記事の出入りがみられる。特に「二十四日酉の剋以去、称名、躰を迫めて無間無余なり。助音の人々は窮屈に及ぶと雖も、暮齢病悩の身、勇猛にして声を絶たざること未曾有の事なり。明日往生の由、夢想の告に依りて、驚き来て終焉に逢ふ者、五六許輩なり」という箇所は、『知恩講』独自の表現と内容をもっている。

第一の讃に「然らば則ち、本国の明師は還りて弟子と成り、黒谷の尊師は押して規範と為す。興福寺の耆徳は仏陀と称して供養を展べ、東大寺の長老は和上と為して円戒を受く」とあるのは、四人の師匠・学僧が法然に敬服し、弟子の礼をとったという逸話を伝えるものだが、諸伝のなかで『醍醐本』(4)「別伝記」が本国の智鏡房（本師）、黒谷の慈眼房（出家授戒の師）、鏡賀（華厳宗の先達）、蔵俊（法相の法門）の名をあげて「已上四人の師匠、皆二字の状を進む」と特記するのに、最も近いようである。しかし、『知恩講』は賛嘆文という性格からか流麗な文章であり、『醍醐本』(4)「別伝記」は抜粋した形跡を残すためか文体が不統一である。両者は内容的に系統を同じくする伝記であって、しかも極めて近しい関係にあるが、文章表現でいずれか一方が他方を参照したという成立的な前後関係は想定しがたい。

『伝法絵』の完本には、久留米の善導寺所蔵の『本朝祖師伝記絵詞』四巻がある。室町時代の写本で、絵図は粗略の観を免れないが、詞書は原態を伝えていると思われる。『本朝祖師伝記絵詞』は外題であって、巻三の内題の『伝法絵流通』が本来の書名であり、しかも当初は二巻の構成になっていた。巻二の奥書に「嘉禎三年丁酉十一月廿五日筆功已に畢りぬ。……爰に躭空筆を執りて旨趣を草し、観空墨を和へて画図に摸す」とあり、躭空が詞書を書き、観空が絵図を描き、嘉禎三年に制作されていることがわかる。なお、巻四の跋文に「永仁二年甲午九月十三日書畢　執筆沙門寛恵満七十」とあるので、永仁二年（一二九四）に寛恵が書写したものを、さらに転写したのが善導寺本ということになる。

制作の意図は、善導寺本の序文に「いま先師上人、念仏をすゝめ給える由来を、画図にしるす事しかり。于時嘉禎三年丁酉正月廿五日、沙門躭空記之」、巻二（原上巻）の末尾に「上人、始は戒をときて人に授、後には教を弘て、ほとけになさしめ給。……又二菩薩の化をほどこして、九品蓮台をひらき給。末代なりといへども、誰人か疑をなさん。仰で信べしと思て、心のはやりのまゝに、七旬の老眼に悲涙を抑て泣、一人の同法をすゝめて後素をしるす」、巻四（原下巻）の末尾に「上件巨細、将来までとゞめんと念仏の処、古廟顛倒の日、無懺の思ふかくして、生死をいとひ、新発意の沙門、有縁のもよほすところ、互に言語をまじへ、共に画図の思案をめぐらして、後見のあざけりをわすれて、前途を彼界におくる」と、躭空・観空それぞれの立場から述べている。要するところ、法然への報恩と念仏弘通のために、詞書と絵図を交えた絵巻物を作り、宗祖法然の事績を明らかにして、その徳行に帰敬の念を起こさせることにあった。ここに「絵伝」（「伝絵」）という形式の伝記が生まれたのである。そこで『伝法絵』は、この後に続く法然の絵伝の最初として注目される。なお、詞書の作者躭空について、巻四の奥書に「六十九歳」とするから年齢計算の点で問題が残るが、建長五年（一二五三）に七八歳で亡くなり、初めは法然の弟子でのちに信空の弟子となった湛空（正信房）と同一人物と考えて差し支えない(7)。

（3）『私日記』の位置づけ

さてここで論じなければならないのが、『私日記』のことである。『私日記』が最初に成立した法然伝であると主張したのは田村圓澄氏であるが、中沢見明氏の見解を無批判に継承しているにすぎない。中沢氏は『伝法絵』が『私日記』を根本資料としていると考えたが、その例証に高倉天皇受戒のことをあげている(8)。

中沢氏は、『私日記』が上西門院における説戒に続いて突然、「高倉天皇御得戒」云々とあるのは変な書きぶりで、親鸞自筆の『西方指南抄』所載の『私日記』には「高倉天皇御宇得戒」となっており、『私日記』は高倉天皇受戒のことを記したのではなく、上西門院に説戒されたのが高倉天皇の御時であり、その戒は南岳大師相承のものであったと読解した。『私日記』のここは、(上西門院が)「高倉天皇の御宇に戒を得たまひき」と読むべきところを、『伝法絵』が依拠した『私日記』には「宇」字が脱落していたらしく、「高倉天皇御得戒侍りき」と読んでしまったという。中沢氏は、『私日記』の上西門院に関する一事件を記した文章に一字の脱字があったために、『伝法絵』では二つの事件となり、上西門院説戒の段のつぎに高倉天皇受戒の段が付け加えられたと推測した。そして、『伝法絵』は『私日記』の脱字本が材料になっていると結論づけたのである。

中沢氏の所説は、結論のみが多くの法然伝研究者に受け入れられて、その論証に疑義が呈されることはなかった。『私日記』における年代表記は、各段の冒頭に置くことを原則としており、中沢氏が上西門院の説戒は高倉天皇の時代であったと解釈できるような、段の半ば以後の位置に年代表記の語句を配することはない。しかも親鸞自筆本は改行しているのである。したがって「高倉天皇」以下の記事は、「宇」字の存否にかかわらず、上西門院説戒の記事と内容的なつながりはないと考えざるを得ない。ここに『私日記』成立が『伝法絵』以前にあるとする説の、主たる論拠を失ったことになる。

本稿では詳細な検討は省くが、記事の比較対照を行なうと、『私日記』は『醍醐本』「一期物語」(「勢観上人見聞」)を資料として用いたことが判明する。(9)『私日記』は文章を書き換えたさいに、語句の挿入や省略などの改竄で、記事の不統一や表現の曖昧さを露呈しているのである。さらに『伝法絵』との比較対照においても、中沢氏以来の通説に反して、『私日記』の方が『伝法絵』を素材としたことがわかる。『私日記』は『伝法絵』の関連記事を適当に拾い集めたようで、故意の省略による前後の矛盾、簡略から生じる内容の不足などがうかがわれる。こうした不手際は、『私日記』の作者が自己の関心に従って『醍醐本』「一期物語」および『伝法絵』のなかから記事を拾い集めて、それを自己流に書き換えたからに他ならないのである。逆に『醍醐本』「一期物語」や『伝法絵』が、『私日記』の文章をもとに上記した欠陥を補正しつつ修文することは、技法的に不可能に近いと思われる。このように、『私日記』に従前から与えてきた法然伝のオリジナルであるという評価は認められないのである。

それでは『私日記』はいつ成立したのか。上限は『伝法絵』の嘉禎三年ないし『醍醐本』が編集されて世に出る仁治二年に設定できるが、下限は『私日記』を収載する『西方指南抄』を親鸞が書写した康元元年(一二五六)に置くのが妥当であろう。建長六年(一二五四)に橘成季が撰した『古今著聞集』巻二の法然に関する物語は、主として『知恩講』および『伝法絵』によって書かれており、『私日記』を用いた形跡はない。ところが、正嘉元年(一二五七)に愚勧住信の編集にかかる『私聚百因縁集』巻八の「法然上人事」は、明らかに『私日記』を根本資料の一つに用いているからである[10]。

以上によって、『私日記』が『醍醐本』「一期物語」や『伝法絵』に依拠した二次的な法然伝であるといわざるを得ず、中沢見明氏や田村圓澄氏によって構築されてきた『私日記』観は根底から崩れたのである。なお、先行する法然伝になく、『私日記』に初めて現われる記事は、「聖人始めて胎内を出る時、両幡天より降れり。奇異の瑞相なり」という誕生時の奇瑞、法然の父を襲撃したのは稲岡庄預所の「明石源内武者」であったことなどがあげられる。

(4)門流と法然伝

早期に成立した法然伝の、成立時もしくは確実に推定される下限は、『知恩講』は安貞二年、『伝法絵』は嘉禎三年、『醍醐本』は仁治二年となる。この三つの伝記間には、類似の記事を見いだしうるが、それは何を意味するのであろうか。各伝記が共通する祖本の「原法然伝」からそれぞれ直接に継受したか、あるいは『知恩講』→『伝法絵』→『醍醐本』といった成立的な系譜関係を推測せしめるかであろうが、現在そういったことを証明することはできない。異なった伝記間の記事の共通性は、本稿の冒頭に述べたように、後続の伝記が先行伝記の記事を資料にしたと考えるだけでは、十分に説明できない場合がある。

法語を例にとると、鎮西の修行者と法然の、称名の時に心を仏の相好に懸けるべきかの問答は、『醍醐本』「一期物語」に収めるが、ほぼ同じ内容で「信空上人伝説の詞」（『和語灯録』巻五）にも、隆寛の門弟が編集した『閑亭後世物語』（巻上）にも出てくる。この法語を載せる文献もまた、原拠と継受の関係を想定すべきであろうか。筆者は、鎮西の修行者と法然の問答を、その場に居合わせた弟子、たとえば源智・信空・隆寛らが各自その法語を書き留め、もしくは門弟に語り伝えた、と推測するのである。系統を異にする門流間で伝わった法然の法語に、内容・表記に類似性が見いだされるのは、それらは資料引用の関係で生じた結果ではなく、法然自身が語った言葉を複数の聴聞者が書き留め、あるいは聞き伝えた所産であったことを示している。そこに微妙な差異があるならば、聴聞者による主観的な理解ないしは取捨選択、誤聞を表わしていると考えられる。

こうしたことは、法然の伝記でもいえるのではないか。『私日記』を除くと、初期に成立した法然伝は、⑴源智系の『醍醐本』「一期物語」、⑵信空・湛空系の『伝法絵』、⑶隆寛系の『知恩講』の三つとなる。⑴は「法然上人伝記」とも称されるが、実際は語録に近い。⑵は伝道用の絵巻物であるが、絵詞は伝記としての体裁を整え、首尾一貫している。⑶は法然の遺徳を讃える講式だが、前二者の中間に位置する。これらの伝記類は成立年代が前後し、記事の内容・表記等に共通点がみられるが、成立上の系譜関係を有さないのである。それは、法然の言行や回顧譚を直接に見聞した門弟らが各自で書き留めたり、門流の間で語り伝えた結果、系統を異にする伝記類として別個に成立したからである。三者間には原拠、継承の関係はなく、互いに独立して原初的な位置にあったと考えられる。

鎌倉時代の後半になって、いくつかの法然絵伝が制作されたが、それらは多かれ少なかれ、絵図や詞書において『伝法絵』を源流とする成立史的な系譜関係が認められる。ここでは後続の伝記ほど、先行の伝記をもとに、表現を模倣しつつ、次第に内容を豊かに、記事を整えてゆく、という一般的な性向が指摘できるのである。これは、絵伝が絵図を中心に展開し、詞書はその説明であるという性格をもつところから、いわば〝版を重ねる〟ごとに詞書が増補されていったと考えられるのである。

二　近現代の法然像

(1)伝記における法然の全体像

法然の人間像を描くには、法然の伝記によらざるを得ない。しかし、宗祖の伝記は宗祖を追慕し、賛仰するために編纂されたのであるから、法然に帰依した作者が偉大な宗教者・救済者を描こうとする。そこには、人間味あふれた法然像は存在しないのである。伝記をもとに法然の人間像を求めることは、おのずから限界があろう。だが、かりに伝記から史実だけを抽出し、それらをつなぎ合わせたとしても、断片的に切り割かれた肖像画をみるに等しく、正しい意味での人間像に迫ることにはならない。伝記資料でしか法然の生涯をたどることができないとなれば、〝伝記における法然像〟という限定づきであることを覚悟しておこう。

そこで手始めに、原初の伝記において作者が法然の全体像をどのように描きたかったかをみておきたい。『知恩講』は法然の「五徳」を讃えて、道俗の男女に往生の業を励まさんとして制作された。その五徳とは、第一に諸宗の教義に通達したこと、第二に弥陀本願の念仏に帰したこと、第三に専修念仏の正行を積んだこと、第四に往生極楽が決定したこと、第五に滅後に恩徳が広くおよんだこと、の五点にまとめている。

伝法絵系の諸伝の祖本たる『伝法絵』には、法然の「徳行」は明らかで、諸宗にすぐれているとして、①諸宗の学匠が初め謗じ、のちに帰したこと、②仁和寺法親王（守覚法親王）が帰依したこと、③暗夜に灯火なく室を照らしたこと、④慈覚大師の袈裟を相伝したこと、⑤（戒師となって）帝皇に尊ばれたこと、⑥法皇に真影を写されたこと、⑦摂政に礼されたこと、⑧諸宮諸院に敬されたこと、⑨数代の天台座主に帰されたこと、⑩師匠が還って弟子となったこと、⑪智恵第一と称されたこと、⑫現身に光を放ったこと、⑬（法然滅後に）華夷の男女が家ごとに遠忌・月忌・臨時に孝養すること、⑭（同じく）人ごとに真影をとどめて持念すること、の一四点をあげている。

⑤から⑨までは、嘉禄の法難で壊滅状態になった浄土宗が、専修念仏への弾圧を避け、朝廷や天台宗との融和を図るため、天皇や貴族らの権門勢家から尊崇された法然を描こうとしたことを示している。⑬⑭は『知恩講』の第五徳と同様に、滅後にかかることなので除外すると、残る①から④までと、⑩から⑫までが生前の徳行として特筆されている。このうち、③や⑫のごときは奇瑞的な法然像であり、①⑩⑪などは智者的な法然像を描いている。後続の諸伝記にほぼ共通するのは、①③④⑤⑥⑪⑫の諸点である。ここらあたりに、伝法絵系の法然伝が描こうとした法然像の特性を読みとることができよう。

（2）「円光大師」と「勅修御伝」

浄土宗鎮西派の諸寺院は、中世後期になって京都の本山や関東の檀林、各地の由緒寺院などを中核とする地域的な本末圏をなしていたが、ようやく近世に入って緩やかな統合による全国的な宗派の「浄土宗」を形成した。統一宗派のシンボルとして法然に対する宗祖観が絶対化するのも、このころである。

天文八年（一五三九）、法然に「光照大士」という諡号が贈られたが、知恩院の開山堂の額字にすぎなかったようだ。元禄十年（一六九七）、幕府からの執奏によって「円光大師」という諡号が贈られたのである。宗祖に対する贈号は、天台・真言・禅の諸宗に比肩する宗派たることを示威したので、宗派をあげて慶讃した。知恩院の秀道が法然の影像の前で読みあげた祭文において、法然の諸伝記で「弥陀の応現」「勢至の垂迹」と賛嘆されたゆえんの奇瑞は、蓮華を足下に踏み、金光を頭上に放ち、勢至菩薩が行道にともない、普賢菩薩が道場に現われ、諸神が衛護し、異類が信服したことをとりあげ、これこそが「一代の化儀の概略」であると述べている[11]。さらに法然が「三朝の天子」の授戒の師となり、当時の名僧が弟子の礼をとり、古今の聖賢がみな帰敬した点を強調している。こうした事績が、法然への諡号追贈の理由だと認識されていたのである。

知恩院の秀道は直ちに『円光大師略伝』を著わし、これを末寺に配布している。この略伝は、巷間から姿を消しつつある「伝法絵」系の諸伝記や、浩瀚な『法然上人行状絵図』(以下『行状絵図』という)に代わって、宗祖の事績を簡便に知ることのできる伝記として普及したが、同時に浄土宗の宗祖観を絶対化させる役割を果たしたのである。秀道に触発された称名寺の心阿は宝永元年(一七〇四)に『浄土本朝高僧伝』(『鎮流祖伝』)を編纂して、法然以下の浄土宗を継承してきた僧たちの業績を顕彰した。心阿は法然について、「本地高広」「誕生霊異」「諸宗通達」「講説霊異」「顕密現証」「伝興宗義」「三昧発得」「自身放光」「円戒中興」「竜象帰依」「王臣帰敬」「神祇感応」という一二の徳を掲げている。最後の「神祇感応」を除けば、いずれも法然の諸伝記に大なり小なり書かれている事績であった。

法然像の特徴が「徳行」の列記だとすれば、既述のように「伝法絵」系の法然伝では大別すると、奇瑞的な法然像と智者的な法然像とが交錯していた。このうちどれを強調するかは、伝記作者の判断によるところだが、時代の傾向にもよろう。「伝法絵」系の法然伝で特筆されず、『鎮流祖伝』であげられた「徳行」には、「本地高広」「誕生霊異」「講説霊異」「顕密現証」「伝興宗義」「三昧発得」などがある。概していえば、霊異(奇瑞)的な法然像がより濃厚になってきた。

法然の大師号追贈を契機に、知恩院蔵の『行状絵図』は「勅集(修)御伝」と呼ばれ始めた(以下『勅伝』という）。秀道の『円光大師略伝』や忍澂の『勅修吉水円光大師御伝縁起』に、後伏見上皇が勅をもって舜昌に法然諸伝を集成せしめ、その詞書は伏見法皇・後伏見上皇・後二条天皇の宸翰、能書の法親王・公卿らの直筆になる、という伝承がにわかに宣伝されたのである。ここに『勅伝』は「円光大師」の諡号とともに、法然と皇室の関係を誇示する宗派の至宝とみなされ、最も権威ある法然伝として崇められるようになった。すなわち『勅伝』は絶対視されて、そこに描かれた法然像が宗派の公定するところとして、不動の位置を占めたのである。

(3)人間的法然像への模索

法然像の近代化は、法然没後七〇〇年の大遠忌にあたる明治四十四年（一九一一）の前後から始まった。宗学者の望月信亨氏が『法然上人正伝』（記念報恩会、一九一一年）を著わしている。望月氏は法然の事績のうち、正確なると信じたものを採録し、疑似にわたるものを排斥し、年月の明らかなるものは編年法により、不明なるものは年代を推断して配列するという、これまでの法然伝にない編纂の方法をとった。法然諸伝の原形ともいうべき『本朝祖師伝記絵詞』（『伝法絵』）は、記述が簡素で年月が明らかでないものが多く、法然諸伝を集大成した『勅伝』は、記事が詳細であるが年代順になっていないので、法然の生涯を逐うにはかえって煩瑣である、という欠点を克服しようと意図した。「三昧発得記」や「臨終記」などの法然に関する古記録、『玉葉』などの公卿の日記をも採用して史実に近づけようと努めているが、「上人の盛徳」を賛嘆することに著述の目的があり、従来の法然像を根底から覆すところまではいたっていない。

望月氏と同じころ、須藤光暉氏が『法然上人』（金尾文淵堂、一九一一年）を著わしている。法然の生涯にわたる事績を編年的に、小説の手法をもって書かれた高僧の伝記文学とでもいうべきものだ。もともと年月が判明しないはずの事績について、十分な考証を経ずに年月を付けたり、また史料的価値が低い伝記によって異説を採用するなど、伝記としての信頼性を損ねている。しかし、須藤氏は秘蹟や奇瑞には淡泊な態度で臨んでおり、神秘的な要素が少ない法然像となっているのは、この時期のものとしては珍しい。

小説家の木下尚江氏が書いた評論の『法然と親鸞』（金尾文淵堂、一九一一年）は注目される。木下氏は法然と親鸞を宗教改革者と捉え、法然を「傲慢な教権、陰険な政権、横暴な兵権に疲れ果てた民生の霊魂」の救済者として論じている。社会主義運動を起こした木下氏が、現実的に期待できない社会改革に代わるものとして、過去の歴史に実験された偉大な宗教改革に興味を引かれたのである。純粋な小説の手法によって、純粋な信仰生活に生きた法然の姿を描こうと世に問うたのが、三井晶史氏の『創作　法然』（新光社、一九二二年）である。安楽房遵西を主人公としたので、法然の全生涯に迫りきれず、その点で不満が残る。

須賀賢道氏の『全法然』（春秋社、一九二四年）は、須藤氏や木下氏に触発され書かれた本格的な法然伝である。須賀氏は、偉大な霊性的人格をもつ「巨人」法然を描くことに努め、歴史的背景の叙述と御法語の引用に相当の紙数を割いている。新出の『醍醐本』によって法然の悪人正機説（「善人尚ホ以テ往生ス、況ンヤ悪人ヲヤ」の言葉）を始めて紹介したが、それが以後の法然像の構築に継承されなかったのは惜しい。

ところで、木下氏によって提唱された「宗教改革者」の法然像は、近代的な法然像の一つとして定着する。矢吹慶輝氏も『法然上人』（岩波書店、一九三二年）において、法然の浄土開宗を宗教改革の新運動とみた。矢吹氏は世界史的な観点から、西洋の宗教改革に先立つこと四〇〇年の一二世紀後半にわが国の宗教改革が行われた意義を高く評価し、法然を日本仏教史の分水嶺に立つ宗教家と捉えた。しかし、法然の生涯を述べるにあたっては、なお『勅伝』の宗祖観から脱却できていない。また、中里介山氏も『法然』（三省堂、一九三一年）の冒頭において、法然を「唯一の創立者」「本当の革命家」であると評する。中里氏の法然への傾倒は一方ならず、『勅伝』を「法然伝の中の最も信用すべき、最も豊富なる材料を有する価値ある古典」として、読者にわかりやすく提供するため、現代語に要訳している。この要訳は簡明かつ的確であって、それまで宗派の僧にしか読まれなかった『勅伝』を、広く世に普及せしめた功績は大きい。このように、近代になって奇瑞的な法然像は希薄になる。しかし、『勅伝』によって構築された宗派公定の法然像を否定するにはおよばなかった。

（4）多様な法然像の構築

戦後の法然伝研究において、『勅伝』の権威から自由になることが要請された。田村圓澄氏は、歴史学の立場から新しい法然像の構築を目指し、人物叢書の『法然』（吉川弘文館、一九五九年）を著わした。信（帰依）と謗（非難）の両極端を一身に集めた法然の生涯を、確実な史料にもとづき記述している。田村氏の基本的な視座は、中世に成立した法然伝は「救済者」としての法然、「宗祖」としての法然を描くことを要求されていたが、近代人の関心は「人間」としての法然にあって、中世・近世的な法然像に付加された神秘的な装いは除去されねばならない、というところにあった。

田村氏の法然論に対して、大橋俊雄氏が「日本人の行動と思想」シリーズに『法然』（評論社、一九七〇年）を、梶村昇氏が角川選書に『法然』（角川書店、一九七〇年）を相次いで著わしている。大橋氏は、平板になりがちな伝記を有機的に編もうと試み、ややもすれば教説と行動が個々ばらばらになりがちな宗祖伝のあり方を批判して、教説を行動との絡み合いのなかに求めた。梶村氏は、ただ単に法然の事績を編年的に並べていくのではなく、日本仏教史との関連において法然の全貌を把握しようと努め、「宗教は知識ではなく、体験である。法然の信仰思想が今日のわれわれにとって、いかなる意味をもつか」という視座をかかげた。

この間、法然を主人公とする佐藤春夫氏の歴史小説『極楽から来た』（講談社、一九六一年）が発表されている。著者自身の語るところでは「法然上人正伝と真平家物語を書いた」とあり、小説でありながら、時代背景を克明に追い、ほぼ史伝に即して書かれている。「正如房につかはす御文」の正如房は式子内親王だとする新説を紹介し、法然と式子内親王の道交を叙述するなど、法然の人間性を豊かに表わしており、これ以後の法然像の構築に多大の影響を与えた。

このように「人間」法然——法然に関する評論や歴史研究の抄録『思想読本　法然』（法藏館、一九八三年）を編集した橋本峰雄氏の言を借りれば、「個人としての法然」——への関心は高まり、近年になって宗派に属さない人からも、照射の角度を変えた多様な法然像が呈されてきた。筆者が属目した二、三を紹介しておこう。石丸晶子氏は『式子内親王　面影びとは法然』（朝日新聞社、一九八九年）において、正如房（式子内親王）に宛てた法然の消息や式子の和歌を緻密に分析し、式子は法然を慕い、法然も式子の心を知りながら、病篤い彼女の枕辺に赴かずに浄土での再会を誓ったと推測する。石丸氏によって、法然の隠れた一面が照らし出された。

阿満利麿氏の『法然の衝撃　日本仏教のラディカル』（人文書院、一九八九年）は、法然を革命的人物とみるが、そのラディカル性を救済原理の〈自家用の念仏〉がすべての人びとに開かれている点に求めている。町田宗鳳氏は『法然　世紀末の革命者』（法藏館、一九九七年）において、法然の革命性を民衆性・易行性にではなく、ネガティブな暗黒の死を阿弥陀や極楽浄土のポジティブなイメージに昇華させたという想像の一大転換に求め、「三昧発得」などの幻視体験を重視している。松本章男氏の『法然の生涯』（大法輪閣、一九九八年）も、法然の若いころの法華三昧や晩年の念仏三昧などの神秘的な宗教体験を認め、そこに法然の回心の実際と人間性を見いだそうとした。また、梅原猛氏は『法然の哀しみ』（小学館、二〇〇〇年）を著わし、法然の父の死を『醍醐本』の「別伝記」に従って比叡登山後のこととした上で、父殺害事件が法然の思想形成の原体験になっているという。

こうした多様な法然像は、橋本氏が「人はおのがじし、反証のないかぎり、できるだけ矛盾のないかぎりにおいて、所与の史料、読物および伝承のなかから、自分の法然像を画くほかないであろう」と看破したごとく、陸続と生まれ出るに違いない。それはあくまでも一個の「私にとっての法然像」にすぎないのであるが、その営み以外に法然の全貌に迫る方法はないことを銘記しておきたい。

（1）　田村圓澄『法然上人伝の研究』（法藏館、一九五六年）。
（2）　三田全信『成立史的法然上人諸伝の研究』（光念寺出版部、一九六四年）。
（3）　阿川文正「知恩講私記と法然上人伝に関する諸問題」（『大正大学研究紀要』五一輯、一九六六年）。
（4）　伊藤唯真『浄土宗史の研究』（法藏館、一九九六年）。
（5）　櫛田良洪「新発見の法然伝記」（『日本歴史』二〇〇号、一九六五年）。
（6）　櫛田良洪「虫余漫筆」（『大正大学報』二三号、一九六四年）。
（7）　井川定慶『法然上人絵伝の研究』（法然上人伝全集刊行会、一九六一年）。
（8）　中沢見明『真宗源流史論』（法藏館、一九五一年）。
（9）　中井真孝『法然伝と浄土宗史の研究』（思文閣出版、一九九四年）。
（10）　藤堂恭俊「愚勧住信の法然上人伝成立攷」（『東山高校研究紀要』一集、一九五四年）。
（11）　藪内彦瑞『知恩院史』（知恩院、一九三七年）。

〔追記〕　本章は『念仏の聖者　法然』（日本の名僧7、吉川弘文館、二〇〇四年）に収めた「法然伝の系譜」の一部と「法然像の現代化」を併せて一篇とした。

第二章　法然上人絵伝の成立

一　はじめに

ただいまご紹介いただきました、佛教大学の中井でございます。本日は「『法然上人絵伝』の成立について」と題して、詞書と絵図が交互に展開する絵巻物の様式で制作された法然上人の伝記、ここでは「法然上人絵伝」、略して「法然絵伝」は特定の絵巻物を指すのではなく、それらを総括して、あるいは普通名詞的に使いますが、それがいつ最初に成立し、どのように系譜づけられるものが出てきて、そして大成されていくのかをお話し申しあげたいと思います。

法然上人の滅後、ご遺徳の顕彰と念仏結縁のために、門弟たちは祖師の言行や教説にもとづく各種の伝記資料を編みました。記録風の書き留め、詩文風の講式など、様式は多岐にわたったでしょうが、そのなかで最も普及性を備えたものは、詞と絵をまじえた絵巻物です。創建の由来や神仏の霊験を説く社寺縁起絵巻に併せて、鎌倉時代に入って登場したのが高僧の伝記絵巻でありました。法然上人絵伝は、この高僧絵巻のなかで最初に、かつ最も多く制作されたのです。

社寺縁起や高僧伝の絵巻が制作されたのは、神仏や祖師に対する報恩、崇敬の念や信仰心の培養にあります。多数の人びとを相手にした伝道のための絵解きと考えられがちですが、絵巻の形状では一度に多数がみることはできず、また現存している絵巻の保存状態は大変良好ですから、絵巻制作の目的は別の観点が必要と思われます。例えば、防府天満宮所蔵の『松崎天神縁起絵』の跋文に、

[史料①]

此御絵有拝見志類者、企参詣於当社拝殿、可令開之。雖為権門勢家命、更不可出社壇。若令違犯此旨輩者、可罷蒙太政威徳天之神罰於拝見之仁身也。仍誓文如件。　　　　　　　　（『松崎天神縁起絵』巻六）

と書かれてあります。社寺に奉納された絵巻は、門外不出のいわば宝物ともいうべきものでして、社寺に参詣してその絵巻を拝見することで、神仏や祖師と結縁することを意味したのです。

念仏の弘通と往生を願う人びととの結縁のために、具体的には法然上人に対する報恩、崇敬心や信仰心の培養を図るために、絵伝は時代を追って制作点数を増し、また種類を重ね、そのつど絵と詞が増補され、あるいは簡略されていったのです。江湖に何部も普及したであろう法然上人絵伝のなかで、現存しているものは大体、次の六種に整理されます。

[1]本朝祖師伝記絵詞（伝法絵流通）　四巻（もと二巻）　善導寺蔵
[2]法然上人伝（増上寺本）　二巻　増上寺蔵
[3]法然上人伝絵詞（琳阿本）　九巻　妙定院蔵
[4]法然聖人絵（黒谷上人絵伝・弘願本）　四巻　堂本家蔵・知恩院蔵
[5]拾遺古徳伝絵　九巻　常福寺蔵
[6]法然上人行状絵図（勅修御伝）　四八巻　知恩院蔵

このうち原本・転写本の別を問わず、全巻そろった完本は『本朝祖師伝記絵詞』（以下『四巻伝』という）、『法然上人伝絵詞』（以下『琳阿本』という）、『拾遺古徳伝絵』（以下『古徳伝』という）、『法然上人行状絵図』（以

下『四十八巻伝』という）の四本しかないのであります。以下、各絵伝について、成立年代や記事の特徴について考察してまいります。

二　本朝祖師伝記絵詞（四巻伝）の成立と特色

法然上人絵伝の原形は『四巻伝』にあります。善導寺本は室町時代の模本であり、絵図は疎略の感を免れませんが、詞書は原態を伝えていると考えられます。『本朝祖師伝記絵詞』は後世につけた外題であって、巻三の内題の『伝法絵流通』が本来の書名であります。梅津次郎氏によって『国華』七〇五号に紹介された、原本に近い形態を備えているという異本の断簡には「法然上人伝法絵流通下」という題名が残っているので、『伝法絵流通』（『四巻伝』）は当初二巻の構成になっていたことがわかります。善導寺本には第二巻と第四巻に跋文があり、元来は上巻・下巻に跋文が存したことをうかがわせます。

この『四巻伝』の巻二（原上巻）と巻四（原下巻）の跋文および巻一の序文を以下にかかげます。

[史料②]

嘉禎三年丁酉十一月廿五日筆功已畢。此絵披見之人、奉礼三尊之像、其詞説明之輩、読誦大経之文、願身口意之行、念阿弥陀之名、往生極楽之志、無弐勿疑之也。爰躭空執筆而草旨趣、観空和墨摸画図。願結一仏浄土之縁、共証九品蓮台之果、乃至無遮平等。敬白。

躭空　在判
観空　在判

（『四巻伝』巻二跋文）

[史料③]

上件巨細、将来まてと、めんと念仏之処、古廟顛倒之日、無懺の思ふかくして、生死をいとひ、新発意の沙門、有縁のもよほすところ、互に言語をましへ、共に画図の思案をめぐらして、後見のあさけりをわすれて、前途を彼界におくる。

嘉禎三年丁酉五（正カ）月に始之、同十一月廿五日、於相州鎌倉八幡宮本社之辺図之。

鎮西筑前國之住人左兵衛尉源光忠法名観空 行年卅三云々

願主沙門躭空六十九

（中略）

永仁二年甲午九月十三日書畢。執筆沙門寛恵満七十、雖手振目闇、為結縁所之書也。後見念仏申可訪給。南無阿弥陀佛々々

（『四巻伝』巻二跋文）

[史料④]

いま先師上人、念仏すゝめ給える由来を、画図にしるす事しかり。于時嘉禎三年丁酉正月廿五日、沙門躭空記之。

（『四巻伝』巻一序文）

跋文には、躭空が詞を書き、観空が絵を描き、嘉禎三年（一二三七）正月二十五日から制作を始め、十一月二十五日に終えたことを記しています（史料②③④）。そして巻四の奥書に、寛恵が永仁二年（一二九四）九月十三日に書写したとあります（史料③）。永仁二年に寛恵が写したものを、さらに転写したものが現行の善導寺本の『四巻伝』だということになりますが、それは厳密にいうと、巻三・巻四（原下巻）だけであって、巻一・巻二（原上巻）は、永仁二年以前に写されたオリジナルにかなり近いものを転写したと考えられます。

さて躭空、私は正信房湛空と同一人説をとっていますが、絵伝制作の動機の一つを、「古廟顚倒之日、無慚の思ふかくして、生死をいとひ」云々と述べています（史料③）。嘉禄三年（一二二七）延暦寺衆徒による法然上人の大谷墓堂の破壊や、専修念仏の〝張本〟であった隆寛・空阿・成覚らの配流、念仏者余党の逮捕、そして『選択

集』印板の焼却などが続き、専修念仏の徒が京都より四散し、浄土宗が壊滅状態におちいった「嘉禄の法難」を目のあたりにして、無懺の思いを深くした躭空が念仏教団の存立をはかり、「先師上人」すなわち法然上人が念仏を勧められた由来を絵伝に記したのです（史料④）。したがって、そこに顕密仏教の諸宗、とりわけ天台宗を刺激しないように意識した法然像が描かれたと思われます。

ここで『四巻伝』の記事の二、三をとりあげます。

[史料⑤]

保延七年辛酉はるのころ、時国朝臣、夜打にあへる刻、ふかききすをかふむりて、いまはかきりになりにけれは、九歳になる子に、われは此きすにてみ空くまかりならんとす。しかりと云て、敵人をうらむる事なかれ。是前世のむくひ也。猶此報答を思ならは、転展無窮にして、世々生々にたゝかひ、在々処々にあらそふて、輪廻たゆる事なかるへし。凡生ある物は、みな死をいたむ事かきりなし。我このきすをいたむ、人又いたまさらんや。我此命をゝしむ、人あにをしまさらんや。わかみにかへて、人の思をしるへき也。（中略）梵網心地戒品に云、みつからもころし、人をゝしへてもころし、方便してもころし、ころすをもほめ、ころすをみても随喜し、乃至呪してもころす。因縁報果、みなころすにおなし。よの九戒、又々如此。（『四巻伝』巻一）

[史料⑥]

高倉院の御宇安元々年乙未齢四十三より、諸教所讃、多在弥陀の妙偈、ことにらえたく心肝にそみ給けれは、戒品を地体として、そのうゑに毎日七万返の念仏を唱て、おなしく門弟のなかにも、をしへはしめ給ける。

（『四巻伝』巻一）

[史料⑦]

高倉天皇御得戒侍けり。其相承、釈尊千佛の大戒を持て、正覚の暁、陳の南岳大師にさつけ、南岳大師七代をへて、道邃和尚、本朝伝教大師にさつけ、伝教大師、慈覚大師にさつけ、慈覚大師、清和天王にさつけたてまつらしめ給し時、男女授五百余人、利をへ益をかふる。今当帝に、十戒をさつけたてまつらしめ給事、陳隋二代の国師天台大師の、大極殿に御に対して、仁王般若を講し給しに、殿上階下、称美讃嘆、殿にかまひすしく侍しかことく、月卿雲客より后妃采女にいたるまて、巍々たる禁中に、喁々たるいきさし、堂々たる宮人の、面々たる信敬、もろこしのいにしへもはちす、やまとの中ころをしたふ。故に九帖附属の袈裟、福田をわか国にひらき、十戒血脈の相承、種子を秋つ州にまく。抑安然和尚の、戒品を伝し、いまた袈裟の附属をはうけさりき。相応和尚の、念仏をひろめし、又いまた戒儀をはとかさりき。彼此をかねたる、今の上人也。

（『四巻伝』巻二）

とても長い史料で申し訳ありませんが、上人の父である漆間時国が夜討ちに遭って死去する時、九歳の子に「敵人をうらむる事なかれ」と誡め、『梵網経』を引いています（史料⑤）。また、上人の念仏門への帰入を、湛然の『止観輔行伝弘決』の「諸教所讃、多在弥陀」に依拠したこと、それ以後は「戒品を地体」に、念仏七万遍を唱え、門弟たちに教え始めたことを記しています（史料⑥）。

法然上人が高倉天皇に授戒したことについて、「当帝に十戒をさつけたてまつらしめ給事」は、陳隋二代の国師であった天台大師が大極殿で『仁王般若経』を講じたこと、慈覚大師が清和天皇に授戒したことに比肩しうる名誉であり、「故に九帖附属の袈裟、福田をわか国にひらき、十戒血脈の相承、種子を秋つ州にまく」と、慈覚大師の九条袈裟の附属と戒脈相承の正嫡を特筆し、さらに安然は戒品を相伝したが、袈裟を附属されず、相応は念仏を広めたが、戒儀を説かず、「彼此をかねたる、今の上人也」と、安然・相応を凌ぐ高僧であると讃えています（史料⑦）。慈覚大師の正嫡なる円頓戒の継承者である点を、とりわけ強調しているのです。

以上の記事からは、慈覚大師からの戒脈を正統に相承する天台宗の学匠にして、天台浄土教を色濃く漂わせた法然上人像を髣髴とさせます。『四巻伝』における天台宗の色彩は、今堀太逸氏の強調するところですが（『本地垂迹信仰と念仏』）、すでに申しましたように、専修念仏をめぐる歴史的情勢を反映しているのです。この点を少し詳しく説明いたしましょう。

嘉禄の法難の前に出た専修念仏停止の院宣等は、建保七年（一二一九）閏二月、貞応三年（一二二四）五月、同年八月と続きました。そして、嘉禄の法難を迎えるのですが、ここに注目すべき法制史料があります。

〔史料⑧〕

頃年以来、無慙之徒不法之侶、不守如如之戒行、不恐処処之厳制、恣建念仏之別宗、猥誇衆僧之勤学、加之、内凝妄執乖仏意、外引哀音蕩人心、遠近併師専修之一行、緇素殆編顕密之両教、仏法之衰滅、職而由斯、自由之姦悪、誡禁而有余、是以於教雅法師者、温本源遠流、此外同行余党等、慥停廃其行於帝土之中、悉追卻其身於洛陽之外、但或為自行、或為化他、於至心専念如法修行之輩者、不在制限、

天福二年六月晦日　　藤原中納言権弁奉

（『鎌倉遺文』四六七六号文書）

〔史料⑨〕

一、念仏者事（文暦二　七　十四）

於道心堅固輩者、不及異儀、而或喰魚鳥、招寄女人、或結党類、恣好酒宴之由、遍有其聞、於件家者、仰保々奉行人、可令破却之、至其身者、可被追却鎌倉中也、

（『中世法制史料集』一）

〔史料⑩〕

一、称念仏者着黒衣之輩、近年充満都鄙、横行諸所、動現不当濫行云々、尤可被停廃候、於関東者、随被仰付、可致沙汰候、此事宣旨雖及度々、未被対治、重遍可被宣下之由、可被申入二条中納言家之状、依仰執達如件、

文暦二年七月廿四日　　武蔵守　判

相模守

駿河守殿

掃部助殿

（『中世法制史料集』一）

天福二年（一二三四）六月に出た、「念仏上人」と称した花山院侍従入道（教雅法師）を遠流に処する宣旨には、「但し或は自行の為、或は化他の為、至心に専念し如法に修行するの輩に於ては、制する限りに在らず」とあって、如法に修行する者の念仏を認める方針に転じており、専修念仏停止は軟化の兆しをみせます（史料⑧）。また、文暦二年（一二三五）七月の、念仏者の鎌倉中追却を命じた追加式目の冒頭に、「道心堅固の輩に於ては、異儀に及ばず」と付記されているのは、専修念仏に対する迫害・弾圧がようやく沈静化したことを意味しております（史料⑨）。

しかし、ここで重要なことは、念仏を勧める法然門下にとって、「破戒不善の輩」や「無慙の徒、不法の侶」との峻別を要請されたことであります。このような状況のなかで、躭空が「上人、始は戒をときて人に授、後には教を弘て、ほとけになさしめ給」（巻二）と、法然上人がまず戒を説かれたということを特記しているのも、念仏興行の師であると同時に、伝戒の師である法然像を前面に押し出すことで、天台宗からの非難をかわし、同じく念仏者でも破戒や不善を事とする一派との訣別を意図したのであろうと思われます。

ところで、『四巻伝』は嘉禎三年十一月、鎌倉の八幡宮本社の辺りで制作されました（史料③）。目的は、当時の鎌倉の人びとに「先師上人、念仏すゝめ給える由来」を伝えるためでありました（史料④）。ではなぜ、躭空が法然上人の絵伝を京都ではなく、鎌倉において制作する必要があったのでしょうか。それは、嘉禄の法難を経て、京都に主導的な念仏者がいなくなり、承久の変を契機に、新たに発展しつつある政治都市の鎌倉に念仏が広まりをみせたことにあります。前に引きましたように、文暦二年七月の、「或は魚鳥を喰らい、女人を招き寄せ、或は党類を結び、恣に酒宴を好む」念仏者は、鎌倉から追放するという追加式目が出ており（史料⑨）、また同月、幕府は朝廷に、「念仏者と称し黒衣を着するの輩」が、近年になって都鄙に充満し、諸所に横行しているが、仰せに従って関東において沙汰を致すべしと言上しております（史料⑩）。幕府がこうした禁令を発した背景には、念仏の広がりにともなう一部の念仏者の偏執行為によって、嘉禄の法難の前夜と同じ状況が現出していたと思われます。そこで、躭空は法難の再来を憂慮し、先師上人の勧め給うた念仏を弘通するには、「凡上人、徳行白地、諸宗ゆゝしき事」（凡そ上人は徳行が明らかで、諸宗にすぐれているということ）を示す必要があったのです（巻四）。

三　法然上人伝絵詞（琳阿本）成立の上限・下限

『四巻伝』が嘉禎三年（一二三七）に制作されてより以後、永仁二年（一二九四）に転写されるまで約六〇年間、流布の状況はわかりません。しかし、『四巻伝』の系統に属する何種類かの新しい絵伝が出現し始める時期でもありました。この新しい法然絵伝は多かれ少なかれ、絵図や詞書において『四巻伝』を源流とする成立史的な系譜関係が認められます。例えば残欠本ですが、『法然上人伝』（増上寺本）があります。

ところで、絵伝は「伝」としての性格を重視すると、絵図よりも詞書の方に〝充実〟の跡がうかがわれます。すなわち後続の絵伝ほど、詞書は先行の絵伝をもとに表現を模倣しつつ、次第に内容を豊かに、あるいは逆に簡潔に、それなりに記事を整えていく、という一般的な傾向が指摘できるのです。その理由は、原初の絵伝が絵図を中心に展開し、詞書はその説明的・補助的役割しか持たなかったのですが、次第に詞書が物語の展開に主体的役割を果たすようにかわったからです。いわば〝版を重ねる〟ごとに、詞書が増補・改訂されていったと考えられるのです。

ここに『琳阿本』が登場します。東京都港区の妙定院に『法然上人伝絵詞』という絵巻が所蔵されています。九巻そろった近世の模本ですが、原本をほとんど忠実に模写しており、その原本は鎌倉時代にさかのぼる可能性が高いと考えられています。内題・外題ともに題名はなく、『法然上人伝絵詞』という題名は、『浄土宗全書』に収録するさいに付けられたようであります。東京国立博物館に所蔵する異本に「法然聖人伝絵巻第八」と題名を記しているので、『法然聖人伝絵』と呼ぶのが適切かとは思います。しかし、巻頭や巻末に「向福寺琳阿」あるいは「向福寺琳阿弥陀仏」と記してあるので、浄土宗では『琳阿本』と通称しています。この琳阿は絵伝の作者の名前のように解せますが、『琳阿本』の原本の所有者と考えられます。

『琳阿本』は『四巻伝』よりもはるかに内容が豊富となり、全九巻六六段を数えます。次にかかげる巻一第一段（序文）は、その前半は『四巻伝』の詞書をほぼ踏襲し、後半は著者自身の手になる文章のようで、他の絵伝にみえない次の独自な記事があります。

［史料⑪］

上人、十三にして叡山の雲によちのほりて、天台の金花にをひをほとこし、一九にして黒谷の流れをくみて、仏法の玉泉に心をすます。みつから経蔵に入て、一切経をひらき見ること五遍、爰に智証大師将来の善導の観経の疏四巻を見給ふに、男女貴賤、善人悪人きらはす、平生臨終、行住座臥をゑらはす、心を極楽にかけて、口に弥陀を唱もの、必往生すといふ釈の心をえて、生年四十三より一向専修に入、自行化他、ひとへに念仏をこと〻す。仍南都北嶺碩徳、みな上人の教訓にしたかひ、花洛砂塞の緇素、あまねく念仏の一行に帰す。この故に世こそりて智恵第一の法然、得大勢至の化身とそ申ける。上人誕生のはしめより、遷化の後に至るまて、絵をつくりて九巻とす。

（『琳阿本』巻一第一段）

「上人十三にして」比叡山に登られたとか、観経の疏を読まれたとか、「生年四十三より一向専修に入」られたとか記し、そして終わりに「上人誕生のはしめより、遷化の後に至るまて、絵をつくりて九巻とす」と書いてあります。きわめて短文ながら、世に讃えられるべき法然上人の事績と遺徳を書き表わしており、この絵伝のいわば〝総論〟にあたります。『四巻伝』よりも絵伝の趣旨が明確に示されているのです。

『琳阿本』と『四巻伝』を対比いたしますと、表現・内容がほとんど同じ記事、表現が若干異なるが内容的にほぼ同じ記事、表現や内容に共通するところがある記事などが多くあり、『琳阿本』は『四巻伝』をベースに増幅された絵伝であることが判明いたします。しかし一方では、『四巻伝』との比較において、独自記事というか、発展的記事とでも称すべきものもまた存在して、なかには典拠が明らかになるものもあります。それらを手がかりに『琳阿本』の成立時期を考察したいと思います。

『琳阿本』には明確なかたちでの跋文はありませんが、跋文（後序）に相当する箇所はあります。それは巻九第六段の次の一文です。

［史料⑫］

是則かしこに弥陀の智用をみかき勢至菩薩と、こゝに勢至をほめて無辺光と申す。智恵の光をもちて一切を照か故也。上人を誉るに智恵第一と称す。碩徳の用をもちて七道をうるほす故なり。弥陀は勢至に勅して済度の使として、善導は上人を遣して順縁の機をとゝのへ給へり。はかりしりぬ、十方三世無央数界有性無性、和尚の興世にあひてはしめて五乗濟入のみちをさとり、三界空居四禅八定天王天衆、上人の誕生によりて忝五衰退没の苦をぬきいてむ。何況末代悪世の衆生、弥陀称名の一行によりて、悉往生の素懐をとくる事、源空上人伝説興行の故なり。仍未来弘通のために録之。

（『琳阿本』巻九第六段）

この文は、初めの方には文脈的に少しおかしいと思われる表現がありますが、直前にある〈徳行総結の事〉という、法然上人のお徳を箇条書きにした部分の、「誰人か現身に光を放や」（上人の身体から光が放たれたこと）

を受けております。そして、勢至菩薩が智恵の光をもって一切を照らすことを説き、弥陀と勢至、善導大師と法然上人との対比を通じて、「末代悪世の衆生、弥陀称名の一行によりて、悉往生の素懐をとくる事、源空上人伝説興行の故なり。仍未来弘通のために録之」とあります。実はこの後に〈明禅法印の事〉と〈沙弥随蓮の事〉が続きますが、この二つの話は付記ともいうべきもので、一度擱筆した後に付け足したと思われます。

ところが、この文章は『源空聖人私日記』（以下『私日記』という）にも同じような文章がみえるのです。

［史料⑬］

所以讃勢至言無辺光、以智恵光普照一切故、嘆聖人称智恵第一、以碩徳之用潤七道故也。弥陀動勢至為済度之使、善導遣聖人整順縁之機。定知、十方三世無央数界有情無情、遇和尚興世、初悟五乗斉入之道、三界虚空四禅八定天王天衆、依聖人誕生、忝抜五衰退没之苦。何況末代悪世之衆生、依弥陀称名之一行、悉遂往生素懐、源空聖人伝説興行故也。仍為来之弘通勧之。（『私日記』）

『琳阿本』が和文体、『私日記』が漢文体という相違はあるものの、ほとんど同内容ということは、何を意味するのでしょうか。つまり、どちらか一方が他方によったと考えざるを得ないのです。序文とともに独自性が問われるべき文章を他書から借りてくることはあり得ないと思われますので、『琳阿本』と『私日記』の成立的な前後関係を決める有力な手がかりとなるのであります。

これ以外にも指摘できる記事が何か所かありますが、時間の関係上、煩雑をさけてこの一例だけにとどめます。ここで、『琳阿本』と『私日記』の間で引用・被引用の関係を想定するならば、一つは『琳阿本』が『私日記』を引用した、もう一つは逆に『私日記』が『琳阿本』を引用した、という二つの考え方ができるのです。

この『私日記』はご承知の通り、親鸞聖人の『西方指南抄』に引かれておりますから、『西方指南抄』が書写された康元元年（一二五六）には遅くとも成立していたことになります（拙著『法然伝と浄土宗史の研究』）。『琳阿本』が『私日記』を引用したという考えに立てば、『琳阿本』は康元元年より以後に成立したことになります。逆に『私日記』が『琳阿本』を引用したという考えに立てば、『琳阿本』は康元元年より以前に成立していたことになります。これは私だけかもしれませんが、私は『私日記』が『琳阿本』を引用したとみております。しかし、その逆の可能性もまったく否定できないのであり、いわば水掛け論になる恐れから、『私日記』をもって『琳阿本』成立の上限・下限の決め手に用いることは、やや躊躇いたします。

それでは『琳阿本』に依拠した、次なる確実な法然伝は何でしょうか。手がかりになるのは、信瑞（敬西房）の作になる『黒谷上人伝』であります。この『黒谷上人伝』とは弘長二年（一二六二）、法然上人の滅後五〇年たったころの撰であって、現存いたしませんが、諸書に逸文として残っております（望月信亨『浄土教之研究』）。その一つが堺の旭蓮社の開山である智演（澄円）が著わした『獅子伏象論』に引かれた逸文です。

［史料⑭］

本伝云、東山大谷寺高祖上人、諱源空、号法然。長承二年四月七日午剋不覚誕生矣。作州久米郡稲岡村人也。父名売間氏時国、母秦氏也。依不有男子、而父母倶詣岩間寺観世音菩薩像、祈求得男子。其母夢呑剃刀而孕。経七箇月而誕生焉。眼有重瞳、而頭毛金色也。四五歳已後、其識若成人。逴躒同雅党、人皆歎異之。

（『獅子伏象論』中末）

「本伝に云く」と始まり、傍線の箇所に「長承二年四月七日午の剋、覚えず誕生す」とあります。そして「父の名は売間氏の時国、母は秦氏」、この〝売間〟は漆間と字が違いますが、発音は共通しています。さらに「其の母剃刀を呑むと夢みて孕む」、「四五歳已後、其の識成人の如し」云々と続きますが、この〝雅〟の字は「稚」の誤りだと思われます。仲間の連中よりもはるかにすぐれていて、人びとは非常に驚嘆した、といった意味のことが書かれております。

この箇所は『琳阿本』にほとんど同じ内容で出てまいります。しかも『琳阿本』の独自記事に属する部分であります。『琳阿本』と『黒谷上人伝』との間にも、引用・被引用の関係が認められるとするなら、『琳阿本』が『黒谷上人伝』の記事を簡略にしたか、あるいは『黒谷上人伝』が『琳阿本』の記事をもとに敷衍したか、のどちらかであります。『琳阿本』と『黒谷上人伝』の前後関係を決定づけるのは、『獅子伏象論』と同じ著者による『浄土十勝箋節論』に引く次の逸文であります。

[史料⑮]

又醍醐寺聞有三論名匠失字諱。或伝云、大納言法印寛雅。投歩述彼宗法門自解義。名匠聴受、赧然汗下、更不能言。随喜之余、取出書櫃数合曰、於自宗章疏、無付属仁。而貴禅大達斯法門。悉以委附。即授与之。(『浄土十勝箋節論』巻四)

内容は、各宗の学匠を訪問した時の子細であります。難解な文章ですので、語釈しますと、醍醐寺に三論の名匠がおられると聞き、そこへ行き、三論宗の「自解の義」、つまり法然上人が自学自習した教義を申されたのです。名匠はそれを聞いて、恥ずかしく思って汗が流れ、さらに言葉を次ぐことができなかった。随喜の余り、書物の入った箱を数合取り出し、自分の宗派には託すものがいないので、この法門に達している貴僧にことごとく授けたいといった、ということです。

[史料⑯]

又大納言の法印寛雅にあひて、三論宗を談し給ふに、宗の賾をさくり、師のふかき心を達するに、法印泪をなかし、二字してかの宗の血脈にわか名のうへに上人の名を書給。

(『琳阿本』第三第三段)

ところが、『琳阿本』には寛雅の名前を記し、また文章の内容も少し違っております(史料⑯)。まず、人名ですが、『四巻伝』には「大納言律師寛雅」、『琳阿本』には「大納言の法印寛雅」とします。『黒谷上人伝』は「三論の名匠」の後に「字諱を失す。或る伝に云く、大納言法印寛雅」と注記しております。この「或る伝」というのが、私は『琳阿本』にほかならないと思います。『黒谷上人伝』は、三論宗の学匠訪問を記述するにさいして、『琳阿本』に依拠しなかったのですが、確かに『琳阿本』をみているのです。このことから、『琳阿本』は『黒谷上人伝』より先に成立していることは間違いないと考えられます。

以上、迂遠な考証を重ねてきましたが、『琳阿本』成立の確実な下限は、弘長二年ということになります。

それでは上限を検討していきたいと思います。『琳阿本』巻三第九段のうち、〈坂本談義の事〉〈顕真五坊の事〉〈阿弥陀号の事〉をとりあげます。大原談義はまず坂本での談義から始まります。この坂本談義と、顕真が五坊を建てたこと、そして重源の阿弥陀仏号のことは、『醍醐本』によっています。具体的にはいわゆる「一期物語」〈第二の物語〉から引用しております。

なお、従来は「一期物語」と呼び習わしてきましたが、伊藤真昭氏の最近の研究によって、『醍醐本』の表題である「法然上人伝記　附一期物語　見聞書勢観房」について、ここにいう「一期物語」とは、法然上人に関する二〇話を指すのではなく、後の方に収められている「御臨終日記」および「三昧発得記」を指すこと、「見聞書勢観房」が原題であることが提起されました（「醍醐本『法然上人伝記』の成立と伝来について」、『仏教文化研究』五三号）。私は、その伊藤氏の研究を認め、『醍醐本』に収める各編のなかで、法然上人に関する二〇話を「一期物語」と呼ぶのではなく、「勢観上人見聞」と呼ぶべきだと思いますので、以後はこのように称します。

『琳阿本』と「勢観上人見聞」の〈坂本談義の事〉との比較は、すでに藤堂恭俊氏が主要な問答部分の対照表を作成されておりますので（「各種法然上人伝に引用されている法然の詞」、『佛教大学研究紀要』四二・四三合巻号）、それに譲るとして、ここでは〈顕真五坊の事〉〈阿弥陀号の事〉について、『琳阿本』と「勢観上人見聞」と比較対照しておきます。

［史料⑰］

座主一の大願をおこし給へり。此寺に五の坊をたて、一向専念の行を相続せむ。称名のほかにさらに余行をましへす。一度はしめてよりこのかた今に退転せす。此門に尋入て後に、妹の尼御前をすゝめむかために、念仏勧進の消息といへる是なり。（中略）大仏の上人一の意楽をおこして云、此国の道俗閻魔宮にひさまつかむとき、交名をとはれは、其時仏名を唱へしめむかために、あみた仏をまつ我名をは南無阿弥陀仏也云々。我朝に阿弥陀仏名の流布する事は、此時よりはしまれり。

（『琳阿本』巻三第九段）

［史料⑱］

座主発一大願給。此寺立五坊、相続一向専念行。称名之外、更不交余行。其行一始已来、于今不退転。尋入此門後、為勧妹尼御前、被書念仏勧進之消息。流布世間顕真消息云是也。大仏上人発一意楽云、我国道俗、跪閻魔宮之時、被問交名者、其時為令唱仏号、付阿弥陀仏名、我名即南無阿弥陀仏也云。我朝流布阿弥陀仏名事、自此時始也云々。

（『醍醐本』「勢観上人見聞」）

史料⑰および史料⑱は、ほとんど同じ内容です。この対照からだけでもわかるように、『琳阿本』は「勢観上人見聞」の漢文をかなり忠実に和文に読み下したものとみられます。「勢観上人見聞」を含む『醍醐本』各篇の成立を、かなり遡及させる向きもありますが、『琳阿本』の作者が「勢観上人見聞」を手にすることができるという意味では、『醍醐本』が世に出た仁治二年（一二四一）ごろをもって、『琳阿本』成立の上限とすることができます。

以上に述べてきたように、『琳阿本』の成立は、仁治二年を上限に、弘長二年を下限に収め得たのであります。上限・下限の推定に相当の時間を割いてきましたが、それは従来の研究では『琳阿本』の成立を、一三世紀の末に置いていたからであります。私は約五〇年近くさかのぼって、少なくとも一三世紀中ごろに成立したのではないかと考えているのであります。

つぎに『琳阿本』と『醍醐本』の関係について、もう少し論及します。法然上人の三昧発得を、『琳阿本』には次のように述べています。

［史料⑲］

上人自筆の記に云、生年六十有六、建久九年正月一日、やまもゝの法橋教慶かもとより帰て後、未申の時はかり恒例の正月七日念仏是を始行。一日明相すこしき現す。例よりもあきらかなりと云々。（中略）はじめて正月一日より二月七日にいたるまで三十七ヶ日のあひた、毎日七万返念仏不退にこれをつとむ。是によりてこれらの相現すと云々。

（『琳阿本』巻五第三段）

「上人自筆の記に云、生年六十有六、建久九年正月一日」から始まり、ここに「上人自筆の記」と称するものは、現存する文献と対照すると、『醍醐本』の「三昧発得記」と考えられます。文字の相違や脱落は、転写の間に生じたものとすれば、『琳阿本』は「三昧発得記」の前半部分をかなり忠実に和文に改めて引用しているのです。また、上人の夢中に善導大師が来現したことについて、同じく『琳阿本』には、先の三昧発得の記事に続けて、

［史料⑳］

又別伝に云、紫雲広大にしてあまねく日本国におほへり。雲中より無量の広大の光を出す。白光の中に百宝色の鳥とひちりて虚空にみてり。善導和尚ものすそよりしもは金色にて現しての給はく、汝下劣の身なりといへとも、念仏興行一天下にみてり。称名専修衆生におよふか故に、われ爰にきたる。善導すなはちわれなり。

（『琳阿本』巻五第三段）

とあります。この「別伝」とは、明らかに「勢観上人見聞」（第一の物語）を指すものと思われます。「勢観上人見聞」は、鎌倉後期に「法然上人伝記」とも呼ばれておりましたので（『選択本願念仏集秘鈔』）、『琳阿本』が「別伝」と称して引用しても、何ら不思議ではありません。

それに、上人の臨終の様子は、『琳阿本』では巻八第三段・第四段・第五段の三段にわたる詞書が該当します

が、表現や記事の構成などにおいて、『四巻伝』以外の伝記資料によったと思われる箇所が頻出いたします。その部分は『醍醐本』の「御臨終日記」と対照できるのです。

すなわち、『琳阿本』は、『醍醐本』の「勢観上人見聞」だけではなく、「三昧発得記」や「御臨終日記」をも、詞書作成に資料として用いたことがわかるのであります。もっと積極的に推察すれば、『琳阿本』が制作された当時、「御臨終日記」や「三昧発得記」をも合冊した、現行の『醍醐本』に近い形態で法然門下の間で流布していたとも考えられるのです。

四　法然聖人絵（弘願本）の成立と特色

『琳阿本』の特色について、まだ指摘すべき事柄もありますが、随分と無駄なことに時間を費やしましたので、ここでは割愛いたしまして、次の課題に移ります。『琳阿本』に続く絵伝は『弘願本』であります。この絵伝は首題に「法然聖人絵」、尾題に「黒谷上人絵伝」とあり、首尾一致しません。現在、知恩院に一巻、堂本家に三巻が残存しますが、南北朝時代の模本で、もとは六巻の構成であったと推測されています。巻末に「釈弘願」とあり、一般に『弘願本』と称されています。この「弘願」は作者ではなく、所有者の名前といわれております。

『弘願本』は、詞書や絵図の配列に錯簡があるために、これまでそれを補正する試みが行なわれてきましたが、最近の研究では、真宗高田派本山専修寺、同派の明源寺、浄土宗大本山増上寺に所蔵する「三幅法然絵伝」は、この『弘願本』にもとづく掛幅装の絵伝であることがわかりました。その絵に付された「札銘」に、タイトルと番号が書かれており、それによって『弘願本』の内容と構成が判明し、錯簡を正すことが可能になりました（小山正文「総説法然聖人絵」、『真宗重宝聚英』六）。

さて、『弘願本』成立の上限を求めてみます。現行本の巻一第九段をとりあげます。

［史料㉑］

月日にそへては器量のふしきを観覚いよく〱感して、一宗の長者になさんと思て、叡山へのほする状云く、進上大聖文殊の像一躰と云々。叡山の師この状をみて、あやしと思ふ所に小児来ぬ。そのとし十三歳也。時に源光文殊の像と云にしりぬ、この児の器量をほむる詞なりと。則その容皃をみるに、頭くほくしてかとあり。眼黄にしてひかりあり。みなこれ髪垂聡鬢の勝相なり。

（『弘願本』巻一第九段）

「時に源光文殊の像と云にしりぬ」から「みなこれ髪垂聡鬢の勝相なり」までに傍線を施してありますが、この部分が『四巻伝』をうけて『古徳伝』に継がれていく絵伝の継受関係のなかで、『弘願本』において付加された独自内容となっています。これとよく似た文章が『獅子伏象論』にみえます。

［史料㉒］

本伝云、（中略）久安三年丁卯春、送去延暦寺西塔北谷宝幢院持宝房源光之許、其状曰、進上大聖文殊像一体已上。書状到来披覧之、文殊像不見、而小児来入。于時源光以為文殊像者美此児器量之詞。然相其容貌、首坧而鹿眼黄而有重瞳輝光、皆是卓華聡敏好相人皆嘆美。

（『獅子伏象論』中末）

和文体と漢文体という表現法は異なりますが、内容的に近似しております。ここで「本伝」というのは、前にも述べました信瑞の『黒谷上人伝』であります。また巻三第四段に、

［史料㉓］

承安四年甲午春、上人とし四十二はしめて黒谷をいて丶、吉水に住し給。これひとへに他を利せんためなり。ひろむるにこの教をもてし、す丶むるにこの行をもてす。道俗ことく〱く帰す。草の風になひくかことし。これを信し是を仰に、感応かならすあらたなり。

（『弘願本』巻三第四段）

とあります。黒谷下山の年時を法然上人の四二歳の時、承安四年（一一七四）とするのは、法然伝のなかでは異

説の部類に属します。名越派の伝書の一つである良祐の『決答見聞』がこの異説を採用して、

［史料㉔］

上人伝記云、（中略）承安四年甲午春、行年四十二、出黒谷住吉水感神院東頭、北堂北面、自爾以還、慨然発憤、談浄土法、勧念仏行云云。

（『決答見聞』上巻）

と述べています。良祐が『決答見聞』に引く「上人伝記」というのも、また信瑞の『黒谷上人伝』の逸文と考えられます。法然上人の幼児期の容貌と、黒谷下山の年時は、ともに『黒谷上人伝』の特異記事にあげられており（三田全信『成立史的法然上人諸伝の研究』）、『弘願本』がこの『黒谷上人伝』に依拠して詞書をなしたとみなさざるを得ないのであります。したがって、『弘願本』成立の上限は、弘長二年ということになります。

つぎに下限は、同じく高田派本山の専修寺に所蔵する、絵図を欠き詞書だけの写本である『法然上人伝法絵下巻』（以下、『高田本』という）との対照によって求めることができます。先ほど申しましたように、補正された『弘願本』と『高田本』とを、その残存する部分について対照させますと、ごくわずかな箇所を除いて、詞書がまったく一致するのです。ごくわずかな箇所というのは、「七箇条起請文」での、和文体と漢文体の相違、署名者の順序と人数の違いといった程度です。これは一致する全体の割合からいえば、むしろ無視してよいのではないでしょうか。

「七箇条起請文」を除けば、『弘願本』と『高田本』の詞書がまったく同一であるというのは、いったい何を意味しているのでしょうか。先に結論を申しますと、『高田本』は『弘願本』の詞書だけを抜き書きした、いわゆる「絵詞」であったと考えざるを得ないのであります。絵伝の詞書の部分だけを抽出したものを、当時は「絵詞」と称しておりした。それが近世の後半になってでしょうか、絵巻物そのものを絵詞というようになりました。

『高田本』は『弘願本』の「絵詞」であると考えてみることによって、初めて詞書が一致することについての

疑問が氷解したのです。ただこの場合、『弘願本』の題名は「法然聖人絵」、『高田本』の題名は「法然上人伝法絵」とあって、それぞれ題名を異にするところから、これまで両本は『伝法絵流通』、すなわち『四巻伝』の系統に属し、かつ非常に近しい関係にあると認識しながらも、一応は別個の絵伝とみなしてきたのです（井川定慶『法然上人絵伝の研究』）。しかし私は、これは一種の思い込みではなかったかと思います。そうしますと、『高田本』は永仁四年（一二九六）に書写されていますので、『弘願本』の成立は永仁四年以前ということになります。以上、『弘願本』成立の上限と下限を推定しました。

ところで、『弘願本』は真宗系の法然絵伝とみられています（田村圓澄『法然上人伝の研究』）。しかし、聖光房（弁長）や勢観房（源智）、あるいは明遍・敬仏房の高野聖に、それぞれ伝えられた法然上人の法語、例えば三重の念仏の話、あるいは上人と阿波の介の申す念仏の優劣、一枚起請文の授与、敬仏房との問答などを収めており、一つの門派に限定されない態度をもつ人の手で作られた絵伝であると思われます。詞書自体が平易な文体であり、かつ法然上人の生の言葉が多く盛り込まれていたので、東国の真宗門徒の間で普及したと思われます。だが、親鸞聖人に触れることがない法然伝では、やはり飽き足らないものがあったかと想像されます。

五　拾遺古徳伝絵の制作

そうした要請を受けて、親鸞聖人の曾孫覚如が制作したのが『古徳伝』であります。

［史料㉕］

冬比、長井道信鹿島門徒依黒谷伝九巻新草所望在京、仍大上令草之給、

（『存覚一期記』正安三年条）

『存覚一期記』には、正安三年（一三〇一）冬のころ、鹿島門徒の長井道信の所望で、覚如が「黒谷伝九巻」を新草したとあります（史料㉕）。西本願寺に所蔵する詞書だけの古写本の跋文によると、覚如は正安三年の十一

月十九日から十二月五日までの間、病いを押し眠気を払って、わずか一七日間で仕上げたと言います。ただし、この時に書かれたのは「伝」、すなわち詞書の原稿であって、絵図の制作に時間がかかることを考慮すると、絵伝の完成は少し後になろうかと思われます。

絵伝としての『古徳伝』は、正安三年に詞書が著わされ、そして間もなく絵図が制作された後に、門徒の要請にこたえて転写され、東国の初期真宗教団に流布していったものと思われます。現在も、諸本が断簡も含めて何本か残っております。そのなかでも茨城県那珂市瓜連の常福寺に所蔵するのは、元亨三年（一三二三）に「釈正空」が願主となって制作された、九巻すべてそろった唯一の完本であります。もとは近くの真宗の上宮寺という寺に伝わったのが、徳川光圀によって常福寺に寄進されたものです。

ところで、詞書だけとはいえ、覚如が無理をして短期間で成し遂げたのは、道信の在京期間に迫られていたからだと推測されています（小山正文『親鸞と真宗絵伝』）。そこで、編集を急ぐために、手元にあった先行の法然伝に依拠するところが多かったと推測されています。先学の研究によると、それは『高田本』と『琳阿本』の二本が主たるものであったといわれています（梅津次郎『絵巻物残欠の譜』）。とりわけ『琳阿本』とは詞書のみならず、絵図においても近似性が指摘されております（米倉迪夫「琳阿本『法然上人伝絵』について」、『美術研究』三二四号）。

『古徳伝』の詞書のいくつかについて、先行の法然絵伝など伝記資料との比較対照によって得られたところは、おおむね次のように総括できます。『古徳伝』が依拠した先行の法然伝は、基本的には『琳阿本』でありました。覚如が『古徳伝』の撰述にあたり手元に置いて、最初に参照したのは、絵伝の『琳阿本』に違いないのです。その当時、『琳阿本』は『四巻伝』の系統をひく最も完成度の高い絵伝でありました。しかし、法然上人の伝記として事績的要素の叙述は充実していましたが、上人の生の声を伝える語録的要素は少なかったので、覚如が『古徳伝』を編むにさいして、『琳阿本』の記述が不十分ないしは疑義が存すると判断した箇所は、別の伝記類を参照して補訂しました。それは主として、上人の事績に関しては『黒谷上人伝』を、語録に関しては『高田本』や『醍醐本』「勢観上人見聞」をもって拠りどころとしたのであります。

さて、題名の「古徳」は法然上人を指しますが、「拾遺」とは漏れたものを拾い補うことでありまして、文字通りに解釈いたしますと、従来の法然伝に欠落したところを補充するという意味合いが込められています。その欠落とは、覚如の立場からの判断にすぎず、具体的にはこれまでの法然伝でとりあげられなかった、法然上人と親鸞聖人の親密な師弟関係を示し、親鸞聖人が法然上人の正統を受け継いでいる、と説き明かすことにありました。しかし、親鸞聖人に視座を置くとはいえ、法然伝であることに変わりなく、

[史料㉖]

矧亦末代罪濁之凡夫、因弥陀他力之一行、悉遂往生素懐、併上人立宗興行之故也。憑願力楽往生之輩、孰不報其恩、帰念仏願極楽之人、何不謝彼徳。因斯聊披伝記、粗録奇蹤者也。（『古徳伝』跋文）

と、その跋文に述べています。『古徳伝』もまた『四巻伝』や『琳阿本』と同様に、凡夫往生の浄土宗を興行した法然上人への報恩を意図した絵伝なのであります。

六　法然上人行状絵図（四十八巻伝）の編集

現存する法然絵伝としては最後に登場するのが、知恩院に蔵する『四十八巻伝』であります。最も浩瀚な、巻数にして四八巻、段数にして二三五段のこの絵伝は、一人の伝記として、また絵巻物として他に類例がないのです。まず初めに序文にあたる文章をかかげておきます。

[史料㉗]

しかるに上人遷化のゝち、星霜やゝつもれり。教誡のことは、利益のあと、人やうやくこれをそらんせす。もししるして後代にとゝめすは、たれか賢を見てひとしからむことをおもひ、出離の要路ある事をしらむ。これによりてひろく前聞をとふらひ、あまねく旧記をかんかへ、まことをえらひ、あやまりをたゝして、粗始終の行状を勒するところなり。おろかなる人のさとりやすく、みむものゝ信をすゝめむかために、数軸の画図にあらはして、万代の明鑑にそなふ。往生をこひねかはむ輩、たれかこのこゝろさしをよみせさらむ。

（『四十八巻伝』序文）

そこには「ひろく前聞をとふらひ、あまねく旧記をかんかへ、まことをえらひ、あやまりをたゝして、粗始終の行状を勒する」とあり、先行する法然上人の諸伝記を集大成する意図をもつ絵伝であります。これは、上人一期の「行状」にとどまらず、その教義、帰依した人びととの逸話、さらには門弟の伝記までを網羅したため、とても通常の巻数に収まりきれない大量の詞書と絵図とからなっております。

『四十八巻伝』の撰者と制作について、江戸時代中ごろに忍澂という人が記した、『勅修吉水円光大師御伝縁起』（以下『御伝縁起』という）に、詳細に記されます。しかし、忍澂が一体いかなる文献によったのかわからず、また元禄三年（一六九〇）ごろの『総本山知恩院旧記採要録』と『御伝縁起』のほかには、『四十八巻伝』の制作事情を語る史料は存在しないのであります。要するに一七世紀末にいたるまで判然としないのです。

そうとはいえ、『御伝縁起』によらないと、『四十八巻伝』の編集のことを知ることができないので、やむをえず従っておこうと思います。まず『御伝縁起』を引用いたします。

［史料㉘］

法然上人行状画図一部四十八巻は、九十二代後伏見上皇、叡山功徳院舜昌法印に勅して、昔年吉水門人の記する所の、数部の旧伝を集めて、大成せしめ給ふにぞ侍る。これによつて世の人、勅集の御伝と称して、ことに尊重する事にはなりぬ。（中略）法印つゝしみ承りて、近代杜撰の濫述をば撰びすて、たゞ門人旧記の実録をのみ取用ひて、類聚して編をなせり。しげきをかりては、要をあつめ、漢字を訳しては、和語となし、見る人ごとに、尋やすくさとりやすからしむ。をよそ二百三十七段、段ごとに画図をあらはし、巻を四十八軸にと、のへて、奏進せらる。（中略）正本副本両部の御伝、おの〳〵四十八巻の絵詞、徳治二年に初まり、十年あまりの春秋をへて、其功こと〴〵く成就し給ひぬ。

（『御伝縁起』）

「法然上人行状画図一部四十八巻は」と始まって、後伏見上皇が叡山功徳院の舜昌に勅して、法然上人の門人の記するところの数部の「旧伝」を集めて大成させたというのです。舜昌は、「近代杜撰の濫述」を捨てて、「門人旧記の実録」だけを取り用いて編集し、正副二本を「徳治二年に初まり、十年あまりの春秋」をかけて制作したのであります。

舜昌が『四十八巻伝』の編者であったことは、舜昌の著書である『述懐鈔』（延宝三年版）に「然る間、法然上人の勧化を画図に乗せ、弥陀称名の利益を巻軸に顕す」（原漢文）と記していることからも明らかであります。一々に実証しませんが、実際に『四十八巻伝』と『述懐鈔』の双方に照応する記事が存することで裏づけられるのであります。

徳治二年（一三〇七）に編集が開始されたことは、延慶二年（一三〇九）に、法然上人の配流および召還、つまり流罪になられた時と、それが許された時の宣旨について、朝廷の記録をつかさどる者に照会し、返答を受けていることから、証明されます（拙稿「『法然上人行状絵図』成立私考」、『佐藤成順博士古稀記念論文集・東洋の歴史と文化』所収→本書所収）。ところが、成立の時期に関しては、現在のところ、さまざまな推測が提示されています。

そのなかで有力な説を紹介します。それは『四十八巻伝』に収める法然上人御作の和歌を手がかりとします。

［史料㉙］

勝尾寺にて　しはのとにあけくれかゝるしらくもを　いつむらさきの色にみなさん此歌入玉葉集

（『四十八巻伝』第三〇第六段）

お歌の末尾にある「此の歌、玉葉集に入る」という注記は、後世に誰かが加えた追筆ではありません。したがって『四十八巻伝』は、『玉葉集』が撰進された正和二年（一三一三）より以後の成立と考えられるのです（国枝利久「四十八巻伝と文学の世界と」、『浄土宗聖典』六・会報）。そして、『浄土十勝箋節論』（巻二）に、「知恩院の別当法印大和尚位舜昌」が法然上人の法語を得て、「祖師行状画図の詞」となした、という趣旨の記事があります。「祖師行状画図」とは『四十八巻伝』を指しており、智演（澄円）が『浄土十勝箋節論』を執筆した時点で、舜昌は『四十八巻伝』の編集を終えていたということになります。この『浄土十勝箋節論』は、跋文が元応二年（一三二〇）に付され、序文が正中元年（一三二四）に書かれています。序文よりも跋文の方が早く書かれているのは、ちょっと気になるところではありますが、このことから、『四十八巻伝』成立の下限は、元応二年もしくは正中元年ということになります。徳治二年より十年の歳月をかけてできあがったというのは、今のところ信じざるを得ないのです。大体この間に入るだろうということで、これを大きく超えるような説は、まだ出ておりません。

『四十八巻伝』は、先行する法然絵伝と比べて、圧倒的に多量の法語・消息・問答（対話）などを収録しております。舜昌が資料収集に費やした努力は並大抵でなく、そのさいに便宜を得たのは、了恵が編集した『黒谷上人語灯録』であろうと推測されています（三田全信前掲書）。『四十八巻伝』の法語や問答と、『黒谷上人語灯録』のそれらを対照いたしますと、用字の異同はともかく、『四十八巻伝』は原典をかなり正確に引用していることがわかります。

最後になりましたが、法然上人の伝記研究にとって、『四十八巻伝』はどのような位置を占めているのでしょうか。先ほど申しましたように、舜昌は「門人旧記の実録」のみを取り用いて編集したと言います。舜昌がもっとも依拠した門人の旧記とは、法然上人に近侍した「聖覚法印・隆寛律師・勢観上人など、をの〳〵師の行業を録しとゞめられける」ものでありました（『御伝縁起』）。舜昌は、法然上人から遠ざかった時代に撰集された伝記は作為が多く、ほとんど信用するに足りず、世人を惑わすだけだと判断し、法然上人の直弟子たる聖覚・隆寛・勢観らの記録した「師の行業」を「実録」とみて、そこに法然上人の真の事績を求めようとしたのです。しかし、門人個々の「旧記」（記録）だけでは問題があります。忍澂の『御伝縁起』は、次のように述べています。

［史料30］

つら〳〵御伝の縁起を按ずるに、誠に僧中の公伝にして、古今に比類なき事にぞ侍る。其ゆへは、門人の旧記は上世の実録なれども、をの〳〵知れる所をのみ記せられしかば、たがひに書もらせる事、なきにしもあらず。さればあまねく諸伝を通ほし見ん事も、わづらはしかるべきに、法印の総修は、数編の伝記にのする所、こと〴〵くそなはりて、さらに捜索のわづらひなし。いとめでたからずや。（『御伝縁起』）

忍澂は、舜昌が『四十八巻伝』の編集にあたり、後代に属する人が作った諸伝記をできるだけ避けて、直弟子たる「門人」が記した「師の行業」によろうとしたことを高く評価しています。ここに舜昌の伝記作者として着眼点のすばらしさがあり、それがまた『四十八巻伝』の史料的価値を高めているのです。しかし一方で、忍澂は、門人の旧記は「実録」として尊重すべきだが、各自が知れることをのみ記して、内容に偏りがあり、脱漏する点も少なくないとも危惧しています。また、諸伝を通覧すればよいのですが、かなり面倒なことです。舜昌が諸伝を「総修」したことで、捜索する必要がなくなったというのです。

このように『四十八巻伝』を評価したのは、忍澂の識見によるものでありますが、今日の法然伝研究の水準に照らして、十分に堪える見解ではないかと思います。「門人旧記の実録」を重視し、これらを「総修」したことで、『四十八巻伝』は法然上人の全貌をうかがうに最適の文献となりえたのです。法然伝記資料の総修こそに、歴史的な意義があったといえます。

法然上人の伝記資料としては、『四巻伝』から『古徳伝』までの一群の絵伝以外に、『知恩講私記』『醍醐本』『私日記』などがあります。これらは『四十八巻伝』より早い時期に成立しているから、史料的に〝良質〟だというべきでしょうが、法然上人の全貌を描いていたわけではないのです。

以上、法然上人絵伝の成立について、私見を述べてまいりました。各絵伝の成立時期の考察に重点を置き、教学上の意義に言及して来なかったことをお詫び申し上げます。私が史学専攻の学徒だという点にお許しを願えれば幸いです。ご清聴ありがとうございました。

〔追記〕　本稿は平成二十二年度浄土宗総合学術大会における基調講演「『法然上人絵伝』について」が『佛教論叢』五五号に掲載されたものである。当日配付した史料が同誌には収録されなかったので、本書に収めるにあたり、該当する箇所に挿入した。

第二部

法然上人絵伝の個別的研究

第一章　『伝法絵』の善導寺本と国華本

一　はじめに

　法然上人の伝記として最初に制作された絵巻物である『伝法絵流通』（以下『伝法絵』という）は、久留米市の善導寺に所蔵する『本朝祖師伝記絵詞』（以下「善導寺本」という）と、梅津次郎氏が『国華』七〇五号に紹介された新出の残欠本[1]（以下「国華本」という）の二本が現存する。いずれも転写本であるが、現存本に即してこの二本の関係について考察し、もって善導寺本の史料的性格を論じたい。

　梅津次郎氏は、国華本は絵図・詞書ともに鎌倉時代の風格を保ち、南北朝まで下らないという。さらに同氏が国華本は善導寺本よりも「原本に近い形態を具えている」と断言されたにもかかわらず、国華本には善導寺本にみえない詞書や絵図があること、その詞書が『法然上人伝法絵』（高田本）や『法然上人伝絵詞』（琳阿本）に多く継承されることを理由に、筆者は国華本を善導寺本の増補版と理解した。[2] 善導寺本は、巻二（原上巻）末に「嘉禎三年丁酉五（正カ）月に始之、同十一月廿五日於相州鎌倉八幡宮本社之辺図之」以下の、巻四（原下巻）末に「嘉禎三年丁酉十一月廿五日筆功已畢」以下の、それぞれ原本に存した奥書を転写しているので、絵図はともあれ、詞書自体は嘉禎三年（一二三七）制作時のものを忠実に伝えていると考えたのである。

　しかしながら、いま改めて善導寺本と国華本の両本を仔細に比較したところ、この私見は少なからず訂正しなければならなくなった。それをここに論証しようと思う。

二　国華本と善導寺本の比較

本節では、便宜的に国華本の順序に従って述べていく。

［残欠一］

両本の詞書には、仮名遣いの相違、表記に漢字と仮名、平仮名と片仮名の相違があるが(3)、内容上の出入りはほとんどない。ただ誤字・脱字が双方にみられ、ともに原本からの転写であることを示している

［残欠二］

この絵図は、善導寺本とほぼ同じ構図であるから、［残欠一］の詞書に続き、門前に検非違使が到着する様子を描く。

［残欠三］

両本の詞書の内容に相違はない。善導寺本は国華本の［残欠二］の絵図に続いて、この詞書となる。したがって国華本の［残欠二］と［残欠三］はもとより接続していた。

［残欠四］

この絵図は、法然上人が流罪の地に出立する様子を描き、右下方の土坡が［残欠三］左下方の土坡に繋がるから、［残欠三］と［残欠四］は連続していた。善導寺本には該当する絵図を欠く。

［残欠五］

当段の詞書は、両本間に若干の相違がある。国華本に「上人ハ波も立す、念仏してをハしける程ニ」とあるが、善導寺本には「上人ハ涙をもたてす、念仏しておハしけるほとに」とある。また国華本の「上人の御船律師の船

残欠一

残欠二

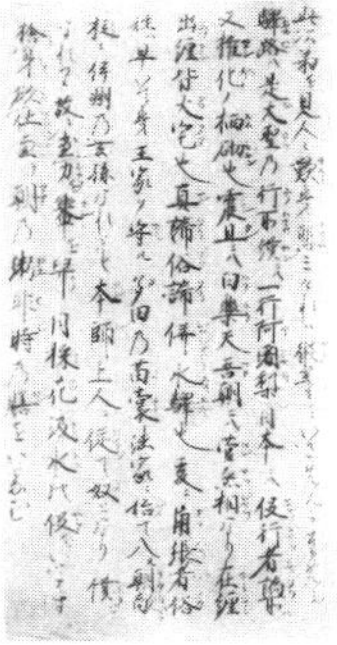

残欠三

残欠四

諸共ニ下ル。難波浦の水流、海路往反是也」という詞は善導寺本にはない。この詞は「絵中の詞」（以下「画中詞」と呼ぶ）ともいうべく、当段の詞書に続く絵図の、上人の船と律師の船が合い並ぶ様子を描いたところに付された画中詞がここに混入したのではないか。

梅津次郎氏が指摘するように、善導寺本は国華本の［残欠三］と［残欠五］に相当する詞書を一段にして書いているが、間に一行分の余白を置いており、善導寺本の原本に［残欠四］に相当する絵図が存したことをうかがわせる。別の言い方をすれば、善導寺本が原本テキストを忠実に書写しているとすれば、そのテキストは当初から絵図を欠いていたことになる。

［残欠六］［残欠七］

配流中の海路を描いた絵図で、［残欠六］に一の、［残欠七］に二の画中詞が書かれているが、善導寺本にはいずれもない。

［残欠八］

前半の絵図は［残欠七］に接続したと考えられる。［残欠七］の絵のなかに「屋島」「州間（須磨）関」、そしてこの［残欠八］の絵に「明石浦」の文字が書き込まれ、瀬戸内を西へ進む有様を描いている。後半の詞書は、国華本に「天王寺の別当僧正行尊拝堂のためニ被下ける日、江口神崎ノ君達、御船近クよせける時」とあるのが、善導寺本には「天王寺別当僧行尊拝堂のためにくたられける日、江口神崎の君達、御船ちかくふねをよせける時」となっている程度の相違がある。

［残欠九］

詞書だけの断簡で、国華本には「今聖人拝見テ、同其縁ヲ結と、をの〳〵申侍ける」とあるところが、善導寺本は「上人をおかみたてまつりて、同しく其縁をむすはむと、をの〳〵申侍ける」とする小異にとどまる。国華

残欠六

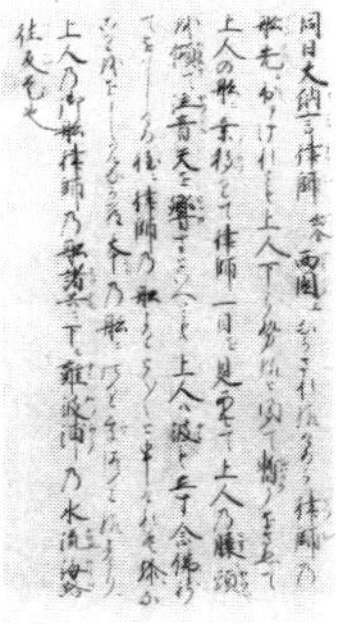

残欠五

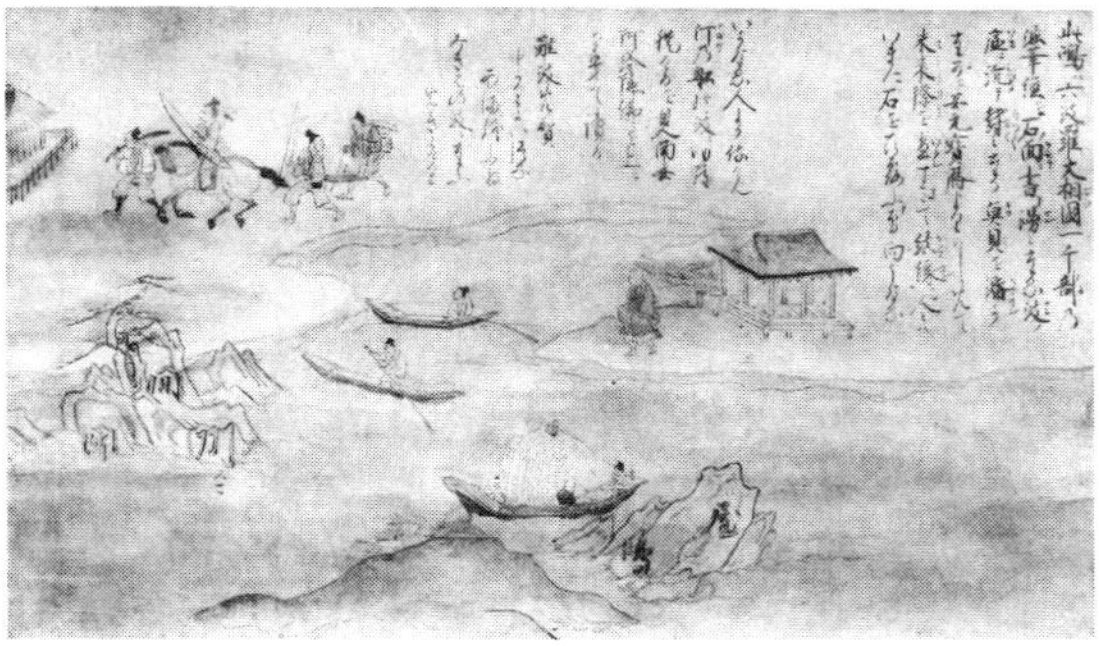

残欠七

残欠八

本の「泊長者老病」云々の前には、［残欠八］に続いて、善導寺本の「と打いたし侍けれハ、さま〱の纒頭し給ける。又をなしき」に相当する、多分に一行分の詞書が存したと思われる。

［残欠一〇］

遊女教化の絵図で、［残欠九］の詞書に接続する。国華本は船に乗る遊女に上人が話しかけている様子を描く。しかし、善導寺本は遊女が船に乗って陸地に近づくところを描くにすぎず、上人の姿はみえない。

［残欠一一］［残欠一二の一］

この断簡は詞書において接続する。国華本の冒頭の「同三月十六日」は、善導寺本では「同三月廿六日」とする。また国華本の「大善根ノ種させぬか、不軽大士の罵詈ニたゑても勧へし。杖木ヲ思ても、かまゑて引導侍はや」は、善導寺本には「大善根をうゑさせぬか、不軽大士の罵詈にたえてもすゝむへし。杖木を忍ても、かまえてみちひき侍らハや」とある。なお、国華本の「極楽モカクヤ有覧アラタノシトク参ラハヤ南無阿弥陀仏」という画中詞は善導寺本には書き込まれてない。

［残欠一二の二］

現行の国華本で当段の詞書の前に配している「讃岐国小松御庄之内弘法大師　建立観音霊験之地有寺此」の二行は、前段の絵図（［残欠一二の二］の中央）の後尾に書き込まれた画中詞のようにも思えるが、生福寺にかかる説明句であるので、転写のさいに当段の詞書の前に挿入して書き継がれたのであろうか。善導寺本は、前段の絵図にはその前後の詞書との堺に罫線を引き、「讃岐国少松御庄　弘法大師の建立　観音霊験之地」の三行が、国華本と同様に当段の詞書の前書きとなっている。絵図は、国華本が平地にある仏堂を描くのに対して、善導寺本は山岳に建つ仏堂を描いている。

［残欠一三］

残欠一〇

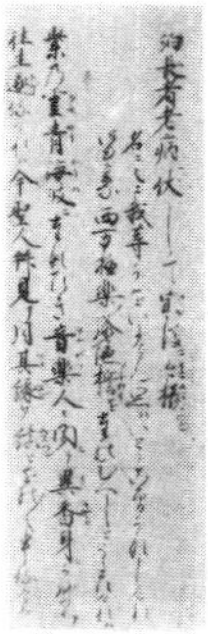

残欠九

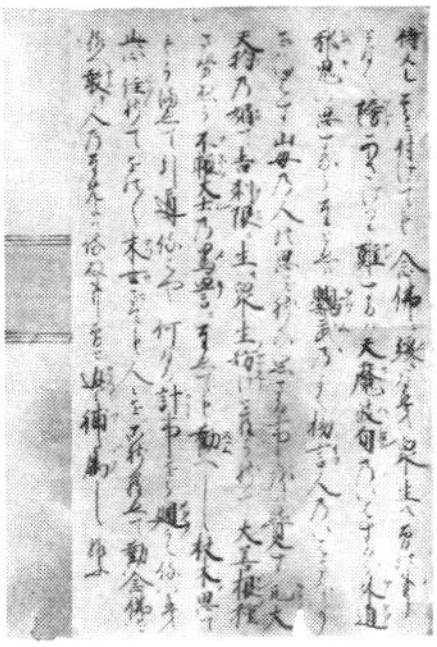

残欠一二の一

残欠一一

残欠一二の一(つづき)

詞書は前欠で、官宣旨（弁官下文）の途中から書かれている。善導寺本と比較すれば、［残欠一二の二］に続くようである。官宣旨の発信者は日下に「某史某」、行上に「某弁某」となるから、日付の次行に「弁」と書く国華本の方が官宣旨の原態を伝えていそうだが、年の下には干支を書かないのが通例である。持ち主に事情があったのか、この断簡の写真が掲載されていないが〔付記〕、国華本には画中詞が存する。しかし、善導寺本には画中詞が書かれていない。

［残欠一二の三］

この断簡は、国華本では［残欠一二の二］に継続しているが、その間に［残欠一三］および善導寺本の「かくていまた入洛にハおよはす、勝尾山ニ勝如上人往生の地、いミしくおほえて、しはらくおハしけれは、花夷男女、道俗貴賤、まいりあつまり侍ける」に相当する詞書とその絵図が存在していたと考えられる。当段における詞書は善導寺本とほとんど相違ないが、絵図と画中詞は善導寺本には見いだしえない。

［残欠一二の四］

国華本は詞書だけの断簡である。国華本が「引導」と記すところを、善導寺本が「みちひき」と表わす以外は、大した相違はない。詞書の後ろに絵図が存したはずだが、逸失している。

［残欠一四］

国華本は、勝尾寺に施入された一切経の解題供養の、聖覚の唱導を内容とする詞書と、その左下部に絵図を配する特異な構図である。絵図は法然上人を取り囲んで道俗六人が上人の法話を聴聞する様子を描き、詞書の主題にそぐわない感じがする。

両本の相違は、国華本の「安元元年」の割注が善導寺本にはなく、また国華本の「金礪」「友トシ」「経緯とし」「紫金台」「音ムセヒ」「念仏ノ門ニナリニキ」を、善導寺本ではそれぞれ「金釼」「とものうし」「たてぬきに」「紫台」

残欠一二の二

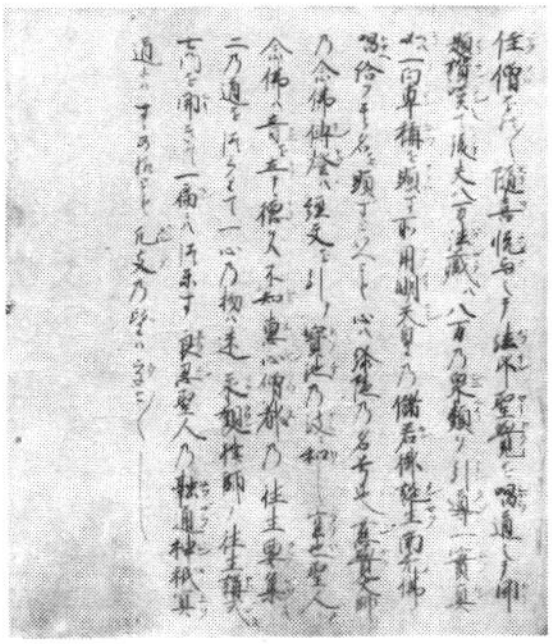

残欠一二の四

残欠一二の三

残欠一三

「こゑむせひ」「念仏門ニなひきて」と表わしている。

善導寺本は、国華本の[残欠一二の三][残欠一二の四][残欠一四]の詞書を一段にまとめて書くが、[残欠一二の三]の詞書の末尾に相当する五行目の「念仏勤行し侍ける」を、次行に回らないように追い込みにしており、もとはここで改行されていたことをうかがわせる。[残欠一二の四]の詞書の末尾にあたる一七行目と[残欠一四]の詞書の頭首にあたる一八行目は、改行して書き分けている。国華本の[残欠一二の三]は詞書の後ろに絵図が描かれており、[残欠一二の四]は詞書の終わりに余白三行分があって、もとは詞書に続いて絵図があったことを想像させる。[4] [残欠一四]の詞書の末尾の「上人ノス、メニカナフ」に続けて、善導寺本は「住侶八十四人、面々ニ上人の興隆をよろこひて」云々と書き連ねるが、両句の間に一字分の空白を設けている。ここもまた段を異にする詞書・絵図のうち、絵図を省いて詞書だけを纏め書きしたのであろう。

[残欠一五]

絵図だけの断簡で詞書はない。かなり長文の画中詞があるが、善導寺本にはみられない。絵図は帰洛の様子を描くから、この前に恩免に関する詞書が想定される。善導寺本でいうなら「龍顔逆鱗のいましめをやめて」ないし「大谷の禅房に居住し給」にあたるものである。

[残欠一六]

この断簡も絵図だけで詞書はない。善導寺本にも構図を同じくする絵図があり、その前に「権中納言藤原光親卿、奉行にて帰京のよし、被仰下侍ける時、もとよりかくこそは侍るへかりける」という詞書がある。

[残欠一七]

法然上人の病床の様子を描く、詞書・絵図・画中詞・人名銘記の四者が揃う『伝法絵』の特色を備えた段であるが、詞書の前部が欠けている。善導寺本によると欠けた詞書は、「次年正月二日より、老病のこゑ《うカ》に、日来不食

残欠一四

残欠一五

残欠一六

残欠一七

残欠一八

殊増気、凡此両三年、耳も不聞、心も耄々として、前後不覚に」にあたり、二行分ほどである。国華本は上人以外に一〇人の弟子僧を描くが、二人の僧の人名銘記を落とし、善導寺本は九人の弟子僧を描くが、人名銘記はない。

［残欠一八］

上人の臨終を描く段で、［残欠一七］と同様に詞書・絵図・画中詞・人名銘記からなる。前段の詞書の相違は、国華本に「上人端坐合掌し、高声念仏を人〱ニすゝむ」「弥陀常ニ響向し給う」「其後廿日より念仏高声ねんころ也、助音の人々ニハをのつから音を肆ニすといへとも」「尽虚空法界」「時ニ此ノ夢ニかなゑり」「紫雲空ニソたなひく」「一の息ハとゝまるといへとも、両眼瞬か事ク」とあるのが、善導寺本に「上人高声念仏を人にすゝむ」「弥陀常影向し給」「そのゝち[5]おのつからこゑをほのかにすといへとも」「尽空法界」「時にかなへり」「紫雲虚にそひて」「一息ととまるといへは、両眼瞬かことし」とある。

画中詞は、国華本が「光明遍照」の四句の偈の前に「一二」、偈の後ろに「唱給」と付けているが、善導寺本は四句の偈だけである。また「兼日ニ往生ノ告を蒙人〱」以下の人名表記は、国華本の方が善導寺本よりも精細である。なお、上人臨終の絵図に、国華本は主要な道俗に人名銘記を付すが、善導寺本にはない。

残欠一八（つづき）

後段の詞書は、国華本の「遺骨を奉納、中隠の報恩ヲをくりたてまつる」と丁寧な表現が、善導寺本では「遺骨をおさめ、中隠を丶くる」と簡素になっている。

三　善導寺本に欠けたる詞書と絵図

以上の国華本と善導寺本の比較によって知られる通り、両本に共通する詞書には表記上の相違[6]を指摘しうるが、内容上に大きな差異はみあたらない。このことは、両本のどちらかの一本がより原本に近く、他方が転写を重ねたために原本から遠ざかった結果の表れだと判断する決め手にはいたらないのである。ところが、梅津次郎氏が指摘するように、国華本には善導寺本にない詞書と絵図が存する。この点について、改めて整理しよう。

詞1（[残欠五]）

上人の御船律師の船諸共ニ下ル。難波浦の水流、海路往反是也。

詞2（[残欠六]）

摂津国おへしまニと丶まり給けれハ、村ノ男女老若参集スル事、浜の沙の数を不知。其中ニ往生行勧とて、上中下の蓮ハ念仏の名ニ顕れ、転妙法林の皃ハ平生ニあかむる仏也。心ハ此界一人念仏名云、現存ニ奉行三尺の立像也。

詞3（［残欠七］）

此島ハ六波羅大相国一千部の法華経を石ノ面ニ書テ、漫々たる波ノ底ニ沈テ、欝々たる魚貝を済かために、安元宝暦よりハしめて未来際を尽すまて、結縁を人々ハいまに石をひろふテそ向うなる。

詞4（［残欠七］）

いかなる人にか侍けん、汀の船の波ニゆられけるを見、南無阿弥陀仏を上ニをきて読る。

難波めかもかりにいつるあまをふねみきはの波ニたふめきにけり

詞5（［残欠一二の一］）

極楽モカクヤ有覧アラタノシトク参ラハヤ南無阿弥陀仏

詞6（［残欠一三］）

此時称名の音弥高、山彦五須弥山にも響覧、願念いたりて深心池八功徳池ニモ澄さ覧哉。故極楽世界ニ常ニ菩薩聖衆摧《（催カ）》テ、上人来迎の雲を勧ト云とも、娑婆国土ニハ暫念仏衆生をこしらえて、我等か往生ヲ先す。

詞7（［残欠一二の三］）

当山ニ一切経御坐さる由聞ケレハ、上人所持ノ経論渡給ニ、寺内ノ老若上中下七十余人ヲ遣テ坂迎。上人御弟子殿法印御房、古老住侶等、各花散香焼盖ヲサシテ向奉る。

詞8（［残欠一五］）

昔釈尊の忉利の雲ヨリ下給しを、人天大会喜ヒをかみ奉リシカ如ク、今上人ノ南海ノ波坂登給ゑハ、道俗男女面々ニ供養ヲのへたてまつる事、一夜ノ内ニ一千余人とそ。幽閑の地をしむといへとも、貴賤尊卑ノ集リ詣ル事、盛なる市のことし。

絵1（［残欠四］）

配流出立の絵図とも称すべきもので、すでに述べたように［残欠三］の詞書に接続し、この絵図の後ろにくる詞書は［残欠五］であるが、善導寺本は二つの詞書を一段にしている。ただし一行分を空けているので、原本に国華本のごとき絵図が存したことをうかがわせる。

絵2（［残欠一一の二］）

一切経施入の絵図である。この絵図は、善導寺本でいうと「恒例引声念仏聴聞のとき」から始まり、「大谷の禅房に居住し給」に終わる長大な詞書の、第一段落末の「七日七夜の念仏勤行し侍へる」の後ろに位置したと考えられる。

絵3（［残欠一四］）

聖覚開題唱導の絵図である。絵図を「爰ニ我大師法主上人」から「併ラ上人ノス、メニカナフ」までかなり長文の詞書[7]がとりかこむ。絵巻物では通常、詞書と絵図は内容的な連関をもつが、先に指摘したごとく、この絵図は法然上人の法語を道俗六人が聴聞する様子を描き、主題にそぐわないのである。

国華本にあり、善導寺本にない詞書と絵図に関して説明を加えてきたが、その意味するところを考えよう。まず絵図についていうと、善導寺本は配流出立の絵図を省いたが、その対応する詞書は略していないのである。同じく一切経施入の絵図、聖覚開題唱導の絵図も省略しているが、それぞれ対応する詞書を省略していない。この点は重要なことである。

絵2の箇所で説いたように、善導寺本は上人の勝尾寺滞在の出来事の詞書を一まとめにしているが、行の追い込み、改行、一字空けなどで、もとの段の形跡を残している。すなわちこの長大な詞書は、「恒例引声念仏聴聞のとき」ないし「七日七夜の念仏勤行し侍ける」、「住僧各随喜悦与して」ないし「凡夫の望ハうと〱し」、「爰我大師法主上人」ないし「併上人のす、めにかなふ」、「住侶八十四人面々ニ」ないし「九重の雲におくりたてまつる」、「龍顔逆鱗のいましめをやめて」ないし「大谷の禅房に居住し給」の五段に分かれていたと考えられる。善導寺本は、五段の詞書を書き綴ったが、前の四段分の絵図を省いたことになる。こうした省略が善導寺本の書写の時点で行なわれたのか、書写の原本テキストがすでに省いていたのか、慎重に検討されなければならない。

次に詞書の有無について検討すると、善導寺本にない詞書は、すべて画中詞か、画中詞と推測されるものである。絵巻物における詞書と絵図は、大抵は本文たる詞書の内容を視覚的に理解せしめる目的で描かれたのが絵図、というのが基本的な関係であるが、詞書と絵図が相互に物語を展開させていく連続的な配置もある。なかでも画中詞は、梅津次郎氏の見解に従えば、本文の詞書とは独立して伝記の重要な一部をなすもの、叙述が絵図を中心に展開する場合、説明的なかたちで挿入されるもの、前後の詞書に連絡する役割をもつものがあるという。しかし、画中詞が物語の展開に不可欠な挿入の詞であることは否定しないが、物語の展開にかかわらない冗漫な詩文である場合もありうる。

たとえば［残欠六］の画中詞（詞2）は、「摂津国おへしまニと〻まり給けれハ、村ノ男女老若参集スル事、浜の沙の数を不知」までは物語の展開に不可欠な挿入の詞であるが、それ以下の「其中ニ往生行勧とて、上中下の蓮ハ念仏の名ニ顕れ、転妙法林の皃ハ平生ニあかむる仏也。心ハ此界一人念仏名云、現存ニ奉行三尺の立像也」は物語の展開に何の役割も持っていない。［残欠七］の画中詞（詞3・詞4）は、経島の築造を説明する詞と、内海を航行する船人を詠んだ、南無阿弥陀仏（な・も・あ・み・たふ）の文字を句頭に置いた戯歌であって、上人配流の物語が展開するのに不可欠だとは到底思えない。［残欠一一の一］の画中詞（詞5）は和歌であるが、上人がこの地で詠むべき和歌であったか決めかねる。［残欠一三］の、勅免の使者が到来し、配流の地から上り、勝尾寺に暫時滞在することを述べる段の絵図の画中詞（詞6）は、まったく物語の展開を補うものではない。［残欠一一の三］の画中詞（詞7）は、勝尾寺に上人所持の一切経を施入することを述べるから、前後の詞書に連絡する役割をもっている。［残欠一五］の画中詞（詞8）は帰洛の絵図に書かれ、上人を慕って多くの人々が上人の庵を訪れたと述べているので、絵図を補う説明的なかたちで挿入されたとみることができる。

このように、国華本にみえる画中詞は、伝記物語の展開に重要な要素をなすものと、物語の本筋に関係なく挿入された絵図の単なる説明文か不要な詩文にすぎないものとに区分けできる。『伝法絵』を継承した法然上人の諸絵伝（伝絵）は、詞書と絵図が交互に配されて物語を展開させる典型的な絵巻であって、画中詞はまったく現れなくなる。絵伝の継承の過程で作者の判断によって、前者は本文の詞書に転じ、後者は省略されていったと思われる。次節において『法然上人伝法絵』（以下『高田本』という）と『法然上人伝絵詞』（以下『琳阿本』という）について例証しよう。

四　『高田本』『琳阿本』との比較

津市の真宗高田派本山専修寺に蔵する『高田本』は下巻だけが現存し、しかも絵を欠き詞書だけを抜書きした、いわゆる「絵詞」である。絵伝の詞書だけを抽出した「絵詞」の存在は、もとより絵を書写する手間を省くことで絵伝の流布を促すことに意図があったが、詞書それだけで絵伝が読み物として成立することを意味した。『高田本』の後跋に「草本云　永仁四年十一月十六日云々」とあり、『伝法絵』の制作より六〇年の後に、詞書だけの「絵詞」が出現したのである。『高田本』は『伝法絵』の増刷版ではあるが、典拠の『伝法絵』の詞書だけでは伝記の展開が不十分であり、伝記の趣旨に欠落するところがあれば、これらを補うという意味の改訂版でもある。その増補の最たるは、法然上人の法語（問答）を多く収録したことにあった。ところが、『伝法絵』巻下（善導寺本巻四）の「尼女房たち」に対する女人往生の法語を収めず、『高田本』の「草本」作者による取捨選択が行なわれている。絵伝の改定意図を考察する必要があるが、さしあたりは『高田本』において『伝法絵』の画中詞がどのように扱われているか、に絞ってみてゆく。以下、『高田本』の詞書から国華本だけにみえる画中詞を引く箇所を抜粋する。

①摂津国経ノシマニトマラセ給ケレハ、村里ノ男女大小老若マイリアツマリケリ。ソノ時念仏ノ御ス、メイヨ〳〵ヒロク、上下結縁カスヲシラス。コノ島ハ六波羅ノ大相国一千部ノ法華経ヲ石ノオモテニカキテ、オホクノノホリフネヲタスケ、人ノナケキヲヤスメムタメニ、ツキハシメラレケリ。イマニイタルマテクタルフネニハ、カナラス石ヲヒロイテオクナラヒナリ。利益マコトニカキリナキトコロナリ。

②同三月廿六日、讃岐国シホアキノ地頭駿河権守高階ノ時遠入道西仁カタチニツキ給フ。サマ〳〵ノキラメキニテ美膳ヲ奉リ、湯ヒカセナトシテ、コ、ロサシイトアハレナリケリ。コレヲ御覧シテ上人ノ御歌、

コクラクモカクヤアルラムアラタノシ　トクマイラハヤ南無阿弥陀仏

アミタフトイフヨリホカニツノクニノ　ナニハノ事モアシカリヌヘシ

又云、名利ハ生死ノキツナ、三途ノ鉄網ニカ、ル。称名ハ往生ノツハサ、九品ノ蓮台ニノホル。

③当山ニ一切経マシマサ、リケレハ、上人所持ノ経論ヲクタシ給ケルニ、寺僧七十人ハカリ蓋ヲサシ、香ヲタキ、花ヲチラシ、オノ〳〵歓喜シテ迎へ奉リ、アマサヘ聖覚法印ヲ唱道トシテ開題讃嘆シ奉ケル。（後略）

④昔釈迦仏切利ノ雲ヨリクタリ給ケレハ、人天大会ヨロコヒシカコトク、イマ上人南海ヨリノホリ給ヘハ、人〳〵面々ニ供養シ奉ル。一夜ノウチニ一千余人ト云。アケレハ上下クモカスミノコトクアツマリテ、御物語アリケルニ、仰ラレケルハ、決定往生ノ人ニ二人ノシナアルヘシ。（後略）

詞書①は、画中詞の「摂津国おへしまニと、まり給けれハ、村ノ男女老若参集スル事、浜の沙の数を不知」（詞2の前半）と「此島ハ六波羅大相国一千部の法華経を石ノ面ニ書テ、漫々たる波ノ底ニ沈テ、欝々たる魚貝を済かためニ、安元宝暦よりハしめて未来際を尽すまて、結縁を人々ハいまに石をひろふテそ向うなる」（詞3）の傍

線部分を用いていることは明らかだが、法華経石が魚貝の救済から航海の安全に変わり、経島について意味の通じる文章となっている。詞書②は、「同三月十六日讃岐国塩飽ノ地頭駿河権守高階保遠入道西仁か館ニ寄宿、種々ニきらめき奉リテ温室いとなみ、美膳をそなゑたてまつる志しいとあはれニこそ侍メレ」（残欠一一・一二の一）という詞書にほぼ準拠しているが、画中詞の歌（詞5）を「上人の御歌」とする。もう一首の歌は他伝にも引かれるが、[8]「又云」以下の対句は他伝にみえない。詞書③は、画中詞の「当山ニ一切経御坐さる由聞ケレハ、上人所持ノ経論渡給ニ、寺内ノ老若上中下七十余人ヲ遣テ坂迎。上人御弟子殿法印御房、古老住侶等、各花散香焼盖ヲサシテ向奉る」（詞7）の傍線の文言によって文章をなしたことは疑いない。詞書④の前半は、画中詞の「昔釈尊の忉利の雲ヨリ下給しを、人天大会喜ヒをかみ奉リシカ如ク、今上人ノ南海ノ波坂登給ゑハ、道俗男女面々ニ供養ヲのへたてまつる事、一夜ノ内ニ一千余人とそ。幽閑の地をしむといへとも、貴賤尊卑ノ集リ詣ル事、盛なる市のことし」（詞8）の傍線の言葉を繋ぎ合わせている。

右にみたように、『高田本』は『伝法絵』の画中詞を詞書の中に取り入れたが、歌（詞5）以外は、前後の段と文脈が通るように画中詞の文言を改変している。それではつぎに『琳阿本』はどうか。『高田本』と同様に国華本にのみ現われる画中詞を引く箇所を抜粋する。

⑤摂津の国経の島にとまらせ給けれハ、男女老少まいりあつまる事、そのかすをしらす。其なかに往生の行をす丶むとて、上中下の三品のはちすは念仏のなにあらハし、転妙法輪かちはせは、平生にあかむるほとけなり。こ丶ろハ此界一人念仏名のいひなり。

⑥此時称名のこゑいよ〳〵たかし。やまひこ五須弥山にもひ丶くらん。往生の願念いたりてゆかしきこ丶ち、功徳池にもあまらんや。かるかゆへに、極楽世界には常に菩薩聖衆をもよをして、上人来迎の雲をこしらえて、我等が往生をさきとす。かくていまた入洛にをよハす。かちおの山に勝如上人往生の地いみしくおほえ

て暫おハしけれハ、（後略）

⑦当山に一切経ましまさゝるよし聞召けれハ、上人所持の経論をわたし給ふに、寺内の老若上下七十余人を遣ハしてさかむかへに、上人の弟子殿法印御房古臈の住侶等、花を散し香をたき盖をさしてむかへたてまつる。住侶各随喜悦誉《（ママ）》して、法印聖覚を唱導として開題讃嘆の詞に云、（後略）

⑧むかし釈尊忉利の雲よりをり給しを、人天大会よろこひおかミたてまつりしかことく、今聖人南海のなミをさかのほり給へハ、道俗男女面々に供養をのへたてまつること、一日夜のうちに一千余人と云々。幽国の地をしむといへとも、貴賤高卑のあつまり参事、さかりなる市のことし。権中納言光親卿の奉行にて、帰京のよしおほせ下され侍りける時、人々本望やすまりぬ。（後略）

詞書⑤は、画中詞の「摂津国おへしまニと、まり給けれハ、村ノ男女老若参集スル事、浜の沙の数を不知。其中ニ往生行勧とて、上中下の蓮ハ念仏の名ニ顕れ、転妙法林の皃ハ平生ニあかむる仏也。心ハ此界一人念仏名云、現存ニ奉行三尺の立像也」（詞2）にほとんどよっていることが傍線部分から明白である。詞書⑥は、画中詞の「此時称名の音弥高、山彦五須弥山にも響覧、願念いたりて深心池八功徳池ニモ澄さ覧哉。故極楽世界ニ常ニ菩薩聖衆摧《（催カ）》テ、上人来迎の雲を勧ト云とも、娑婆国土ニハ暫念仏衆生をこしらえて、我等か往生ヲ先す」（詞6）に準拠しつつ、配流地から上洛の途中、勝尾寺に暫時滞在したことを述べる繋ぎの文章としている。詞書⑦は、画中詞の「当山ニ一切経御坐さる由聞ケレハ、上人所持ノ経論渡給ニ、寺内ノ老若上下七十余人ヲ遣テ坂迎。上人御弟子殿法印御房、古老住侶等、各花散香焼盖ヲサシテ向奉る」（詞7）をそのまま本文化し、聖覚の開題唱導の記事へと続けている。詞書⑧も、画中詞の「昔釈尊の忉利の雲ヨリ下給しを、人天大会喜ヒをかみ奉リシカ如ク、今上人ノ南海ノ波坂登給ゑハ、道俗男女面々ニ供養ヲのへたてまつる事、一夜ノ内ニ一千余人とそ。幽閑の地をしむといへとも、貴賤尊卑ノ集リ詣ル事、盛なる市のことし」（詞8）の全文を用いて、勝尾寺から入洛した上人の庵室を道俗が多数訪れたことを叙述する。

ところで、これまで対象外にしてきたが、国華本と善導寺本に共通する画中詞がある。それは国華本でいうと、次の画中詞である。

詞9（「残欠一七」）

仁和寺に住侍ける尼、上人往生の夢に驚て参し侍りける。

詞10（「残欠一七」）

病床莚ニ人々問奉ける、御往生の実不如何。答云、我本天竺在時声聞僧ニ交テ頭陀行、今日本国而天台宗入、かかる事ニ遇。抑今度往生ハ一切衆生結縁のため也。我本居住セシ所ナレハ只人ヲ引接セムト思フ。

詞11（「残欠一八」）

一一光明辺（遍）照十方世界念仏衆生摂取不捨唱給。南無阿弥陀仏

詞12（「残欠一八」）

兼日ニ往生ノ告を蒙人〳〵。前権右大弁藤原兼隆朝臣中宮大進、権律師隆寛長楽寺律師是也、白河准后宮女房、故別当入道惟方孫不知実名、鎌倉尼念阿弥陀仏、坂東尼、東山一経谷住僧大進公、三条小川倍従信賢、祇陀林寺経師、四条京極薄師子太郎正家或真清歟。

詞13（「残欠一八」）

西山ノ水ノ尾峯売炭老翁荷薪樵夫紫雲聳見之。

これらの画中詞が『高田本』や『琳阿本』にどのように引かれているか、これまでと同様に検討しよう。

⑨ツキノトシ上人満八十、正月二日ヨリ老病ノ上ニ不食コトニ増シテ、オホヨソ両三年耳モキ、給ハス、心モ耄シ給ヘリ。シカルヲイマサラニ昔ノコトク明々トシテ、念仏ツネヨリモ熾盛ナリ。仁和寺ニ侍ケルアマ、

御往生ヲユメミテマイリ侍ケリ。(『高田本』)

⑩カネテ往生ノ告ヲカフル人〳〵。前権右大弁藤原兼隆朝臣、権律師隆寛、白河准后宮女房、別当入道ナヲシラス、尼念阿弥陀仏、侍坂東尼、倍従信賢、祇陀林経師、一切経谷住侶大進公、薄師真清、水尾山樵夫、紫雲ヲミタルモノトモアリ。(『高田本』)

⑪廿五日ノ最後ニハ慈覚大師ノ袈裟ヲカケテ四句ノ文ヲ唱フ。光明遍照十方世界念仏衆生摂取不捨コレナリ。(後略)(『高田本』)

⑫建暦二年壬申正月一日よりハ、老病そらに期して蒙昧身にいたれり。待ところたのむこと、まことによろこはしきかなやとて、高声念仏不退なり。或時は弟子に告ての給ハく、われもと天竺にありて、声聞僧にましハりき。頭陀を行しき。今日本国に来て天台宗に入て、又念仏をすゝむ。身心に苦痛なく蒙昧忽に分明なり。抑我往生は一切衆生の結縁のため也。われもと居せし所なれハ帰行へし。唯人を引導せんと思ふ。(『琳阿本』)

⑬抑七八年のそのかミ、ある雲客兼隆朝臣夢に見云々。上人御臨終の時は、光明遍照の四句の文を唱給へしと云々。(中略)正しく最後にのそむ時は、年来所持の慈覚大師の袈裟をかけて、頭北面西にして光明遍照十方世界念仏衆生摂取不捨の文を誦して、念仏していきたえ給ぬ。(後略)(『琳阿本』)

詞書⑨は、表現に小異はあるが、本文の詞書の後ろに画中詞(詞9)を続けている。詞書⑩が画中詞(詞12・詞13)によったことは、もはや説明を要しないと思う。一月二十四日のこととして「明日往生ノヨシ夢想ノツケニヨテ、オトロキキタリテ終焉ニアフモノ五六許輩ナリ」という記事に続けるが、画中詞の人物と「五六許輩」が同じかはわからない。詞書⑪⑬は、上人が臨終に四句の文を唱えたと述べるので、画中詞(詞11)を文章化したと考えられる。詞書⑫は、上人の老病のさまと念仏不退のことを述べた後に、画中詞(詞10)を典拠とする上人の言葉を続ける。

以上の検討の結果、『高田本』は詞2・詞3・詞5・詞7・詞8・詞9・詞11・詞12・詞13を、『琳阿本』は詞2・詞6・詞7・詞8・詞10・詞11を引いていることが判明した。詞1は画中詞の可能性が高いというだけだから、一応除外するとして、画中詞のなかで『高田本』や『琳阿本』に引かれていないのは詞4のみである。ただし、両本に共通して引かれた画中詞は詞2・詞7・詞8・詞11にすぎないから、ここに取捨選択の跡がうかがわれる。すなわち『高田本』は画中詞の多くを本文に取り入れたが、しばしば表現を改変している。これに対して『琳阿本』は『高田本』より少なかったが、画中詞を採用するにあたり、原文を尊重する傾向にある。

五　善導寺本の史料的性格

『伝法絵』の善導寺本巻三・四には病床念仏の段と臨終往生の段にかぎって画中詞が書かれているが、国華本には多くの段にわたって画中詞が存する。筆者はこれまで善導寺本にない画中詞を国華本による増補と解してきたが、これは失考だったといわざるを得ない。国華本の画中詞は、『伝法絵』を継承した絵伝の『高田本』や『琳阿本』に詞書として引かれているので、これらの絵伝が参照した『伝法絵』にも存在したと考えられる。そこで、善導寺本は国華本に存した画中詞の多くを省略しているとみなさざるを得ない。絵図もまた国華本との比較において三点の欠落が判明し、ほかに二点の欠落も想定できるのである。絵の人物に施された人名銘記も省かれている。しかし、本文の詞書は一切省略していない[9]。この点は伝記絵巻にとって重要な問題である。

こうした善導寺本における画中詞の省略と絵図の欠落は、国華本との比較ができない巻一・二について確認の方法がないが、どうであろうか。画中詞に関していうと、序文の後の第一絵図のなかの「如来滅後二千八十二年、日本国人皇七十五代崇徳院長承二年癸丑、美作国久米押領使漆間朝臣時国一子生するところ」、第二絵図のなかの

「この息、襁褓のなかよりいて、、竹馬に鞭うちてあそふところ」を始め、枚挙にいとまないのである。人名銘記は、巻一に一図、[10] 巻二に四図の人物に施されている。こうした些細なことでも、画中詞の省略や人名銘記の有無といった点に、巻一・二と巻三・四との間で相違が見いだされることを、筆者には看過できないのである。

現行の善導寺本は室町時代の転写本と推測されているが、[11] 善導寺本の各巻について画風や筆致に違いがあると指摘されていない。それでは、巻一・二と巻三・四との相違はどこからくるのか。善導寺本の奥書（跋語）は巻二（原上巻）と巻四（原下巻）にあるが、巻四には躭空の跋語の後に「永仁二年甲午九月十三日書畢　執筆沙門寛恵満七十　雖手振眼闇、為結縁所之書也、後見念仏申可訪給」という識語が書かれている。ところが、この識語は巻二にはない。筆者はこの識語をもって、善導寺本は永仁二年（一二九四）に寛恵が書写したものの転写本であるとしてきた。しかし厳密にいえば、永仁二年の寛恵書写本の転写は巻三・四（原下巻）だけであって、巻一・二（原上巻）は寛恵書写本の転写ではなく、永仁二年以前に書写されたオリジナルにかなり近いものをもって転写したと考えられる。善導寺本は、上下二巻それぞれ制作時を異にする書写本を用いて転写した。こうみなすことで、画中詞の省略や人名銘記の有無といった巻一・二と巻三・四との相違が説明できるのである。要するに、善導寺本の巻三・四は、絵巻の画中詞や人名銘記を省略し、あるいは絵図を何図か欠落させた永仁二年の寛恵書写本を原本テキストに使用した。しかし、オリジナルの『伝法絵』下巻の絵図に画中詞などが存したことは、国華本や『高田本』『琳阿本』からも明らかである。

そこでつぎに、国華本との比較によって画中詞の省略や絵図の欠落が判明した善導寺本の原態を、梅津次郎氏が「改竄の痕」が認められるという、巻三の上人の勝尾寺滞在から帰洛までを復元してみよう。

［詞A］

かくていまた入洛にハおよはす。勝尾山ニ勝如上人往生の地、いミしくおほえて、しはらくおハしけれは、花夷男女、道俗貴賤、まいりあつまり侍ける。

［絵A］

（図版1）

［詞B］

恒例引声念仏聴聞のとき、衣裳ことやうに侍ければ、弟子の信空上人ニ件子細をしめして、装束勧進のよし侍ければ、ほとなく法服一襲十五具すゝめいたして、持て参給ける。感にたえす。住侶等臨時ニ七日七夜の念仏勤行し侍ける。

［絵B］

（欠落）

［詞C］

住僧各随喜悦与して、法印聖覚唱導として、開題讃嘆之後、夫八万法蔵ハ八万の衆類をみちひき、一実真如ハ一向専称をあらはすところ、……良忍上人の融通、神祇冥道ニハすゝめ給とも、凡夫の望ハうと〳〵し。

［絵C］

（欠落）

［詞D］

爰我大師法主上人、行年四十三より念仏門に入て、あまねく弘給ニ、天子のいつくしミ玉冠を西にかたふけ、月卿のかしこき金釼を東ニたゝしくす。皇后のこひたる為提希のあとをゝい、傾城のことんなき五百の侍女をまなふ間、……法王（主）なミたをなかし、聴衆袖をしほりて、悉念仏門ニなひきて、併上人のすゝめにかなふ。

［絵D］

（欠落）

［詞E］

住侶八十四人、面々ニ上人の興隆をよろこひて、一山のため、万代のかたミ、如何てか其広恩を報せん。昔戒成皇子、金泥ノ大般若供養の砌ニ、山上の草木、こと〳〵くなひきて、……いくほとなくして、帰京のよし聞えけれハ、一山なこりをゝしみて、九重の雲におくりたてまつる。

［絵E］

（欠落）

［詞F］

図版 1（絵 A）

図版 2（絵 F）

図版 3（絵 G）

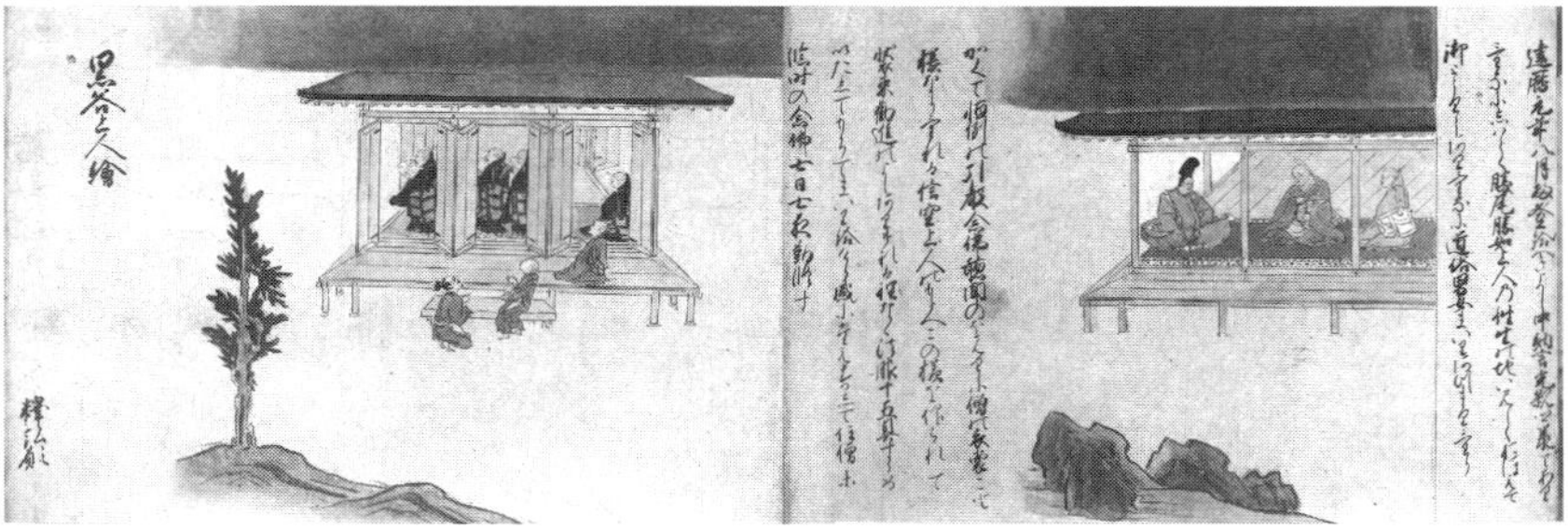

図版４（弘願本）

龍顔逆鱗のいましめをやめて、烏頭反毛の宣下をかふり給しより、勝尾ニ隠居の、ち、鳳城ニ還帰あるへきよし、太上天皇の院勅をうけ給ハらしめ給けれハ、吉水の前大正僧《（ママ）》慈鎮の御沙汰として、大谷の禅房に居住し給。

［絵F］

（図版2）

［詞G］

権中納言藤原光親卿、奉行にて帰京のよし、被仰下侍ける時、もとよりかくこそは侍るへかりける。

［絵G］

（図版3）

以上のように絵図と詞書の構成が復元できるが、欠落した絵図について国華本や成立が早期の『琳阿本』『法然聖人絵』（以下『弘願本』という）、またはそれらを受けた『拾遺古徳伝絵』（以下『古徳伝』という）などを参照して絵相を想定したい。まず絵Aは、勝尾山に登るところを描き、望月信亨氏は「勝尾山隠棲の図」と名づける[12]。ところが、詞Aと同じく勝如上人往生の霊地の勝尾山に逗留したと記す『弘願本』の絵図は、図版４（右図）のごとく仏堂の室内で上人が道俗二人と談話するところを描く[13]。絵伝によっては絵相を異にすることもあったようだ。そうなれば、国華本において梅津次郎氏が未詳の段とした「法然縁先にあって縁下の僧俗四人と談話するところ」の絵図（図版５）は、勝

図版5（国華本）

図版6（琳阿本）

図版7（古徳伝）

図版8（琳阿本）

尾寺隠棲の絵図ではなかろうか。

絵Bは『弘願本』のように「七日七夜の念仏勤行」を描く念仏行道の絵図（図版4左図）が考えられる。もし国華本のような一切経施入の図だとすれば、画中詞（詞7）がなければ物語が展開しない。善導寺本の詞Cがいきなり解題供養の話になるのは文脈的に不整合で、原本テキストにおいてこの画中詞に相当する内容の詞書を欠落させていたとみられる。

詞Cに対応する絵Cは、他の絵伝にみえないから、その絵相は想定できない。詞Cと詞Dは、一切経開題供養の讃嘆文（表白）の前半と後半にあたり、本来分けるべきではない。絵Cが『伝法絵』の原本に存したとしても、上人の事績に直接関係ないものであったから、善導寺本の原本テキストはこれを意図的に省略したとも考えられる。絵Dの絵相は、国華本のような上人を囲んで僧俗六人が法談する絵図では詞Dの内容に対応せず、『琳阿本』や『古徳伝』のように、聖覚を唱導師とする開題供養の様子（図版6・7）を描くものでなければならない。

詞Eに対応する絵Eは、『琳阿本』七巻五段[14]（図版8）の右図、『古徳伝』八巻四段（図版9）のように、勝尾寺の住侶らが帰洛の上人一行を見送る場面が想定される。絵Fは雲間に輿をかつぎゆく様を描き、上人の勝尾寺から京都への移動を表わし、「鳳城還帰の図」と称せられる。詞Gは趣意をとりがたく、対応する絵Gも何を描いているかわかりにくいが、「吉水の庵室の図」と名づけられている。絵Gは国華本の「残欠一六」の絵相とほぼ一致する。絵図の上部に描く天童に注目すると、『古徳伝』六巻一〇段の絵図[15]（諸人夢想の図）の、蓮華に座す上人を囲み管弦遊戯する天童の有様に近いようである（図版10）。さらに『琳阿本』八巻二段の絵図（図版11）とその詞書が参考になろう。

詞書の第一段では

建暦元年辛未十一月廿日、龍顔逆鱗のいましめをやめて、烏頭変毛の宣旨を蒙れり。勝尾隠居の後、鳳城に還

図版 9（古徳伝）

図版10（古徳伝）

図版11（琳阿本）

帰有へきよし、太上天皇順徳天皇院宣をうけしめ給へは、よし水の前大僧正慈鎮御沙汰として、大谷の禅房に居住し給と云々。

とあり、第二段では

むかし釈尊忉利の雲よりをり給しを、人天大会よろこひおかミたてまつりしかことく、今聖人南海のなミをさかのほり給へハ、道俗男女面々に供養をのへたてまつること、一日夜のうちに一千余人と云々。幽国（ママ）の地をしむといへとも、貴賤高卑のあつまり参事、さかりなる市のことし。権中納言光親卿の奉行にて、帰京のよしおほせ下され侍りける時、人々本望やすまりぬ。或雲客の夢に、上人内裏御参の時、天童五人雲に乗て管弦遊戯す。天蓋をさし覆奉る。夢醒て聞に、上人内裏へ参し給り。不思儀なりしと也。

とある。『琳阿本』の詞書が『伝法絵』を受けていることは明らかで、第一段は「龍顔逆鱗のいましめをやめて」以下が善導寺本の詞Ｇとほとんど同文である。第二段の「むかし釈尊忉利の雲よりをり給しを」より「さかりなる市のことし」までは、国華本の［残欠一五］の画中詞（詞８）とほぼ同文であり、その絵図は善導寺本の絵Ｆに該当する。すなわち絵Ｆ（図版２）に詞８の画中詞が書かれていたはずだが、それが原本テキストにおいて省略されたのである。

先に詞Ｇの「権中納言藤原光親卿奉行にて帰京のよし被仰下侍ける時、もとよりかくこそは侍るへかりける」は趣意をとりがたいと述べたが、『琳阿本』の「権中納言光親卿の奉行にて、帰京のよしおほせ下され侍りける時、人々本望やすまりぬ」を参照すれば、何となく意味が通じ、人々は上人の帰京を待ち望んでいたが、藤原光親の宣下でようやく実現したというのである。詞Ｇに対応する絵Ｇ（図版３）は、上人への瞻仰を表すものとして描かれているとみるべきで、諸人霊夢のことが画題となったと考えられる。それでは物語が急展開するから、画中詞で補う必要があろう。その画中詞が「或雲客の夢に、上人内裏御参の時、天童五人雲に乗て管弦遊戯す。

天蓋をさし覆奉る。夢醒て聞に、上人内裏へ参し給り」ではないかと思われる。例によって善導寺本の原本テキストはこの画中詞を省略したので、訳のわからない絵図となった。

以上の検討によって、梅津次郎氏が善導寺本には改竄の痕が認められ、国華本は『伝法絵』の正統なかたちを保っていると評価されるが、善導寺本の原態を想定すると、ある種の混乱は画中詞や人名銘記などを多く省略した原本テキストを用いたことに起因するのであって、改竄とまではいかない。善導寺本の原本テキストにおける画中詞の省略は、それが上人の事績にかかわらない単なる説明文か不要な詩文にすぎないものに多く、伝記史料としての瑕疵にはいたらないと思われる。

六 おわりに

論旨が多岐にわたったので、最後に整理しておこう。『伝法絵』の国華本と善導寺本を対照すると、両本ともに存する詞書には仮名遣いや表記などに相違があるが、内容的に大きな差違はない。ところが、善導寺本には国華本の絵図三点と詞書八点を欠いている。しかし、欠落の絵図に対応する詞書は省略していないし、国華本のみにみえる詞書は画中詞に多く、それらは絵を説明する文章か、物語の展開にかかわらない冗漫な詩文であったから、善導寺本の伝記史料としての性格を損なうことはないといえる。

絵と詞を交互に交え、絵のなかに画中詞を挿入する国華本は『伝法絵』の原初的な姿を残しているが、『伝法絵』が成立してからほぼ半世紀を経た鎌倉後期に成立した『高田本』や『琳阿本』のごとき『伝法絵』の改定・増補版になると、画中詞を本文の詞書に取り入れるものが出現した。その一方で、善導寺本が原本としたテキストのように、一部の絵図および画中詞を省略した簡易版もまた流通していたようである。

現行の善導寺本は室町時代の転写本だが、巻一・二（原上巻）と巻三・四（原下巻）とでは画中詞や人名銘記の有無に相違がみられる。これは前者が『伝法絵』のオリジナルに近いものを、後者がその簡易版たる永仁二年（一二九四）の寛恵書写本をテキストに用いたことを意味する。そこで善導寺本巻三の原態を想定すべく、法然上人の勝尾寺滞在から帰洛までを検討したところ、国華本において未詳の段であった残欠の絵図は勝尾寺隠棲の絵図と推定され、改竄の痕が認められるという帰洛の段は、詞書に舌足らずの感は否めないが、現行の善導寺本の絵図に本来、説明的な画中詞が存していたと想定される。

（1）梅津次郎「新出の法然上人伝法絵について」（『国華』七〇五号）。以下、特に断らない限り、梅津氏の見解はこの論文による。
（2）拙稿「法然伝の系譜」（『念仏の聖者　法然』）。
（3）こうした相違は写本に付き物だから、特に問題とならない限り、以後は言及しない。
（4）［残欠一四］もまた詞書の終わりに二行分の余白があり、当段が詞書と絵図で完結していたことを示す。
（5）「ち」と「お」の間に追記の記号「○」を付け、行の右傍に「廿日比より念仏高声にねんころなり助音の人々は」と書き込む。
（6）あえていえば「国華本」の方に誤字が目立つ。
（7）国華本のこの詞書は、善導寺本では前引の長大な詞書の第三段落に相当する。
（8）『拾遺古徳伝絵』巻七に「一向専念たるべきやうをよみたまひける歌」として、『法然上人行状絵図』巻三〇に「極楽往生の行業には、余の行をさしをきて、たゞ本願の念仏をつとむべしといふことを」詠んだ歌として引く。
（9）一部の絵図および画中詞を省略したものを、かりに『伝法絵』の簡易版と称しておく。
（10）善導寺本巻四の末尾の絵図は、巻一の大原問答の詞書に続く絵図である。
（11）梅津次郎「法然上人伝法絵」（『絵巻物残欠の譜』所収）。
（12）善導寺本を始めて公刊した望月信亨氏の序文を付す『本朝祖師伝記絵詞』（善導寺発行）による。
（13）『古徳伝』八巻二段の絵図（恩免を蒙り摂津勝尾山へ隠棲の図）も、異時同図をもって勝尾寺で上人の法談を聞く道俗七人の様子を描く。

(14)『琳阿本』七巻の五段・六段の絵図に錯乱がある。現行本の五段の絵図は①右に勝尾寺住侶が上人の一行を見送るところ、②左に一切経を勝尾寺に運ぶところ、六段の絵図は③右に勝尾寺の門前で僧が迎えるところ、④左に聖覚が開題供養の唱導を勤めるところを描くが、『古徳伝』と対比すると、正しくは五段の絵図が②③④、六段の絵図が①であったと推定される。現行本に乱丁や落丁はないので、『琳阿本』の原本テキストの錯乱と思われる。

(15) 当段の「凡聖人在世の間、諸人霊夢これおほし。或人は聖人文殊師利菩薩也とみる。或人は聖人釈迦如来也とみる。或人は聖人大勢至菩薩也とみる。或人は聖人弥陀如来也とみる。或人は聖人道綽禅師也とみる。或人は善導大師也とみる。或人は聖人大なる赤蓮華に坐して念仏したまふとみる。或人は天童四人聖人を囲繞して管弦遊戯したまふとみる。或人は聖人の吉水の禅房をみれは、瑠璃の地にしてすきとおり、瑠璃の橋をわたせりとみる取詮註之」という詞書を絵画化した絵図である。これと同様の構図の絵は『古徳伝』による軸装の法然聖人絵の満性寺本に「諸人種々夢想」、浄珠院本に「諸人感夢」という札銘が付されている。『法然上人伝全集』は「聖人赤蓮華に坐し天童に囲繞せらる奇瑞の図」と名づけるが、「諸人夢想の図」と称するのが適切である。

〔掲載図版一覧〕

国華本(『国華』七〇五号)
善導寺本(福岡県久留米市・善導寺蔵)
弘願本(京都市・知恩院蔵)
琳阿本(東京都港区・妙定院蔵)
古徳伝(茨城県那珂市・常福寺蔵)

〔付記〕 国華本の残欠一二の一、残欠一三、残欠一二の三、残欠一六、残欠一八、図版5の六点は現在、岡山県立博物館に所蔵されているが、残欠一二の一・一二の三・一八の三点については、国華本と詞書・絵図の接合に異同がみられるので、本書では、国華本の図版のままとした。

第二章　『伝法絵』（『本朝祖師伝記絵詞』）の作者と成立

一　題号と巻数

久留米市の浄土宗大本山・善導寺に蔵する法然上人絵伝は室町時代の模本で、『本朝祖師伝記絵詞』と称し、巻子本の四巻に装丁されている（法量は文末参照）。巻第一および巻第四の識語によると、明治十二年（一八七九）七月、時の住職の不破祐善がこれを携えて京都に行き、知恩院の養鸕徹定にみせて、後跋を書いてもらい、修補したという。善導寺に襲蔵されるにいたった経緯は不詳であるが、この絵伝が世に知られるようになったのは、望月信亨氏が『法然上人正伝』（明治四十四年刊）を著わすにあたって、「事義、簡古なりと雖も、要領を摘み、文辞、優美なりと雖も、浮華に流れず。頗る信憑するに足るものあり。啻に上人絵伝の嚆矢なるのみならず、恐らくは、後来の諸伝は、率ね皆之を準として、以て製作せられたるものならん」と高く評価し、明治四十五年（一九一二）三月、同氏の「校照」によって、善導寺より『本朝祖師伝記絵詞』が刊行された。そして、『浄土宗全書』一七（大正二年刊）や井川定慶編『法然上人伝全集』（昭和二十七年刊）に収録されて、広く宗内外に知られるようになったのである。

この絵伝は、『本朝祖師伝記絵詞』と呼ばれ、また四巻の巻子本であるところから、「四巻伝」とも通称する。しかし、「本朝祖師伝記絵詞」は巻第一と巻第二に付せられた題号であって、巻第三の題号は「伝法絵流通」となっている。善導寺本の異本と見られる『国華』七〇五号掲載の残欠本（国華本）には「法然上人伝法絵流通」とあるから、「伝法絵流通」が本来の題号であろう。真宗高田派の本山・専修寺に蔵する永仁四年（一二九六）書写の法然上人伝（高田本）は「法然上人伝法絵」と題し、弘安七年（一二八四）道光撰述の『聖光上人伝』の本文注記に「伝法絵云、弟子弁阿、上人入室後、遣豫州而弘通念仏、還鎮西、建立光明寺」とある文章が、善導寺本の巻第二の画中詞に、ほぼ同文でみえるので[1]、この絵巻は『伝法絵』とも称されていた[2]。

また、現存する国華本や高田本は、題号のもとに「下」「下巻」と記しており、『伝法絵』は上下二巻の構成をとるのが本来であったと考えられる。言い換えると、善導寺本は、もと二巻であったのを四巻に装丁しなおしたか、すでに原本が四巻になっていたのを書写したようである。第二巻と第四巻に跋文があるが、元来は上巻・下巻に跋文が存したことをうかがわせる。

二　作者――躭空・湛空の同人説――

『伝法絵』の作者は、善導寺本の巻第二の跋文に、「爰躭空執筆而草旨趣、観空和墨摸画図」と記す通り、詞書は躭空、絵図は観空である。巻第四の跋文には「鎮西筑前国之住人左兵衛尉源光忠法名観空行年卅三云々　願主沙門躭空六十九」とあって、観空の官途・俗姓名・年齢、躭空の年齢がわかる。制作について、巻第一の序文の末に「いま先師上人、念仏すゝめ給える由来を、画図にしるす事しかり。于時嘉禎三年丁酉正月廿五日、沙門躭空記之」、巻第二の跋文に「嘉禎三年丁酉十一月廿五日筆功已畢」、巻第四の跋文に「嘉禎三年丁酉五（正カ）月に始之、同十一月廿五日、於相州鎌倉八幡宮本社之辺図之」とあり、嘉禎三年（一二三七）の正月二十五日から始め、十一月二十五日に終えている。正月二十五日は法然上人の正忌で、十一月二十五日は当月の月忌にあたり、ここに祖師報恩の思いが現われている。

絵図を描いた観空のことは、詞書を書いた躭空との関係を、巻第二の巻末に「心のはやりのまゝに、七旬の老眼に悲涙を抑て泣、一人の同法をすゝめて後素をしるす」と記し、躭空の「同法」であったことが知られるだけである。躭空は、詞書のなかで法然上人を「先師」と呼んでいるので、上人の門弟であったに違いないが、他の法然伝記文献にその名がみえない。隆寛を「劉官」と表記する事例もあるので、[3]音通の別字で表記した人物も考えられよう。タンクウと称する門弟には、湛空（正信房）がいる。上人の滅後、中陰の三七日《みなぬか》の仏事を営んだ施主を善導寺本が「末弟躭空法師」とするところを、『法然上人伝絵詞』（琳阿本・巻八）や『拾遺古徳伝絵』（巻九）には「弟子湛空」、『法然上人行状絵図』（巻三九）には「正信房湛空」、『法然上人伝記』（九巻伝・巻八上）には「末弟湛空法師」と書くので、躭空・湛空同一人説がうかびあがってくる。

しかし、湛空は『行状絵図』や「空公行状碑」「二尊院住持次第」などによれば、建長五年（一二五三）七月二十七日、七八歳で遷化しており、嘉禎三年は六二歳にあたるので、跋文の六九歳というのには合わない。そこで望月氏は、躭空・湛空別人説をとっている。今岡達音氏もまた年齢の齟齬を第一の理由にして、躭空とは湛空のことを指さないと断言する。[4]一方、井川定慶氏は、善導寺本の年齢表記について転写における誤写の可能性を想定し、同一人説をとっている。[5]三田全信氏も同人説に立ち、年齢の齟齬に関して、「願主沙門躭空六十九」以下、和歌三首、「抑この絵ハふかき心さしあり。（中略）本誓有憑、速入無為宮而已。躭空在判」までを追記とみなしたのである。[6]三田氏によれば、この追記は湛空が六九歳の寛元二年（一二四四）のこととなるが、そうした複雑な成立事情を考えねばならないのだろうか。善導寺本の巻第三・四は誤字・脱字が少なくないので、年齢表記を根拠に躭空・湛空別人説を採るのは、論証としてやや脆弱であろう。[7]

井川氏は、『伝法絵』の作者を湛空とみなすことの理由に、『法水分流記』などの系譜類で湛空の門流を「嵯峨門徒」と呼んでいるのは、清涼寺・二尊院の辺りに住んでいたからで、『伝法絵』において、法然上人の遺骨を嵯峨に納めたのは、上人の求法修行の初めにまず清涼寺に詣でて祈請し、その本尊の釈迦と弥陀の契りが深い有縁の地であるとしていること、法然上人配流の時に、上人と大納言律師公全（高田本・『拾遺古徳伝絵』などは湛空のこととする）の師弟別離の情愛を描き、弟子としての湛空の地位を高からしめていること、上人の遺骨奉安の場所を小倉山の麓（二尊院）として、他の地を抹消していることなどをあげている。この井川氏の、嵯峨門徒と『伝法絵』の関連性の指摘は、作者を絞り込むのに重要な観点である。そこで『伝法絵』の記事に従って、少し敷衍したい。

嘉禄の法難において、法然上人を荼毘に付した地は、『伝法絵』では「東行西行、ほとへにけれハ、火葬したてまつる」とだけ記して、所在を明らかにしない。『伝法絵』以後の諸伝は、高田本が「二尊院」、琳阿本が「嵯峨」、『拾遺古徳伝絵』が「西山の粟生」、『行状絵図』が「西山の粟生野」とし、嵯峨と粟生の二説に分かれる。つぎに遺骨を納めた場所について、『伝法絵』は「上人、求法修行のはしめ、先当伽藍に詣す。定て御祈請旨侍るか、釈迦弥陀ちきりふかく、此土他（土）と縁あさからすして、遂に遺骨を件地におさむ」という。上人と因縁の深い「件地」とは「当伽藍」すなわち清涼寺を指示し、ここに納めたような書き方である。

ところが『行状絵図』（巻四二）には、遺骨を幸阿弥陀仏に預け、幸阿弥陀仏は庵室の塗籠のなかに隠して鎮西に下っていた間、貞永二年（一二三三）正月二十五日、湛空と信覚らが塗籠の戸を開けて遺骨を取り出し、二尊院の雁塔に納めたとある。『伝法絵』は年紀を記さずに、「弟子前権律師公全、此聖骨為奉納、敬建立宝塔一基、同念仏三昧を勤修、奉納阿波院之御骨。これ少蔵山のふもと、中院のほとり、大乗善根之堺也」とある。公全（湛空）が二尊院の雁（宝）塔に法然上人の遺骨を奉納したことは疑いなく、いったん安置した場所が嵯峨（清涼寺）か、粟生（幸阿弥陀仏の庵室の塗籠）かの違いが伝記間でみられるのである。

『伝法絵』の作者と清涼寺の関係はどうか。小倉山納骨のことを記す直前に、「承久二年庚辰四月八日より、一夏九旬持斎にて参籠。毎日七万返念仏」「承久三年辛巳卯月八日より、至于同七月十五日、時にて毎日念仏十万返。其間、仏前異香、甚以薫入す」とある。承久二年（一二一九）と翌年、四月の仏誕日から盂蘭盆まで、毎日七万遍ないし十万遍の別時念仏を修している。これは作者の個人的情報であって、他の『伝法絵』系統の法然伝には継承されない特異記事である。この時期は、清涼寺の焼失・再建の混乱期にあった。建保六年（一二一八）十一月、「嵯峨釈迦堂」が火災に遭い、承久元年（一二一九）七月、「嵯峨釈迦堂」を上棟し、貞応元年（一二二二）二月、「嵯峨清涼寺」の供養に後高倉法皇が臨幸し、「往生院念仏房」の造営するところであった(8)。再建が進むなかで、作者は別時念仏を行なったのだろうが、近ごろ破戒不善の輩が厳禁にもかかわらず、専修念仏を企て、「清涼寺之辺多以止住」の風聞ありとする院宣が出たのは(9)、建保七年（一二一九）閏二月のことで、専修念仏を唱える者たちの勧進が清涼寺の再建に大きくかかわったことは疑えない。

しかし、造営にあたった者として名を残したのは、著名な往生院の念仏房であって、嵯峨門徒ではなかった。『伝法絵』に、清涼寺の歴史を述べて、「今釈迦堂、泉名をかりて、清涼寺と称するところを、今度造営に、聖蹟をやふるのみにもあらす、五間の阿弥陀堂をつゝめて三間になす。如何」と慨嘆しているのは、この間の事情を物語っていると考えられる。源融の別荘・棲霞観を阿弥陀堂に改めた棲霞寺の寺域に仮寓した清涼寺の釈迦堂は、栴檀瑞像の釈迦如来が朝野の信仰を得るに従って、次第に棲霞寺よりも隆盛になっていった(10)。

念仏房が棲霞寺の阿弥陀堂の再建にとりかかったのは貞応三年（一二二四）二月(11)、造り終えたのは嘉禄元年（一二二五）十月のことであった(12)。作者は、その阿弥陀堂が従前の五間を約めて三間になしたのはどうしてか、と嘆いている。また、御廏を食堂に、鷹屋を鐘堂に改作するなど、今度の造営が嵯峨天皇別業の聖跡を破壊するものだとも非難する。こうした念仏房の清涼寺再建が棲霞寺の由緒・遺跡を矮小ないし抹消をもたらせたとなれば、専修念仏の拠点を別の場所に求めざるを得なかったのではないか。彼らは、従前の寺域内に並立して建つ釈迦堂（清凉寺）と阿弥陀堂（棲霞寺）を、「遺迎」の関係に捉えた信仰形態をもっていたと考えられ、従って「釈迦弥陀ちきりふかく、此土他（土）と縁あさからす」の新拠点が、釈迦と阿弥陀の二尊をまつる仏寺であったことは容易に想像される。ここに『伝法絵』の作者は「二尊院本願」(13)の湛空その人と結論づけざるを得ないのである。

なお、副次的な根拠として、『伝法絵』には信空（法蓮房）の名が六回登場するが、このうち「信空」「法蓮房」が各一回であるのに対して、「信空上人」（三回）あるいは「法蓮上人」（一回）のように敬称を付している。これは法然上人滅後、信空に師事した湛空が作者であったことを示唆する。

三　湛空と『伝法絵』の性向

湛空の事蹟は『行状絵図』（巻四三）に詳しい。それによると、徳大寺の左大臣（実能公）の孫、法眼円実の真弟で、大納言律師公全といった。顕密を究めて実全僧正の附弟に望まれたが、名利を厭い菩提の真路を願って、浄土門に入り、法然上人の弟子となった。「正信房湛空」は浄土門に入ってから後の法名であろう。「まのあたり上人の眼光を拝してのちは、信仰ことにふかし」と、霊的な経験が法然上人への帰依を深めている。「円戒をつたえて、天下の和尚たりき」ともあり、円頓戒の伝授者として名をなした。二尊院を興隆して「楞厳雲林両院の法則をうつして、二十五三昧を勤行し、上人の墳墓をたてゝ、もはらかの遺徳をぞ恋慕し給ける」とあって、天台浄土の行業を持ち続けている。

こうした湛空の事蹟が『伝法絵』に反映しているのであろうか。二、三を例示しよう。上人の父の漆間時国が夜討ちに遭うて死去する時、九歳の子に「敵人をうらむる事なかれ」と誡め、

梵網心地戒品に云、みつからもころし、人をゝしへてもころし、方便してもころし、ころすをもほめ、ころすをみても随喜し、乃至呪してもころす。因縁報果、みなころすにおなし。よの九戒、又〳〵如此。

と、『梵網経』を引いている（善導寺本巻第一）。上人の念仏門への帰入を、

高倉院の御宇安元々年乙未齢四十三より、諸教所讃多在弥陀の妙偈、ことにらえたく心肝にそミ給けれハ、戒品を地躰として、そのうゑに毎日七万返の念仏を唱て、おなしく門弟のなかにも、をしへハしめ給ける。

と述べ（同前）、湛然の『止観輔行伝弘決』の「諸教所讃多在弥陀」に依拠したこと、それ以後は「戒品を地躰」に念仏を唱え、門弟たちに教え始めたことを記す。

法然上人が高倉天皇に授戒したことについて、「今当帝に、十戒をさつけたてまつらしめ給事」は、陳隋二代の国師・天台大師が大極殿で『仁王般若経』を講じたこと、慈覚大師が清和天皇に授戒したことに比肩しうる名誉であり、「故ニ九帖附属の袈裟、福田をわか国にひらき、十戒血脈の相承、種子を秋つ州にまく」と、慈覚大師の九条袈裟の附属と戒脈相承の正嫡を特筆し、さらに安然は戒品を相伝したが、袈裟を附属されず、相応は念仏を広めたが、戒儀を説かず、「彼此をかねたる、今の上人也」と、安然・相応を凌ぐ高僧であると讃えている（善導寺本巻第二）。慈覚大師の正嫡なる円頓戒の継承者である点を強調しているのである。

法然上人が建久元年（一一九〇）に清水寺で「説戒の座」に念仏を勧めたので、寺家大勧進沙弥印蔵が滝山寺で不断常行三昧念仏を修したが、能信が香炉をとり、行道を始めた。この能信は如法経の紙苧を植えながら、往生人の縁を結んだという。また、建久三年（一一九二）の秋、後白河法皇のために大和入道見仏が八坂の能引導寺で別時念仏を修した時、心阿弥陀仏が六時礼讃の先達を勧めたが、その「法則次第」は「二条院御蔵」で、能信が授かったとある(14)（善導寺本巻第二）。

能信がどういう人物か詳らかでないが、『伝法絵』には「弟子能信、吉水の禅房ニ参て、天台宗文句第一巻読書之日、上人、世中のつねならぬ事を、教訓詞ニ云」と始まる一段をわざわざ設けている（同前）。この段は、能信が法然上人の吉水禅房を訪ねて「天台宗文句」第一巻を読書する日、上人から世の無常を教訓された話である。

「弟子能信」と自称する書き方は、能信の手になる記録によったと推測させるが、内容的にいって、法然伝になじまない記事である。このように能信が頻出するのは、能信が『伝法絵』の著者と極めて近しい存在であったからだと思われる。

以上の記事からは、慈覚大師からの戒脈を正統に相承する天台宗の学匠にして、天台浄土教を色濃く漂わせた法然上人像を髣髴させる。『伝法絵』における天台宗の色彩は、今堀太逸氏の強調するところだが(15)、すでに別稿で指摘したように、『伝法絵』を制作した時代の歴史的情勢を反映していたのである(16)。煩雑だが、ここに必要なところを再説しよう。

『伝法絵』は撰述の動機を、

上件巨細、将来まてと、めんと念仏之処、古廟顚倒之日、無懺の思ふかくして、生死をいとひ、新発意の沙門、有縁のもよほすところ、互に言語をましへ、共に画図の思案をめくらして、後見のあさけりをわすれて、前途を彼界におくる。

と記す（善導寺本巻第四）。嘉禄三年（一二二七）、延暦寺衆徒による法然上人の大谷墓堂の破却、専修の張本隆寛・成覚・空阿らの配流、念仏者余党の逮捕、『選択集』印板の焼却などが打ち続き、専修念仏者が京より四散して、浄土宗が壊滅状態に陥った「嘉禄の法難」を目撃し、無懺の思いを深くした湛空が念仏教団の存立を図って、「いま先師上人、念仏すゝめ給える由来」を叙述した（善導寺本巻第一）。したがって、そこに顕密仏教の諸宗、なかんずく天台宗を激昂させないように意識した法然上人像が描かれたと思われる。嘉禄の法難の前に出た専修念仏停止の院宣等は、前述した建保七年（一二一九）閏二月の、嵯峨の清涼寺辺りに住する者を対象に専修念仏を禁止せしめる院宣、綱所に諸寺執務人をして専修念仏の輩を糾断せしめる官宣旨(17)、貞応三年（一二二四）五月の「延暦寺奏上(18)」にもとづいた同年八月の、「専修念仏者禁制事」の宣下(19)と続いた。そして、嘉禄の法難を迎えるが、天福二年（一二三四）六月、「念仏上人」と称した花山院侍従入道（教雅）を遠流に処する宣旨[20]には、「但或為自行、或為化他、於至心専念如法修行之輩者、不在制限」とあって、専修念仏停止は軟化の兆しをみせた。文暦二年（一二三五）七月、念仏者の鎌倉中追却を命じた追加式目[21]の冒頭に「於道心堅固輩者、不及異儀」と付記するのは、専修念仏に対する迫害・弾圧がようやく沈静化したことを意味する。しかし、ここで重要なことは、念仏を勧める法然門下にとって、「破戒不善輩」や「無慙之徒、不法之侶」との峻別を要請されたのである。

　このような状況のなかで、湛空が「上人、始は戒をときて人に授、後ニハ教を弘て、ほとけになさしめ給」と記したのは（善導寺本巻第二）、念仏興行の師であると同時に伝戒の師である法然像を前面に押し出すことで、天台宗からの非難をかわし、同じく念仏者でも破戒を事とする一派との訣別を意図したのであろう。

　ところで「二尊院住持次第」は、正信上人（湛空）の事蹟について、

　為土御門院後嵯峨院二代国師、依奉授御戒、寛喜上皇（土御門）御帰依之間、任勅命ニ被納御遺骨於当寺御塔、土御門院御事後、為御童体後嵯峨院、屈正信上人欲有出家之刻、上人驚霊瑞而奏事由申止御素懐、其故者及剋限御手洗之水被写御冠之影ニ云々、厳重之御瑞相希代之不思議也、仍不経幾月日而備一天之聖主掌万機政、御継体相続以下万事不違叡慮之条、為当寺戒徳之効験、豈又非上人護持之高名哉、

と注記する[22]。湛空は土御門院に授戒し、土御門院の帰依を得たことによって、土御門院の遺骨を二尊院に納めた。土御門院の崩御後、後嵯峨院（邦仁親王）が湛空を屈して出家されようとしたが、その刻限に瑞相が現われ、湛空は後嵯峨院の出家を思いとどめたので、後嵯峨院は皇位を継承することができた。これは「当寺戒徳之効験」、「上人護持之高名」であるという。湛空が後嵯峨院の出家をとどめ、継体相続あらしめた「護持」の高僧であったとは、二尊院の伝承であろうが、土御門院の遺骨を二尊院の塔に納めたことは、『伝法絵』にも「奉納阿波院之御骨」と記すので確かな事実である。したがって湛空が土御門院に授戒した「国師」であるというのは信じ

てよかろう。湛空が法然上人から信空、信空から湛空へと次第した円頓戒の正統な相承者として、土御門院に授戒し帰依を得たことを誇りに思い、みずからを法然上人になぞらえて、あるいは自己の立場を法然上人に投影して、『伝法絵』における法然上人像を構築したと考えられる。

四　『伝法絵』と東国

『伝法絵』は嘉禎三年（一二三七）十一月、鎌倉の八幡宮本社の辺りで制作された。目的は、当時の鎌倉の人々に「いま先師上人、念仏すゝめ給える由来」を伝えるためであった。ではなぜ、湛空が法然上人の絵伝を京都ではなく、鎌倉において制作する必要があったのか。嘉禄の法難を経て、京都に主導的な念仏者がいなくなり、承久の変を契機に新たに発展しつつある政治都市の鎌倉に、念仏が広まりをみせたことにある。前引したように、文暦二年（一二三五）七月十四日、

一　念仏者事

於道心堅固輩者、不及異儀、而或喰魚鳥、招寄女人、或結党類、恣好酒宴之由、遍有聞、於件家者、仰保々奉行人、可令破却之、至其身者、可被追却鎌倉中也、

という追加式目が出ており、また同月二十四日、幕府は朝廷に「称念仏者着黒衣之輩、近年充満都鄙、横行諸所、動現不当濫行云々、尤可被停廃候、於関東者、随被仰付、可致沙汰候」と言上している[23]。幕府がこうした禁令を発した背景には、念仏の広がりにともなう一部の念仏者の偏執行為によって、嘉禄の法難の前夜と同じ状況が現出していたと思われる。そこで湛空は、法難の再来を憂慮し、先師上人の勧め給うた念仏を弘通するには、「凡上人、徳行白地、諸宗ゆゝしき事」（善導寺本巻第四）を示す必要があった。

鎌倉における念仏の弘通には、法然上人に親炙した熊谷直実や津戸為守ら御家人のほか、嘉禄の法難で京都を

追われた隆寛の門流の働きが考えられる。「念仏者余党可搦出夾名」にあげられたなかに「敬日長楽寺、但馬竪者同海也、付隆寛城外了」「念照長楽寺、敬日弟子、付隆寛城外了」「蓮阿弥陀仏長楽寺」の名があった。[24] 隆寛がいた長楽寺に身を寄せる弟子や孫弟子も、隆寛とともに京都を追われて、隆寛が相模飯山で遷化した後は、鎌倉で活躍したと思われる。『法水分流記』によると、隆寛の門弟には敬日のほか、鎌倉安養院を開いた円満（願行）、鎌倉長楽寺を開いた智慶（南無）がいる。ことに智慶は、「昌弘浄教、東土浄教乃彼力也」といわれるように、[25] 鎌倉において浄土宗の布教に努めた。『明義進行集』（巻二・隆寛伝）に「抑当世浄土ノ法ヲ談シ、念仏ノ行ヲタツルモノ、大半ハコレ律師（隆寛）ノ遺流ナリ」というのは、著者の信瑞が隆寛の弟子であったという事情を差し引き、幾分かの誇張もあろうが、隆寛の門流が繁栄した様相を素直に記していると考えてよい。

湛空が先師法然上人のことを鎌倉で語るには、隆寛のことを無視するわけにはいかない。「権律師隆寛小松殿ニ参向の時、上人、御堂の後戸ニ出対給て、一巻の書を持て、隆律師の胸間ニ指入。依月輪殿之仰所撰撰択集也」（善導寺本巻第二）と、上人の主著『選択集』を授与された弟子が隆寛ただ一人で、上人の直系であるかのような書き方は、隆寛の門流を意識したものに違いない。「兼日ニ往生の告をかふむる人〳〵」のなかに「権律師隆寛」の名がみえるのも（善導寺本巻第四）、同様の配慮だと思われる。一方、嘉禄の法難を招いた直接の契機が、並榎の竪者・定照の『弾選択』を隆寛が反駁して『顕選択』を著わし、弟子をして東国に披露せしめたことにある[26]にもかかわらず、「本山のため、いかなるあやまりかきこえけん」（善導寺本巻第四）と曖昧な書き方をしたのは、隆寛を憚ってのことではないかと考えられる。

ところで、絵巻物は物語を記述した詞書と、その重要な場面を描いた絵図とが交互に配されて、絵巻物の鑑賞者が詞書を読み、絵図を眺めることで、物語と場面が展開していく。これが絵巻物の典型である。しかし、『伝法絵』は絵図のなかに、絵図を説明するような補足的な言葉や人名銘記が書き込まれている場面がある。いわゆる

「画中詞」の存在である。今堀太逸氏は、『伝法絵』は通常の絵巻物の形式が無視されていると指摘した上で、①絵図の上段や下段に詞書がある、②詞書だけの段がある、③絵図だけの段がある、④絵図のなかに絵図を説明するための文章がある、⑤絵図の場面が連続している段がある、⑥絵図を掛幅絵伝のように三段程度に描く段がある、の六点を特色としてあげる。(27) このうち、①⑥のごときは、上下・上中下の二段・三段に分かれた書き方・描き方にさしたる意味を持たず、②および③は別稿(28)で指摘したように、善導寺本における欠落が想定される。⑤は異時同図という『伝法絵』に限らない絵巻物に特徴的な手法である。さすれば結局、残るのは④の画中詞だけである。しかし、画中詞が書かれた絵巻物は、『伝法絵』とほぼ同時代に制作された『華厳宗祖師絵伝』や『能恵法師絵詞』などにも存し、むしろ僧伝絵巻の特色でもあるとさえいえるのである。

ここで注目されるのが、『伝法絵』の、

此絵披見之人、奉礼三尊之像、其詞説明之輩、読誦大経之文。願身口意之行、念阿弥陀之名。往生極楽之志、無弐勿疑之也。爰躭空執筆而草旨趣、観空和墨摸画図。願結一仏浄土之縁、共証九品蓮台之果、乃至無遮平等。敬白。

という跋文である（善導寺本巻第二）。まず、絵図をみるものには、阿弥陀三尊像を礼拝し、詞書を説くものには、無量寿経を読誦する思いをなせという。この絵巻物は、仏像または経典に並ぶ宗教的価値を有するものとして制作された。鑑賞者をして祖師のもとに結縁し、往生極楽することを願わしめているのである。

さて、絵図の「披見の人」と詞書の「説明の輩」が別人であることを前提にしているのは、通常の絵巻物とは異なり、絵図をみる人に、詞書を読んで聞かせる人（たいていは僧か）がいて、時には絵図を指差して補足するような場面が存したからである。そのために画中詞が用意された。『伝法絵』の詞書の文体は多くが〝耳で聴く文章〟であり、後続の法然絵伝からは画中詞が消え、詞書の文体も〝目で読む文章〟に変っていく。この画中詞の存在をもって、『伝法絵』は絵解きのために制作されたとみるのは、[29]絵巻物も広義の絵解きであるから妥当である。ただ絵解きといえば、狭義に解して、絵図だけの掛幅絵伝と、詞書だけの談義本に分離した状態を想定してしまうが、この『伝法絵』はあくまでも当初から絵巻物として制作されたことを忘れてはならない。[30]ただ字の読めない者には僧が詞書を読んで聞かせることを想定しているので、『伝法絵』は民衆性の高い絵巻物といえる。

社寺縁起や高僧伝の絵巻が制作されたのは、ただちに多数を相手にした伝道のための絵解きと考えられがちだが、絵巻の状態ではそうした使用には不便である。この種の絵巻の目的は神仏や祖師に対する報恩と、畏敬の念や信仰心の培養にあって、社寺に奉納された絵巻は参詣者にだけ拝見を許され、神仏や祖師のもとに結縁する宝物であった。絵巻は絵解きによって信者獲得の伝道に用いられたとしても、多人数を対象にするのではなく、許された範囲の極めて少数の人を対象にしたと思われる。

絵伝が絵巻の形態をとりながら流布するには、何部かの模本が制作されることになるが、「絵」の作成に限界があったに違いない。そこで詞だけを抽出した「伝」が単行本として普及し始める。いわゆる「絵詞」（絵巻の詞書の意）の独立である。『伝法絵』の「絵詞」の原態に近い写本は現在みつかっていないが、[31]金沢文庫蔵の「伝法絵略記抄」が注目される。これはわずか一紙の断簡で、合綴された『末法灯明記』の抄出が延応元年（一二三九）であるので、この「伝法絵略記抄」も同年に書かれたものと推測されている。[32]『伝法絵』が成立してわずか二年後のことである。『伝法絵』の詞書をごく一部抄出したものだが、善導寺本と対比すると、大体において一致するものの、表記や記事に出入りする箇所もあり、納富常天氏が指摘するように、『伝法絵』原本を探る手がかりとなろう。また、「或云、美作国智鏡房云々」、「或云、従一六ノ歳至十八ノ歳ニ、首尾三年之間、同時ニ三人ノ師ヲトリテ天台六十巻ヲキハム云々」のごとく、他の伝記によって異説を引いている。「伝法絵略記抄」の筆者は、『伝法絵』の詞書を読み、興味ある箇所を抄出したが、同時に別の法然伝記をも読んでいたことを示している。

それでは『伝法絵』以外の法然伝記とは何か。キーワードは、美作における師が「智鏡房」であること、天台六十巻を「三人ノ師」について究めたことである。この二つを満たす伝記は、『法然上人伝記』（醍醐本）の「別伝記」である。筆者は醍醐本の「別伝記」を隆寛系の伝記類だと推測しているが、[33]「伝法絵略記抄」の筆者が鎌倉で法然伝記を手にするとなれば、おそらく隆寛の門弟たちの間で行なわれていたものが考えられる。ここでは『伝法絵』と異種の法然伝記の対比にとどまっているが、やがて『伝法絵』と異種の法然伝記を混ぜ合わせた新しい法然伝記を作り出すことも想定されよう。

（1）望月信亨氏は、この画中詞は嘉禎四年の聖光入滅のことに言及するので、作者自身が絵伝のできあがった後に追記したものという（『浄土教之研究』所収「本朝祖師伝記絵詞に就て」）。

（2）『伝法絵』は「伝法絵流通」の略称とも考えられるが、絵巻物の題名に「―絵」と称する場合が多く、「流通」は流通物（世に伝え、共有されるもの）の意で付けられたとすれば、「伝法絵」が本来の名称であろうか。

（3）東寺宝菩提院蔵「別時念仏講私記」。櫛田良洪「虫余漫筆」（『大正大学学報』二三号）。

（4）今岡達音「法然上人絵伝の研究」（『今岡教授還暦記念論文集』〈『浄土學』五・六輯〉）

（5）井川定慶『法然上人絵伝の研究』第二章第四節。

（6）三田全信『成立史的法然諸伝の研究』「五　本朝祖師伝記絵詞」。

（7）躭空自身が「七旬の老眼に悲涙を抑て泣」云々といっており、六十九歳にほぼ合致するので、誤写とは考えられないとする向きもあるが、七旬とは六十一歳から七十歳までを指す場合があるので、六十二歳でも矛盾しない。

（8）『一代要記』庚集・順徳天皇条。『百錬抄』承久元年七月十九日条・貞応元年二月二十三日条。

（9）『鎌倉遺文』二四五一号文書。

（10）塚本善隆「嵯峨清涼寺史　平安朝篇」（『塚本善隆著作集』第七巻）。

（11）『願文集』所収「嵯峨念仏房誂五種行十種供養願文」。塚本善隆氏によると、この願文は棲霞寺再建の発願勧化の願文で、年紀の「貞元三年二月十日」の貞元は貞応の誤りだという（『塚本善隆著作集』第七巻所収「融通念仏宗開創質疑」）。
(12)『明月記』嘉禄元年十月十日条。
(13)『法然教団系譜選』所収「法水分流記」。
(14)「能信授之」という注記は、能信が法則次第を授かったという意味になるが、「授」の左傍に「挍キフス」とあるので、能信が校訂したとも解しうる。
(15)今堀太逸『本地垂迹信仰と念仏』第四章「法然上人『伝法絵流通』と関東」。
(16)拙著『法然伝と浄土宗史の研究』第一篇第一章「専修念仏停止と法然上人伝」。
(17)『鎌倉遺文』二四五八号文書。
(18)『鎌倉遺文』三二三四号文書。
(19)『歴代皇紀』巻四（後堀河天皇）、元仁元年条。
(20)『鎌倉遺文』四六七六号文書。
(21)『中世法制史料集』第一巻、九六頁。
(22)「蓮門宗派」所収（前掲注13『法然教団系譜選』）。
(23)『中世法制史料集』第一巻、九六・一〇一頁。
(24)『民経記』嘉禄三年八月三十日条。
(25)『浄土法門源流章』。
(26)『金綱集』第五（『浄土宗見聞』下）、『法然上人行状絵図』巻四二。
(27)前掲注(15)今堀前掲書。
(28)「『伝法絵』の善導寺本と国華本」（『佛教大学アジア宗教文化情報研究所研究紀要』二号→本書第二部第一章）。
(29)宮崎円遵「法然上人伝の絵解と談義本」（『井川定慶博士喜寿記念会・日本文化と浄土教論攷』）。
(30)梅津次郎氏は、『伝法絵』について、「構図にも変わったものがあって、あるいは掛幅絵の法然絵伝によっているのではないかとの疑問を抱かせる」というが（『絵巻物残欠の譜』所収「法然上人伝法絵」）、それは梅津氏の印象であって、絵巻物に先行する掛幅絵を想定することはできない。

(31) 詞書がかなり増幅された「絵詞」として、永仁四年(一二九六)書写の『法然上人伝法絵』(高田本)がある。
(32) 納富常天『金沢文庫資料の研究――稀覯資料篇――』。
(33) 前掲注(16)拙著第一篇第四章「醍醐本『法然上人伝記』の「別伝記」について」。

〔法量〕
巻第一　二八・〇×一一七一・八(うち巻末継紙六八・七)センチメートル
巻第二　二八・〇×九七四・三センチメートル
巻第三　二八・〇×九二八・四センチメートル
巻第四　二八・〇×一三七一・五(うち巻末継紙五八・五)センチメートル

第三章 『法然上人伝絵詞』（琳阿本）について

一 はじめに

東京都港区の妙定院に『法然上人伝絵詞』という法然の伝記絵巻が所蔵されている。近世の転写本といわれるが、九巻すべて完全にそろっている（法量は文末参照）。妙定院本と系統を同じくする異本として、栗林家本(1)（巻七）と東京国立博物館本(2)（巻八）が残存している。この二本は原本でなく、それぞれ転写本であるが、画風からみて鎌倉時代の遺品と推測されている。妙定院本の絵図は小幅の料紙で写し、墨書の影写本のごとく原本に料紙をあて、輪郭をなぞった後に彩色を施しているかのようで、原本をほとんど忠実に模写しており、その原本は同じく鎌倉時代にさかのぼる可能性が高いと考えられる。そこで、栗林家本・東京国立博物館本・妙定院本の各原本は、同一のテキストからの分かれと解するのが穏当であろう。

ところで、妙定院本には内題・外題ともに題号（書名）はない。『法然上人伝絵詞』という題号は、『浄土宗全書』に収録する際に付けられたようである。東京国立博物館本に「法然聖人伝絵巻第八」と題号を記すので、『法然聖（上）人伝絵』と呼ぶのが適切だとは思うが、巻頭や巻末に「向福寺琳阿」あるいは「向福寺琳阿弥陀仏」と記しているので(3)、浄土宗では『琳阿本』と通称する。琳阿は著者の名前のように解せるが、東京国立博物館本にはその名がみえない。西本願寺所蔵の『善信聖人絵』の題号の下に「向福寺琳阿弥陀仏」と別筆で署名する人物と同一人で、『琳阿本』の所有者と考えられる。おそらく『琳阿本』の原本にあった所有者の署名をも本文と同筆で書き写したので、あたかも著者のごとくに誤解されてきた。[4]

『琳阿本』が妙定院に架蔵されるにいたった経緯は定かでない。[補]また『琳阿本』の存在が広く世に知れたのは、大正二年（一九一三）発行の『浄土宗全書』に収録され、詞書が公刊されて以来のことである。その後、異本の発見等によって妙定院本の価値が高まったが、それでもなお『琳阿本』自体が内容的な独自性に乏しい絵伝だという思い込みからか、『琳阿本』に対する本格的な研究は少ない。[5]本稿では、法然の絵伝——絵巻物形式の伝記のことで、「伝絵」ともいう——の系譜における『琳阿本』の位置づけを明確にしたうえで、その史料的性格について考察していく。

二　法然絵伝における『琳阿本』の位置

法然の滅後、遺徳顕彰と念仏結縁のために、門弟たちは祖師の言行や教説にもとづく各種の伝記資料を編んだ。記録風の書き留め、詩文風の講式など、様式は多岐にわたったであろうが、そのなかで最も普及性を備えたものは、詞と絵をまじえた絵巻である。創建の由来や神仏の霊験を説く社寺縁起絵巻に併せて、鎌倉時代に入って登場したのが高僧の伝記絵巻であった。法然の絵伝は、この高僧絵巻の先鞭をつけて、多く制作された。

念仏の弘通と往生を願う諸人との結縁のために、具体的には祖師に対する報恩、崇敬の念や信仰心を培養するために、絵伝は時代を追って制作点数を重ね、また種類を増し、そのつど絵と詞が追補されていくのである。法然は聖徳太子と並んで、鎌倉・室町時代に最も豊富な絵伝を残した高僧・偉人であった。江湖に何本も普及したであろう法然絵伝のなかで、現存しているものは大体、次の六種に整理される。

〔1〕本朝祖師伝記絵詞　四巻(伝法絵流通　二巻)　善導寺蔵

［2］　法然上人伝　二巻（増上寺本）　増上寺蔵
［3］　法然上人伝絵詞　九巻（琳阿本）　妙定院蔵
［4］　法然聖人絵　四巻（黒谷上人絵伝・弘願本）　堂本家蔵・知恩院蔵
［5］　拾遺古徳伝絵　九巻　常福寺蔵
［6］　法然上人行状絵図　四八巻（勅修御伝）　知恩院蔵

このうち原本・転写本の別を問わず、全巻そろった完本は『本朝祖師伝記絵詞』（以下『伝法絵』という）、『琳阿本』、『拾遺古徳伝絵』（以下『古徳伝』という）、『法然上人行状絵図』（以下『行状絵図』という）の四本しかないのである。筆者はこれらを総称して四大法然絵伝と呼ぶことにするが、四大法然絵伝に機軸をすえた比較研究がなされねばならないと思う。

法然絵伝の原形は『伝法絵』にある。『伝法絵』の善導寺本は室町時代の転写本であり、絵巻物の絵図は粗略の感をまぬがれないが、詞書は原態を伝えていると考えられる。「本朝祖師伝記絵詞」は後世につけた外題であって、巻三の内題の「伝法絵流通」が本来の書名である。梅津次郎氏によって『国華』七〇五号に紹介された、原本に近い形態を備えているという異本の断簡には「法然上人伝法絵流通下」とあり、『伝法絵』は当初二巻の構成になっていた。善導寺本巻二の跋文に、躭空が詞を書き、観空が絵を描き、嘉禎三年（一二三七）十一月二十五日に制作を終えたことを記している。そして巻四の奥書（識語）には、寛恵が永仁二年（一二九四）九月十三日に書写したとある。永仁二年に寛恵が写したものを、さらに転写したのが現行の善導寺本だということになるが、それは厳密にいうと巻三・四（原下巻）だけであって、巻一・二（原上巻）は永仁二年以前に写されたオリジナルにかなり近いものをもって転写したと考えられる(6)。

さて、躭空（湛空）は『伝法絵』の制作の動機の一つを、「古廟顚倒之日、無懺の思ふかくして、生死をいとひ、……」（巻四跋文）と述べる。嘉禄三年（一二二七）延暦寺衆徒による法然の大谷墓堂の破壊、隆寛・空阿らの配流、念仏者余党の逮捕、『選択集』印板の焼却などが続いて、専修念仏の徒が京都より四散し、浄土宗が壊滅状態におちいった「嘉禄の法難」を目のあたりにして、無懺の思いを深くした湛空が念仏教団の存立をはかり、「いま先師上人、念仏すゝめ給える由来」（巻二）を絵伝に記したのである。したがって、そこに顕密仏教の諸宗、とりわけ天台宗を刺激しないように意識した法然像が描かれたと思われる。

『伝法絵』が嘉禎三年（一二三七）に制作されてより以後、永仁二年（一二九四）に転写されるまで約六〇年間、流布の状況はわからない。しかし、この間に国華本や善導寺本（巻一・二）のテキストに相当する転写本の存在が想定できると同時に、『伝法絵』の系統に属する何種類かの絵伝が出現しはじめる時期でもあった。新しい法然絵伝は多かれ少なかれ、絵図や詞書において『伝法絵』を源流とする成立史的な系譜関係が認められる。絵伝は「伝」としての性格を重視すると、絵図よりも詞書の方に〝充実〟の跡がうかがわれる。すなわち後続の絵伝ほど、詞書は先行の絵伝をもとに表現を模倣しつつ、次第に内容を豊かに、記事を整えていく、という一般的な傾向が指摘できるのである。その理由は、原初の絵伝が絵図を中心に展開し、詞書はその説明的・補助的役割しか持たないところから、次第に詞書が物語の展開に主体的役割を果たすように変わったからである。いわば〝版を重ねる〟ごとに詞書が増補されていったと考えられる。

『琳阿本』の登場である。『琳阿本』は『古徳伝』が依拠した絵伝の一つだと推測されているので[7]、その成立は遅くとも『古徳伝』が制作された正安三年（一三〇一）より以前になる。『琳阿本』には跋文を欠くために、制作の意図は知りえない。しかし一巻一段（序文）は、その前半は『伝法絵』の詞章をほぼ踏襲し、後半は著者自身の手になる文章のようで、他の絵伝にみえない次の独自な記事がある

上人、十三にして叡山の雲によちのほりて、天台の金花にをひをほとこし、二九にして黒谷の流をくミて、

仏法の玉泉に心をすます。ミつから経蔵に入て、一切経をひらき見ること五遍、爰に智証大師将来の善導の観経の疏四巻を見給ふに、男女貴賤、善人悪人きらハす、平生臨終、行住座臥をゑらはす、心を極楽にかけて、口に弥陀を唱もの、必往生すといふ釈の心をえて、生年四十三より一向専修に入、自行化他、ひとへに念仏をこと﹅す。仍南都北嶺碩徳、ミな上人の教訓にしたかひ、花洛砂塞の緇素、あまねく念仏の一行に帰す。この故に世こそりて智恵第一の法然、得大勢至の化身とそ申ける。上人誕生のはしめより、遷化の後に至るまて、絵をつくりて九巻とす。

きわめて短文ながら、世に讃えられるべき法然の事績と遺徳を書きあらわしており、この絵伝の〝総論〟にあたる。『伝法絵』よりも絵伝の趣旨が明確に示されているといえよう。要するところ、『琳阿本』は『伝法絵』を継承した絵伝であり、『伝法絵』よりも完成度が高いのである。

次の絵伝は『古徳伝』である。西本願寺に所蔵する『拾遺古徳伝絵詞』は詞書だけを抽出した古写本だが、その識語に当初の跋文を転載している。それによると、親鸞の曾孫の覚如が正安三年（一三〇一）の十一月十九日から十二月五日まで、病気をおし眠けをはらって、わずか十七日間で仕上げている。『常楽台主老衲（存覚）一期記』正安三年条に、同年冬のころ、鹿島門徒の長井道（導）信の所望で「黒谷伝九巻」を大上（覚如）が新たに草したとあるのに符合する。この時に書かれたのは「伝」すなわち詞書の原稿であって、絵図の制作に時間がかかることを考慮すると、絵伝の完成は少し遅れるであろう。題名に付けられた「拾遺」とは補遺の意味で、従前の法然伝がほとんど触れなかった法然と親鸞の親密な師弟関係を強調するところに趣旨が存した。

茨城県那珂市瓜連の常福寺に所蔵する『古徳伝』は、全九巻そろった完本の絵巻である。奥書に「元亨三歳癸亥十一月十二日奉図画之　願主釈正空」とあり、元亨三年（一三二三）に制作された。覚如の撰述より二〇年余りがたつ転写本だが、鎌倉時代の作品が完本の状態で今日に遺存する点で、まことに貴重といわざるを得ない。

もとは近くの上宮寺に伝わったが、水戸光圀によって常福寺に寄進されたものである。

ところで、覚如が短期間で書きあげたのは、導信の在京期限に迫られていたからであろう。[8] そこで編集を急ぐために、手もとにあった先行の法然伝からの利用が多かったと想像される。この先行の法然伝とは、第一に『伝法絵』およびその系統を同じくする異本、第二に『琳阿本』である。第三に別伝として成立していた信瑞（敬西房）撰述の『黒谷上人伝』や、これらの諸伝に収めていない法然の教義書、法語などが考えられる。とりわけ『琳阿本』とは詞書ばかりか、絵図においても近似性が指摘されている（図1・2）。『古徳伝』が『琳阿本』を参照しているところは大きいのである。

法然絵伝のなかで最も浩瀚なものは、知恩院に蔵する『行状絵図』である。巻数にして四八巻、段数にして二三五段の絵伝は一人の伝記として、また絵巻物として他に類例がない。序文に「ひろく前聞をとふらひ、あまねく旧記をかんかへ、まことをえらひ、あやまりをたゝして、粗始終の行状を勒するところなり」という。先行する法然の諸伝記を集大成した絵伝であるが、法然一期の「行状」にとどまらず、その教義（法語・消息・問答等）、帰依した人びと（天皇・公家・高僧・武士・庶民ら）との物語、さらには門弟の伝記までを網羅している。『行状絵図』の編者と制作について、江戸時代中ごろの忍澂が記した『勅修吉水円光大師御伝縁起』に、後伏見上皇が叡山功徳院の舜昌に勅して、「昔年吉水《（法然）》門人の記する所の数部の旧伝を集めて大成」させたとある。舜昌は「近代杜撰の濫述」をすてて、「門人旧記の実録」だけを取り用いて編集し、「徳治二年に初まり、十年あまりの春秋をへて、其功こと〴〵く成就し給ひぬ」という。成立の時期に関する推測はさまざまになされているが、徳治二年（一三〇七）より一〇年余の歳月をかけてできあがったという伝承を、大きく否定する学説は現在のところない。

舜昌がいう「近代杜撰の濫述」とか「門人旧記の実録」が具体的にどのような伝記類を指すのか確かでないが、

図１　『琳阿本』第一巻第三図

図２　『古徳伝』第一巻第二図

実際に『行状絵図』の編集にあたって舜昌が依拠し、もしくは資料に用いた法然伝は、現存する諸伝記との比較対照によって、少なからぬ比重を占めるのが『伝法絵』系の絵伝、なかでも『琳阿本』であったことが判明する。本稿ではいちいちの記事について検出しないが、拙著『法然絵伝を読む』（思文閣出版、二〇〇五年）では適宜に指摘しておいた。なお、法然上人伝研究会編『法然上人伝の成立史的研究』（臨川書店、一九九一年）に、『行状絵図』と先行法然諸伝との詳細な記事比較を掲示しているので、あわせて参照されたい。

三　『琳阿本』成立の上限と下限

『琳阿本』は『伝法絵』に続く絵巻物の法然伝であるが、『伝法絵』よりもはるかに内容が豊富となり、すべて九巻六六段を数える。文末に別掲した内容標目の各項について、先行絵伝の『伝法絵』（善導寺本および国華本）と対比し、［表現・内容がほとんど同じ］記事には◎、［表現が若干異なるが内容的にほぼ同じ］記事には○、［表現や内容に共通するところがある］記事には△の印を付けた（一三八頁以下参照）。そこに掲げたように、◎印や○印の記事が多いということは、『琳阿本』は『伝法絵』をベースに増幅された絵伝であることが一目瞭然である。無印や△印の記事は、『伝法絵』との比較において独自記事というか、発展的記事ということだが、後で述べるように典拠が明らかになる記事も存する。これらを手がかりに『琳阿本』の成立時期を考察したい。

さて『琳阿本』はごく大雑把にいうと、『伝法絵』の嘉禎三年（一二三七）から『古徳伝』の正安三年（一三〇一）までの間に成立したことになるが、この上限と下限をさらに縮めることが可能であろうか。序文から検討しよう。ここでは『伝法絵』と『琳阿本』の近似性と『琳阿本』の独自性を、両本の詞書の対比から実証してみる。一巻一段の〈仏法流布の事〉は、ほとんど全文を『伝法絵』によりつつ、「いま先師上人、念仏すゝめ給える由来を、画図にしるす事しかり。于時嘉禎三年丁酉正月廿五日、沙門躭空記之」を削っている。この削除は当然のことであり、つぎの〈上人誕生の事〉は、『伝法絵』の「如来滅後二千八十二年、日本国人皇七十五代崇徳院長承二年癸丑、美作国久米押領使漆間朝臣時国一子生するところ」という画中詞の趣旨を本文の詞書に取り込んだ上に、独自の記事を作る。それは法然の母が秦氏であったこと、夫妻が仏神に子の誕生を祈ったこと、妻の夢に剃刀をのむとみたこと、それは一朝の戒師たる表事であること、妻は出胎まで生臭いものを食わなかったこと、法然が長承二年の四月七日の正午に生まれたこと、誕生の時に天から二の幡がふったこと、幼児期の卓越さなどである。

〈絵伝述作の事〉は、前引のように上人の生涯の事績を簡潔に総括して、「智恵第一の法然、得大勢至の化身」と仰がれた所以を述べ、「上人誕生のはじめより、遷化の後に至るまて、絵をつくりて九巻とす」と結ぶ。そして次段（一巻二段）が再び『伝法絵』によった記事となる。したがって、〈上人誕生の事〉と〈絵伝述作の事〉が『琳阿本』の著者自身が作った序文にあたる。

跋文（後序）に相当する箇所がある。それは九巻六段の〈勢至智恵の事〉で、その前の〈徳行総結〉の「誰人か現身に光を放や」をうけて、勢至菩薩が智恵の光をもって一切を照らすことを説き、弥陀と勢至、善導と法然との対比を通じて、「何況末代悪世の衆生、弥陀称名の一行によりて、悉往生の素懐をとくる事、源空上人伝説興行の故なり。仍未来弘通のために録之」という。この後に〈明禅法印の事〉と〈沙弥随蓮の事〉が続くが、この二話は付記ともいうべく、一度擱筆の後に付け足したものと思われる[9]。

ところが、この跋文は、『源空聖人私日記』（以下『私日記』という）にも同じような文章がみえるのである（次頁の対照表参照）。『琳阿本』が和文体、『私日記』が漢文体という相違はあるものの、ほとんど同内容ということは、何を意味するのか。どちらか一方が他方によったと考えざるを得ないのである。序文とともに独自性が問われるべき跋文を他書から借りてくることはあり得ないと思われるが、『琳阿本』と『私日記』の成立的な前後関係を

琳阿本	源空聖人私日記
是則かしこに弥陀の智用をみかき勢至菩薩と、こゝに勢至をほめて無辺光と申す。智恵の光をもちて一切を照か故也。上人を誉るに智恵第一と称す。碩徳の用をもちて七道をうるほす故なり。弥陀は勢至に勅して済度の使とし、善導は上人を遣して順縁の機をとゝのへ給へり。はかりしりぬ、十方三世無央数界有性無性、和尚の興世にあひてハしめて五乗済入のみちをさとり、三界空居四禅八定天王天衆、上人の誕生によりて忝五衰退没の苦をぬきいてむ。何況末代悪世の衆生、弥陀称名の一行によりて、悉往生の素懐をとくる事、源空上人伝説興行の故なり。仍未来弘通のために録之。	所以讃勢至言無辺光、以智恵光普照一切故、嘆聖人称智恵第一、以碩徳之用潤七道故也。 弥陀動勢至為済度之使、善導遣聖人整順縁之機。 定知、十方三世無央数界有情無情、遇和尚興世、初悟五乗斉入之道、三界虚空四禅八定天王天衆、依聖人誕生、忝抜五衰退没之苦。 何況末代悪世之衆生、依弥陀称名之一行、悉遂往生素懐、源空聖人伝説興行故也。仍為来之弘通勸之。

決める有力な手がかりとなろう。

『琳阿本』序文の「長承二年癸丑四月七日午ノ正中に、おほえすして誕生する時、二のはた天よりふる。奇異の瑞相也。権化の再誕なり。見るものたなこゝろをあはす」という箇所も、『私日記』の「長承二年癸丑聖人始出胎内之時、両幡自天而降。奇異之瑞相也。権化之再誕也。見者合掌、聞者驚耳云云」と相似ている（傍線部分を参照、以下同じ）。

『琳阿本』三巻九段は〈坂本談義の事〉〈大原問答の事〉〈顕真五坊の事〉〈不断念仏の事〉〈阿弥陀号の事〉からなる。後述するように、このうち〈坂本談義の事〉〈顕真五坊の事〉〈阿弥陀号の事〉は『法然上人伝記』（醍醐本、以下『醍醐本』という）のいわゆる「一期物語」（第二の物語）に、〈不断念仏の事〉は『伝法絵』によっている。〈大原問答の事〉は一部を「一期物語」によりつつも、『私日記』に似た文章になる。とりわけ、

その時上人、浄土宗義理、念仏の功徳、弥陀本願の旨を明にこそ説給ふに、いひくちとさためたる本生房、黙然として信伏しをハりぬ。集会の人々ことく〳〵く歓喜の涙をなかし、ひとへに帰伏す。法蔵比丘のむかしより弥陀如来の今に至るまて、本願の趣、往生の子細くらからす。是をとき給とき、三百余人一人として疑ふ事なし。人々虚空にむかえるかことし。言語を出す人なし。碩徳達ほめて云、かたちを見れハ源空上人、まことは弥陀如来の応現かとうたかふ。

とあるところは、『私日記』の、

其時聖人、浄土宗義、念仏功徳、弥陀本願之旨、明々説之。其時云口被定本成坊、黙然而信伏了。集会人々、悉流歓喜之涙、偏帰伏。自其時、彼聖人念仏宗興盛也。自法蔵比丘之昔、至弥陀如来之今、本願之趣、往生之子細不昧、説給之時、三百余人一人無疑。聖道浄土教文玄旨説之時、人々始向虚空、無出言語之人。集会人人云、見形者源空聖人、実者弥陀如来応跡歟定了。

とほぼ同意である。『私日記』に傍線を引けない語句（「自其時、彼聖人念仏宗興盛也」「聖道浄土教文玄旨説之時」）が存する。これは文脈から推して、『琳阿本』に欠落があると考えるより、『私日記』が挿入した語句とみなす方に蓋然性があろう。

もう少し『琳阿本』と『私日記』の比較を続けよう。前述したように『琳阿本』は『伝法絵』を下敷きにした絵伝である。『琳阿本』六巻三段のうち、

〈上人弘教の事〉

上人はしめは戒をとき人にさつけ、後には教をひろめて信をなし給ふ。日域におきては無畏をほとこす。観自在王の蒼天をてらすかことし。月輪にして光明をしめす。しりぬ、得大勢至の白毫なるへしといふ事を。諸仏菩薩の大悲利生おほくましませとも、安立世間のはしめより劫末壊劫のすゑまてに、日月の光にふれさる有情非情あるへからす。このゆへにいさなきいさなみのみこと、観音勢至の垂迹、日月としてよをてらしまします。又ニ菩薩の化をほとこして九品蓮台をひらき給。末代なりといへとも誰人かうたかひをなさむ。あふひて信すへし。

〈顕密謗難の事〉

如是善因しからしめ、業報これあらたなるころに、南北の碩徳、顕密の法灯、あるひは我宗を謗すと号し、あるひハ聖道をさまたくと称して、事を左右によせてとかを縦横にもとむ。源空か門弟等不思儀をしめして、とかを大師におほせて遠流に処せらる。

〈上人説諭の事〉

凡往生極楽のみちまちまちなるあひた、名号の一門をひらきて、よにしたかひてひろめ、機にかふらしめてさつく。ミつから邪義をかまへて、もて師説と号するきさミ、予か一身におほせてはるかに万里の浪にたゝようへし。たゝし此事をいたむにはあらす。（後略）

の三節をとりあげる。〈上人弘教の事〉〈顕密謗難の事〉〈上人説諭の事〉の三節は、『伝法絵』巻上（善導寺本巻二）巻末の跋文と巻下（同本巻三）冒頭の段に照応するが[10]、この両文を合綴していることは同字、同義の文句に付した傍線によって一目瞭然である。すなわち『琳阿本』は『伝法絵』の上巻跋文の「心のはやりのまゝに」以下と、下巻の序文である「上人、入学のはしめ」から「あやまちあらは、すて給へ」までを割愛したのである。そして「爰念仏の行人の中に、宣下云」として引く建永二年二月の「厳制五箇条」の宣旨の逸文と推定される[11]「顕密有《（両）》宗、焦丹符《（府）》而歎息。……」の文章がよく理解できなかったのか、

　如是善因しからしめ、業報これあらたなるころに、南北の碩徳、顕密の法灯、あるひは我宗を謗すと号し、あるひハ聖道をさまたくと称して、事を左右によせてとかを縦横にもとむ。

という文に改めて、「源空か門弟等不思議をしめして、……」と続け、そして「凡往生極楽のみちまち〱なるあひた」以下、上人の言葉を『伝法絵』によったのである。

　こうした改変は、『琳阿本』の措辞の特性あるいは叙述の工夫のあらわれともいうべきで、『伝法絵』から『琳阿本』への絵伝の発展をうかがわせる。このいわば『琳阿本』の独自記事も、また『私日記』の、

　如此善因令然、業果惟新之処、南北之碩徳、顕密之法灯、或号謗我宗、或称嫉聖道、寄事於左右、求咎於縦横、動驚天聴、諷諫門徒之間、不慮之外忽蒙勅勘、被行流刑了。

という文章に近い。傍線の箇所に注目すると、両者の間で引用・被引用の関係を認めざるを得ないのである。子細に検討すれば、これら以外に指摘できる記事もあるが、煩雑をさけてこの程度にとどめたい。

　ここで小結を出さねばならない。『琳阿本』と『私日記』の引用・被引用の関係は、一つは『琳阿本』が『私日記』を引用した、もう一つは逆に『私日記』が『琳阿本』を引用した、である。『琳阿本』の成立は、前者なら『私日記』以後、後者なら『私日記』以前となること、論理の当然の帰着であろう。『私日記』は康元元年（一二五六）には成立していた[12]。後者の考えに立てば、『琳阿本』は康元元年より以前に成立していたことになり、前者の考えに立てば、『琳阿本』は康元元年より以後に成立したことになる。私見では『私日記』が『琳阿本』を引用したと考える。だが、その逆の可能性もまったく否定できない。水掛け論になる恐れから、『私日記』をもって『琳阿本』成立の上限・下限の決め手に用いるのは躊躇したい。ここでは一応留保しておく。

それでは『琳阿本』に依拠した次なる確実な法然伝は何か。『古徳伝』は『琳阿本』を多用しているが、信瑞の作になる『黒谷上人伝』をも参照していた。この『黒谷上人伝』は弘長二年（一二六二）ころの撰で、現存しないが諸書に逸文として残る(13)。『獅子伏象論』に引く逸文に、

本伝云、東山大谷寺高祖上人、諱源空、号法然。長承二年四月七日午剋不覚誕生矣。作州久米郡稲岡村人也。父名売間氏時国、母秦氏也。依不有男子、而父母倶詣岩間寺観世音菩薩像、祈求得男子。其母夢呑剃刀而孕。経七箇月而誕生焉。眼有重瞳、而頭毛金色也。四五歳已後、其識若成人。逴躒同雅（稚）党、人皆歎異之。

とある。傍線箇所が『琳阿本』とほぼ同義で、しかも『琳阿本』の特異記事に属する。ここに引用・被引用の関係が認められるとするなら、『琳阿本』が『黒谷上人伝』の記事を簡略にしたか、あるいは『黒谷上人伝』が『琳阿本』の記事をもとに敷衍したか、である。『琳阿本』と『黒谷上人伝』の前後関係を決定づけるのは、『浄土十勝箋節論』に引く次の逸文である。

又醍醐寺聞有三論名匠失字諱。或伝云、大納言法印寛雅。投歩述彼宗法門自解義。名匠聴受、赧然汗下、更不能言。随喜之余、取出書櫃数合曰、於自宗章疏、無付属仁。而貴禅大達斯法門。悉以委附。即授与之。

三論宗の寛雅について、『琳阿本』は、

又大納言の法印寛雅にあひて、三論宗を談し給ふに、宗の賾をさくり、師のふかき心を達するに、法印泪をなかし、二字してかの宗の血脈にわか名のうへに上人の名を書給。

と、『伝法絵』の語句を使いながら文章を作っている（波線部分）。しかし、『古徳伝』は『琳阿本』に従って「法印寛雅」と名前を記す以外、『黒谷上人伝』によって漢文を読み下しに改めている。そもそも『黒谷上人伝』は「一期物語」（第一の物語）の「当初醍醐有三論先達、往彼述所存、先達物不言説、而入内取出文櫃十余合云、於我法門無可付属之人、已達此法門給、悉奉付属之、称美讃嘆傍痛程也」に近い内容である。寛雅という固有名詞

を明示するのは『伝法絵』系の法然絵伝であるが、『伝法絵』の「大納言律師寛雅」、『琳阿本』の「大納言の法印寛雅」、『古徳伝』の「名匠法印寛雅」と、それぞれ微妙に異なる。したがって『黒谷上人伝』が「失字諱。或伝云、大納言法印寛雅」と注記する「或伝」は、『琳阿本』に他ならない。

以上、迂遠な考証を重ねたが、三論宗の学匠訪問に関して、『黒谷上人伝』は『琳阿本』に依拠しなかったが、確かに『琳阿本』をみているのである(14)。ここに『琳阿本』は『黒谷上人伝』より先に成立していることは間違いないと考えられる。そこで『琳阿本』成立の確実な下限は、弘長二年ということになる。

それでは上限を検討しよう。先に指摘したごとく、『琳阿本』三巻九段の〈坂本談義の事〉〈顕真五坊の事〉〈阿弥陀号の事〉は『醍醐本』「一期物語」（第二の物語）から引用している。『琳阿本』と「一期物語」の〈坂本談義の事〉は、藤堂恭俊氏が主要な問答部分の対照表を作成されており、それに譲るとして、ここでは〈顕真五坊の事〉と〈阿弥陀号の事〉について「一期物語」と比較対照する。

琳阿本	一期物語
座主一の大願をおこし給へり。此寺に五の坊をたて、一向専念の行を相続せむ。称名のほかにさらに余行をましへす。一度はしめてよりこのかた今に退転せす。此門に尋入て後に、妹の尼御前をすゝめむかために、念仏勧進の消息といへる是なり。（顕真五坊の事）	座主発一大願給。此寺立五坊、相続一向専念行。称名之外、更不交余行。其行一始已来、于今不退転。尋入此門後、為勧妹尼御前、被書念仏勧進之消息。流布世間顕真消息云是也。
大仏の上人一の意楽をおこして云、此国の道俗閻魔宮にひさまつかむとき、交名をとはれハ、其時仏名を唱	大仏上人発一意楽云、我国道俗、跪閻魔宮之時、被問交名者、其時為令唱仏号、

へしめむかために、あミた仏をまつ我名をは南無阿弥陀仏也云々。我朝に阿弥陀仏名の流布する事は、此時よりはしまれり。（阿弥陀号の事）	付阿弥陀仏名、我名即南無阿弥陀仏也云。我朝流布阿弥陀仏名事、自此時始也云々。

この対照表からだけでもわかるように、『琳阿本』は「一期物語」の漢文をかなり忠実に和文に読み下したものとみられる。「一期物語」を含む『醍醐本』各篇の成立をかなり遡及させる向きもあるが、『琳阿本』の著者が「一期物語」を手にすることができるという意味では、『醍醐本』が世に出た仁治二年（一二四一）ごろをもって[15]『琳阿本』成立の上限としなければならない。

以上に述べてきたが、『琳阿本』の成立は、『伝法絵』の嘉禎三年（一二三七）以後、『古徳伝』の正安三年（一三〇一）以前という大枠を、仁治二年（一二四一）を上限に、弘長二年（一二六二）を下限に収め得たのである。さらに下限を康元元年（一二五六）あるいは正嘉二年（一二五八）とすることも可能だが[16]、一応保留しておく。

四　『琳阿本』の特色――『伝法絵』との比較において――

『琳阿本』は『伝法絵』に続く法然絵伝で、一三世紀中葉に成立した。これまで『琳阿本』に与えられてきた法然絵伝の史料的価値を高めることになったと思われる[17]。そこで『琳阿本』の内容上の特色を論ずることにする。まず初めに、『伝法絵』にだけみられた「画中詞」が『琳阿本』以下の絵伝では詞書のなかに取り込まれて、絵図と詞書が規則正しく交互に連続する典型的な絵巻物となることはすでに指摘した[18]。『伝法絵』巻下の画中詞について、それらが『法然上人伝法絵』（高田本）や『琳阿本』の本文たる詞書に取り込まれたことを考証したので、ここでは巻上の画中詞についても若干考証しておこう。

『伝法絵』巻上（善導寺本巻一）の最初の画中詞の「如来滅後二千八十二年、日本国人皇七十五代崇徳院長承二年癸丑、美作国久米押領使漆間朝臣時国一子生するところ」は、『琳阿本』一巻一段の〈上人誕生の事〉に、「あたかも在世にことならすして、良久しくなりにけり。如来滅後二千八十年、[19]人王七十五代崇徳院の御宇に、父美作国久米の押領使漆間朝臣時国、母秦氏」と修文する。次の「この息、襁褓のなかよりいて丶、竹馬に鞭うちてあそふところ」という画中詞は、一巻二段の〈諸仏利益の事〉の終句「銀子の菟野の外にほとハしる」に続いて、「此地に襁褓の中より出て、竹馬にむちうちてあそふところ」と無理やりに付け、文脈が乱れて唐突な感じをいだかせる。

『琳阿本』には法然が父の死後、菩提寺に入寺して観覚の弟子となった記事が欠けているという三田全信氏の指摘があるが、これは『伝法絵』の「同年のくれ、同国のうち、菩提寺の院主観覚得業の弟子になり給」という画中詞に相当する。『琳阿本』の原本になった『伝法絵』に、たまたま画中詞を欠いていたか、『琳阿本』の著者が見落としたと思われる。ところが『琳阿本』の二巻一段〈小童請暇の事〉〈叡公故実の事〉〈母子訣別の事〉は、『伝法絵』の詞書と画中詞をうまく取り込んでいて、違和感を持たせない。

『伝法絵』が久安三年（一一四七）の出家受戒の前に書き込む画中詞の「法花修行之候」と、久安六年（一一五〇）の黒谷隠遁後に華厳経披覧の時、青龍出現を記す画中詞とを併せて、『琳阿本』は「華厳経披覧の時、あやしけなる虵いて来を見て、円明善信上人[20]、是をおそれ給ひける夜の夢に、われハ是上人守護のために、青竜の現する也。更におそれ給へからす。法花三昧修行之時、普賢白象道場に現す」と書き改めている。諸宗学匠訪問の後に黒谷で経典を閲覧している時、真言道場観行を現したという『伝法絵』の画中詞は、『琳阿本』では法花修行の白象出現に続く次段の詞書としている。こうした『伝法絵』における画中詞の、『琳阿本』本文（詞書）への取り込みは、枚挙にいとまないので、以下は注目すべき一、二の事例にかぎろう。

「無量寿仏化身無数、与観世音大勢至、常来至此行人之所」という『伝法絵』（善導寺本）第一二図の画中詞は、それ自体では単なる絵図の説明文にすぎず、伝記物語の展開に何の役割も持たない（図3）。『伝法絵』の絵図を説明する僧の科白をもって補ったものと思われる。『琳阿本』では五巻四段〈三尊出現の事〉において、

無量寿仏化身無数、与観世音大勢至、常来至此行人之所といへり。上人つねに居し給ところをあからさまに立出て、帰り給ひけれハ、阿弥陀の三尊の木画像にもあらすして、かきをはなれ、いたしきをはなれて、天井にもつかすしておハしましけり。それより後、長時に現したまふ。

と修文している。(21)『伝法絵』の高倉天皇得戒の絵図（善導寺本第一五図）は紫宸殿を描き、その右脇に、「一、只今源空上人めされ参られ侍」以下、番号を付した画中詞が書かれている（図4）。『琳阿本』四巻二段に、高倉天皇受戒のことを述べた後、この画中詞を本文（詞書）に続ける。

唯今源空上人こそめされてまいられ侍れ。何事にか侍らむ。大乗戒とかるへしとこそ承れ。刻限よく成てや侍らむ。聴聞に参侍ん。いつれの殿にてか侍らむ。清涼殿とこそうけたまハれ。

『伝法絵』と『琳阿本』の文字の相違は、転写の間で生じたものと考えられるが、善導寺本に欠落していた「三」の句が「大乗戒とかるへしとこそ承れ」であったと推定できるのである。なお、『琳阿本』の詞書はこの後に、上人から戒を受ける者、都鄙の道俗、称計すべからざる旨を述べる。画中詞の取り込みによって、詞書に口語体と文語体が混交する不自然さをもたらせている。

つぎに『伝法絵』の主要記事のなかで『琳阿本』が採用しなかったものを指摘しておきたい。『伝法絵』巻上（善導寺本巻二）の能信が吉水の禅房で「天台宗文句」第一巻を読書の時、法然が「世中のつねならぬ事」を教訓した話は、『琳阿本』以下の諸伝にみえない。法然伝記にふさわしくない話と判断したのであろう。

元久元年（一二〇四）十一月七日の「七箇条起請文（制誡）」は、『伝法絵』の同巻に「取要略之」とことわっ

て事書の一部を引く。諸伝もまた具略各様にとりあげているにもかかわらず、『琳阿本』は一切言及していない。(22)ただしこの時、天台座主に進めた「送山門起請文」は、『伝法絵』が漢文体の要略文であるのに対して、『琳阿本』はほぼ原文に近く和文体に改めたものを収めている。こうした相違は、『琳阿本』の著者の手もとにあった資料の偏在によるのであろうか。

『伝法絵』巻下（善導寺本巻四）の尼女房に示される「女人往生」の話は、かなり長文の法語だが、『琳阿本』

図３　『伝法絵』（善導寺本）第一二図

図４　『伝法絵』（善導寺本）第一五図

には収めていない。また元仁元年（一二二四）正月の大谷修正、八月の定生房往生と跡職、九月の善光寺房障紙のこと、承久二年（一二二〇）と同三年（一二二一）の清涼寺参籠のことは、法然に直接関係がないことと判断したのか、『琳阿本』では割愛している。こうした『伝法絵』記事の取捨選択は、『伝法絵』における非伝記的な夾雑物を排除し、純粋な伝記物語にしようと努めた『琳阿本』の性向のあらわれであろう。

五　『琳阿本』の特色――『醍醐本』との比較において――

『琳阿本』が依拠した資料に『醍醐本』のいわゆる「一期物語」があったことは先に論じた。『伝法絵』の記事が簡潔すぎて単独の段（物語）をなさない場合には、「一期物語」によって記事を整えた。そのさい、「一期物語」をそのまま踏襲して、何ら付加の要素がないことがある。例えば瘧病療治のことをとりあげよう。『伝法絵』は、九条兼実・法然・聖覚の三人が同時に瘧病にかかり、兼実の仰せで聖覚を屈請し、浄土の教文を講ぜしめた。弥陀本誓の称揚讃嘆がはじまり、「殿下、至誠心をいたし、上人、深心をふかくして、御導師、廻向発願の心をねんころにし給けれは」、三所に三心を具足して瘧病は癒えたと記す。

一方の『琳阿本』（六巻一段）は、ある時、法然が瘧病にかかり、種々の療治にかなわなかったので、兼実はなげいて善導の御影を図絵し、法然の前で供養しようと思い、聖覚に依頼した。聖覚も瘧病であったが、師の報恩のために勤仕した。仏事の説法は辰の時から始まり未の時に終わり、聖覚ならびに法然の瘧病は癒えた。説法の大旨は、「大師釈尊も衆生に同する時は常に病悩をうけ、療治をもちひ給ふへき。いはむや凡夫血肉の身いか丶そのうれへなからむ。……」と、かなり長文におよぶが、ほとんど「一期物語」（第五の物語）に依拠した詞章である。

このような〝丸写し〟に対して、「一期物語」によりつつさらに増補することがある。前掲した三巻九段の〈大原問答の事〉には参会者の名を詳しくあげている。『伝法絵』は法然および顕真以外に人名として、詞書に明遍・貞慶・重源・印西・湛斅・蓮契・智海・静厳・覚什・証真・堯禅・浄然（静）・仙基のほか、図中銘記に蔵人入道・念仏房をあげ、さらには「師弟の上人等十余輩」「惣て信男信女三百余人」ともある。ところが、「一期物語」（第二の物語）には東大寺上人（重源）が弟子三〇余人を具して来て、「源空之方、東大寺上人居流、座主御房方、大原上人居流」れたと記すだけで、人名をあげない。

そこで『琳阿本』は「一期物語」の不備を埋めるべく、

上人の御方には東大寺の上人ゐなかれ給へり。座主の御かたには光明山の僧都明遍、東大寺三論宗の長者なり。侍従已講貞慶、笠置の解脱房なり。印西上人、大原本生（成）坊湛歟（斅）、この人々をハいひくちにさためらる。嵯峨の往生院の念仏坊、天台宗の人なり。大原の来迎院の明定坊蓮慶、天台宗の人也。蓮契上人弟子十余人。山門久住の人々には法印大僧都智海、法印権大僧都証真、共に天台の碩学也。静厳法印、覚什僧都、浄然（静）法印、仙基律師等の外、妙覚寺上人、菩提山の蔵人入道仏心、長楽寺定蓮坊、八坂の大和入道見仏、松林院の清浄坊、さくらもとの究法房、つふさなるかす三百余人なり。

と増補している。『伝法絵』に存して『琳阿本』にみえないのは堯禅だけであり、人名の大半を『伝法絵』によっている。『琳阿本』に新しく登場するのは蓮慶[23]・妙覚寺上人・定蓮坊・見仏・清浄坊・究法房らである。彼らの名をどうして補ったのか、確たる資料を他に探すことはできない。

つぎに二巻五段〈皇円桜池の事〉〈上人悲嘆の事〉を例にとろう。ここに該当する『伝法絵』は、

件闍梨（皇円）、弥勒下生之暁をまたんかために、五十六億七千万歳之間、遠江国笠原池に、大蚫となりてすまうへきよし、彼領家に申請て、誓にまかせて、死後即その池にすまうよし、時の人、遠近見知するところ也。

と極めて簡略である。「一期物語」（第三の物語）には、

或時物語云、当世人迷法門分際、云輙可解脱生死也。我師有肥後阿闍梨云人、智恵深遠人也。倩顧自身分際、今度不可解脱生死。若此度改生者、隔生即亡（忘）故、定忘仏法歟。然受長命報待慈尊出世。吾当大蛇。但若住大海者、可有中夭恐。依之遠江国笠原庄内桜陀（池）云池。取領家放文、願住此池。死期乞水入掌中死畢。於彼池不風吹率大浪自起、排上池中塵。諸人作奇特、注此由申領家。勘其日比、当彼阿闍梨逝去日時。有智恵故、知生死難出、有道心故、願値仏世。然而不知浄土法門故、発如此意楽。我其時尋得此法者、不顧信不信、指授此法門。於当世仏法者、有道心者期遠生縁、無道心者併住名利思。以自身輙言可出生死者、是知機縁分際故也。

とある。『琳阿本』は、

件の阿闍梨、自身の分際をはからふに、輙此たひ生死をいつへからす、若度々生をかへハ、隔生即亡（忘）の故に定て仏法を忘れなむ歟。しかし長命の報をうけて慈尊の出世にあひたてまつらむと思ひて、命なかきものをかむかふるに、鬼神よりも虵道ハまされりとて、虵にならむとするに、大海ハ中夭あるへし。しつかに池にすまむと思ひて、遠江国かさハらの庄さくら池といふ所あり。領家にかの池を申こひて、ちかひにまかせて死期の時、水をこひて掌に入てをハりにけり。然に、彼池風ふかすして俄に大浪たちて、池の中のちりことくくハらひあく。諸人是を見て、則此よしをしるし（か）て領家にふれ申。その時、日をかんかふるに、かの阿闍梨逝去の日也。智恵あるかゆへに、生死をいて・たき事をしり、道心あるか故に、仏の出世にあハん事をねかふ。然といへとも、今に浄土の法門をしらさるゆへに、かくのことくの意楽に住するなり。我其時に此法門をたつねえたらましかは、信不信はしらす申侍なまし。その故は極楽往生の後ハ、十方の国土心にまかせて経行し、一切諸仏思ひにしたかひて供養す。何そ強に穢土に久処する事をねかハむや。彼阿闍梨ハ、遥に慈尊三会の暁を期して、五十六億七千万歳の間、此池に住給ハむとて、上人常に悲給き。当時にいたるまて、静なる夜は振鈴のをときこゆとそ申伝はへる。上人後に彼池ヲ尋て御渡ありけるに、蚫うきいて﹅、物語ありけりと云々。

とある。同一、同意の字句に点線（『伝法絵』との対比）と傍線（「一期物語」との対比）を引いたところ、傍線の多さからも、『琳阿本』が「一期物語」によって記事を増補したことが判明する。法然がもし師の生前に浄土の法門を得ていたなら、信不信はともあれ、浄土の法門を教示することができたであろうと述懐されたのに続く、点線も傍線もない箇所の、弥勒下生の暁まで穢土に久処することを願った師を悲嘆し、のちに桜池を訪ねて蚫身の師と物語されたというのは、『琳阿本』が独自に敷衍した部分である。とりわけ「静なる夜は振鈴のをときこゆとそ申伝はへる」と、桜池にまつわる伝承を記している点は注目に値する。静かな夜には振鈴の音が聞こえるというのは、皇円が桜池に振鈴を投げ入れたといったような伝承を前提にしているのではないか。『孝行集』に「法然上人御物語云」として引く皇円の桜池説話に、皇円が領家の放文を取って池辺に行き、「仏具鈴杵等」を沈めたとあるのが参考になる(24)。

『琳阿本』が「一期物語」を用いて修文したことは以上で明らかになったが、これ以外の伝記資料はどうであろうか。『伝法絵』（善導寺本）の第一一図には三つの画中詞が書かれているが、その第二の画中詞に「上人、心閑ニ浄土を観し給ける。はしめの夜ハ宝樹を現し、次夜は瑠璃の地をしめし、後ニハ宮殿を拝し給」とある。いわゆる三昧発得のことである。『琳阿本』五巻三段に、

上人自筆の記に云、生年六十有六、建久九年正月一日、やまも﹅の法橋教慶かもとより帰て後、未申の時はかり恒例の正月七日念仏是を始行。一日明相すこしき現す。例よりもあきらかなりと云々。……はしめて正月一日より二月七日にいたるまて三十七ヶ日のあひた、毎日七万返念仏不退にこれをつとむ。是によりてこれらの相現すと云々。

とあり、ここに「上人自筆の記」と称するものを用いて増補した。現存する文献と対照すると、この「記」に相当するのは藤堂氏も指摘しているが、『醍醐本』の「三昧発得記」と考えられる。文字の相違・脱落は転写の間に生じたとすれば、『琳阿本』は「三昧発得記」の前半部分をかなり忠実に和文に改めて援引しているのである。

法然の臨終の様子は『伝法絵』もそれなりに詳しい記述である。『琳阿本』は八巻三〜五段の三段にわたる詞書が該当するが、措辞や記事の構成などにおいて、『伝法絵』以外の伝記資料によったと思われる箇所が頻出するのである。すでに藤堂氏の比較研究で明らかな通り、八巻三段の「或時は弟子に告ての給ハく、……又念仏をすゝむ」、八巻四段の「十一日の辰の時、上人おきいて高声に念仏し給き。……こたへての給ハく、しかなり」、八巻五段の「爰上人廿三日以後三日三夜、……念仏していきたえ給ぬ」とある記事は、『醍醐本』の「御臨終日記」と対照できるのである。(25) これによって『琳阿本』八巻三〜五段は主に「御臨終日記」を参照したことが判明するが、一方で対応しない箇所も存するから、他の資料(26)をもって記事を作ったことも疑いない。

ここまでの考証で明らかになったのは、『琳阿本』の著者は『醍醐本』の「一期物語」だけではなく、「三昧発得記」や「御臨終日記」を詞書作成に資料として用いたことである。このうち「一期物語」に依拠する性向がかなり大きいが、それは絵伝の詞書に使う伝記資料として認識していたようである。前引した『伝法絵』(善導寺本)第一一図の第三の画中詞は、「唐善導和尚、もすそよりしもハ、阿弥陀如来の御装束にて現して、さまくの事を、ときてをしへ給ける」とある。法然の夢中に善導が来現したことである。『琳阿本』は五巻三段に、〈三昧発得の事〉に続けて、

又別伝に云、紫雲広大にしてあまねく日本国におほへり。雲中より無量の広大の光を出す。白光の中に百宝色の鳥とひちりて虚空にみてり。善導和尚ものすそよりしもは金色にて現しての給ハく、汝下劣の身なりといへとも、念仏興行一天下にみてり。称名専修衆生におよふか故に、われ爰にきたる。善導すなハちわれな

り。

とある。この「別伝」を三田全信氏は、法然の自記で『拾遺語灯録』所収の「夢感聖相記」のことだとする。[27]しかし、「夢感聖相記」の詞章との相似は見いだせず、同意できない。私は藤堂氏と同様に、むしろ措辞や語句に共通するところが多い「一期物語」(第一の物語)を指すのではないかと考える。[28]「一期物語」は鎌倉末に「法然上人伝記」とも呼ばれていたので、[29]『琳阿本』が「別伝」と称して援引したとしても不思議でない。もっと積極的に憶測すれば、『琳阿本』が制作された当時、「御臨終日記」や「三昧発得記」をも合冊した、現行の『醍醐本』に近い形態で法然門下の間で流布していたとも考えられる。

六 『琳阿本』の特異記事

各種の法然伝を比較検討し、その成立史的な研究を進めた三田全信氏は、『琳阿本』の特異記事を九点あげる。三田氏は『琳阿本』の成立を法然滅後八〇～九〇年に置き、『私日記』や『黒谷上人伝』の方が『琳阿本』より先行する伝記と解したので、『私日記』や『黒谷上人伝』の特異記事にあげたもののなかから、『琳阿本』の特異記事に加えるべきものもある。[30]別掲(一三八頁以下参照)した『琳阿本』の内容標目で無印の記事のうち、典拠を先行法然伝に求めることができないものを、『琳阿本』の特異記事にあげることができる。以下、主要な特異記事について述べる。二巻二段の〈小童入洛の事〉は、

爰こやちこ登山のとき、つくりみちにして月輪殿の御出にまいりあひたてまつりて、かたハらにたちより給ひけるを、御車よりいかなるおさなきものにかと御尋ありけれハ、小童のをくりに侍りける僧、美作の国より学問のために比叡山へまかりのほる小童にて侍よし申けれハ、ちかくめして、よく〳〵学問せらるへし、学生になり給ハ、師匠に頼おほしめすへきよし、念比に御契ありけり。まことに御宿縁のふかき程もいとあ

ハれにこそ。

とある。これに最も近似するのは『法然上人伝』（増上寺本、以下『増上寺本』という）の、

本山にをくるところに、つくりみちにて殿下鳥羽殿への御出にまいりあゑり。小童下馬したりけるを、御覧するに、たいはいまなしりよりはしめて、凡た丶物にあらす。いかなるものそと御たつねありけれは、しかくのもの丶子にてなん侍る。学問のために登山するよしをそ、おそる丶ところなくまうしける。殿ふしきのものにおほしめして、御ゑしやくありてすきさせ給ぬ。

という記事である。『琳阿本』が『増上寺本』に依拠したとするなら、「殿下」を「月輪殿」（九条兼実）に読み取り、上人と師檀の契約をしたと改作したのは、惜しむらくは歴史的に誤っている。上人が比叡山に登る天養二年（一一四五）に「殿下」と呼ぶ人物は、摂政の藤原忠通であって、九条兼実は当時まだ誕生していないのである。こうした誤謬を犯してでも、兼実との邂逅を特筆したのは、法然との格別の法縁を伏線にしたかったからであろう。

ところで九条兼実といえば、『琳阿本』五巻六段に、元久元年（一二〇四）十一月十三日付けで法然が山門に送った起請文に続けて、（年欠）十一月十三日付けの「九条禅定殿下、大原の大僧正顕真におくらる丶自筆の御消息」を収載している。兼実の書状を『琳阿本』は顕真に宛てたとするが、顕真は建久三年（一一九二）に死去しているから、書状の宛所の「前大僧正御房」は真性のことと思われる(32)。

極めて長文の消息をしかも二通収載するのは、絵巻物として異例のことである。絵図が楽しみな鑑賞者には退屈に違いない。七巻七段に承元三年（一二〇九）六月十九日付けの「一念停止の書状」と「そへたり」の承元三年六月二十三日付けの「聖覚法印の書状」がある。「一念停止の書状」は、文字の異同や文節の位置に相違はあれども、『漢語灯録』巻一〇の「遣北陸道書状」（北越書）とおおむね内容を同じくする。「遣北陸道書状」について、

田村圓澄氏は中沢見明氏の偽作説に従って(33)、『西方指南抄』所収の「光明房に答ふる書」（『和語灯録』巻四所収の「越中国光明房へつかはす御返事」）を換骨奪胎したものであるという(34)。一般に偽文書説を提示する場合に、誰が何の目的で文書を偽造したのかを明らかにしないかぎり、容易に同意できるものではないが、中沢・田村説の当否は別にして、『琳阿本』の編纂当時に「一念停止の書状」と「聖覚法印の書状」が存在し、著者がこれを実見していたことだけは確かな事実である。この二通の書状を併せれば、絵巻物の詞書としてこれまた長文である。『琳阿本』は法然に関する消息類の蒐集に努めた最初の伝記であったと評価できる。

終わりになったが、『琳阿本』最大の特色ともいうべき「浄土宗」色を論じておこう。一向専修（浄土帰入）のことは三巻四段に述べる。詞書の前半をほぼ『伝法絵』に依拠して諸経疏研鑽のことに費やし、後半を浄土帰入のことに割く。その年時は「高倉院の御宇安元々年乙未行年四十三の時」であるが、所依の聖句は『伝法絵』にいう湛然の『止観輔行伝弘決』の「諸教所讃多在弥陀」ではなく、善導の『観経疏』の「一心専念弥陀名号、行住座臥、不問時節久遠、念々不捨者、是名正定之業、順彼仏願故」とする。その経緯について、

高倉院の御宇安元々年乙未行年四十三の時、凡夫出離の要道のために、経蔵（報恩蔵）に入て一切経五遍披見之時、善導観経の疏四巻披見し給ふに、極楽国土を高妙の報土と定て、往生の機分を垢障の凡夫と判せられたり。爰に奇異の思ひをなして、別して又彼の疏を三遍ひらき見るに、第四巻にいたりて、一心専念弥陀名号、行住座臥、不問時節久近、念々不捨者、是名正定之業、順彼仏願故と云へる文に付て、年来所修の余宗をなけすてゝ、ひとへに一向専修に帰して、毎日七万遍の念仏をとなへて、あまねく道俗貴賤をすゝめ給へり。

とあり、まさしく『伝法絵』を換骨奪胎し、「天台宗」色から「浄土宗」色に変えている。この所依の聖句いわゆる浄土開宗の文は、他の伝記資料ではどうなっているのか。「一期物語」（第十八の物語）に、法然が月輪殿へ参向した時、ある一人の住山者が訪れて、法然に浄土宗を立てた所依の文を尋ね、法然は「善導観経疏付属釈」

について浄土宗を立てたと答えたとある。『観経疏』の付属釈とは「上来雖説定散両門之益、望仏本願意在衆生、一向専称弥陀仏名」の句である。『伝法絵』は、法然の浄土帰入のことを記した詞書に続く絵図（善導寺本第一図）の画中詞に、この『観経疏』の付属釈を書き込んでいる。これは浄土開宗の文が観経疏の付属釈であったとする別の伝記資料の存在を知っていたことを示唆する。

ところが、『琳阿本』はこの『伝法絵』の画中詞を無視しているのである。そもそも『琳阿本』がとりあげた『観経疏』の「一心専念」の文をもって浄土開宗の文とするのは、弁長（聖光房・弁阿）の『末代念仏授手印』や『徹選択集』巻上、良忠（然阿）の『選択伝弘決疑鈔』巻二・巻五に明記する。特に『選択伝弘決疑鈔』巻五に、

> 承安五年乙未帰善導疏、入専修門四十三歳。謂為出離生死、雖学一切教、当於我機失得度門。後入報恩蔵、周覧積年、披閲一切経、已及五遍。和尚八軸之書、亦覧五遍。文幽義邈、未得其旨。然後別開八巻、亦看三遍。前後補接、竊窺八遍。纔至一心専念弥陀名号之文、正解素意、偏行念仏。

とある。法然が報恩蔵に入り、一切経披見五遍の上、さらに善導の観経疏披見三遍、ついに一心専念の文にいたり、専修念仏に帰入したという伝承は、弁長・良忠の浄土宗鎮西義の相伝するところであり、『琳阿本』がこれを採用したことの意味は大きい(35)。開宗典拠の文が『観経疏』の付属釈か、「一心専念」の文かの二説(36)が存するなかで、他段では「一期物語」に依拠することが多々ありながら、当段でその所説を否定したのは、『琳阿本』が先行の伝記資料に一方的に追従しなかったことを示している。

さて、弁長のことは四巻七段と五巻五段に登場する。

〈聖光受学の事〉

念仏の人おほしといへとも、関東には熊谷、鎮西には聖光房、浄土の教門に入しより他家をのそまさる人な

り。就中聖光房は一山の同侶猶契ある、況証真法印の門人なり。かの法印ハ源空か甚深の同侶、後世菩提を契たりし人の弟子にてありしか、源空か弟子になりて八ヶ年かあひた受学せし人也と云々。（四巻七段）

〈選択集授与の事〉

建久九年戊午正月四日、上人聖光房に示ていはく、月輪の殿下教命によりて選択集一巻を作、ふかく秘すへきよし仰を蒙りて、流布するにあたハす。世にきこゆる事あれとも、うつす人なし。汝ハ法器の仁也。我立するところ此書をうつして、よろしく末代にひろむへし。聖光すなハち命を請て自委細にうつして、うやまて提撕をうく。函杖をえたるかことし。水を器にうつすに似たり。それよりのち日々に受学すゝめて指誨をうく。（五巻五段）

前者の〈聖光受学の事〉は、『伝法絵』の「念仏の帰依おほしといへとも、関東にハ熊谷入道、鎮西にハ聖光等、教門に入しより、他宗（家）をのそかさるともから」に依拠した詞章で始めている。そうなればこれに続く『伝法絵』の画中詞の「弟子弁阿者、上人入室後、先遣伊州弘通念仏、還鎮西建立於光明寺。教道一切衆生。遂往生、宛如本望[37]」（善導寺本第二〇図）も、詞書のなかに取り入れるべきであろう。ところが、画中詞と関係ない内容の、聖光房が法然の同侶たる証真の門人であったことを[38]述べている。『琳阿本』が画中詞を無視したのではなく、『琳阿本』がみた『伝法絵』にはこの画中詞が書き入れられていなかったのではないか。

後者の〈選択集授与の事〉は、六巻四段で『伝法絵』に倣って、『選択集』を授与された隆寛が法然の直系であるかのような記述をするにもかかわらず、ここに弁長が『選択集』を授与されたことを記し、法然の正嫡の後継者であったことを強調している。良忠は弁長の『選択集』授与のことを『選択伝弘決疑鈔』巻五に、

建久九年戊午作已竊示先師云、此集依仰不令流布。然而汝是可伝此法之仁也。写取一本可令弘通末代云云。先師自写魚網、敬受提撕。宛如得函杖。亦似水写器。

と述べる。[39] 傍線（同字同義）・点線（類似表現）を引いた箇所をふくめ、『琳阿本』によく似た内容の文章である。『選択伝弘決疑鈔』は建長六年（一二五四）の作であり、『琳阿本』成立の上限と下限の間に入る。観称優劣論の話と併せて考えると、良忠と『琳阿本』の著者とはよほどの交渉もしくは連絡があったと想像されるのである。

つぎに六巻五段の〈西阿説諭の事〉〈信空説諭の事〉〈信空証言の事〉は、『伝法絵』にない『琳阿本』の増補記事である。このうち〈西阿説諭の事〉が「一期物語」（第六の物語）によっていることは、章句を照らし合わせれば瞭然である。〈信空説諭の事〉と〈信空証言の事〉は、法然伝記としては初出である。法然の配流を悲嘆する信空に対して、「うれへされ。この時にあたりてまた辺鄙の群類を化せむ事、是莫太の利生なり」となだめる言葉は、後継の法然伝記では「流刑さらにうらみとすへからす」「辺鄙におもむきて田夫野人をすゝめむ事、年来の本意」なるがゆえに、むしろ「朝恩ともいふへし」に変わる（『行状絵図』巻三三）。

特に『琳阿本』において、「源空か興する所の浄土の法門は、濁世衆生の決定出離の要道なるかゆへに」、仏法守護の天等が常随して冥瞰するであろうと法然が予言し、さらに法然が「弟子か住蓮安楽斬刑」は「前代いまたきかす。事常篇にたえたり」と理不尽さを非難し、「因果のむなしからさる事、いきてよに任せられハ、おもひあハせらるへきなり」とさえ断言されたと記すのは、承久の変による後鳥羽上皇の隠岐遷幸が建永の法難の報いである、という歴史認識を提示したものと注目される。この法然の言葉をうけて、〈信空証言の事〉で「はたしてそのむくひあり」と、上皇は北海の島にいて多年心を悩まし、朝臣は東土の路頭で命を失なったので、「先言のしるしある、後生よろしくきゝとるへし」と信空に語らせている。

建永の法難に対する厳しい批判は、親鸞以外にないとする見解が通説だが、[40]『琳阿本』はより直截的に後鳥羽上皇の処断を批判しているのである。そして当段の最後に、

つきに又云、およそ念仏停癈の沙汰あることに凶厲ならすといふ事なし。人皆是を知り、覼縷にあたハすと

云々。此事筆端にのせかたしといへとも、前事のわすれさるは後事の師なりといふをもちてのゆへに、よのため人のため、はゝかりなからこれを記す。

と、専修念仏停止の沙汰を痛烈にまで批判する。この記述は『古徳伝』に継承されるが、『行状絵図』では為政者への批判の態度は影が薄くなるのである。『琳阿本』のこうした政治批判は、一三世紀中葉になるとようやく専修念仏への弾圧は収まり、浄土宗教団が息を吹き返し、祖師顕彰への活動が次第に活発化をはじめる時期に入る、という時代背景を示唆している。

七　おわりに

法然の滅後ほどなく遺弟たちによって「先師聖霊」への讃嘆が始まった。「直《ただ》ナル人ニ非ザル也。茲ニ因リテ或ハ弥陀ノ化身ト云ヒ、或ハ勢至ノ垂迹ト云ヒ、或ハ道綽ノ来現ト云ヒ、或ハ善導ノ再誕ト云フ」という讃仰の言葉に表象される祖師の偉人化と人格の神秘化であり、「先師上人、種々ノ霊異、連々ノ奇瑞、人、口実ニ備フ。世、皆知ル所ナリ」という瑞相の喧伝である(41)。この祖師像の〝初期化〟は、しかし、やがて専修念仏停止の嵐の前に破壊されざるを得なかった。

嘉禄の法難を眼の前にした湛空が制作した法然絵伝の嚆矢たる『伝法絵』は、「天台宗」色の祖師像を描かねばならなかったし、諸宗協調の教義を出さねばならなかった。しかし、『伝法絵』に次いで制作された『琳阿本』は、専修念仏への弾圧を意識しなくてよい時代背景のもとで自由に祖師像を構築できた。『伝法絵』を下敷きに、先行の法然伝資料を参照し、これを取捨選択の上、増補版の法然絵伝を作りあげたのである。

『琳阿本』には、これまで論じた以外にも特筆すべき記事がある。明遍の扱いがかなり大きく、三巻一〇段に〈明遍夢想の事〉、同巻一一段に〈明遍問答の事〉の二段分を割いている。弁長の扱いと同等だともいえよう。弁長は『末代念仏授手印』裏書に「日本国同時西方行人先達」として「北京天台貫首大原顕真和尚天台第一之学生無極之道心者也　南京東大寺明遍僧都三論宗第一学生無極之道心者也　黒谷法然上人自十一歳之道心者日本到来諸宗一一学之　已上三人同時学生、倶帰善導之御義」と記す。顕真・明遍・法然の三人を善導義に通じた道心者にあげているのは弁長の人物評価であり、『琳阿本』と脈絡を通わせている。

法然の流罪赦免（召還）の宣旨に関して、法然伝記の間で諸説がある。『琳阿本』は承元三年（一二〇九）八月とする（七巻三段）。ところが『伝法絵』は建永二年（一二〇七）八月、『法然上人伝法絵』（高田本）『古徳伝』『法然聖人絵』（弘願本）は建暦元年（一二一一）八月、『行状絵図』は承元元年（一二〇七）十二月とする。大別して建永二年＝承元元年か、建暦元年かのなかで、承元三年説は孤立的だが、無視されるべきであろうか[42]。

本論において繰り返し指摘してきたように、『琳阿本』は法然伝記として他伝にない独自記事を持ちながら、十分な評価を与えられて来なかった。法然諸伝における『琳阿本』の位置づけが正当になることを期待したい。

（1）田中喜作「法然上人絵伝」（『美術研究』三三号）。
（2）関忠雄「東京国立博物館保管　法然上人絵伝」（『ミュージアム』二七五号）。
（3）巻二巻頭・巻末、巻三巻頭、巻四巻頭、巻七巻頭、巻八巻頭、巻九巻頭に「向福寺琳阿弥陀仏」もしくは「向福寺琳阿」と記す。
（4）井川定慶『法然上人絵伝の研究』第二章第六「琳阿本」。
（5）『琳阿本』の美術史考察として米倉迪夫「琳阿本「法然上人伝絵」について」（『美術研究』三二四号）、法然諸伝の比較対照による成立史的研究として三田全信『成立史的法然上人諸伝の研究』「一五　法然上人伝絵詞（琳阿本）」、法然の法語の出拠と諸伝記における継承に関する藤堂恭俊「各種法然上人伝に引用されている法然の詞」（『佛教大学研究紀要』四二・四三合巻号）がこれまでの主要な先行業績である。以下、特に断らない限り各氏の見解は右の論著による。
（6）拙稿「『伝法絵』の善導寺本と国華本」（佛教大学アジア宗教文化情報研究所『善導寺蔵『本朝祖師伝記絵詞』本文と

研究』→本書第二部第一章）。

（7）前掲注（4）井川定慶著書。梅津次郎『絵巻物残欠の譜』「拾遺古徳伝絵」。

（8）小山正文「総説　拾遺古徳伝絵」（信仰の造形的表現研究委員会編『真宗重宝聚英』六巻所収）。

（9）『古徳伝』は明禅法印と沙弥随蓮のことを叙した段（九巻八段）の後に、跋文として漢文体で「凡聖人在世之徳行、滅後之化導、不可称計。誰暗夜無灯照室内哉。誰伝持慈覚大師之袈裟哉。……是皆聖人一身之徳也」と徳行総結を記し、次いで「測知十方三世無央数界有性無性、遇和尚興世、始悟五乗斉入之道。三界九居四禅八定天王天衆、依聖人誕生、忽免五衰退没之苦。和漢雖異、利生惟同者歟。矧亦末代罪濁之凡夫、因弥陀他力之一行、悉遂往生之素懐、併上人立宗興行之故也」と『琳阿本』の当該箇所を流用している。よってここが『琳阿本』の跋文であったことがわかる。

（10）『伝法絵』巻上（善導寺本巻二）跋文

上人、始は戒をときて人に授、後ニハ教を弘て、ほとけになさしめ給。故に於日域而施無畏、宛如照観自在王之蒼天、於月輪而示有光明、知可得大勢至之白毫。諸仏菩薩の大悲利生、おほくましませとも、安立器世間のハしめより、劫末壊劫のすへまてに、日月のひかりにふれさる情非なかりけり。この故に、いさなき、いさなみのみこ、観音、勢至の垂迹、日月として、世をてらしまします。又二菩薩の化をほとこして、九品蓮台をひらき給。末代なりといへとも、誰人か疑をなさん。仰て信へしと思て、心のはやりのまゝに、七旬の老眼に悲涙を抑て泣、一人の同法をすゝめて後素をしるす。留贈後見、共期仏恵矣。嘉禎三年丁酉十一月廿五日筆功已畢（後略）

『伝法絵』巻下（善導寺本巻三）冒頭の段

上人、入学のはしめ、諸一切種諸冥滅、抜衆生出生死泥とうけたまいしより、……人のあさけりをわする、あやまちあらは、すて給へ。

爰念仏の行人の中に、宣下云、顕密有宗、焦丹符而歎息。南北衆徒、捧白疏而欝訟誡。可謂天魔遮障之結構。寧只非仏法弘通之怨讎乎。遂源空門弟等、不思議を示て、仰咎於本師、遠流ニ処らる。

凡往生極楽のみち、まち〳〵なるあひた、名号の一門を開て、代ニしたかふてひろめ、機ニかふらしめてさつくる中に、みつから邪儀をかまへて、偽て師説と号する刻、予一身につミなかれて、遥ニ万里のなみになかれにけらし。但この事をいたむにハあらす。（後略）

（11）拙著『法然伝と浄土宗史の研究』第一篇第一章「専修念仏停止と法然上人伝」。

（12）拙著『法然伝と浄土宗史の研究』第一篇第二章「『源空聖人私日記』の成立について」。

（13）望月信亨『浄土教之研究』「法然上人の行状記伝並に其の価値」。

（14）『浄土十勝箋節論』と同じ著者が『獅子伏象論』においても『黒谷上人伝』を「本伝云」として引く。そこでは「又入醍醐寺、対寛雅法印、述三論宗之法門自解義。雅聴受赦(報)然涙下、更不能言。随喜之余、取出書櫃数合」と、部分的に書き換えている。「名匠」を「寛雅法印」としたのは『琳阿本』による情報ではないか。

（15）望月信亨『浄土教之研究』「醍醐本法然上人伝記に就いて」。

（16）良忠の『選択伝弘決疑鈔裏書』に、

観仏念仏勝劣《ノ》事、称名本願《ヲ》立《トルカ》故《ニ》、此《ノ》辺《ハ》称名《ニ》勝《ル》行有《ル》マシキ也。此《ノ》義《ヲ》故上人立《テ》給《フ》時《キ》、師範《ハ》(叡空慈眼房也)観仏《ハ》勝《レ》称名《ハ》劣也云云。故上人猶《ヲ》念仏《ノ》勝義《ヲ》立《テ》給《フ》。叡空腹立《チシテ》枕《ヲ》以《テ》上人背《ノセナカヲ》打《玉フ》。先師良忍上人《モ》観仏《ハ》勝《レ》タリトコソ被㆑仰云云。上人《ノ》云、良忍上人《モ》先《ニ》コソ生《ムマレ》給《ヒ》タレ云云。弥《ヨ》腹立《チシテ》足駮《ヲ》取《テ》又打給云云。其後叡空上人臨終之時、譲状《ヲ》書《テ》上人《ニ》譲《リ》給《フ》。絶入《ヘテ》又蘇生《シテ》云、譲状《ヲ》給《トテ》別紙《ニ》進上《ノ》詞《ヲ》加《テ》被㆑譲了《ヌ》。定《テ》冥途《ニ》有《リ》㆓沙汰㆒ケル歟云云。

とある。上人と叡空との間で交わされた観称優劣論の話は、枕と拳という些細な相違はあるが、『琳阿本』の三巻五段・六段にほとんど同文で出てくる。ここもまた引用・被引用の関係が想定できる。『選択伝弘決疑鈔裏書』は、文節の終わりを「云云」の語で結び、それが引用文であることをうかがわせる。よって『選択伝弘決疑鈔裏書』は『琳阿本』からの引用と考えられる。『選択伝弘決疑鈔裏書』は道綽・善導の没年から正嘉二年（一二五八）までを数えているので、その成立は正嘉二年であろう。そうすると、『琳阿本』の下限を正嘉二年に引きあげることが可能である。

（17）三田全信氏は『琳阿本』の成立を『古徳伝』に先行させるものの、『黒谷源空上人伝』（十六門記）より後とし、第五区分期（上人滅後八四～九〇年）に属させている（前掲注5著書巻末表B参照）。藤堂恭俊氏は、良忠門下が京都で活躍する一三世紀末葉から一四世紀初頭に成立したと想定する（「各種法然上人伝に引用されている法然の詞――特に『法然上人伝絵詞』の場合――」、『印度学仏教学研究』一一巻一号）。

（18）前掲注（6）拙稿。

(19)『伝法絵』の「如来滅後二千八十二年」を『琳阿本』に「如来滅後二千八十年」とするのは、転写上に生じた相違と思われる。

(20) 法然諸伝が「信空」とするのに、『琳阿本』だけが「円明善信」とする理由は明らかでない。

(21)『法然上人伝』（増上寺本）に「上人あるゆふくれの事なるに、ひろえんにむかひ念仏して有けるに、ミたの三尊絵さうにもあらす、木像にもあらす、垣をはなれて天にもつかす、地にもつかすしておはしましける。其後拝見したまひ、御こと葉をかはしたまふ事、度々なりけり」とある。『琳阿本』は、この『法然上人伝』（増上寺本）のような『伝法絵』系の絵伝を参照しつつ修文したと考えられる。

(22) 藤堂恭俊氏は前掲注(17)論文において、『琳阿本』の作者が「七箇条起請文」を継承しなかったことを、あえて「一念義停止状」を新しく採用したことの関連性で捉え、弁長が『末代念仏授手印』を著わして一念義等を排斥したことを正当化しようとするものだという。

(23) 蓮慶を蓮契と同一人にみなせば、『琳阿本』初出ではない。

(24)『孝行集』は鎌倉後期かそれをやや降るころに成立し、典拠とする法然伝は『琳阿本』や『古徳伝』に類する法然伝と推定されている（坪井直子「龍神となった皇円――孝行集と法然上人伝――」、佛教大学総合研究所紀要別冊『浄土教典籍の研究』所収）

(25)『醍醐本』の「御臨終日記」は次のように記す（傍線の箇所は、『琳阿本』と同字または同義の字句である）。

同三日(建暦二年正月)戊時、上人語弟子云、我本在天竺、交声聞僧常行頭陀。其後来本国入天台宗、又勧念仏。弟子問云、可令往生極楽哉。答云、我本在極楽之身可然。同十一日辰時、上人起居高声念仏。聞人流涙。告弟子云、可高声念仏、阿弥陀仏来給也。唱此仏名者不虚云、歎念仏功徳事如昔。又観音勢至菩薩聖衆在前、拝之乎否。弟子云、不奉拝。聞之弥勧念仏給。其時可拝本尊之由奉勧。上人以指々空、此外又有仏。即語云、此十余年奉拝極楽荘厳化仏菩薩事是常也。又御手付五色糸、可令執之給之由勧者、如此事者是大様事也云終不取。同廿日巳時、当坊上紫雲聳。其中有円戒(形)雲、其色鮮如画像仏。行道人々於処々見之。弟子云、此空紫雲已聳、御往生近給歟。上人云、哀事哉、為令一切衆生信念仏也云々。同日未時、殊開眼仰空、自西方于東方見送事五六返。人皆奇之、奉問仏在歟。然也答。同廿三日、紫雲立之由令風聞。同廿四日午時、紫雲大聳。在西山炭焼十余人見之来而語。又従庄(広)隆寺下向尼、於路頭来而語。爰上人念仏不退之上、自廿三日至廿五日、殊強盛高声念仏事、或一時或二時、自廿四日酉時至廿五日、高声念仏無絶。弟子五六人番々助音。至廿五日午時声漸細、高声時々相交。集庭若干人々皆聞之。正臨終時、懸慈覚大師九条袈裟、頭北面西、誦光明遍照十方世界念仏衆生摂取不捨、如眠命終。其時午正中也。

(26) 正月二十三日以後の法然のありさまを叙述した、「三日三夜、或ハ一時或ハ半時、高声念仏不退のうへ」「高声念仏躰をせめて無間也」「助音の人々は窮屈にをよふといへとも、老躰病悩の身、高声念仏勇猛にしておこたらす」の詞章は、『知恩講私記』の第四讃「決定往生徳」に、「亦臨其期、三日三夜、或一時或半時、高声念仏、聞者皆驚。廿四日酉剋以去、称名迫躰無間無余。助音人々、雖及窮屈、暮齢病悩身、勇猛不絶声、未曾有事也」とある文句に相似する。しかし『琳阿本』が『知恩講私記』をみて修文したという確証は得られない。

(27) 三田全信『成立史的法然上人諸伝の研究』「二　法然上人伝記(醍醐本)」。

(28) 「一期物語」(第一の物語)に、自身の出離においては確信を得たが、他人に弘めるには時機に叶い難いと煩いて眠る夜の夢として、

紫雲大聳覆日本国、従雲中出無量光、従光中百宝色鳥飛散充満、于時昇高山忽奉値生身善導、従腰下者金色也、従腰上者如常人、高僧云、汝雖不肖身、弘専修念仏故来汝前、我是善導也云々

という。傍線・点線を引いた箇所が『琳阿本』と共通・類似する語句である。

(29) 行観の『選択本願念仏集秘鈔』に「一期物語」第一の物語を引いて、「是委見上人伝記」という。また同書に「法然上人伝記云」として「一期物語」第四の物語を引く。望月信亨氏は、「一期物語」は(正中二年〈一三二五〉没の行観が『選択本願念仏集秘鈔』を著わした)当時すでに「法然上人伝記」として学者の間に伝えられていたという(前掲注15に同じ)。

(30) 『私日記』の「両幡降下の事」、『黒谷上人伝』の「母秦氏夢の事」などは、『琳阿本』に初出する特異記事である。

(31) 中野正明氏は『漢語灯録』巻一所載の「送山門起請文」の元久元年十一月七日付けが正しいという(『法然遺文の基礎的研究』第Ⅱ部第五章「「送山門起請文」について」)。

(32) 『天台座主記』によると、真性は建仁三年(一二〇三)八月二十八日天台座主に任ぜられ、同年十二月二十二日大僧正に転じ、元久二年(一二〇五)十一月二十八日天台座主を辞退し、建永元年(一二〇六)十月十六日大僧正を辞した。元

久元年の時点での天台座主は真性となる。『行状絵図』三一巻三段は「座主大僧正に進せらるゝ御消息」とし、宛所を「前大僧正御房」とする。また『法然上人伝記』（九巻伝）巻五上は「座主真性大僧正へ送らるゝ自筆の御消息」とし、宛所を「大僧正御房」とする。各伝まちまちで、宛所の「前大僧正」を正しいとするなら、建永元年十一月十三日の書状となるが、「前大僧正」の「前」は衍字と考えられる。

(33) 中沢見明『真宗源流史論』第四章「西方指南鈔と漢和語灯録」。

(34) 田村圓澄『法然上人伝の研究』第一部第三章「法然伝の系譜」。

(35) 藤堂恭俊氏は前掲注(5)論文において、「『琳阿本』が弁長・良忠と言った所謂浄土宗鎮西流に大変密接な関係にある」と断言し、『琳阿本』の編纂意図は「法然・聖光房・良忠という三代を正統化」することにあったと考えられている。

(36) 開宗典拠の文に二説あることについては、藤堂恭俊『法然上人研究』二「法然上人諸伝にみられる観経付属の文と善導の釈」を参照。

(37) この画中詞は嘉禎四年の弁長入滅のことに言及するので、『伝法絵』制作後に追記されたと考えられている（望月信亨『浄土教之研究』「本朝祖師伝記絵詞に就て」）。

(38) 弁長の『念仏名義集』巻中に、法然は「一室ノ同朋ナル故ニ二世ノ契リ深」い宝地房証真の弟子（弁長）が「今我ニ順ヒテ此浄土ノ法門ヲ習ヒ伝ルト思ヒ深キ故ニ露塵許モ忘レ申サヌソ」と、常に仰せになったという。証真を介して法然と弁長の縁深い関係が示されている。

(39) 藤堂恭俊氏は前掲注(5)論文において、『琳阿本』の弁長への選択集授与の典拠を『徹選択集』巻上に求めるが、良忠の『選択伝弘決疑鈔』の方が類似した表現が見いだされるのである。

(40) 田村圓澄『法然上人伝の研究』第二部第十八章「建永の法難」。

(41) 『知恩講私記』を読み下した。

(42) 『琳阿本』七巻一段に、〈西仁説法の事〉に続けて、〈流罪宥免の事〉として「冥鑑のはゝかり有、いそきめしかへさるへきよし申あハれけれハ、龍顔逆鱗のいましめをやめて、めしかへさるへきよし宣下せらる」とある。讃岐国に着いた直後に宥免の宣旨が発せられたことをうかがわせるが、それが実施されたとは明記していない。

〔補〕『蓮門類聚経籍録』巻下に「法然上人伝九巻 向福寺琳阿所著也。摹本在妙定院。与前九巻伝有差舛」とある（『大日本仏教全書』仏教書籍目録第一）。「法然上人伝九巻」とは『琳阿本』のことで、この書目は文雄の原著（写本）に記載されていないので、養鸕徹定の増補にかかるものである。養鸕徹定が増補した文久二年（一八六二）当時、すでに妙定院に所蔵されていたことがわかる。

琳阿本の内容標目一覧

『伝法絵』との比較
◎表現・内容がほとんど同じ
○表現が若干異なるが内容的にほぼ同じ
△表現や内容に共通するところがある

第一巻

第一段
◎仏法流伝の事（蓋以三世におほく仏出……）
上人誕生の事（如来滅後二千八十年……）
絵伝述作の事（上人、十三にして……）

第二段
◎諸仏利益の事（諸仏の世を利し給ふ……）

第三段
◎竹馬遊戯の事（此地に襁褓の中より出て……）
定明夜討の事（保延七年辛酉春の比……）

第四段
◎時国臨終の事（時国ふかき疵をかうふりて……）

第五段
◎葬送中陰の事（葬送中陰の間……）

第二巻

第一段
○小童請暇の事（師匠の命によりて……）
◎叡公故実の事（此ことハりを観覚こそ……）
○母子訣別の事（母うめる子におしへらると……）

第二段
○天台叡山の事（夫以天台山ハ……）
小童入洛の事（爰こやちこ登山のとき……）

第三段
◎観覚書状の事（はしめて登山の時……）

第四段
皇円愛翫の事（源光の云……）
受戒受学の事（つゐに久安三年丁卯中冬に……）
遁世志願の事（闍梨いよ〳〵感嘆して云……）
第五段
皇円桜池の事（件の阿闍梨……）
上人悲嘆の事（智恵あるかゆへに……）
第六段
△法然具足の事（久安六年庚午九月十二日……）
黒谷為体の事（夫黒谷の躰たらく……）
第七段
○華厳青龍の事（華厳経披覧の時……）
△法華修行の事（法華三昧修行之時……）
第八段
◎五相観行の事（真言の教門に入て……）

第三巻

第一段
釈迦堂参籠の事（保元々年丙子上人……）
第二段
○法相宗蔵俊の事（嵯峨より南都の僧正蔵俊……）
第三段
諸宗学匠の事（小乗戒は中河の少将の上人……）
第四段
△一向専修の事（凡南都北嶺にして……）
第五段
観称優劣の事（阿弥陀仏称名を本願……）
第六段
叡空臨終の事（かくて叡空上人臨終の時……）
第七段
◎室内放光の事（暗夜に経巻を見給に……）
第八段
大仏大勧進の事（治承四年庚子十二月廿八日……）
第九段
坂本談義の事（文治二年の比……）
大原問答の事（此こと葉をはちて……）
顕真五坊の事（座主一の大願をおこし……）
◎不断念仏の事（湛斅上人の発起……）

阿弥陀号の事（大仏の上人一の意楽……）
第十段
明遍夢想の事（高野の明遍僧都……）
第十一段
明遍問答の事（またある時、明遍僧都……）

第四巻

第一段
◎上西門院の事（上西門院にて上人……）
第二段
○高倉天皇の事（高倉の天皇御受戒……）
◎上人昇殿の事（唯今源空上人こそめされて……）
一朝戒師の事（凡この山上洛中……）
第三段
◎常行三昧の事（後鳥羽院御宇建久元年……）
○御室夢想の事（仁和寺の入道法親王……）
第四段
○小舎人童の事（清水寺にて上人説戒の時……）
第五段

○勢至同列の事（霊山にて三七日不断念仏……）
第六段
○説戒講説の事（後白河の法皇にめされて……）
第七段
○念仏帰依の事（念仏の人おほしといへとも……）
聖光受学の事（就中聖光房は……）
△八坂念仏の事（後白河院の御菩提のために……）

第五巻

第一段
東大寺説法の事（春乗房、唐より観経……）
△古徳霊夢の事（又当寺の古徳の中に……）
第二段
○無品親王の事（無品親王静恵御所労の時……）
第三段
三昧発得の事（上人自筆の記に云……）
善導来現の事（又別伝に云……）
第四段
△三尊出現の事（無量寿仏化身無数……）

第五段
　選択集授写の事（建久九年戊午正月四日……）
第六段
○山門起請の事（元久元年仲冬比……）
　兼実消息の事（九条禅定殿下……）

第六巻

第一段
　瘧病療治の事（あるとき上人瘧病し給ふ……）
第二段
△頭光踏蓮の事（元久二年乙丑四月五日……）
第三段
◎上人弘教の事（上人はしめは戒をとき……）
△顕密謗難の事（如是善因しからしめ……）
◎上人説諭の事（凡往生極楽のみち……）
○阿難付属文の事（文に云、仏告阿難……）
△小松殿移遷の事（かゝるほとに小松殿……）
第四段
◎選択集授与の事（元久三年七月……）

第五段
○流罪出立の事（建永二年丁卯三月廿七日……）
◎角張成阿の事（この次第を見るに……）
　西阿説諭の事（爰に一人の弟子に対して……）
　信空説諭の事（時に信空上人ひそかに……）
　信空証言の事（信空上人のいハく……）
　念仏停廃の事（つきに又云……）
第六段
○公全惜別の事（同日、大納言律師公全……）
第七段
○経島説法の事（摂津の国経の島……）
第八段
○遊女教化の事（むろのとまりにつき給……）

第七巻

第一段
○西仁説法の事（同三月廿六日……）
　流罪宥免の事（爰諸宗の学者……）
第二段

◎善通寺参詣の事（讃岐国小松の庄……）
第三段
△召還宣旨の事（上人讃岐国にて三年……）
第四段
◎上人歓迎の事（此時称名のこゑ……）
△勝尾逗留の事（かくていまた入洛に……）
第五段
◎一切経施入の事（当山に一切経……）
◎開題供養の事（住侶各随喜悦誉して……）
第六段
◎住侶送別の事（さて住侶は十余人……）
第七段
一念停止の事（源空上人一念停止の書状……）
聖覚書状の事（越後の国より上洛……）

第八巻

第一段
○大谷居住の事（建暦元年辛未十一月廿日……）
第二段
◎道俗供養の事（むかし釈尊忉利の雲……）
○帰京宣下の事（権中納言光親卿……）
雲客夢想の事（或雲客の夢に……）
第三段
△老病蒙昧の事（建暦二年壬申正月一日……）
第四段
高声念仏の事（十一日の辰の時……）
紫雲靉靆の事（廿日巳の時……）
第五段
○兼隆夢想の事（抑七八年のそのかミ……）
上人臨終の事（爰上人廿三日以後……）
第六段
◎円寂荼毘の事（このとき建暦二年壬申……）
◎初七日仏事の事（初七日御導師……）
△禅尼夢想の事（二七日普賢菩薩の御導師……）
八幡菩薩の事（抑神功皇后元年辛巳……）
◎三七日仏事の事（三七日弥勒御導師……）
第七段
六七日仏事の事（四五七日しけきによりて……）

◎七七日仏事の事（七々日御導師……）
　公胤懺悔の事（凡この間、仏事いとなミ……）
第八段
○公胤夢告の事（その夜の夢に……）

第九巻

第一段
○公胤往生の事（建保四年丙子潤六月廿日……）
第二段
○大谷廟堂の事（延暦寺のなしもとは……）
第三段
○盛政法師の事（兼てそのよしを申侍し……）
第四段

〔法量〕
巻一　三三・五×七三八・六センチメートル
巻二　三三・五×一一六一・五センチメートル
巻三　三三・五×一四四六・九センチメートル
巻四　三三・五×八三一・七センチメートル
巻五　三三・五×一〇六一・二センチメートル

◎宇都宮入道の事（件之夜の改葬に……）
　廟堂破壊の事（御廟ハこほちて……）
○遺骸奉移の事（倩往事を思へは……）
○遺骸火葬の事（嵯峨にて火葬し奉るに……）
第五段
◎清涼寺の事（上人修行の初……）
○二尊院の事（此聖骨をおさめ奉らむ……）
第六段
△諸師帰依の事（凡上人の徳行自他諸宗……）
△徳行総結の事（誰の人か慈覚大師の……）
　勢至智恵の事（是則かしこに弥陀の……）
　明禅法印の事（又上人御没後に帰依……）
　沙弥随蓮の事（又沙弥随蓮は……）

巻六　三三一・五×一一四九・二センチメートル
巻七　三三一・五×一三六八・四センチメートル
巻八　三三一・五×一〇八四・八センチメートル
巻九　三三一・五×一〇三五・七センチメートル

第四章　『法然聖人絵』（弘願本）について

一　はじめに

嘉禎三年（一二三七）に躭空が著わした『伝法絵流通』（善導寺本は『本朝祖師伝記絵詞』、以下『伝法絵』という）を祖本にして制作された法然上人絵伝には、『法然聖人伝絵』（妙定院本は『法然上人伝絵詞』、以下『琳阿本』という）、『法然聖人絵』（以下『弘願本』という）、『拾遺古徳伝絵』（以下『古徳伝』という）などが存する。このうち正安三年（一三〇一）に覚如が著わした『古徳伝』のほかは、作者や成立年代は明らかでない。そこで成立年代が不明確な法然上人絵伝について、記事内容の類同や詞書表現の近似をもって成立史的な前後関係を推定する手法により成立年代を求めるのが、現今の研究において主流となっている。しかしながら、『琳阿本』『弘願本』『古徳伝』の三本に関しては、必ずしも従来の研究において前後関係が確定しているわけではない。

この三本の前後関係について、各種の法然上人伝の成立史的研究を大成された三田全信氏は、『弘願本』を「第四普及期」（上人滅後七一～八三年）、『琳阿本』を『古徳伝』より先行させて、ともに「第五区分期」（上人滅後八四～九〇年）に属させている。(1) 藤堂恭俊氏は各種の法然伝に引かれた法然の詞（法語類）を比較対照した結果、『弘願本』を先とし、『琳阿本』を後と考えられるが、ほぼ時を同じくして成立したとみることができると言い、『古徳伝』が法然の詞を最も多く引用しているのは、遅く成立したことを物語る一つの証拠であるという。(2) さらに同氏は、『琳阿本』の成立時期について、良忠の晩年から了恵等の良忠門下が京都において活動する、一三世紀末葉から一四世紀初頭にかけての時期だと推測している(3)。井川定慶氏は、『琳阿本』は『古徳伝』よりも先に作られているが、さほどさかのぼりうるものではなく、『弘願本』は『古徳伝』と同時代か少し先行したかも知れないとして、三本の成立が接近していることを示唆している(4)。また田村圓澄氏は、『弘願本』→『古徳伝』→『琳阿本』の順に成立したとみている(5)。

このように先学の法然伝研究において、少なくとも『弘願本』および『琳阿本』の二本について、『弘願本』が『琳阿本』よりも先に成立していたと考えられている。そこで本稿は先行研究の成果を尊重しながらも、新たに『弘願本』の成立時期を推定し、もって別稿(6)で検討した『琳阿本』の成立時期との関連性を論じたく思う。

二　『弘願本』成立の上限

田村圓澄氏は、

『弘願本』の作者が依拠した藍本の一つとして、『西方指南抄』を挙げることができるであろう。同書に収められた「七箇条制誡」の署名者は、弘願本のそれと同一であり、自力他力の問答および三心についての問答は、「或人念仏之不審聖人に奉ㇾ問次第」と題した「十一箇条問答」から転用したものである。また法然の右眼放光や、高畠少将の見参を記した弘願本の記事は、同書所収の「建久九年記」との関係を示している。

という(7)。厳密にいえば、『法然上人伝記』(醍醐本、以下『醍醐本』という)にも、『西方指南抄』の「或人念仏之不審聖人に奉ㇾ問次第」「建久九年記」に相当するものが「或時遠江国蓮花寺住僧禅勝房参上人奉問種々之事、上人一々答之」「三昧発得記」として収めており、『弘願本』はほかにも『醍醐本』に依拠していると思われる記事があるので、田村氏があげる記事の藍本は『醍醐本』である可能性を否定できない。しかし、「七箇条制誡」

に限れば、本文部分は二尊院蔵の原本との字句の異同が、『西方指南抄』のそれと一致しており、署名部分は若干の出入りがあるものの『西方指南抄』と相違なく、[8]『弘願本』の「七箇条制誡」が『西方指南抄』に依拠していることは確かである。[9]したがって『弘願本』成立の上限を、『西方指南抄』に求めることになる。その『西方指南抄』の成立は、専修寺蔵の親鸞自筆本が草稿本でなく転写本であったとしても、[10]原典が成立した下限はおのずと親鸞が書写した康元元年（一二五六）に置かざるを得ないのである。

そこで『弘願本』成立の上限は、康元元年になるが、筆者はまだ降ろすことができると思う。『弘願本』巻一の、

月日にそへては器量のふしぎを観覚いよく感じて、一宗の長者になさんと思て、叡山へのぼする状云ク、進上大聖文殊の像一躰と云云。叡山の師この状をみて、あやしとおもふ所に小児来ぬ。そのとし十三歳也。時に源光文殊の像と云にしりぬ、この児の器量をほむる詞なりと。則その容皃をみるに、頭くぼくしてかどあり。眼黄にしてひかりあり。みなこれ髪垂聡鬟の勝相なり。

という詞書は、『伝法絵』を受けて『古徳伝』に継がれていく絵伝の詞書の継受関係の中で、特に傍線を施した箇所が『弘願本』において付加された内容となっている。澄円の『獅子伏象論』巻中末に、

本伝云、（中略）久安三年丁卯春、送去延暦寺西塔北谷宝幢院持宝房源光之許、其状曰、進上大聖文殊像一体已上。書状到来披覧之、文殊像不見、而小児来入。于時源光以為文殊像者美此児器量之詞。然相其容貌、首坧《ナタラカ》而鹿眼黄而有重瞳輝光、皆是卓華聡敏好相。人皆嘆美。

とあり、和文体と漢文体という表現法は異なるが、内容的に近似している。「本伝」とは敬西房信瑞が弘長二年（一二六二）ごろに著わした『黒谷上人伝』を指すといわれ、諸書に引かれる逸文が残っている。[11]

また巻三に、

承安四年甲午春、上人とし四十二はじめて黒谷をいでゝ、吉水に住し給。これひとへに他を利せんためなり。ひろむるにこの教をもてし、すゝむるにこの行をもてす。道俗ことぐく帰す。草の風になびくがごとし。

これを信じ是を仰に、感応かならずあらたなり。

とある。黒谷下山の年時を承安四年（一一七四）とするのは、法然の諸伝記では異説の部類に属するが、良祐の『決答見聞』上巻に、

上人伝記云、（中略）承安四年甲午春、行年四十二、出黒谷住吉水感神院東頭、北堂北面、自爾以還、慨然発憤、談浄土法、勧念仏行云云。

とあり、「上人伝記」のとるところである。『決答見聞』が引く「上人伝記」は、他の箇所において『獅子伏象論』の「本伝」と一致するので、信瑞の『黒谷上人伝』の逸文と考えられる。法然の幼時異相と黒谷下山年時は、ともに『黒谷上人伝』の特異記事にあげられており、[12]『弘願本』がこの『黒谷上人伝』に依拠して詞書をなしたとみなさざるを得ないのである。したがって『弘願本』成立の上限は、康元元年より降りて弘長二年ということになる。

三 『弘願本』成立の下限

つぎに『弘願本』成立の下限を推考しよう。専修寺に蔵する顕智書写の『法然上人伝法絵』（以下『高田本』という）は、『弘願本』の対応する巻次についていうと、詞書だけの抜粋本という様式を異にするが、内容的にまったく同一である。筆者はかつて法然の諸伝記にみえる遊女教化譚の比較を行なったさいに、『弘願本』と『高田本』とは、史料的に「双子」に近い関係にあると表現したことがあった。[13]

ところで、妙源寺・専修寺・増上寺の各寺に蔵する三幅法然絵伝は『弘願本』をもとにした掛幅装の絵伝であ

り、増上寺本の札銘を妙源寺本や専修寺本に重ねあてると、『弘願本』のほぼ全容を復元することができる。[14] 三幅法然絵伝の札銘は、以下の通りである。

一	大国日本	二	観音堂	三	誕生之所
四	時国夜討被害	五	時国之墓所也	六	御年九菩提寺登給也
七	母乞暇給所也	番外	（文字なし見送りの段）	八	九条殿下御対面所
九	北谷源光坊也	十	山王出家暇申給	十一	御出家所
十二	御授戒	十三	黒谷経蔵	十四	蔵俊御対面所
番外	慶雅法橋相華厳宗門談	十五	慶雅御対面所	十六	法華修行之所
十七	真言教五相成身	十八	華厳経披覧所	十九	御夢相所
二十	河屋所	廿一	観経付属開給所	廿二	後白河法皇下宣旨
廿三	東大寺	廿四	肥後阿闍梨臨終所	廿五	後白河□（聖）□□
廿六	禅勝坊言餞給所	廿七	常陸敬仏御対面所	廿八	鎮西正光坊御物語
廿九	明遍僧都対面所	卅	大原	卅一	不断念仏始□（所カ）
卅二	清水寺十月（因カ）談	卅三	嵯峨為法皇七日不断念仏	卅四	東山霊山寺如法念仏
卅五	右御眼光明放給	卅六	浄土荘厳様々見給	卅七	丈六面像現給也
卅八	七ケ条起請文	卅九	九条殿	四十	三尊大身現給所
四十一	小松殿	四十二	上西門	四十三	上人遠流之所也
番外	嵯峨正信上人流罪之所	四十四	摂津国経島付給所	四十五	播磨国室付給所
四十六	讃岐国付給所	四十七	同生福寺	四十八	善通寺

四十九　同国松山
五十　還住宣旨給所
五十一　於勝尾寺引声念仏勤行所
五十二　勝尾寺
五十三　東山吉水居住給所
五十四（銘文不明　諸人瑞夢語の段）
五十五　御臨終
五十六　御葬送所
五十七　山門之使大谷発向所
五十八（銘文不明　広隆寺奉渡・粟生野荼毘所の段）
五十九　粟生野遺骨所（妙源寺本は随蓮夢想の段）
六十　七日□□□（妙源寺本なし）

このうち太字で示した諸段が現行の『弘願本』に存するところで、三幅法然絵伝の札銘の順序によって、『弘願本』巻二～四における詞書・絵図の著しい錯乱を正すことができる。[15] 札銘番号の「卅八」（七ケ条起請文）から「五十一」（於勝尾寺引声念仏勤行所）までに相当する『弘願本』が『高田本』と対応しているが、この復元された『弘願本』と『高田本』の詞書を比較すると、両者はまったく同一であることが知られる。[16] ただ異なるのは「七箇条起請文」であって、本文を『弘願本』が漢文体、『高田本』が和文体とし、署名者を『弘願本』が信空以下二三人をあげ、「已上二百余連署畢」と書き添えるのに対して、『高田本』は見仏以下二一人をあげるにとどまる。

『高田本』は「七箇条起請文」第三条の事書補足文において、「何ゾコノ制ヲソムカムヤ」の後の文章（『弘願本』ほかの諸書にみえる「加之善導和尚大呵之、未知祖師之誡、愚闇之弥甚也」）を省略していること、同第七条の事書補足文の「右各雖一人説、所積為予一身衆悪、汚弥陀教文、揚師匠之悪名、不善之甚無過之者也」を、「右オノ〳〵一人ナリトイヱドモ、ツメルトコロ予一身ノタメナリトトク。衆悪ヲシテ弥陀ノ教文ヲケガシ、師匠ノ悪名ヲアグ。不善ノハナハダシキコト、コレニスギタル事ナキモノ也」と読み下しているが、これは親鸞自筆本の『西方指南抄』所収の「七箇条起請文」に施された訓点・送り仮名に従っている。そこで『高田本』が「七箇条起請文」の漢文体を読み下すにさいして、参考にしたのはおそらく『西方指南抄』であったと思われる。[17]

「七箇条起請文」を除けば、『弘願本』と『高田本』の詞書がまったく同一であることは何を意味するのであろうか。先に結論をいえば、『高田本』は『弘願本』の詞書だけを抜き書きした、いわゆる「絵詞」であったと考えざるを得ないのである。『弘願本』の題号は「法然聖人絵」、『高田本』の題号は「法然上人伝法絵」とあって、それぞれ題号を異にするところから、従来から両本は『伝法絵流通』の系統に属し、かつ非常に近しい関係にあると認識しながらも、一応は別個の絵伝とみなしてきた[18]。現行の『弘願本』巻二〜四は詞書・絵図ともに錯乱が生じており、『高田本』は巻下しか存せず、両本に共通する箇所に限って、極めて内容的な近似性から判断して、両本の「史料的な親近性」が想定されるにとどまっていたのである。

真宗において絵巻物の祖師伝が「絵」（御絵伝）と「詞」（御伝鈔）とに分離されるのは、覚如の時代からで、「絵」は広島県の光照寺に建武五年（一三三八）制作の三幅法然絵伝および一幅親鸞絵伝が現存し、「詞」は山形県の慶専寺に元亨元年（一三二一）に書写した旨の奥書をもつ「御伝鈔」（書名は『善信聖人親鸞伝絵』）があり、大阪府の願得寺に元亨四年（一三二四）書写の『拾遺古徳伝絵詞』が存在したことを伝えている[19]。前述したように『高田本』を『弘願本』の「絵詞」であるとみなした場合、法然上人絵伝における「絵」と「詞」の分離は、『善信聖人親鸞伝絵』や『古徳伝』よりも先行することになる。『高田本』はその末尾に、

草本云　永仁四年十一月十六日云々

永仁四年丙申十二月下旬第六書写之

と記し、永仁四年（一二九六）には成立していたからである。そして、この『高田本』が「絵詞」として成立したことは、同時に妙源寺・専修寺蔵の三幅法然絵伝のような『弘願本』の掛幅装絵伝が制作されていたことを意味するのである。

以上の考察によって、『弘願本』成立の下限は永仁四年ということになる。すなわち『弘願本』が『古徳伝』に先立つことが明らかになった。

四　『琳阿本』と『弘願本』

『弘願本』成立の上限を弘長二年（一二六二）に、下限を永仁四年（一二九六）に置くことができるとなれば、別稿で考察した『琳阿本』成立の上限・下限を置き合させると、従来の学説における『弘願本』と『琳阿本』の前後関係が反転するのである。筆者は別稿で『琳阿本』の成立は、『醍醐本』が世に出た仁治二年（一二四一）を上限に、『源空聖人私日記』（以下『私日記』という）を収める『西方指南抄』が書写された康元元年（一二五六）もしくは『選択伝弘決疑鈔裏書』が書かれた正嘉二年（一二五八）、あるいは最大に降ろして信瑞が『黒谷上人伝』を著わした弘長二年（一二六二）を下限に想定した。すなわち『黒谷上人伝』を堺に『琳阿本』と『弘願本』は前後を分かつことになる。しかし、そもそも上限・下限の設定自体は相対的で、かつある種の蓋然性にとどまり、決定的な証左にはなりにくい側面がある。そこで改めて法然伝記の成立時期の上限・下限が接近している［1］『琳阿本』、［2］『私日記』、［3］『黒谷上人伝』、［4］『弘願本』、［5］『古徳伝』の上人誕生の記事を選び、それらを比較対照することで、［1］～［5］の成立順を措定してみようと思う。

［1］如来滅後二千八十年、人王七十五代崇徳院の御宇に、父美作国久米の押領使漆間朝臣時国、母秦氏、子なき事をうれへて、夫妻心をひとつにして、つねに仏神に祈る。妻の夢に剃刀をのむと見てはらみぬ。夢見るところをもつて夫にかたる。夫のいはく、汝がはらめる子さだめて男子にて、一朝の戒師たるべき表事也。それよりこのかた、その母ひとへに仏法に帰して、出胎の時にいたるまで、群腥ものをくはず。長承二年癸丑四月七日午ノ正中に、おぼえずして誕生する時、二のはた天よりふる。奇異の瑞相也。権化の再誕なり。見るものたなごゝろをあはす。四五歳より後、其心成人のごとし。同稚の党に違躒せり。人皆是を嘆歓す。又や、もすれば、にしのかべにむかふくせあり。親疎見てあやしむ。（『琳阿本』）

［2］夫以、俗姓者、美作国庁官漆間時国之息、同国久米南条稲岡庄誕生之地也。長承二年癸丑、聖人始出二胎内一之時、両幡自レ天而降。奇異之瑞相也。権化之再誕也。見者合レ掌、聞者驚レ耳云々。

（『私日記』）

［3］東山大谷寺高祖上人、諱源空、号二法然一。長承二年四月七日午剋不レ覚誕生矣。作州久米郡稲岡村人也。父名売間氏時国、母秦氏也。依レ不レ有二男子一、而父母倶詣二岩間寺観世音菩薩像一、祈三求得二男子一。其母夢呑二剃刀一而孕。経二七箇月一而誕生焉。眼有二重瞳一、而頭毛金色也。四五歳已後、其識若二成人一。逴二躒同雅（稚）党一、人皆歎二異之一。

（『黒谷上人伝』逸文、『獅子伏象論』）

［4］如来滅後二千八十二歳、日本国人王七十五代崇徳院長承二年癸丑、美作国久米押領使漆間朝臣時国、妻は秦氏、夫妻ともに子なきことを愁て、仏神にいのる。ことに観音に申てはらめるなり。いのりてまうけたる子は、みなたゞ人にあらず。勝尾の勝如、横河の源信僧都、みな母これを祈てまうけたる也。この上人も観音のあたへ給へる子なるがゆへに、かくたうとき人なりけり。仏菩薩の衆生を利益し給事も、時にしたがひ機をはかるがゆへに、釈迦如来出世し給てのち、正法千年もすぎ、像法またすぎて、末法ひさしくなりぬれば、顕教もさとる人なく、密教も行ずる人まれなり。これによりて、上人さとりやすく行じやすき念仏をひろめて、衆生を利益せんがために、この浄土宗を建立し給へり。

（絵図）

時に長承二年癸丑四月七日のムマノ正中、母は□□（何の）苦痛なし。この時そらより幡二流ふりくだる。これ不思議の瑞相なり。見るものめをおどろかし、きく人みゝをおどろかさずといふことなし。とし五六歳にもなり給ければ、さとり成人のごとし。又つねにやゝもすれば西にむかふくせあり。人これをあやしむ。（『弘願本』）

［5］爰如来滅後二千八十四年、人王七十五代崇徳院の御宇に当て、美作国久米南条稲岡庄に一人の押領使号漆間時国あり。年来のあひだ孝子のなきことを愁て、夫婦心をひとつにして仏神にいのる殊観音。云々或時妻秦氏夢に剃刀を呑

とみて懐妊す。みる所の夢を夫にかたる。夫云、汝がはらめるところの子、さだめて男子にして、一朝の戒師たるべき表示也云々。其後母ひとへに仏法に帰して、出生の時にいたるまで、魚鳥のたぐひをくはず。長承二年癸丑四月七日午時に、おぼえずして誕生す。于時奇異の瑞相おほし。知ぬ、権化の再誕なりといふことを。昔世尊の誕生には、珍妙の蓮足を受て七歩を行ぜしめ、今聖人の出胎には、奇麗の幡天に翻て二流くだりけり。みる人掌をあはせ、きくもの耳をおどろかさずといふことなし。四五歳以後その性成人のごとし。同稚の党に卓礫せり。また動ば西の壁にむかふくせあり。人これをあやしむ。（『古徳伝』）

これらの上人誕生の記事は、『伝法絵』の、

如来滅後二千八十二年、日本国人皇七十五代崇徳院長承二年癸丑、美作国久米押領使漆間朝臣時国一子生ずるところ。

という画中詞を原典とするが、この『伝法絵』に付加された伝記的要素をみておこう。

[1]『琳阿本』には、①法然の母（時国の妻）が秦氏、②子の誕生を仏神に祈る、③妻の夢に剃刀を呑むとみて懐妊、④時国が夢は一朝の戒師たる表相という、⑤妻が肉食を絶つ、⑥（長承二年）四月七日午の正中に覚えず誕生、⑦誕生時に幡二流が天より降る、⑧奇異の瑞相に、見るもの掌を合わせる、⑨四、五歳より成人のごとし、⑩同稚の党に逴躒す、⑪西の壁に向かう癖に親疎あやしむ、が加わる。

[2]『私日記』には、「押領使」に代えて「庁官」とし、⑫南条稲岡庄に生まれる、⑦誕生時に幡二流が天より降る、⑧奇異の瑞相に、見るもの掌を合わせ、聞くもの耳を驚かす、が加わる。

[3]『黒谷上人伝』には、「諱源空、号法然」のほか、⑥（長承二年）四月七日午刻に覚えず誕生、⑫「久米郡稲岡村」に生まれる、①法然の母が秦氏、②子の誕生を岩間寺観世音菩薩像に祈る、③妻の夢に剃刀を呑むとみて懐妊、⑬懐胎七箇月で誕生する、⑭眼に重瞳あり、頭毛は金色、⑨四、五歳より成人のごとし、⑩同稚の党

に逴躒す、が加わる。

［4］『弘願本』は、詞書が二段に分かれ、①時国の妻が秦氏、②子の誕生を仏神（殊に観音）に祈る、⑮母が観音に祈り生む子の先例、法然も尊き人、⑯末法久しくなり、法然が念仏を広めて浄土宗を興す、⑥（長承二年）四月七日午の正中に苦痛なく誕生、⑦誕生時に幡二流が天より降る、⑧不思議の瑞相に、見るもの掌を合わせ、聞くもの耳を驚かす、⑨五、六歳より成人のごとし、⑪西の壁に向かう癖に人あやしむ、が加わる。

［5］『古徳伝』には、⑫父は南条稲岡庄の人、②子の誕生を仏神（殊に観音）に祈る、①時国の妻が秦氏、③妻の夢に剃刀を呑むとみて懐妊、④時国が夢は一朝の戒師たる表相という、⑤妻が肉食を絶つ、⑥（長承二年）四月七日午の正中に覚えず誕生、⑰世尊の誕生の瑞相、⑦誕生時に幡二流が天より降る、⑧奇異の瑞相に、見るもの掌を合わせ、聞くもの耳を驚かす、⑨四、五歳より成人のごとし、⑩同稚の党に逴躒す、⑪西の壁に向かう癖に人あやしむ、が加わる。

まず［1］『琳阿本』と［3］『黒谷上人伝』を比較すると、［3］の②「岩間寺観世音菩薩像」⑫「久米郡稲岡村」⑬懐胎七箇月で誕生する、⑭眼に重瞳あり、頭毛は金色、の要素が［1］にはみえず、［3］の独自的要素である。ただし、「稲岡村」は「稲岡庄」を書き換えたと考えられるが、その「稲岡庄」は、［1］の巻一第三段〈定明夜討の事〉に「殺害の造意は、定明たか《いな》をかの庄の執務、年月をふるといへども、時国庁官として是を蔑如して、面謁せざる遺恨也」とみえる。[20]［1］が⑬⑭のことに言及していないことは、［1］が［3］に先行する伝記であったことを示している。

つぎに［1］『琳阿本』と［2］『私日記』を比較すると、［2］の時国の官職を「庁官」とし、⑫南条稲岡庄に生まれる、の二点もすでに［1］にみえるので、［2］には独自性がなく、特に［1］の⑦および⑧を抜粋したかに思える。別稿で指摘したように、この法然誕生の記事のほかにも、『琳阿本』および『私日記』には類似の文章がかなりみ

図1－1　『琳阿本』巻1第3図

図1－2　『弘願本』巻1第3図

図2－1　『琳阿本』巻5第1図

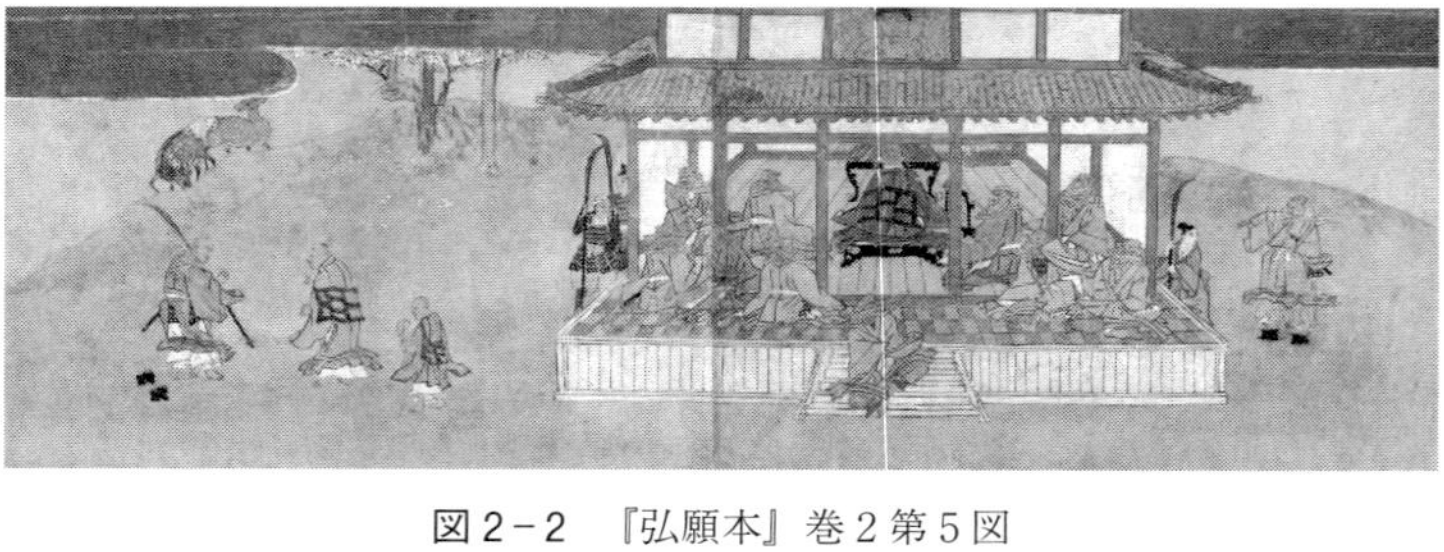

図2－2　『弘願本』巻2第5図

うけられる。当然のことながら、この両者には引用・被引用の関係が想定される。筆者は『私日記』が『琳阿本』を引用したと考えるが、その逆の可能性もまったく否定できない。本稿では［1］『琳阿本』と［4］『弘願本』の前後関係を考察することが主眼であるので、結論は差し控えたいのである。

さてその［1］と［4］を比較すると、［4］は⑮母が観音に祈り生む子の先例、法然も尊き人、⑯末法久しくなり、法然が念仏を広めて浄土宗を興す、の二点が独自的要素である。①②⑥⑦⑧⑨⑪は大略［1］と共通しているが、②の「ことに観音」は［3］に依拠し、⑧の「きく人みゝをおどろかさずといふことなし」は［2］をもとに表現を換え、⑨の「とし五六歳」は［3］を適当に書き換えている。［1］の③妻の夢に剃刀を呑むと見て懐妊、④時国が夢は一朝の戒師たる表相という、に代えて［4］で⑮母が観音に祈り生む子の先例、法然も尊き人、⑯末法久しくなり、法然が念仏を広めて浄土宗を興す、という文章を挿入し、絵図を入れて新たに段を分けたのは、明らかに［4］が［1］の夢の話を意識して修文したことを物語るのである。

最後に［5］『古徳伝』に言及すると、おおむね［1］及び［4］に依拠したことがわかるが、［4］の⑮⑯を採用せず、⑰世尊の誕生の瑞相を記しているのが独自的要素である。

以上の検討をまとめると、『伝法絵』の簡略な画中詞を原典に、後続の伝記における増幅された法然誕生の記事は、それぞれ『琳阿本』を典拠としていたことが判明するのである。法然伝記の成立史に占める『琳阿本』の位置を評価されねばならないが、本稿の主題からいえば、『弘願本』は『琳阿本』を継受した絵伝であることを確認しておきたいのである。このことは絵図の比較からも証明できよう（図1－1・2、図2－1・2参照）。

五　『弘願本』の特色ある記事

藤堂恭俊氏は、法然の生涯を述べる伝記のなかに法然の言葉を取り込んだ最初の伝記は『伝法絵』であって、

『伝法絵』には一二種の言葉が紹介されており、次いで『琳阿本』が『伝法絵』から九種の言葉を継承し、新たに一五種の言葉を加えて、伝道・教化の意図を明白に打ち出すにいたり、そして『弘願本』（「絵詞」たる『高田本』を含む）が『伝法絵』『琳阿本』から一〇種の言葉を継承し、新たに一四種の言葉を加えたことが知られるという。[21]『琳阿本』が加えた一五種の言葉のうち、一二種が同時期の後続伝記である『弘願本』『古徳伝』に継承されるのに対して、『弘願本』が加えた一四種の言葉のうち、四種が『古徳伝』に継承されるのみで、『弘願本』に収める法然の言葉は、他の伝記に比べて特殊な部類に属するものといえる。

『弘願本』に新しく登場した一四種の法然の言葉の出典について、藤堂恭俊氏は『醍醐本』のいわゆる「一期物語」「三心料簡の事」、『西方指南抄』所収の「或人念仏之不審聖人に奉問次第」「黒田の聖へ遣す書」、『決答授手印疑問鈔』をあげ、［かわ屋で申す念仏］［源智に一枚起請文を授く］［源空は明遍故に念仏者となる］［塩飽の西忍に対し、称名は往生の翼と説く］の四種は出典が定かでないという。[22]

出典が明らかな［聖光房に三重念仏を説く］と［源空の念仏は阿波介の念仏と同じ］が、鎮西義の大成者である良忠の『決答授手印疑問鈔』に依拠している点をもう少し詳しくみておこう。『弘願本』巻二第三段に、

鎮西の聖光房かたりて云、我もと法地房の弟子にて、天台宗をばならひたりしかども、出離生死の様をばおもひよらで過し程とに（ママ）、三十三のとし、おと丶の阿闍梨、病によりて絶入して、ひつじの時よりいぬの時までありしに、生死の無常はじめておもひしられて、遁世したりしかど、いかなるべしともおぼえて、法然上人にまいりたりしかば、念仏申べしとて、摩訶止観の念仏、往生要集の念仏、善導の御念仏、三重に分別して、微々細々に仰られき。智恵の深事、大海にのぞめるがごとし。又釈尊の御説法を聴聞するがごとし。これより一行専修の義となれりと云云。又おほせられて云、源空が念仏もあの阿波の介の念仏、たゞをなじことなり。もしさりともすこしはかはりたるらんとおもはん人は、つやく念仏をしらざる人なり。金はにしき

につ、めるも、わらづとにつ、めるも、おなじこがねなるがごとし。

とある記事は、『決答授手印疑問鈔』巻上に、

(聖光房)先師発心之様《ヲ》被《レ》レ仰《セ》候《シハ》、予昔為《シテ》二証真法印門人《ノ》一、雖《ト》レ学《スト》二天台円宗《ノ》之法門《ヲ》一、生年三十二《ノ》之比《ロ》、舎弟(三明房阿闍梨)依《テ》レ病死《ニシ》入《ル》事、自二中《ルノ》 時計《リ》一及《フ》二于火《ヲ》燃《ス》之時《ニ》一。即見《テ》二眼前之《ノ》無常《ヲ》一、忽覚《チテ》二生死之可《キヲ》レ厭《フ》、而抛《テ》二年来所学之法門《ヲ》一、偏《ニ》求《ム》二終時往生之《ノ》行法《ヲ》一。始《ニハ》 則依《テ》二明星寺《ノ》衆徒《ノ》勧進《ニ》一、広勧《クテ》二九州《ヲ》一建二立《ス》五重《ノ》塔《ヲ》一。其《ノ》塔《ノ》本尊《ヲ》為《ニ》レ奉《ンカ》レ迎《ヘ》、令《ルノ》二上洛《セ》一之時、上人《ノ》御事《ヲ》故法印被レ奉《ルル》レ讃レ之《ヲ》事《ヲ》思《ヒ》出《シテ》、始《テ》参《ス》二東山《ノ》御庵室《ニ》一。夏五月《ノ》比也。于レ時上人六十五、弁阿三十六也。先心《ツ》中《ニ》思念《スラク》、上人《ノ》勧化不レ可レ過《ク》二我《カ》所存《ニハ》一云云。爰《ニ》弁阿遁世《ノ》之由《ヲ》令《ルノ》レ申《サ》之処《ニ》、上人問《テ》云《ク》、汝《チ》為《メニ》二出離《ノ》一行《スル》二何《レノ》 法《ヲヤ》一耶《ト》。答申《テ》云、勧《テ》レ人《ヲ》建《テ》二五重塔《ノヲ》一候。又常時行法《ノ》者《ハ》念仏《ニテ》 候也云云。上人《ノ》云《ク》、所《ノ》レ立《ル》塔者《ハ》、如《ンハ》二善導《ノ》御意《ノ》一者、判《シテ》二雑行《ヲ》一而名《ク》二疎雑《ノ》之行《ト》一。所《ノ》レ行《スル》 之念仏者《ハ》、判《シテ》二正行《ト》一正所《ノ》レ勧《ム》之行也。但念仏《ノ》言《トハ》 広通《クス》二八宗九宗《ニ》一。汝念仏《カ》何《ハソ》耶《トルノ》被レ問之《ハ》時、不《レハ》レ知二智分《ノ》辺際《ヲ》一、如レ望《ムカ》二大海《ヲ》一。又云、汝《ハ》天台宗《ノ》学徒也。仍分《テ》二別《シテ》三重念仏《ノ》義《ヲ》一、可《シ》レ奉《ル》レ令《メ》レ聞《カ》。一《ニハ》摩訶止観《ノ》念仏、二《ハ》往生要集《ノ》念仏、三《ハ》善導勧化《ノ》念仏也云云。此《ノ》三重《ヲ》被《ル》二立《テ》替《ヘ》一事、微微細細也。教化及《ヒ》二于多時《ニ》一、自《リ》レ未至《ル》レ子《ニ》。是時弁阿如《ク》レ聞《クカ》二釈尊《ノ》説法《ヲ》一、似《タリ》レ値《フニ》二善導《ノ》教化《ニ》一。心大《ニ》歓喜《シテ》 解行全《ク》学《フ》二上人《ノ》行儀《ヲ》一。

という文章および、

善導寺上人《ノ》云、有《ル》時上人問《テ》云《ク》、源空《カ》念仏《ト》与二道俗男女《ノ》念仏一同異如何《ント》。爰《ニ》弁阿心中《ニ》思《ラク》、本願念仏者《ハ》偏《ニ》仰《テ》二仏力《ヲ》一称《シ》二名号《ヲ》一、不レ用二自力《ノ》観念等《ヲ》一故《ニ》、不《ルノ》レ可レ依《ル》二智《ノ》深浅《ニハ》一之由雖《シ》レ令《ムト》レ存《セ》、念《フカ》二一旦御機嫌悪《カラント》一故《ニ》答《ヘテ》申云《ク》、争《カ》御念仏不《ルコト》レ 勝《レ》二諸人《ノ》念仏《ニ》一可《キヤ》レ候哉《ト》云云。上人《ノ》云、本願念仏《ノ》之趣キヲ未《タ》被レ得レ意、アノ阿波《ノ》介ガ念仏モ源空ガ念仏モ全《ク》以《テ》同《シ》念仏《ナリ》 也。助《ケ》給《ヘ》阿弥陀仏《ト》思ヨリ外ニハ不《ル》レ置二別《ノ》念《ヲ》一也《ト》云云。

とある文章の網掛け部分を抄出して、その表現を借りながら、平易な例えを交えて書き直しているのである。法然の言葉を紹介するにあたり、聖光房を介して伝える良忠の『決答授手印疑問鈔』に依拠していることは、『弘願

本』の性格を考える上で大いに注目されるのである。これは巧まずして聖光房の事績を述べることになり、『弘願本』の著者が法然門下における鎮西義の位置を認めていたことを示唆し、また良忠の『決答授手印疑問鈔』を閲読しうる立場にあったと推察できる。

つぎに『弘願本』巻二第九段の、

常州の敬仏房まいり給へりけるに、上人問云、何処の修行者ぞ。答申云、高野よりまいりて候。又問云、空阿弥陀仏はおはするか。答云、さ候。其時被仰云、なにしに是へは来給へるぞ、只それにこそおはせめ。源空は明遍の故にこそ念仏者にはなりたれ。我も一代聖教の中よりは、念仏にてぞ生死ははなるべきと見さだめてあれども、凡夫なればなをおぼつかなきに、僧都の一向念仏者にておはすれば、同心なりけりと思故に、うちかためて念仏者にてはあるなり。人多念仏宗建立すとてなんずれども、其はものともおもえずと云云

という「源空は明遍故に念仏者となる」の言葉は、巻二第六段に引く長文の「明遍との問答」と併せて、明遍を重視しているあらわれであると思われる。特に「源空は明遍の故にこそ念仏者にはなりたれ」という法然の言葉は、明遍の兄である遊蓮房（円照）を追憶して語った「浄土の法門と遊蓮房とにあへるこそ、人界に生をうけたる思出にては侍れ」（『法然上人行状絵図』巻四四）という言葉と取り違えて引かれたとも考えられている(23)。しかし、上人と遊蓮房との出会いは前半生、明遍との出会は後半生で、時期が異なっている。敬仏房への言葉は、念仏のことはこの源空に教えを請わずとも、そなたの師である「一向念仏者」の明遍に尋ねるのがよいと指示した言葉で、明遍を「同心」と思う法然の謙遜の意をあらわしたものとみられる。

むしろ問題は、敬仏房への言葉をなぜ『弘願本』が収めているかである。明遍は治承二年（一一七八）三七歳で光明山寺に隠遁し、建久六年（一一九五）五四歳で高野山の蓮華谷に隠棲したと伝える(24)。念仏門における明遍の弟子には敬仏・願性・浄念・昇蓮がおり、敬仏には西願、願性には助阿という弟子がいた(25)。敬仏は高野山をは

じめ、京都・奥州を回遊した念仏聖であるが[26]、「常州ニ真壁ノ敬仏房トテ明遍僧都ノ弟子ニテ、道心者ト聞シ高野ヒジリ」とあるから[27]、常陸国真壁郡を根拠地としていたものと思われる。また敬仏とその弟子西願は、嘉禄三年(一二二七)八月二十七日の「念仏者余党可搦出交名」にその名を連ねている[28]。京都を追放された念仏者の多くが関東へ移って活躍したと考えられ[29]、関東に広まった専修念仏は、幾つかの門流が混在していたと思われるが、明遍と敬仏房の流れを汲む高野聖たちは、専修念仏者のなかで一定の地歩を得ていたに違いない。関東の専修念仏者に、法然が敬仏房へ話したと伝える[源空は明遍故に念仏者となる]という言葉がよく知られていたので、それが『弘願本』に取り入れられたものと思われる。

つぎに『弘願本』巻三第二段の、後白河法皇に往生要集を進講し、院勅をもって藤原隆信に法然の肖像画を描かしめ、蓮華王院に納めたという話の後に、

これらの次第みな九条の入道殿下の御はからひなり。天台宗は伝教大師、桓武天皇の御ちからにて比叡山にのぼり、この宗を興し給へり。真言宗は弘法大師、嵯峨の天王の御力にて東寺給はりて、高尾高野山などをつくらせ給けり。この念仏宗は一向九条殿の御ちからにて、上人御建立ありけり。選択集も九条殿御勧進。遠流の時ことさら九条殿の御沙汰にて、土佐へは御代官をつかはして、上人をばわが所領讃岐におきまいらせ給ける。めしかへされ給事も、九条殿御病悩の時善知識のためなり。しかるを勝尾にましくて、其ほどに九条殿御入滅にて勝尾には御逗留ありけるなり。

とある箇所は、他の絵伝にみえない独自記事である。後白河上皇への往生要集進講、藤原隆信の肖像画制作はもとより、念仏宗の建立、選択集の著述、遠流先の変更、流罪の赦免も、すべてが九条兼実の計らいによるものであり、それは伝教大師の天台宗における桓武天皇、弘法大師の真言宗における嵯峨天皇に匹敵する功業であると讃えている。歴史事実であるか否かは別として、『弘願本』作者に法然と九条兼実との繋がりを強調しようとす

る意図が働いていると考えなければならない(30)。

六　編年主義と異説

『伝法絵』に連なる後続の『琳阿本』や『古徳伝』は、記事の構成をおおむね編年体に従っているが、この『弘願本』においてはその傾向が著しい。既述のように三幅法然絵伝の札銘によって、『弘願本』の巻二～四の詞書・絵図の錯乱が正されるので、札銘の順序に準拠して述べると、「廿四　肥後阿闍梨臨終所」（巻二第七段）、「廿五　後白河□□□」（巻三第二段）、「廿六　禅勝坊言餞給所」（巻二第八段）、「廿七　常陸敬仏御対面所」（巻二第九段）、「廿八　鎮西正《（聖）》光坊御物語」（巻二第三段）、「廿九　明遍僧都対面所」（巻二第六段）の、年紀を明かさない記事をまとめた後に、「卅　大原」（巻三第六段前半）および「卅一　不断念仏始□」（巻三第六段後半）から年紀を明示する記事が続くのである。

大原問答と来迎院・勝林院の不断念仏は、詞書の冒頭にその年紀を「文治二年」と記し、諸伝とは相違がない。そして「卅二　清水寺十月談《（因カ）》」（巻三第七段）には、

建久元年の秋、又清水寺にて拾因をよみて、念仏を勧進し給けるに、これより京田舎処々の道場に不断念仏をはじめ修する事、かぎりなかりけるなり。

とある。『伝法絵』巻二に、

後鳥羽法王御宇建久元年庚戌秋、清水寺にて、上人説戒の座に、念仏すゝめ給ければ、寺家大勧進沙弥印蔵、滝山寺を道場にて、不断常行三昧念仏はじめける。開白発願して、能信、香炉をとりて行道をはじむ。願主印蔵、僧範義、自余は不㆓分明㆒、比丘々々尼、其数をしらず。

とあり、『琳阿本』もまた同文である。『弘願本』は年紀こそ踏襲するものの、「説戒」に代えて往生拾因の講説と

している。絵伝の視聴対象が「戒」を重んじない念仏者であったのであろうか。「又」という接続詞は、先の後白河法皇に往生要集を進講したことを受けるものと思われる。

「卌三　嵯峨為法皇七日不断念仏」（巻三第八段）は、

建久三年の秋、大和の入道親盛は、嵯峨にて七日不断念仏ありけるに、礼讃などはじめける時、後白河の法皇の御ためなりければ、捧物少々とりいだしたりければ、上人大に御気色かはりて、あるべからざるよしいましめ、仰ありけり。是念仏のはじめなりけり。念仏は自行のつとめなり。たとひ法皇に廻向したてまつるとも、布施にをよぶべからずとなり。

とある。建久三年（一一九二）という年紀および大和の入道親盛という発起人の名前は『伝法絵』以下の諸伝に共通するが、場所について諸伝が「八坂の引導寺」とするなかで、『弘願本』の「嵯峨」は孤立的である。この嵯峨は、嘉禄の法難のさい、大谷の墓所の遺骸を掘り出して、「嵯峨ノ二尊院ニカクシオキテ、ツギノトシ火葬」（『高田本』）した上人の遺跡地であり、都から遠く隔てた地方に住む念仏者にとって、八坂の引導寺よりも馴染みの深い地名であったと思われる。

「卌四　東山霊山寺如法念仏」（巻二第二段）は、

建久七年正月十五日より、東山霊山にて如法念仏三七日ありけり。其間の種々の不思議おほし。先第三日丑の時異香薫じ、第五日の夜勢至菩薩同く行道し給。第二七日の夜光明来てらし、同丑の時灯明きえたるに、光明ことにあきらかなり。又音楽きこへけり。人々見聞不同なり。或人上人に問たてまつりければ、答てのたまはく、浄土に九品の差別あり。皆衆生今生不同なるによるかと云々。上人六十六の御年、三昧発得し給と自記給へり。しかれども今年六十四なり。これらの不思議もとより権者にて在事うたがひなし。

とある。『伝法絵』などの諸伝が年紀を明示しない記事であるのに対し[31]、この『弘願本』は「建久七年正月十五日より」として、建久七年（一一九六）という年紀を記すのである。「第五日の夜勢至菩薩同く行道し給」は諸伝に共通するが、他の日・夜の霊異については、諸伝には述べていない。ことに勢至菩薩が行道に列したことを、『伝法絵』などが「ある人如夢拝して、上人にこのよしを申」したところ、法然が「た《（さ）》る事侍らん」とのみ答えたと記すのに対して、『弘願本』は「浄土に九品の差別あり。皆衆生今生不同なるによるか」と答えたと記している。この「浄土の九品差別について」の言葉は、『西方指南抄』所収の「或人念仏之不審聖人に奉問次第」の第四問答を典拠に、簡潔に要約したものであるが、[32]なんとも場違いな印象を拭い去れない。

ところで注目すべき記事は、「上人六十六の御年、三昧発得し給と自記給へり。しかれども今年六十四なり。これらの不思議もとより権者にて在事うたがひなし」である。東山霊山の「如法念仏」（諸伝は「不断念仏」「別時念仏」ともいう）における勢至菩薩行道同列という霊異を、三昧発得の神秘的な体験と同一視して、「種々の不思議」をあらわした三昧発得の「権者」の姿を描こうとしたのではないだろうか。

法然は建久九年（一一九八）正月より、別時念仏において三昧発得した。『醍醐本』所収の「三昧発得記」や『西方指南抄』所収の「建久九年記」によると、法然は建久九年正月一日より別時念仏を始め、二月七日にいたるまで、たびたび極楽の諸相を感得し、二月廿八日より右の眼に光明があったという。これが「卅五　右御眼光明放給」（巻四第三段）の、

右の御目より光をはなち、又口よりひかりまし〳〵けり。

である。同年九月廿二日の朝にも極楽の地相があらわれ、正治二年（一二〇〇）二月のころにも極楽の諸相が行住坐臥にあらわれ、建仁元年（一二〇一）二月八日に極楽の鳥の声や楽器の音を聞き、正月五日に三度にわたり勢至菩薩の後ろに丈六ばかりの面像があらわれたが、それは西の持仏堂の勢至菩薩像の姿であったという。これらをまとめて「卅六　浄土荘厳様々見給」となるはずだが、『弘願本』は記事を欠いている。続いて建仁二年（一

二〇二）二月二十一日、高畠少将と持仏堂で会った時、障子より透き通って阿弥陀仏の丈六の面像が出現した。これが「卅七　丈六面像現給也」（巻四第四段）の、

又高畠の少将見参の時、丈六の面像現じ給けり。

である。そしてつぎの「卅八　七ヶ条起請文」（巻三第一段）は、もちろん元久元年（一二〇四）十一月七日の文書を引く。『伝法絵』は簡略すぎていて、『琳阿本』はことさらに無視していたためか、これらの絵伝にはよらず、おそらく『西方指南抄』によったと思われるが、署名者に「成覚房」を加えている。「卅九　九条殿」（巻四第一段）は、「元久二年四月五日」の頭光踏蓮の奇瑞を指すが、『琳阿本』を受けている。つぎの「四十　三尊大身現給所」は、『弘願本』では記事を欠くが、『高田本』に、

元久三年正月四日、三尊大身ヲ現ジ給フ。又五日オナジク現ジ給フト云々。

とあるのに該当する。これは三昧発得の「元久三年正月四日、念仏のあひだ、三尊大身を現じたまふ。また五日三尊大身を現じたまふ」（『西方指南抄』）という記録に従っている。「四十一　小松殿」（巻四第二段）は、「元久三年の七月に、吉水をいで、小松殿におはしましける時」、「小松とはたれかいひけむ」云々の歌を詠み、隆寛に選択集を授与したという話であり、これまた『琳阿本』を継承している。

このように建久九年以後の事績に関して、『弘願本』は三昧発得の記録をベースにしながら、『琳阿本』の記事を年代順に配当したのである。ところが、「四十二　上西門」（巻四第五段）は上西門院説戒に関する話であるが、編年体の叙述に終始したはずの『弘願本』には珍しく、文治五年（一一八九）に薨去した女院に対する説戒の年紀を、文久三年（一二〇六）以後に配している。「四十三　上人遠流之所也」と「番外　嵯峨正信上人流罪之所」（併せて巻四第六段）は、

過《わざわい》三女よりおこるといふは本文なり。隠岐の法皇御熊野詣のひまに、小御所の女房達、つれ〴〵をなぐ

さめんために、聖人の御弟子蔵人入道安楽房は、日本第一の美僧なりければ、これをめしよせて礼讃をさせて、そのまぎれに灯明をけして是をとらへて、種々の不思議の事どもありけり。法皇御下向の後是をきこしめして、逆鱗の余に重蓮《(ママ)》安楽弐人は、やがて死罪に行れけり。その余失なをやまずして、上人の上に及て、建永二年二月廿七日御年七十九《(ママ)》、思食よらぬ遠流の事ありけり。権者の凡夫に同《(どうずる)》時、如是の事定る習なり。唐に一行阿闍梨、白楽天、我朝に役の行者、北野天神、をどろくべからずといへども、我等がごときは、時に当ては難忍歎なるべし。

同日大納言律師公全、後に嵯峨の正信上人と申き。殊に貴き人にて、慈覚大師の御袈裟幷に天台大乗戒等、上人の一の御弟子信空にこれをつたへ給へり。同く西国へ流れ給とて、御船にのりうつりて、なごりをおしみ給ける。いと哀にこそ。

とある。法然の四国流罪の記述は、権者の流罪に関する箇所は『伝法絵』や『琳阿本』を参照しているが、直接的原因となった住蓮・安楽の事件について、『伝法絵』系の絵伝がいずれも口を噤み具体的に言及しないのに、この『弘願本』は小御所の女房が安楽らを誘い込み、「種々の不思議の事ども」（不義密通）があったと断言している。これが異説というよりも、事実に近かったことは、『愚管抄』に「院ノ小御所ノ女房、仁和寺ノ御ムロノ御母」が「安楽ナド云モノヨビヨセテ」「夜ルサヘトヾメナドスル事出キタリケリ」（巻六）と書かれている点からも明らかである。

大納言律師公全すなわち正信房（湛空）が同じく西国に流されるにあたり、上人の船に乗り込んで別れを惜しんだとある記事も、『伝法絵』系の絵伝によっているが、正信房を「殊に貴き人にて、慈覚大師の御袈裟幷に天台大乗戒等、上人の一の御弟子信空にこれをつたへ給へり」と特記するのは、先行の絵伝にみえない。正信房を円頓戒の正統な後継者であることを主張するために、ことさら付加した記述であるとするなら、『弘願本』は信空・

湛空の系統、すなわち二尊院または嵯峨門徒に連なる念仏者に関わるものと想定することも可能である。

『弘願本』の巻二第六段には、「明遍との問答」のすぐ後に「勢観房に一枚起請文を授く」が続き、いわゆる「一枚起請文」を収めている。既述のように、法然の言葉を引くにあたり、良忠の『決答授手印疑問鈔』に依拠したことは、『弘願本』の性格を考える上で大いに注目されるが、勢観房（源智）に関係ある法語がこの絵伝に登場することも、伝記作成の意図を探る上で一つの視点になる。[33]『弘願本』の作者は、文永（一二六四～七五）のころ「聖光房附法の弟子然阿弥陀仏（良忠）と、勢観房の附弟蓮寂房と、東山赤築地にて、四十八日の談義をはじめし時」、「両流を挍合せられけるに、一として違するところなかりければ」、「かの勢観房の門流は、みな鎮西の義に依附して、別流をたてず」（『法然上人行状絵図』巻四六）という両流合一を知っていて、それを絵伝に反映させたのではなかろうか。

七　おわりに

あるいは別の考え方もできる。三昧発得の「上人自筆の記」を引用したのは『琳阿本』が最初であった。[34] この「上人自筆の記」は『醍醐本』によると、前文に「又上人在生之時、発得口称三昧、常見浄土依正、以自筆之。勢至（観）房伝之。上人往生之後、明遍僧都尋之。加一見流随喜涙、即被送本処。当時聊雖聞及此由、未見本者不記其旨。後得彼記写之」と記し、そして末尾に「此三昧発得之記、年来之間、勢観房秘蔵不披露。於没後不面（図）伝得之書畢」とあり、明遍が一見した以外は勢観房が秘蔵していた。『弘願本』の作者は「明遍との問答」に関連して、かつて明遍が一見して感涙を流した「三昧発得の記」が勢観房の死後に念仏者の間に流布していたので、同じく勢観房に授与された「一枚起請文」のことを想起して、ここに付載したのではないだろうか。

『弘願本』の特異記事である、法然と九条兼実との繋がりを強調する記述と、正信房が円頓戒の正統な継承者であることを主張する記述とは、伝記作者の周辺を予測させるものがある。『蓮門宗派』[35]所収の「二尊院住持次第」によると、二尊院の住持は「法然上人―正信上人―正覚上人―理覚上人」と次第する。正信上人について「為土御門院・後嵯峨院二代国師、依奉授御戒、寛喜上皇御帰依之間、任勅命ニ被納御遺骨於当寺御塔」と注し、正覚上人について「備後嵯峨院・後深草院・亀山院・後宇多院・伏見院五代国師畢、此中伏見院者、自御在坊及両三度、御受戒勤労異于他者歟」と注し、歴代天皇の「国師」を特記する。理覚上人についても「延慶元戊申正月二日子刻入定、四十歳、九条殿、為亀山院・後宇多院二代御師範」と注している。『蓮門宗派』による法脈では、「源空上人―法蓮上人諱信空、号白川上人―正信湛空、円戒相承次第如此―正覚三条大納言公氏息、叡澄―理覚九条殿尋慶」となり、理覚上人は尋慶とも号し、九条家の出身であった。『尊卑分脈』では「九条兼実―良経―道家―教実―忠家―尋慶」となり、尋慶に「二尊院長老、理覚上人、徳治三正二入」と注記している。徳治三年（延慶元＝一三〇八）に四〇歳で没した理覚が一〇代で正覚の法資として二尊院に入っていたとなれば、それは『弘願本』成立の下限を十分にさかのぼる時期である。九条兼実の末裔が正信房の法孫に当たることを知っている者が、法然と九条兼実との繋がりを強調し、また正信房が円頓戒の正統な後継者であることを主張する記述ができたのである。

最後に一言述べておきたいのは、『弘願本』が真宗系に属する伝記であるとみなされていることである。現存本の「七箇条起請文」の絵図において、起請文と筆を手に持つ最も重要な役を演じている僧が、その顔の特徴から親鸞であることがわかり、『古徳伝』の同場面では多数の僧のなかで、親鸞をひときわ大ぶりに描く手法と共通するものがあるからだという[36]（図3―1・2参照）。「七箇条起請文」以外にも『西方指南抄』に典拠を求める記事があることは無視できず、真宗に属する文献に依拠している点を認めざるを得ない。しかし、筆者は『弘願本』が真宗系に属する伝記であるというよりも、聖光房―良忠の法系（鎮西義）や勢観房の法系（紫野門徒）、あるいは明遍―敬仏房の高野聖に伝えられた法然の言葉を収めるなど、一つの門派に限定されない態度をもつ人の手に

図3－1　『古徳伝』巻6第2図

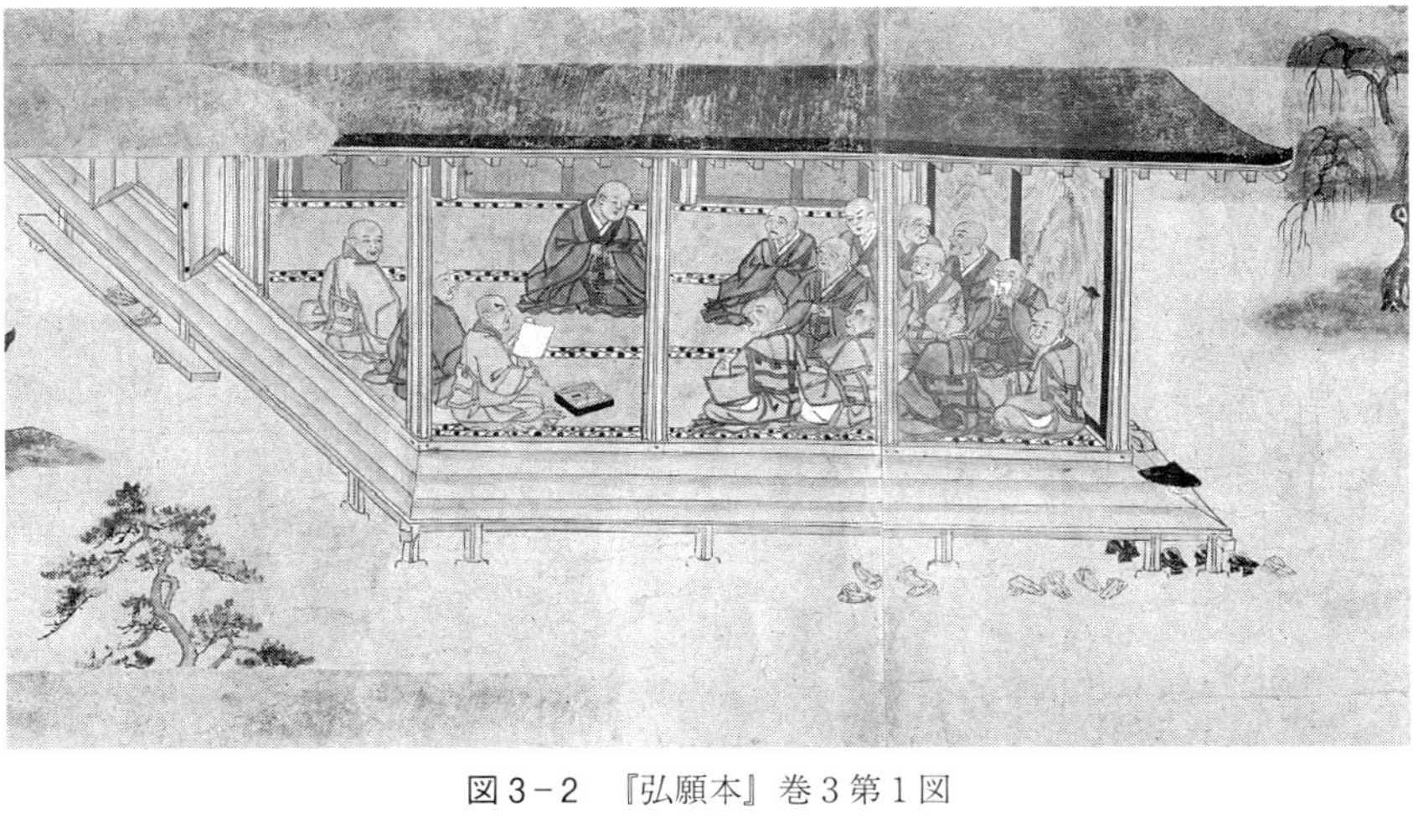

図3－2　『弘願本』巻3第1図

よって作られた絵伝であったと考えたい。その一方で、信空―湛空系の伝戒の正統性を主張する意図もうかがえ、性格の複雑な絵伝でもある。

『弘願本』は東国の真宗門徒の間で、詞書自体が平易な文体であり、かつ法然の生の言葉が多く盛り込まれていたので、『琳阿本』に代わる法然絵伝として普及した。しかし、親鸞に触れることがない法然伝では飽きたらず、覚如の手で『古徳伝』が作られねばならなかったのである。

(1) 三田全信『成立史的法然上人諸伝の研究』巻末表B。
(2) 藤堂恭俊「各種法然伝に引用されている法然の詞――特に『伝法流通絵』『琳阿本』『弘願本』『古徳伝』をめぐって――」(『佛教大学研究紀要』四二・四三合巻号)。
(3) 藤堂恭俊「各種法然上人伝に引用されている法然の詞――特に『法然上人伝絵詞』の場合――」(『印度学仏教学研究』一二巻一号)。
(4) 井川定慶『法然上人絵伝の研究』第二章第六「琳阿本」、第三章第三「他伝との交渉」。
(5) 田村圓澄『法然上人伝の研究』第一部第三章「法然伝の系譜」。
(6) 拙稿「『法然上人伝絵詞』(琳阿本)について」(佛教大学アジア宗教文化情報研究所『妙定院蔵『法然上人伝絵詞』本文と研究』**→本書第二部第三章**)。
(7) 前掲注(5)に同じ。
(8) 『弘願本』は一四番目の親蓮を「親西」とし、一三番目に成覚房を加える。
(9) 中野正明『法然遺文の基礎的研究』第Ⅱ部第四章第一節「「七箇条制誡」の諸本」。
(10) 中野正明『法然遺文の基礎的研究』第Ⅰ部第二章第二節「親鸞自筆本の書誌」。
(11) 望月信亨「法然上人の行状記伝並其の価値」(『浄土教之研究』所収)。
(12) 三田全信『成立史的法然上人諸伝の研究』一〇「「黒谷上人伝」及び「明義進行集」」。
(13) 拙稿「法然諸伝に見える遊女教化譚――『行状絵図』と『九巻伝』の前後関係――」(宮林昭彦教授古稀記念論文集『仏

教思想の受容と展開』→本書第三部第一章）。
(14) 小山正文「総説　法然聖人絵」（信仰の造形的表現研究会『真宗重宝聚英』六巻）。
(15) ただし『弘願本』巻三の第三段「選択集の撰述」、第五段「鎮西修行者（称名の一事）」に相当する三幅法然絵伝の絵図および札銘は存在しない。
(16) 書写の段階で生じた文字の同異は問題とならない。相違する箇所は次の二つである。現行の『弘願本』巻四の第一一段（生福寺・善通寺）は「讃岐国小松の庄は、弘法大師の建立観音霊験の所、生福寺に付給。抑当国同き大師、父のために名をかりて、善通寺と云伽藍をはします。記文に云、是にまいらん人はかならず一仏浄土のともたるべきよし侍りければ、今度のよろこび是にありとて、すなはちまいり給けり」とあって、生福寺到着と善通寺参詣を併せて一段の詞書とし、異時同図の手法で一図の絵相に描く。しかし、三幅法然絵伝は「四十七」（同生福寺）と「四十八」（善通寺）とに描き分けている。『高田本』も「○讃岐国小松ノ庄ハ、弘法大師ノ建立観音ノ霊験ノトコロ、生福寺ニツキ給フ」「○ソモ〳〵当国ニ同キ大師ノ父ノタメニ名ヲカリテ、善通寺トイフ伽藍オハシマス。記文ニイハク、コレニマイラム人ハカナラズ一仏浄土ノトモタルベキヨシ侍ケレバ、コノタビノヨロコビコレニアリトテ、スナワチマイリ給ナリ」と二段に分けている。おそらく原本の『弘願本』は、生福寺到着の段と善通寺参詣の段が別個になっていたと思われる。巻四第六段には、安楽住蓮の処刑、法然の四国流罪の記事に続けて、改行して正信房が法然の船に乗り移って、法然と名残を惜しむ話があり、絵図は検非違使が法然を迎える場面、流罪地へ出立の場面と、二艘の船が並ぶ場面とが異時同図で描かれている。ところが、三幅法然絵伝は「四十三」（上人遠流之所也）と「番外」（嵯峨正信上人流罪之所）とに描き分け、『高田本』では『弘願本』の改行部分以下が別段となっている（図4-1・2参照）。
(17) 『高田本』が親鸞自筆本『西方指南抄』に従って漢文体を読み下しながら、署名者について信空を省き、かつ配列を変更している理由はわからない。
(18) 井川定慶氏は「同一原本から分かれた異本」であるという（『法然上人絵伝の研究』第三章第三「他伝との交渉」）。
(19) 小山正文「総説　拾遺古徳伝絵」（信仰の造形的表現研究会『真宗重宝聚英』六巻）、同「真宗絵巻・絵詞の成立と展開」（真宗史料刊行会『大系真宗史料［特別巻］絵巻と絵詞』）。
(20) 『琳阿本』の「かたをか」は「いなをか」の誤写であろう。

図４－１　『弘願本』巻４第11図

図４－２　『弘願本』巻４第６図

(21) 前掲注(2)に同じ。
(22) 藤堂恭俊「『法然聖人絵』に引用されている法然の詞について」（『東山高校研究紀要』八集）。
(23) 伊藤唯真『浄土宗の成立と展開』第一章第二節「遊蓮房円照と法然の下山」。藤堂恭俊氏は『重文　法然上人絵伝（弘願本全三巻）』解説書において、「この源空は明遍殿（の肉兄である遊蓮房円照）がおられたればこそ念仏者になったのです」と訳している。
(24) 『法然上人行状絵図』（巻一六）。『明義進行集』（巻二）では五〇有余で光明山に籠居し、五年後に高野山に籠居したという。
(25) 『浄土物系図（西谷本）』（野村恒道・福田行慈編『法然教団系譜選』所収）。良忠の『決答授手印疑問鈔』巻下に、隆寛律師が名僧の念仏を聴聞し、「蓮華谷僧都（明遍）」が白拍子の往生を聞いて涙を流したという、その蓮華谷僧都に多年給仕した人でのちに鎮西（聖光房）の弟子となった「正念房の物語」を載せる。この正念房も明遍の弟子にあげることができる。
(26) 『一言芳談』第一〇〇・一五一話。
(27) 『沙石集』巻第一〇本（妄執ニヨリテ魔道ニ落タル事）。
(28) 『民経記』嘉禄三年八月卅日条。
(29) 例えば陸奥に配流となった隆寛は相模国飯山にとどまり、その門弟智慶（南無）は鎌倉に長楽寺を開き、円満（願行）は鎌倉安養院に住み、「念仏者余党可搦出交名」にみえる薩生は鎌倉に住んでいる（『法水分流記』『浄土物系図（西谷本）』など）。
(30) 前掲注(2)に同じ。
(31) 『法然上人行状絵図』（巻八第四段）は「元久二年正月一日より」とする。
(32) 前掲注(22)に同じ。
(33) 藤堂恭俊「重文弘願本『法然上人絵』解題」（前掲注23『重文　法然上人絵伝（弘願本全三巻）』所収）。
(34) 『琳阿本』が「三昧発得の記」最初の記録である建久九年正月一日より二月七日までの箇所をかなり長文で引くのに対して、『弘願本』は「三昧発得の記」最後の記録である元久三年正月四日までを編年体で抜粋するという相違がある。

(35) 前掲注(25)『法然教団系譜選』。

(36) 真保亨『法然上人絵伝』(日本の美術九五)「弘願本法然聖人絵」。

第五章　『拾遺古徳伝絵』について

一　はじめに――成立と諸本の伝来――

法然上人の伝記絵巻（以下「絵伝」という）で成立の年代や作者が判明しているのは、『（法然上人）伝法絵流通』（善導寺本は『本朝祖師伝記絵詞』と称する）と、この『拾遺古徳伝絵』（以下『古徳伝』という）だけである。『古徳伝』成立の事情については、元徳元年（一三二九）から二年にかけて書写された西本願寺蔵の『拾遺古徳伝絵詞』の識語に、『古徳伝』の当初の跋文を転載して、

于時正安第三年辛丑歳、従黄鐘中旬九日至太呂上旬五日、首尾十七箇日、扶瘖忍眠草之、緯既卒爾、短慮転迷惑、紕繆胡靡期、俯乞披覧之宏才、要加取捨之秀逸耳、

衡門隠倫釈覚如三十二歳

とある。これによると、親鸞聖人の曾孫の覚如が正安三年（一三〇一）の十一月十九日から十二月五日まで、病を押し眠気を払って、わずか十七日間で仕上げている。『常楽台主老衲一期記』の十二歳（正安三年）条に、

冬比、長井道（導）信鹿島門徒依黒谷伝九巻新草所望在京、仍大上令草之給、

とあり、この年冬のころ、鹿島門徒の長井導信の所望によって「黒谷伝九巻」を大上（覚如）が新たに草した、というのに符合する。ただし、この時に書かれたのは「伝」すなわち詞書の原稿であって、絵図（絵相）の制作

に時間がかかることを考慮すると、絵伝の完成は少し後になろうか。

絵伝としての『古徳伝』は、正安三年に詞書が著わされ、そして間もなく絵図が制作された後に、門徒の要請に応えて転写され、東国の初期真宗教団に流布していった。現存する諸本は次の通りである。(1)

[1]無量寿寺本　一巻　茨城県・無量寿寺蔵
[2]常福寺本　九巻　茨城県・常福寺蔵
[3]西脇家本　一巻　新潟県・西脇家蔵
[4]諸家分蔵本　元一巻　諸家蔵
[5]真光寺本　断簡一軸　和歌山県・真光寺蔵

無量寿寺本は、原本に最も近いころに制作されたものと推測されているが、慶長十二年（一六〇七）の火災で大半が焼失し、残りの三二紙を繋ぎ合わせて一巻に仕立てた残欠本である。もとは一〇巻であったと伝えるが、第七紙目（巻一第八段）の絵図の後ろが軸付けであること、第八紙目（巻一第九段）と第九紙目（巻二第一段）が火災による損傷状況においてよく接合し、第八紙目が次巻の巻首であった可能性が高いことをもって、第七紙目と第八紙目の間で分巻されていた疑いがあるので、無量寿寺本が当初から一〇巻仕立てであったと推測されている。(2)しかし、一段分のズレが一巻分の増加に相当するとは考えられず、詞書だけの抜書きである『拾遺古徳伝絵詞』の西本願寺蔵本や願得寺蔵本などが、巻四を第一段（三部経釈・浄土五祖伝）と第二段以下に分冊して、それぞれ九巻一〇冊、一〇巻一〇冊とするように、(3)九巻本仕立てと一〇巻本仕立ての差異は、巻四第一段と第二段の間で分巻するか否かにあったと考えた方が合理的である。

西脇家本は巻八に相当する残欠一巻本で、巻首第一段の詞書を欠く。絵相は常福寺本ほど硬くなく、大和絵ののびやかな描線が失なわれていない点から、制作は常福寺本よりさかのぼるという。(4)諸家分蔵本は『国華』七一八号に紹介された断簡で、巻三第四段・第五段、巻六第二段・第三段・第四段・第六段・第七段・第九段・第一〇段に相当する。絵相は穏やかな大和絵の古致を存すと評されている。[5] 真光寺本は最近に発見された断簡で、巻六第八段に相当し、無量寿寺本の断簡ではないかと推測されている。[6]

さて、常福寺本は絵図・詞書ともに九巻すべて揃った唯一の完本である。巻九の奥書に「元亨三歳癸亥十一月十二日奉図画之　願主釈正空」とあって、覚如が詞書を草した正安三年より二二年後の元亨三年（一三二三）十一月十二日に、正空という真宗門徒が願主となって制作せしめた絵伝である。『親鸞聖人遺徳法輪集』巻六（上宮寺）に、

拾遺古徳伝　コノ伝ハ九巻アリ。絵ハ土佐法眼ノ筆ニテ、文ハ覚如上人ノ御筆ナリ。水戸黄門公ヨリ御所望ナサレ、上ヶケレハ褒美トシテ山ヲ拝領セラレタリ。ノチニ古徳伝ハ黄門公ヨリ菩提所ノ浄土寺へ寄進シタマヘリ。

とあり、もと親鸞聖人二十四輩第一九番旧跡の上宮寺にあったものを、水戸光圀の所望によって献上、さらに光圀から菩提所の常福寺に寄進されたのである。[7]『檀林瓜連常福寺志』には「伝説ニ当国松原上宮寺西本願寺派宝物之処、義公(光圀)六町六反歩ニ換テ当山ニ御寄付ト云」とあって、光圀が六町六反の山と交換して常福寺に寄付したことがわかる。

ところで、詞書だけとはいえ、覚如が無理をして短期間で成し遂げたのは、導信の在京期間に迫られていたのであろう。[8] そこで編集を急ぐために、手元にあった先行の法然伝を依用するところが多かったと推測されている。先学の研究によると、それは『法然上人伝法絵』（高田本）と『法然聖人伝絵』（『法然上人伝絵詞』・琳阿本）の二本が主たるものであったといわれている。[9] とりわけ『法然聖人伝絵』（以下『琳阿本』という）とは詞書のみならず、絵図においても近似性が指摘されており、[10]『古徳伝』は『琳阿本』を参照するところが大きいのである。

題名の「古徳」は法然上人を指すが、「拾遺」とは漏れたものを拾い補うことで、文字通りに解釈すると、従来の法然伝に欠落したところを補充するという意味合いが込められている。その欠落とは作者の覚如の立場からの判断にすぎず、具体的にはこれまでの法然伝でとりあげられなかった法然上人と親鸞聖人の親密な師弟関係を示し、親鸞聖人が法然上人の正統を受け継いでいると解き明かすことにあった。しかし、親鸞聖人に視座を置くとはいえ、法然伝であることに変わりなく、後序に、

矧亦末代罪濁之凡夫、因弥陀他力之一行、悉遂往生素懐、併上人立宗興行之故也。凴願力楽往生之輩、孰不報其恩、帰念仏願極楽之人、何不謝彼徳。因斯聊披伝記、粗録奇蹤者也。

と述べている。[11]『古徳伝』もまた『伝法絵流通』(『本朝祖師伝記絵詞』・善導寺本)や『琳阿本』と同様に、凡夫往生の浄土宗を興行した法然上人への報恩を意図した絵伝なのである。

二　『琳阿本』および『高田本』との対比

覚如が『古徳伝』を撰述するにあたって依用した先行の法然伝が何であったかを、まずは現存する法然絵伝との対比において検討しよう。別掲の「拾遺古徳伝絵の内容標目一覧」(二〇六頁以下)で、『琳阿本』と対比して[表現・内容がほとんど同じ]記事に◎、[表現が若干異なるが内容的にはほぼ同じ]記事に○、[表現や内容に共通するところがある]記事に△を付した。多くの記事が有印であるところから、覚如が基本的に『琳阿本』に依拠して記事をなしたことは疑いない。『琳阿本』との比較において△印は発展的記事、無印は独自的記事ということになるが、そのさいに参照した第二・第三の典拠を明らかに指摘することができる。そこで幾つかの記事に関してそれらを検出しよう。

巻七第六段の〈遊女教化の事〉を例示する。『古徳伝』が依拠したと考えられるのは、『琳阿本』と『法然上人

伝法絵』（以下『高田本』という）である。『琳阿本』巻六第八段に、

> むろのとまりにつき給けれハ、遊君ともまいり侍りけり。むかしこまつの天皇八人の姫宮を七道につかハしてけるより、君といふなをと〻め給ふ。ある時天皇寺の別当僧正行尊拝堂のためにくたられける日、江口神崎の君達舟にちかくよせけるとき、僧の御船にみくるしくと申けれハ、かくらをうたひ出侍けるに、有漏地より無漏地へかよふ釈迦たにも、羅こらの母はありとこそきけとうたひけれハ、さま〴〵の纏頭し給けり。又同宿の長者、病にしつミて最後のいまやうに、なにしにわかミのをひにけむ、おもへはいとこそかなしけれ、いまは西方極楽の弥陀のちかひをたのむへしとうたひけれは、紫雲うミの浪にたなひきぬ。音楽みきりの松にかよひ、蓮花そらにふり、異香身にかほりつ〻、往生をとけ侍りけるも、この上人の御す〻めにしたかひたてまつるゆへなり。われも上人おかミたてまつりて、その縁をむすハむとてまいり侍りけり。

とある。そして『高田本』には、

> 播磨ノムロニツキ給ケレハ、君タチマイリケリ。昔小松ノ天皇八人ノ姫宮ヲ七道ニツカハシテ、君ノ名ヲト〻メ給中ニ、天王寺ノ別当僧正行尊拝堂ノタメニクタラレケル日、江口神崎ノ君タチ、御フネチカクフネヲヨセケル時、僧ノフネニミクルシクヤト申ケレハ、神哥ヲウタイ出シ侍ケリ。
>
> 　　ウロチヨリムロチヘカヨフシヤカタニモ
>
> 　ラコラカハ、ハアリトコソキケ
>
> トウチイタシ侍リケレハ、サマ〴〵ノ纏頭シ給ケリ。又オナシキ宿ノ長者、老病ニセマリテ最後ノイマヤウニ、ナニシニワカミノオイヌラム、思ヘハイトコソカナシケレ、イマハ西方極楽ノミタノチカヒヲタノムヘシト、ウタヒテ往生シケルトコロナリ。ヨテ上人ヲオカミタテマツリテ、縁ヲムスハムトテクモカスミノコトクマイリアツマリケル中ニ、ケニ〴〵シケナル修行者トヒ奉ル。至誠心等ノ三心ヲ具シ候ヘキヤウオハ、

イカ、思ヒサタメ候ヘキ。上人答テノ給ハク、三心ヲ具スル事ハタ、別ノヤウナシ。阿弥陀仏ノ本願ニワカ名号ヲ称念セハ、カナラス来迎セムトオホセラレタレハ、決定シテ引接セラレマイラスヘシト、フカク信シテコ、ロニ念シ口ニ称スルニモノウカラス、ステニ往生シタル心地シテ、最後ノ一念ニイタルマテオコタラサレハ、自然ニ三心具足スルナリ。又在家ノモノトモハ、サホトニ思ハネトモ、念仏申スモノハ極楽ニムマル、ナレハトテ、ツネニ念仏ヲタニ申セハ三心ハ具足スルナリ。サレハコソイフカヒナキモノトモノ中ニモ神妙ノ往生ハスル事ニアレ。タ、ウラ〱ト本願ヲタノミテ南无阿弥陀仏トオコタラストナフヘキ也。

とあって、これに対して『古徳伝』は以下の通りだが、『古徳伝』と前二本を対比するために、『琳阿本』と同字・同義の語句には傍線を、『高田本』と同字・同義の語句には波線を付してみる。

室の泊に付給けれは、遊君ともまいりあつまりて、往生極楽の道われも〱とたつね申けり。昔小松天皇光孝天皇是也八人の姫宮を七道につかはしけるより、遊君いまにたえす。或時、天王寺の別当僧正行尊拝堂のためにくたられける日、江口神崎の遊女、船をちかくさしよせけれは、僧の御船にみくるしくといひけれは、神楽をうたひいたし侍りける。有漏地より無漏地にかよふ釈迦たにも、羅睺羅か母はありとこそきけと。僧正めて、さま〱の纒頭し給けり。中比の事にや、少将の上人中河本願実範ときこえし人、彼泊をこきすきたまふことありけるに、遊女船をさしうかへて、くらきよりくらきみちにそ入ぬへき、はるかにてらせ山のはの月と、くりかへし〱三遍うたひて、こきかへりけるこそ哀におほえ侍れ。又同泊の長者とねくろ、病に沈けるとき、最後の今様に、なにしに我身のおひにけん、おもへハいとこそかなしけれ、今は西方極楽の弥陁のちかひをたのむへしとうたひけれは、紫雲海にそひき、音楽松にこたへて、往生を遂けり。古もこの泊にはか、るためしとも侍れは、いまもこの聖人にみちひかれたてまつらんこと、うたかひなしとて、よろこひつ、まいりける中に、修行者一人あり。問たてまつりて云、至誠等の三心を具し候へきやうハ、いか、おもひさため侍るへきと。聖人答て云、三心を具することは、たゝ別の様なし。阿弥陀仏の本願に、我名号を称念せはかならす引接せんとおほせられたれは、決定して摂取せられたてまつるへしとふかく信して、こゝろに念しくちに稱するにものうからす、すてに往生うちかためたるおもひをなして、歓喜のしるしには南無阿弥陀仏、々々々々ととなへゐたれは、自然に三心具足のいはれあるなり。三心とはたゝ本願をうたかはさる一心をいふなり。わつらはしく三の心をほかにもとむへきにはあらさるなり。また在家無智の輩は、さほとまておもはねとも、念仏申ものハ極楽にむまるなれハとて、つねに念仏をたにまふせは、三心ハ具足するなり。されはこそいふにかひなきものともの中にも、神妙の往生はする事にてあれ、たゝうら〳〵と本願をたのみて南無阿弥陀仏と称すへきなりと。修行者領解しつゝ、随喜ふかゝりけり。

『古徳伝』は、その前段の〈経島説法の事〉を『琳阿本』によらず、ほとんど全文を『高田本』によりながら、この〈遊女教化の事〉は前半の記事を『琳阿本』によりつつ[12]、その間に「中比の事にや、少将の上人」云々という故事を差しはさんでいる。後半の記事は『高田本』によって「修行者」が三心具足の念仏について問い、上人が「三心を具することは、たゝ別の様なし」云々と答えられたことを記すが、ここもまた上人の法語の間に「歓喜のしるしには南無阿弥陀仏」云々の語句を増補している。

遊女に関する故事や室泊の長者の今様は、すでに『伝法絵流通』にみえ、『琳阿本』や『高田本』はともに『伝法絵流通』に依拠している。ところが『高田本』は、室泊における上人の教化の言説として、結縁を求めて雲霞のごとく集まった人びとのなかで「ケニケニシケナル修行者」が三心具足の念仏について問い、上人が「三心ヲ具スル事ハタヽ別ノヤウナシ」云々と答えられたことを新たに付加したのである。この問答はすでに指摘されているように[13]、『法然上人伝記』（醍醐本、以下『醍醐本』という）の「或時、遠江国蓮花寺住僧禅勝房参上人、奉問種々之事、上人一々答之」の第一一問、または『西方指南抄』巻下本の「或人念仏之不審聖人ニ奉問次第」の第一一問に典拠があるが、文体や用語からみて、『西方指南抄』によっていると考えられる。

次の第七段の〈西仁説法の事〉は、『琳阿本』も『高田本』も上人が讃岐国塩飽島の地頭、高階時遠西仁入道の館に逗留し、西仁から歓待されたという記述は『伝法絵流通』によっている。しかし、西仁に対する上人の説法は、『琳阿本』が『伝法絵流通』と内容的にほぼ同じであるが、『高田本』はまったく別の法語を収めている。そして法語の前に、「コクラクモカクヤアルラムアラタノシ、トクマイラハヤ南無阿弥陀仏」「アミタフトイフヨリホカハツノクニノ、ナニハノ事モアシカリヌヘシ」の歌、「名利ハ生死ノキツナ、三途ノ鉄網ニカヽル。称名ハ往生ノツハサ、九品ノ蓮台ニノホル」の詞を差しはさむ。

これに対して『古徳伝』は、塩飽島到着の月日を明示せず、高階時遠の地位を「地頭」ではなく「預所」とし、西仁の歓待の記事は「きらめき」「美膳」などの断片的な語句しか共通せず、典拠は『琳阿本』『高田本』のいずれとも決め難い。「聖人の配所は土左国とさためられけれとも、讃岐国塩飽庄は御領なりけれは、月輪禅定殿下の御沙汰にて、ひそかに彼所へそうつしたてまつられける」と、上人の配所が「土佐国」から「讃岐国」に変更になったのは、九条兼実の沙汰によると述べる[14]など、独自の記述になっている。上人の歌・詞に関しては「こくらくも」云々の歌を省いているが、残りの歌・詞に続いて、西仁への説法は『高田本』とほとんど同文のものを収める。この「自力他力の事」はこれまた『西方指南抄』の十一箇条問答の第一〇問を典拠とするのである。

巻八第三段は〈一切経施入の事〉と〈開題供養の事〉からなる。〈一切経施入の事〉はどちらかというと『琳阿本』により、〈開題供養の事〉はほとんどを『高田本』によっている。しかし、聖覚の開題供養の詞の冒頭の、「夫以レハ、智慧ハ諸仏ノ万行ノ根本ナリ。コレヲモテ六度ノ中ニハ般若ヲ第一トス。ステニ往生ヲネカヒ、仏身ヲネカフ。仏トイフハ即是智慧究竟セル名ナリ。尤サトリヲ起シテ、タエムニシタカヒテ弥陀ノ功徳、極楽ノ荘厳オモ観スヘシ。何ソタ、無智ノ称名ヲス、ムルヤ。是大キニ仏法ノ通道理ニソムケリ。何ソイハク、仏法ニオイテ智慧ヲモテ最勝トスル事、勿論ナリ」という『高田本』の文章を省略している。もとより聖覚の開題供養の詞それ自体は、『伝法絵流通』に初めてみえ、「夫八万法蔵ハ八万の衆類をみちひき」に始まり、「これ上人の教戒、過去の宿善ニあらすや」に終わる唱導文であって、『琳阿本』はそれを忠実に継承する。ところが、『高田本』はその前後を大幅に増補し、長大な文章にしているのである。

なお、巻八第五段の〈吉水入庵の事〉は、前半を『琳阿本』によりつつ、後半には『高田本』に従って法語を収める。配流より上洛の後に、ある人の問いに「決定往生の人にとりて、二人のしなあるへし」と答えられたこの法語は、ほかに典拠がみあたらない。

右にあげた記事のほか、『高田本』に依拠していると思われるのは、巻八第七段の〈諸人夢想の事〉である。

> おほよそ明日往生のよし、夢想の告によりて驚来て、終焉にあふもの、五六許輩也。かねて往生の告をかふる人々、前権右中弁藤原兼隆朝臣、権律師隆寛、白河准后宮女房、別当入道惟方卿、尼念阿弥陀仏、坂東尼、陪従信賢、祇陀林経師、一切経谷住僧大進公、薄師真清、水尾山樵夫、このほか紫雲をみる人、数をしらす。又弥陀の三尊、紫雲に乗して来現したまふをみる人々、信空上人、隆寛律師、証空上人、空阿弥陀佛、定生房、勢観房。

という箇所は、この前後を『琳阿本』によっていると考えられるにもかかわらず、対応する記事が『琳阿本』にみえず、『高田本』にほとんど同文で記されているので、[15]『高田本』によっていると思われる。

以上の対比からわかることは、『古徳伝』は『琳阿本』を基本的な典拠に、表現を変えて修文したり、適宜に付け加えたり削ったりする一方、『高田本』に倣って法然上人の法語を伝記のなかに取り入れている。その法語は『高田本』と語句に若干の出入りはあるものの、内容的に相違ないので、『高田本』によっていることは明白である。安居院の聖覚が勝尾寺一切経施入の開題供養で唱導した詞も、同様に『高田本』によっている。

しかし、上人の流罪赦免（召還）の年次に関しては、少し複雑になっている。巻八第二段に、

> 片州に身ををへんこと、仏陀の冥鑑そのは丶かりありとて、いそき召かへさるへきよしきこえけり。されともやかて其沙汰もなし。その丶ち承元三年八月の比、まつ摂津国勝尾山にうつさる。

とある。『琳阿本』は巻七第一段に「辺州にくちなむ事、冥鑑のは丶かり有、いそきめしかへさるへきよし申あハれけれハ、龍顔逆鱗のいましめをやめて、めしかへさるへきよし宣下せらる」と、流罪後まもなく赦免の沙汰があったように記す。しかし、同巻第三段に「上人讃岐国にて三年をへて、承元三年己巳八月にめしかへされ給けり」とあって、赦免を承元三年（一二〇九）とする。上掲した『古徳伝』の記事がこの『琳阿本』を踏まえていることは明白である。ところが、『古徳伝』は巻八第四段にも、

> 龍顔逆鱗の欝をやめて、鳳城還住の宣を下されけれは、建暦元年辛酉十一月十七日に入洛す。宣旨に云、左弁官下土左国。早可召帰流人藤井元彦男。右件元彦去承元々年三月日配流土左国。而今依有所念行被召帰者。某奉勅宣、国宜承知依宣行之。建暦元年八月日。左大史小槻宿禰国実。弁云々。院宣は権中納言藤原光親卿或岡崎中納言範光卿云々書下されけり。

と記す。これに対応する『琳阿本』は「建暦元年辛未十一月廿日、龍顔逆鱗のいましめをやめて鳥頭変毛の宣旨を蒙れり。勝尾隠居の後、鳳城に還帰有へきよし、太上天皇順徳天皇院宣をうけしめ給へは、よし水の前大僧正慈鎮御沙汰として、大谷の禅坊に居住し給と云々」とある。

『醍醐本』の「御臨終日記」に「建暦元年十一月十七日、可入洛之由賜宣旨、藤中納言光親奉也。同月廿日、入洛住東山大谷」とあって、上人に鳳城帰還の宣旨（いわゆる帰洛の宣旨）が下ったのは建暦元年十一月十七日で、入洛したのは二十日であった。『琳阿本』は宣旨の日付と帰洛した日付を混同したのであるが、それは些細な過誤でとるにたりない。一方、『高田本』は「建暦元年八月カヘリノホリ給ヘキヨシ、中納言光親ノ卿ノウケタマ

ハリニテアリケルニ、シハラク勝尾ノ勝如上人ノ往生ノ地イミシクオホヘテ、御逗留アリケルニ、道俗男女マイリアツマリケリ」とあり、赦免召還の年次を建暦元年八月とするが、「ホトナク帰京ノヨシキコヘケレハ、一山ミナオクリ奉ル」と、帰京の月日を明示していない。

赦免召還の宣旨は、『伝法絵流通』には建永二年八月日付の官宣旨を、『法然上人行状絵図』には承元元年十二月八日付太政官符を載せているが、『琳阿本』は、

> 宣旨の状云、左弁官くたす土佐の国、はやくめしかへすへき流人源の元彦か身の事。右件の元彦いにしへ建永二年二月廿七日土佐の国に配流。しかるにいま念訴（行カ）するところあるによりてめしかへさる、ところ也者。某宣奉勅、くたむのめしかへさしむるにいたりては国よろしく承知すへし。宣によりて是をおこなふ。承元三年八月日。左大史小槻宿禰国実。弁。

とあり、承元三年八月日付の官宣旨を和文体で引用する。流罪名に「藤井元彦」と「源元彦」の相違はあるが、『古徳伝』が「宣旨に云」として引く宣旨は、いわゆる帰洛の宣旨ではなく、赦免召還の宣旨ともいうべく、『琳阿本』の官宣旨を下敷きにして漢文体に改め、日付を「建暦元年八月日」に直したと考えざるを得ないのである。これは『古徳伝』を撰述した覚如が『高田本』の「建暦元年八月カヘリノホリ給ヘキヨシ、中納言光親ノ卿ノウケタマハリニテアリケル」という文に惑わされて、赦免召還の宣旨と帰洛の宣旨を混同したのであろう。

三　『醍醐本』および『黒谷上人伝』との対比

『古徳伝』の巻八第七段は上人臨終の記事である。前述したように〈諸人夢想の事〉は『高田本』によっているが、当段は全体的にいって記事の多くに『琳阿本』との近似性が指摘できる。ただ子細に対比すると、『琳阿本』ではやや不十分だと思われる箇所は、独自に文章をなしたり、他本を参照して増補しているのである。例えば

〈老病蒙昧の事〉の、

同二年正月二日より、老病不食ことに増気せり。すへてこの三四年耳目惛暗として、色をみ、こゑをきくこと、ともにつはひらかならす。而に終焉の期にのそみて、二根明利なること、昔にたかはす。余言をましへす、ひとへに往生の事を談し、高声念仏たゆることなし。同三日、或御弟子問て云、今度の往生決定歟。答て云、我もと極楽にありし身なれは、定てかへりゆくへしと。或時又弟子に告て云、我本天竺にありて、声聞僧に交て頭陀を行して化度せしめき。今粟散片州の堺に生を受て、念仏宗をひろむ。衆生化度のために此界にたひ〳〵来き。

という記事は、『琳阿本』にも『高田本』にも同字・同義の語句がみえるが、共通の箇所は量的に少ない。現存する法然伝では『醍醐本』所収「御臨終日記」の

同二年正月二日、老病之上、日来不食殊増。凡此二三年、耳ヲボロニ、心朦昧也。然而死期已近、如昔耳目分明也。雖不語余事、常談往生事。高声念仏无絶、夜睡眠時、舌口鎮動。見人為奇特之思。同三日戌時、上人語弟子云、我本在天竺、交声聞僧常行頭陀。其後来本国入天台宗、又勧念仏。弟子問云、可令往生極楽哉。答云、我本在極楽之身、可然。

という記事に最も近いのであるが、断定はできない。『醍醐本』は所収のいわゆる「一期物語」「御臨終日記」「三昧発得記」の三部がすでに『琳阿本』に典拠の史料として採用されていた[16]。『古徳伝』が『醍醐本』「一期物語」の法然上人の詞を新たに採用していることは藤堂恭俊氏によって指摘されている[17]。すなわち巻六第九段の〈諸人誹難の事〉の前半、

抑一向専修の義を難することは、公胤のみにあらす。余人又難して云、たとひ諸行往生をゆるすとも、往生のさはりとなるへからす。何強に一向専念といふや、おほきなる偏執也云々。聖人これを聞て云、如斯難す

る者は、浄土の宗義をしらさるものなり。其故は、釈尊は一向専念無量寿仏ととき、善導和尚ハ一向専称弥陀仏名と釈したまへり。経釈如此。源空もし経釈をはなれてわたくしに義をたては、まことに責るところのことし。若人一向専念の義を難せんとおもはゝ、釈尊善導を難すへし。その過またく我身にあらすと云々。

という記事は、「一期物語」第六話の、

或時云、我立一向専念義、人多謗云、縦雖許諸行往生、全不可成念仏往生障。何故強立一向専念義耶、此大偏執義也。答、此難是不知此宗限故也。経已云一向専念無量寿仏、故釈云一向専称弥陀仏名。離経釈私立此義者、誠所責難去。欲致此難者、先可謗釈尊、次可謗善導。其過全非我身上。

に対応している。『古徳伝』撰者の覚如が文才を生かして、「一期物語」の晦渋で稚拙な漢文体を流暢な和文体に書き直したのである。次に同段の後半、

又人難して云、諸教所讃多在弥陀なるかゆへに、諸宗の人師かたはらに弥陀をほめ、あまねく浄土をすゝむ。このゆへに前代往生の人おほし。(1)此宗をたてすといふとも、念仏往生をすゝめんに、なにの不可かあらん。ひとへにこれ勝他也と云々。上人聞て云、(2)浄土宗をたつる意は、凡夫の報土に生することをあらはさんためなり。其故は、天台の教相によらハ、凡夫の往生をゆるすといへとも、身土を判すること至てあさし。若法相によらハ、身土を判することふかしといへとも、凡夫の往生をゆるさす。諸教の所談まことに巧なりといへとも、惣て凡夫の報土に生することをゆるさす。若善導和尚の釈義によりて浄土宗をたつるとき、僅に一世の念仏力によりて、界内麁浅の凡夫、(2)忽に報土に生する義こゝにあきらけし。このゆへに別して浄土宗をたつと云々。

と巻六第十段の〈偏依善導の事〉、

(3)若又人ありて、いまたつるところの念仏往生の義、いつれの教、いつれの師の意そといはゝ、答へし、真言

にあらす、天台にあらす、華厳にあらす、三論にあらす、法相にあらす、たゝ善導和尚の意に依て浄土宗をたつ。和尚はまさしく弥陀の化身也。所立の義あふくへし、信すへし。またく源空か今案にあらすと云々。

の二段にわたる上人の詞は、『醍醐本』「一期物語」第四話の、

或時云、(A)我立浄土宗意趣者、為示凡夫往生也。若依天台教相者、雖似許凡夫往生、判浄土至浅薄也。若依法相教相者、判浄土雖甚深、全不許凡夫往生也。諸宗所談雖異、惣不許凡夫生浄土云事。故依善導釈義、興浄土宗時、即凡夫生報土云事顕也。爰人多誹謗云、(B)雖不立宗義、可勧念仏往生。今立宗義事、唯為勝他也云々。若不立別宗者、何顕凡夫生報土之義哉。(C)若人来言念仏往生者、是問何教何宗何師意者、非天台非法相非三論非華厳。答何宗何師意乎。是故依道綽善導意、立浄土宗、是全非勝他也云々。

に対応することは明らかであるが、『古徳伝』の傍線(1)は波線(A)に、傍線(2)は波線(B)に、傍線(3)は波線(C)に相当するので、話の順序を一部入れ替えたことが分かる。そして「僅に一世の念仏力によりて、界内麁浅の」「和尚はまさしく弥陀の化身也。所立の義あふくへし、信すへし。またく源空か今案にあらす」といった語句を補い、覚如の念仏観・法然観を混入させている。巻六第六段の〈公胤論難の事〉もまた「一期物語」の第一七話に典拠があって、公胤が法然上人の『選択集』を謗難すべく著わした『浄土決疑抄』の誤謬を上人が指摘した詞である。プロットにおいて忠実に踏襲しているものの、「まつ難破の法、すへからく其宗義を知て後に難すへし。而今浄土の宗義にくらくして僻難をいたさは、誰か敢て破せられん」という原典にない言葉を上人に語らせている。このように「一期物語」を下敷きにしながら、覚如が文章を作ったと思われる箇所が見いだされるのである。

ところで『古徳伝』の巻三第一段〈入浄土門の事〉もまた「一期物語」によっているとみられているが、はたしてどうであろうか。藤堂氏は『古徳伝』の「此故に予往生要集を先達として浄土門に入也」と「一期物語」第

一話の「是故往生要集為先達而入浄土門」を対比させている。この一節だけなら首肯せざるを得ない。また当段全体を見通せば「一期物語」との親近性は否定できないようである。しかしながら、つぎに掲げる『黒谷源空上人伝』（略して『黒谷上人伝』という）を典拠としていると考えられる。『黒谷上人伝』は信瑞（敬西房）が弘長二年（一二六二）のころに撰して北条時頼に進上したというもので、現存しないが、諸書に引用された逸文が残っている。これまで『古徳伝』の『選択集』撰述の元久元年（一二〇四）説だけが『黒谷上人伝』に依拠したと考証されているが[18]、他の伝記的事績についてもその証左が存するのである。ここに長文ながら、澄円（智演）の『獅子伏象論』巻中末、良祐の『決答見聞』上巻に引く『黒谷上人伝』の逸文を掲げよう[19]。

爰上人自語入浄土宗門濫觴曰、予嘗煩出離道、寝食不安、多年心労後、披覧往生要集。序云、夫往生極楽之教行、濁世末代之目足也。道俗貴賤誰不帰仰者乎。但顕密教法其文非一。事理業因其行惟多。利智精進之人未難、如予頑魯者豈敢矣。是故依念仏一門、聊集経論要文。披之修之、易覚易行矣。序者略述一部奥旨。其序正云依念仏一門。入文委探、此集立十門。於中第一厭離穢土、第二欣求浄土、第三極楽証拠。是三門非行体者暫置之。其余五門、正就念仏立之。第九諸行往生門、為任行者楽欲、一旦雖明之、更無慇懃勧進。第十是助道人法、亦非行体。就念仏五門料簡之、第四是正修念仏也。以之為念仏体。第五是助念方法也。以上念仏為所助、以此門為能助。故以念仏為本意。第六是別時念仏也。長時勤行不能勇進者、限於日数而勧上念仏、更非別体。第七是念仏利益也。為勧上念仏、勘挙利益文。第八是念仏証拠也。為励上念仏、引諸経論証拠。然者此集本意、唯有念仏明矣。是故予往生要集為先達、而入浄土門也。此集中処々引善導和尚釈、以而為規。爾後披覧彼釈、至第二遍、未得宗義。斯廼挿本宗執心。泥滞聖道門教相故也。至第三遍、都捨本宗執情、一心詳覈之時、深得浄土宗義。所謂乱想凡夫由無観称名行、順次往生於浄土也。但於自身往生者已決定。欲為他恢弘此法、所詳覈義、合仏意否、心労之夜、夢紫雲靉靆、覆日本国。雲中出無量光。光中百宝色鳥飛散充満。又見有高山険阻対西方、有長河浩瀚無辺畔。峯上紫雲聳、河原孔雀鸚鵡等衆鳥遊。雲中有僧、上墨染、下金色衣服也。予問曰、是為誰耶。僧答曰我是善導也。汝欲弘通専修念仏故、為作証来也。

『古徳伝』の巻三第一段は〈入浄土門の事〉〈観経疏披覧の事〉〈善導来現の事〉からなり、一見すると『醍醐本』「一期物語」第一話の、「爰煩出離道心身不安」以下を要約したかに思われる。しかし、前掲した『黒谷上人伝』の逸文に、『古徳伝』と同字・同義の語句に傍線を施してみると、往生要集の十門について「のこる所の七門は念仏の助成也。第四の一門はすなはち正修念仏也。これをもて此宗の正因とす」と書き改めた以外は、この『黒谷上人伝』の文章を抜粋していることが判明する。[20] ことに〈善導来現の事〉の「若仏意に合哉否」「其証とならんかためにきたれる也」の語句は「一期物語」にもみえず、『黒谷上人伝』のそれに一致するからである。『決答見聞』の逸文は上記の文に続けて、

善導即是弥陀化身、詳覈義喜合仏意。為化蒙瞽、承安四年甲午春、行年四十二、出黒谷住吉水感神院東頭北堂北面自爾以還、慨然発憤、談浄土法、勧念仏行。

という。『古徳伝』に「善導は則是弥陀の化身なれは、詳覈の義仏意に協けりとよろこひたまふ」と記すのは、『黒谷上人伝』の文章を用いた動かしがたい証拠であろう。また同巻第四段〈吉水説法の事〉に、「諸方の道俗を化せんかために、承安五年甲午の春、行年四十二にして黒谷を出て、吉水に住したまふ感神院東頭北斗堂北面。それよりこのかた偏に浄土の法を談し、ねんころに念佛の行をすゝめたまふ」とあるのも、『黒谷上人伝』に依拠したという事実を示している。上人の吉水移住を承安五年（一一七五）としながら、干支を「甲午」、年齢を「四十二」と誤ったのは、覚如が『黒谷上人伝』の異説に従ったあまりに犯した矛盾であろう。

さて、『琳阿本』と『黒谷上人伝』と『古徳伝』の三本が伝記記事における継受（引用・被引用）の関係がどうであったかを端的に示すのは、法然上人が華厳宗学匠を訪問した記事である。

『琳阿本』	『黒谷上人伝』	『古徳伝』
慶雅法橋にあひて、華厳宗の法門の自解義を述するに、慶雅はしめには橋慢して高声に論談す。後には舌をまきて訒杌をす。（巻三第三段）	又遇慶雅法橋、述華厳宗法門自解義。慶雅初侮慢高声徴詰。後結舌不敢訓抗。感歎他門自解之超相伝之義。負華厳宗章疏於白馬、送黒谷。人具知之。（『浄土十勝箋節論』巻上坤上）	又慶雅法橋にあひて、華厳宗の法門の自解の義をのふるに、慶雅はしめは侮慢して高声に問答す。後には舌を巻てものいはす。他門自解の義、自宗相伝の義にこえたるを感嘆して、華厳宗の章疏を白馬に負て黒谷へをくる。聖教を白馬におほする事は、摩騰迦葉・竺法蘭のふるきためしを慕けるにやとおほゆ。西天の仏教漢土にわたりしはしめなり。（巻二第十段）

右の一覧表からわかるように、『琳阿本』→『黒谷上人伝』→『古徳伝』の順に記事が継承・発展したことが知られる。覚如が「聖教を白馬におほする事は、摩騰迦葉・竺法蘭のふるきためしを慕けるにやとおほゆ。西天の仏教漢土にわたりしはしめなり」と追記したのは、覚如の仏教史の薀蓄をひけらかすためであったと思われる。

以上に述べたところを総括すると、『古徳伝』が依拠した先行の法然伝は、基本的には『琳阿本』であった。覚如が『古徳伝』の撰述にあたり手元に置いて、最初に参照したのは絵伝の『琳阿本』に違いない。『琳阿本』は『伝法絵』の系統をひく最も完成度の高い絵伝であった。しかし、法然上人の伝記として事績的要素の叙述は充実していたが、上人の生の声を伝える語録的要素は少なかった。覚如が『古徳伝』を編むにさいして、『琳阿本』の記述が不十分ないし疑義が存すると判断した箇所は、別の伝記類を参照して増補した。それは主として、上人の事績に関しては『黒谷上人伝』を、語録に関しては『高田本』や『醍醐本』「一期物語」をもってよりどころとしたのである。

ここで留意したいのは、『西方指南抄』所収の法然上人に関する伝記類や法語について、「七箇条起請文[21]」と後述する「浄土五祖伝」を除けば、「源空聖人私日記」「法然聖人御夢想記」「法然聖人臨終の行儀」などを参照した形跡がないことである。確かに『西方指南抄』に収める法然上人の法語を『古徳伝』にも取り入れているが、それは『高田本』からの引用であった。すなわち『古徳伝』の史料素材に占める『西方指南抄』の位置は低いといわざるを得ない。とりわけ覚如が「源空聖人私日記」を参照しなかったことは、法然上人の伝記として評価していなかったことを意味するのである。

四　親鸞聖人に関する記事

つぎに、『古徳伝』の題号の「拾遺」たるゆえんの親鸞聖人（綽空・善信）に関する記事について検討する。すでに小山正文氏の研究[22]があるが、本稿においても言及しておきたい。親鸞聖人が登場するのは、巻六第一段〈善信入門の事〉、同第二段〈七箇条起請の事〉、同第四段〈選択集授与の事〉、同第五段〈真影自銘の事〉、巻七第一段〈遠流勅宣の事〉、同四段〈善信流罪の事〉、巻九第七段〈善信追善の事〉の七段におよぶ。このうち〈善信入門の事〉〈選択集授与の事〉〈真影自銘の事〉〈遠流勅宣の事〉が同じく覚如が著わした『善信聖人親鸞伝絵』（以下『親鸞伝絵』という）にもみえる。それは『親鸞伝絵』の巻上第二段〈吉水入室〉、同第五段〈選択付属〉、巻下第一段〈師資遷謫〉に該当するが、記事は量的にいって『古徳伝』の方が豊かである。

親鸞聖人が法然上人に弟子入りしたのは、聖人自身が『教行信証』の後序に「愚禿釈鸞、建仁辛酉暦、棄雑行兮帰本願」と記しており、建仁元年（一二〇一）のことであった。『古徳伝』に「爰一人の貴禅于時範宴少納言公。今□□□人是也。諱□□。本慈鎮和尚門弟叡岳の交衆をやめ、天台の本宗を閣て、かの門下に入て、その口決をうく。その性岐嶷にして、聖人甘心きはまりなし。于時建仁元年辛酉春の比也。今年聖人六十九歳、善信上人二十九歳」とあり、『教行信証』の後序に符合するので記述に誤りはない。つぎに七箇条起請文の連署交名に「善信」の名を挙げる点についていうと、二尊院所蔵の原本の八七番目に「僧綽空」と署名しているので問題はないが、原拠の『西方指南抄』と同様に、交名は二十二人にとどめている。原本の一番目の信空から一九番目の源蓮までをあげた後は、蓮生（熊谷直実）・善信・行空（法本房）の三名を記す。これは親鸞聖人が『西方指南抄』を筆写するさいに、親交の深い者と自己の署名を意図的に操作して記したと考えられている。[23]

『選択集』授与と真影自銘のことは、覚如は『親鸞伝絵』に「黒谷の先徳源空在世のむかし、矜哀の余、或時は恩許を蒙て製作を見写し、或時は真筆を降て名字を書賜」と一段にまとめて、『教行信証』後序の「然愚禿釈鸞、建仁辛酉暦、棄雑行兮帰本願」以下、「仍抑悲喜之涙、註由来之縁」までをそっくり引用する。ところが『古徳伝』においては、『教行信証』後序の文章の前後を入れ替えて、親鸞聖人自身が明らかにしなかった法然上人の『選択本願念仏集』の撰集が元久元年（一二〇四）の春であったことを明記した上に、翌年の元久二年に「蒙聖人之恩恕兮、書写選択集」したこと、それが「撰集以後、是最初也」であったと特筆する。同年四月十四日に、その書写本に法然上人が真筆で「選択本願念仏集」（内題）と「南無阿弥陀仏、往生之業念仏為本」、「釈綽空」（外題の下）の文字を書いて授与されたという。上人真筆のことは『教行信証』で親鸞聖人自身が記すところだが、「釈綽空」の字が外題の下に存したとあるのは、『古徳伝』が新たに知らせるところである。

続いて同日、法然上人の御影を図画し、閏七月二十九日に上人が真筆をもって「南無阿弥陀仏」と「若我成仏十方衆生、称我名号下至十声、若不生者不取正覚、彼仏今現在成仏、当知本誓重願不虚、衆生称念必得往生」の文字、夢告によって綽空を善信と改めたその名を書かれたことを記すが、これまた『教行信証』に依拠している。しかし、覚如が贅言を尽くしてまでも強調したかったのは、善信上人云、已書写製作、図画真影、提撕在耳、諷諫銘肝とて、恒に往事を慕たまひけり。物て門侶これひろしといへとも、面授の芳言最慇懃也。相承の義勢等倫に超たり。黒谷の遺流を酌と称し、聖人の口授を稟とつのる諸家、此一宗にをきて其自義を混す。殆今案と可謂。宛も往哲を忘たるに似たり。爰□□(信上)人独嘉蹤に歩て、かたく師教をまもる。

にあった。すなわち法然上人門下にあって親鸞聖人の正統性を主張することである。正統性の根拠は「書写製作、図画真影」のそれぞれに「真筆をもて令書給て、被奉授与之」という点に存したのである。親鸞聖人が法然上人より授与された真筆銘の御影が岡崎市の妙源寺に所蔵されているといわれているが(24)、法然上人の御影（絵像）は、二尊院蔵の「足曳の御影」、金戒光明寺蔵の「鏡の御影」、知恩院蔵の「隆信の御影」（往生要集披講の御影）が有名である。いずれも被授者（伝持者）の名が明らかでなく、美術史的にも鎌倉後期ないし室町時代の作品とみなされている(25)。

文献史料では、『法然上人行状絵図』巻四八第三段に「空阿弥陀仏ハ、上人をほとけのことくに崇敬し申されしかハ、右京権大夫隆信の子、左京大夫信実朝臣に上人の御影をかゝしめ、一期のあひた本尊とあふき申されき。当時知恩院に安置する絵像の真影すなハちこれなり」という、いわゆる「信実の御影」である。『知恩伝』に「彼空阿以上人御影隆信子息信実ノ筆上人御往生年三月比写之。与善導御影並懸為本尊一向称名。彼本尊在知恩院。上人影隆寛銘文書給ヘリ云々」とある。空阿が藤原信実に上人の御影を描いてもらったのは建暦二年三月ころで、この時に隆寛が書いた銘は親鸞聖人の『尊号真像銘文』（広本）に載せる「四明山権律師劉官讃」を指すものと思われるが、現在知恩院蔵の「信実の御影」と称するものとは銘文が異なる(26)。なお、「元久二年三月十三日」の銘をもつ御影が大本山善導寺と知恩院に蔵されているが(27)、両本の関係や伝来の詳細がわからないので、後考に俟ちたい。要するに法然上人の御影は、その被授者（伝持者）が門流の正統な地位を証明する「物証」として世に伝えられていないのである。

一方の『選択集』授与はどうか。『醍醐本』「一期物語」（第二〇話）に、「或時云、汝有選択集云文知否。不知云由。此文我作文也。汝可見之。我存生之間、不可流布之由禁之故、人々秘之。依之以成覚房本写之」とあるように、公然とこれを持つことは許されず、上人から「授与」されることは有り得なかったに違いない。ところが、実際は行観の『選択本願念仏集秘鈔』巻一に「此文《ハ》上人御存生《ノ》之程《ハ》隠密《セラル》也。或時上人《ノ》之門弟《ニ》隆寛《ト云》人御前《ニ》令《シム》レ参《セ》。其《ノ》時上人《ノ》仰《ニ》云《ク》、此程月輪殿《ヨリ》蒙レ仰《ヲ》記《シテ》二念仏《ノ》要文《ヲ》一令《シム》レ進《セ》。云《テ》二其《ノ》草案《ト》一令《メ玉フ》二密《カニ》見《セ》一。以《テ》レ是《ヲ》彼《ノ》門弟《ニハ》我家《ニ》選択《ヲハ》付属《スト》申《ス》事《ナリ》。是《ヲ》一念《ノ》成覚房聞承仕《テ》文預《リツカイフミアツカリト云》事有《リ》」と述べるように、隆寛が上人より密かに書写することを許可され、あるいは成覚房（幸西）ら他の門弟の書写が黙認されていたようである。それが門流の間では派祖が『選択集』を「付属」されたと公言していたことがうかがわれる。

隆寛の『選択集』授与は他派も認めるところで、『伝法絵流通』に「権律師隆寛小松殿ニ参向の時、上人御堂の後戸ニ出対給て、一巻の書を持て、隆寛律師の胸間ニ指入。依月輪殿之仰所撰撰択集也」と記し、文脈から推してそれは元久三年（一二〇六）七月のことであった[28]。『高田本』にも同じく「権律師隆寛コマツトノヘマイラレタリケルニ、御堂ノウシロトニテ、上人一巻ノ書ヲ持テ、隆寛ノフトコロニオシ入給フ。月輪殿ノ仰ニヨリテツクリ給ヘル選択集コレナリ」とある。

『琳阿本』は、巻六第四段に隆寛の『選択集』授与を記して、隆寛が上人の正統な直系であることを認めつつも、巻五第五段に、

建久九年戊午正月四日、上人聖光房に示ていはく、月輪の殿下教命によりて選択集一巻を作、ふかく秘すへきよし仰を蒙りて、流布するにあたハす。世にきこゆる事あれとも、うつす人なし。汝ハ法器の仁也。我立するところ此書をうつして、よろしく末代にひろむへし。聖光すなハち命を請て自委細にうつして、うやまて

提撕をうく。函杖をえたることとし。水を器にうつすに似たり。それよりのち日々に受学すゝめて指誨をうく。

と、聖光房（弁長）が『選択集』を授与されて上人の正嫡の後継者であったことを強調する。弁長の『選択集』授与のことは、弁長自身が『徹選択本願念仏集』上に、

上人又告言《テク》、有二我《カ》所造之書一、所謂《ル》選択本願念仏集是《レ》也。欲《ス》下以二此《ノ》書《ヲ》一秘《カニ》伝上汝《ニ》也。此書之《ノ》造意者《ハ》、（中略）源空雖レ蒙《ルト》二此《ノ》炳誡《ヲ》一露命難《ク》レ定《メ》、今日不レ知《レ》レ死《センモ》 明日不レ知レ死《センモ》。故以二此《ノ》書《ヲ》一密《カニ》付二属《ス》汝《ニ》一。勿《レト》レ及《フコト》二外聞《ニ》一云云。爰弟子某甲低頭挙手《シ》、合掌恭敬《シテ》跪以《テ》賜《ハリ》レ之《ヲ》畢《ヌ》。歓喜余《リ》レ身《ニ》随喜留《マル》レ心《ニ》。伏以《テレハ》難《シ》レ報仰以《シテレハ》難《シ》レ謝。非《ス》三啻《タダ》伝《フルノミニ》二義理《ヲ》於口決《ニ》一、復被《ル》レ授《ケ》二造書《ヲ》於眼前《ニ》一。解行有《リ》レ本《トツクコト》 文義已《ニ》足《レリ》。

と述べているので、疑いのない事実である。弁長の『選択集』授与の年次は通説の建久九年（一一九八）というよりも、弁長が再上洛した建久十年（一一九九）二月より以降、鎮西にもどる元久元年（一二〇四）八月以前の間に置くのが妥当であろう。

親鸞も弁長も『選択集』授与の喜びを率直に記しているとなれば、同じくそれらを史実として受け入れねばなるまい。法然上人が隆寛・弁長・親鸞ら何人かの直弟子に『選択集』を「授与」（書写を承認）した可能性は大いにある。彼らの弟子（すなわち上人の孫弟子）たちはそれを「付属」とみなして門流の正統と優越の証しだと考えたのも、上人の死後に各門流が拮抗し合ったという歴史的現実からすれば、あるいは当然のことだが、『古徳伝』の撰者の覚如が先行の法然絵伝を無視して、『選択集』授与が――御影の授与も併せて――親鸞だけにあったとするのは、自派の正統性の主張以外のなにものでもない。

親鸞を含む師資が死罪・流罪に処せられたことは、『教行信証』の後序にも述べるが、『古徳伝』の記事は詳しく、特に「流罪師弟共八人」「死罪四人」の名前の出典が『歎異抄』にあることは明らかである。親鸞が死罪に

なるところを六角前中納言親経のとりなしで罪一等を減ぜられたこと、親鸞が帰京後に先師追善の礼讃念仏を修したことは、ともに傍証史料を欠き、覚如の作意を感じさせかねないといわれている。(29)

五　おわりに――二、三の特色的記事――

絵伝は段ごとに詞書と絵図が交互に配されて伝記が展開していく。絵図が長大であれば詞書はキャプションにすぎず、詞書が多ければ絵図は挿絵になってしまう。絵伝の鑑賞者にとって詞書と絵図が均等のボリュームであることが望ましいが、そのような理想的な法然絵伝は現存しないと思う。『古徳伝』の場合、ほぼ適切な割合であるといえるが、なかでも巻四第一段は詞書が一〇紙半、絵図が三紙半であって、詞書のボリュームは他の段と比べて群を抜いている。これは先行の絵伝にはなかった三部経釈と浄土五祖伝の記述を入れたからである。

〈東大寺説法の事〉〈古老霊夢の事〉は『琳阿本』に典拠がある。続く「次に三部経に付たる事」の三部経釈は、『漢語灯録』所収の「三部経釈」(『無量寿経釈』『観無量寿経釈』『阿弥陀経釈』)とはその内容を異にするといわれている。しかし、典拠を明らかにできる箇所もある。『古徳伝』の三部経釈の大半は「仏説無量寿経巻上」であり、その主要な内容は女人往生に関することである。「弥陀如来、本行菩薩道之時」から「忍辱精進禅定智恵六度円満、万行具足云々」までの文は、『無量寿経釈』正宗分四段釈の第二「依願修行」の「然則弥陀如来、本行菩薩道時」以下の文と同じであり、「又同経四十八願中、第十八念仏往生願有二意」から「我等衆生抜苦与楽心也」までと、主題の「次別約女人発願云」から「与女人楽慈悲御心誓願利生也」までの文は、『無量寿経釈』正宗分四段釈の第一「四十八願興意」の後半部にあたる「乃至第十八念仏往生願有其二意」以下の文章と全く同じである。(30)すなわち『古徳伝』は、『無量寿経釈』の女人往生の釈を中心として、部分的に前後を入れ替えて引用していたのである。恵証の『拾遺古徳伝絵詞略讃』巻上に、「コノ三経ノ釈ハ古ヘヨリ三経私記ト題シテ元祖ノ御釈アリテ現流ス。今此釈恐クハ彼ノ私記を拠トセリ。而レドモ私記ノ全文ニハ非ズ。章主（覚如）潤色シ或ハ省略シテコヽニ列ネタマフトミエタリ」と記しているのも、もっとも妥当な見解であろうか。

「次に五祖に付たる事」は、恵証が同書巻中に「ヤガテ説法ハジマリ影像等ノ讃嘆コトオハリテナドアレバ、三経ノ御講釈ニ次デ此ノ五祖ノ讃嘆アルベキコト理ノ当然ナリ。故ニツギニ五祖ニツキタルコトト牒セリ」「イママタコノ五祖ト云フハ等、已下至レ終指南鈔ノ全文也」と指摘するように、『琳阿本』に存しなかった「影像等の讃嘆」を挿入したために(31)、首尾を整えるべく付加した文章であって、『西方指南抄』巻上末の「法然上人説法」に収める浄土五祖の略伝をそのまま引用している。

このように巻四第一段は前後に例がないほどの長大な詞書となったが、それは撰者である覚如の関心がどこにあったかを示唆していよう。浄土五祖伝のことは筆が滑ったといえなくもないが、三部経釈を引いたのは女人往生に主題があったと考えられる。女人往生に関する法然上人の教説が伝記類に持ち込まれたのは『伝法絵流通』が最初で、「宮仕かとおほしくて、尋常なる尼女房たち」の問いに対する答えとして語られているが、『無量寿経釈』の所説を要約している。覚如が『伝法絵流通』をみたかどうかわからないが、その系統の絵伝の『琳阿本』はこの女人往生の教説を省いていたので、女人往生を重んじる覚如はその原拠である『無量寿経釈』に直接あたり、該当の箇所を忠実に抜粋しているといえよう。

巻四第五段の〈耳四郎聴聞の事〉も、真宗が教化の対象とした階層を示している。「天性もとより奸して、またする態もなく、たゝ梟悪をのみことゝして世をわたる媒」とする「至極の罪人、悪機の手本」の耳四郎を主人公にした物語が、この絵伝を手にする人びとに親近感をもたらせるのなら、それは覚如が意図した狙いの一つで、『古徳伝』の特色といえる(32)。

一方、宗派色というより史料学の立場から、法然絵伝の継受関係が明らかな『伝法絵流通』→『琳阿本』・『高田本』→『古徳伝』のなかで次第に詳細となり、あるいは諸説が交錯していく記述の事例として、嘉禄の法難における法然上人の遺骸の改葬のことがあげられると思うので、若干言及しておきたい。『伝法絵流通』は、「件夜改葬ニ」宇都宮入道が五、六百騎を率いて護衛し、「やうやく洛中をとほらせ給」て、（六月二十三日は炎天のゆえに多くの武士が集まり千余騎となり）、「東行西行、ほとへにけれハ、火葬したてまつる。やう〱の奇瑞ともきこゆ。霊雲そらにみち、異香庭にかほる」とある。火葬の日時と場所を明記しないが、清涼寺を指して「上人、求法修行のはしめ、先当伽藍に詣す」といった後に、「遂に遺骨を件地におさむ」と、清涼寺に埋骨したような書き方をしている。さらに「弟子前権律師公全、此聖骨為奉納、敬建立宝塔一基」と追記し、その場所は「少蔵山のふもと」とする。

『琳阿本』は、ほとんどを『伝法絵流通』に従って記事を構成している。ただ「嵯峨にて火葬し奉る」と、火葬の場所を明示すること、公全（正信房湛空）が聖骨を納めるために建立した宝塔の場所を「今二尊院と号する是なり」と付記することが『琳阿本』の提示した新知見である。ところが、『高田本』は『伝法絵流通』の記事を採用することなく、「ヨリテ信空上人弟子幷ニ念仏ニ心ロサシアル道俗等、棺ヲニナヒテ嵯峨ノ二尊院ニカクシオキテ、ツキノトシ火葬シテ、オノ〱御骨ヲエクヒニカケテ、如来ノ舎利ヲウヤマウカコトシ」と述べている。信空ら道俗が御廟から上人の棺を掘り出して二尊院に隠し、翌年に火葬したこと、御骨を各人が首にかけて仏舎利のように敬ったことが（すなわち納骨しなかったか）、右にみた『伝法絵流通』や『琳阿本』と全く異なるのである。これに対して『古徳伝』は、

> 爰信空上人、妙香院僧正良快に申て云、事いたりて興盛也。山僧の企定て黙止さらん歟。答て云、今の仰同心す。改葬尤可然と云々。これによりて信空上人、夜ふけ人しつまりて後、遺骸を掘出て担去つゝ、嵯峨の二尊院にかくしをく。件の夜、宇津宮の弥三郎入道頼綱法師、守護のために五六百騎の兵士を引率して扈従

す。而後聖棺を荷て洛中をとおしたてまつるに、面々に袖をしほる。おそらくは双樹林の晩の色かはり、跋提河の浪むせひけんもかきりあれは、これにはすきしとそみえける。惣して但信念仏の行人、一向欣求の道俗、御共すること千余人也。（巻九第四段）

この事にあひしたかふ僧侶等、口外にいたすへからさるむね、仏前にして各誓状をたて、退出し畢ぬ。其後猶あなくりもとむへきよし、その聞あるあひた、五箇日をへてのち、又二尊院より広隆寺の来迎房円空かもとにうつしをきたてまつる。（同第五段）

明年正月廿五日の暁、又西山の粟生今光明寺是也にむかへ入て、法蓮上人、聖信上人、覚阿弥陀仏等来会して、其夜すなハち火葬し畢ぬ。そのとき種々の霊瑞あり。奇雲太虚にみち、異香庭前にかほる。（同第六段）

とある。信空が良快僧正から改葬の指示をうけたこと、事に従った僧侶等が口外しない旨の誓状を立てて退散したこと、五日後に二尊院から広隆寺の円空の所に移したこと、翌年の正月二十五日に粟生（今の光明寺）へ移し、信空・湛空・覚阿らを迎えて火葬に付したことなどが『古徳伝』による新知見である。第四段の「件の夜」以下は『琳阿本』の抜粋であるが、これ以外は何に依拠したのであろうか。現在のところ先行の法然絵伝等にはみあたらない。おそらく覚如が伝承等を踏まえて考証したものと思われる。信空らが良快僧正と相談して御廟から遺骸を掘り出して嵯峨（二尊院）に隠し置き、さらに広隆寺の円空のもとに移し、翌年の正月二十五日すなわち上人の祥月命日に粟生で火葬したという経過は、『法然上人行状絵図』や『法然上人伝記』（九巻伝）に引き継がれていくのである。

さて、法然上人伝の成立史を体系づけられた三田全信氏は、

「古徳伝」が主として依用している伝記は従来「四巻伝」とされていたが、勿論「四巻伝」にも拠っている箇処はないではないが、著者の調べたところでは、殆んど大部分が「琳阿本」であった。積極的にいうなら

ば、聖光の伝歴を親鸞に置き換えたといえないこともない。此伝は「琳阿本」の不合理な記事に直面すると、他伝によって是正している。従って先行の諸伝はこのために依用されたといってよい。殊に「秘伝」や「十六門記」など従来軽視されていた法然伝が、「古徳伝」の依用によって価値づけられることになったと考える。「琳阿本」が鎮西流色を帯びたように、覚如は「古徳伝」に於いて親鸞教義を挿入することを忘れなかった。

と総括する。(33) 筆者は今のところ『法然上人秘伝』（「秘伝」）および『黒谷源空上人伝』（「十六門記」）の成立時期や史料価値、『古徳伝』との関係について私見を述べる段階にないので、この点について論評は避けるが、ほかは概ね妥当な意見だと思われる。三田氏のいう他伝とは、「醍醐本」系の伝記、「四巻伝」系の伝記、「弘願本」「十六門記」「知恩伝」「秘伝」を列挙している。しかし、これまでに述べてきたように確実と思われる先行の法然伝としては『琳阿本』を第一に、そして『高田本』、『醍醐本』「一期物語」、『黒谷上人伝』を補完的に用いている。これまで多用が想定された『西方指南抄』は量的には少なく、「七箇条起請文」と「浄土五祖伝」しか見いだせない。眼目となる「拾遺」の親鸞聖人の事績に関しては主として『教行信証』の後序を典拠とするが、『選択集』と真筆銘御影の授与のことが親鸞の法然門下における正統性の主張にあって、同じく『選択集』の授与をもって門流の正統性と優越性を主張している他派の存在を意識したものであることは疑いない。

その他派とは、弁長を派祖とする鎮西派であったに違いないのである。『琳阿本』は浄土宗鎮西派（弁長・良忠の門流）の色彩が濃厚な絵伝であった。(34) 一三世紀後葉には良忠の門下の良暁（白旗派）・性心（藤田派）・尊観（名越派）が関東で、良空（木幡派）・然空（一条派）・道光（三条派）が京都で教化活動を展開し、鎮西派は教線を広げていた。鎮西派の派祖弁長を法然上人の正統な後継者と位置づける法然絵伝の『琳阿本』を手にした覚如は、鎮西派の興起を眼前にした関東の真宗門徒の要請をうけて、親鸞を正統な後継者と位置づける法然絵伝を新たに制作したのである。『古徳伝』の九巻・七二段という構成は『琳阿本』の九巻・六六段を意識したのであろう。絵伝の外形はともかく、覚如が親鸞と対比する意味で弁長（聖光房）を意識したことは、その著書の『口伝鈔』に、鎮西からの修行者である弁長を法然上人の禅房へ連れてきたのは親鸞であるという話を載せ、弁長が鎮西義を立てたことを「諸行往生の自義を骨張して自障障他する事、祖師の遺訓をわすれ、諸天の冥慮をはゞからざるにやとおぼゆ。かなしむべし、おそるべし」と非難し、わざわざ「かの聖光坊は、最初に鸞上人の御引導によりて黒谷の門下にのぞめる人なり。末学これをしるべし」と付言していることからも明らかである。

（1）小山正文「真宗絵巻・絵詞の成立と展開」（真宗史料刊行会『大系真宗史料［特別巻］絵巻と絵詞』）。
（2）真保亨『法然上人絵伝』（日本の美術九五）、相沢正彦「無量寿寺本拾遺古徳伝絵について――知恩院本四十八巻伝の絵師と関連して」（『古美術』七三）。
（3）真宗本願寺派宗学院『古写古本真宗聖教現存目録』。
（4）前掲注（2）『法然上人絵伝』（日本の美術九五）。
（5）梅津次郎『絵巻物残欠の譜』「拾遺古徳伝絵」。
（6）前掲注（1）「真宗絵巻・絵詞の成立と展開」。
（7）『遺徳法輪集』にいう「浄土寺」とは「浄土宗の寺」という意で、現在所蔵の常福寺を指すものと考えられる。
（8）小山正文『親鸞と真宗絵伝』「『拾遺古徳伝絵』の成立と展開」。
（9）前掲注（5）『絵巻物残欠の譜』「拾遺古徳伝絵」。なお、井川定慶氏は躭空の『伝法絵』と親鸞の『西方指南抄』を参考にしたというが（『法然上人絵伝の研究』第四章「古徳伝」）、『伝法絵』はオリジナル本によるところは少なく、多くはその系統に属する『琳阿本』や『高田本』であったと考えられ、『西方指南抄』を参照したというものの量的には少ないのである。
（10）米倉迪夫「琳阿本『法然上人伝絵』について」（『美術研究』三二四）。
（11）この後序の取り扱いには注意を要する。ほぼ同文で『琳阿本』にも『源空聖人私日記』にも見えるので、別稿「『法然上人伝絵詞』（琳阿本）について」（佛教大学アジア宗教文化情報研究所『法然上人伝絵詞（妙定院本）――本文と研究――』→本書第二部第三章）において、『琳阿本』と『源空聖人私日記』の前後関係を決める手がかりの一つにあげて論じた。いま改めて三本を比較する（傍線は三本に共通する語句、波線は『琳阿本』と『古徳伝』に共通する語句）。

［琳阿本］

凡上人の徳行自他諸宗ゆゝしき事、勝計すへからす。まつ法相には贈僧正蔵俊、三論には大納言法印寛雅、天台には座主顕真、薗城寺には長吏僧正公胤、華厳には法橋慶雅、真言には少将の上人実範、はしめハ謗してのちには帰す。仁和寺の法親王御帰依尤ふかし。竹林房の静厳は上人にあふて念仏の信をとる。誰の人か慈覚大師の御袈裟を相伝せんや（南岳大師相承也）。誰人か帝王の御ため御受戒の師となるや。誰人か法皇の御ため真影をうつしとゝめらるゝや。誰人か他門のため帰敬せらるゝや。誰人か現身に光を放や。是則かしこに弥陀の智用をみかき勢至菩薩と、（ママ）こゝに勢至をほめて無辺光と申す。智恵の光をもちて一切を照か故也。上人を誉るに智恵第一と称す。碩徳の用をもちて七道をうるほす故なり。弥陀は勢至に勅して済度の使とし、善導は上人を遣して順縁の機をとゝのへ給（九）へり。はかりしりぬ、十方三世無央数界有性無性、和尚の興世にあひてハしめて五乗済入のみちをさとり、三界空居四禅八定天王天衆、上人の誕生によりて忝五衰退没の苦をぬきいてむ。何況末代悪世の衆生、弥陀称名の一行によりて、悉往生の素懐をとくる事、源空上人伝説興行の故なり。仍未来弘通のために録之。

［源空聖人私日記］

所以讃勢至言無辺光、以智恵光普照一切故、嘆聖人称智恵第一、以碩徳之用潤七道故也。弥陀動勢至為済度之使、善導遣聖人整順縁之機。定知、十方三世無央数界有情無情、遇和尚興世、初悟五乗斉入之道、三界虚空四禅八定天王天衆、依聖人誕生、忝抜五衰退没之苦。何況末代悪世之衆生、依弥陀称名之一行、悉遂往生素懐、源空聖人伝説興行故也。仍為来之弘通勧之。

［古徳伝］

凡聖人在生之徳行、滅後之化導、不可称計。誰暗夜无燈照室内哉。誰伝持慈覚大師之袈裟哉（南岳大師相承）。孰奉為国家為戒師哉。孰於芝砌貽真影乎。誰為他門被帰敬乎。誰現身放頭光哉。誰現身発得三昧哉。是皆聖人一身之徳也。測知、十方三世无央数界有性无性、遇和尚興世、始悟五乗齊入之道。三界九居四禪八定天王天衆、依聖人誕生、忽免五衰退没之苦。和漢雖異、利生惟同者歟。矧亦末代罪濁之凡夫、因弥陀他力之一行、悉遂往生素懐、併上人立宗興行之故也。憑願力楽往生之輩、孰不報其恩。帰念仏願極楽之人、何不謝彼徳。因斯聊披傳記、粗録奇蹤者也。

すでに別稿で指摘したように、所掲の記事で『琳阿本』と『源空聖人私日記』が対応する箇所は、和文体と漢文体という相違はあっても、ほとんど同内容であり、どちらか一方が他方に依拠していることは否定できない。ところが『琳阿本』と『古徳伝』を対比すると、法然上人の「徳行」を総括した箇所から伝記叙述の完了を述べた箇所にいたるまで、両本はプロットが概ね共通しているのである。あえて憶測すれば、『古徳伝』は『源空聖人私日記』によらず、『琳阿本』を参照しながら要領よくまとめて、文章を整えたというべきであろうか。

(12) 『高田本』にも同じ内容の記事がみえるが、表現の類似から『古徳伝』が『琳阿本』によっていることは明らかである。

(13) 藤堂恭俊「『法然聖人絵』に引用されている法然の詞について」(『東山高校研究紀要』八)。この論文は『法然聖人絵』に引かれた詞の典拠を求めた研究であるが、史料的に最も親近な関係にある『高田本』についても該当する。

(14) 『法然聖人絵』(弘願本)に「遠流の時ことさら九条殿の御沙汰にて、土佐へハ御代官をつかはして、上人をハわか所領讃岐におきまいらせ給ける」とある。

(15) 「かねて往生の告をかふる人々」の交名は、すでに『伝法絵流通』の画中詞として書かれている。『高田本』はこの画中詞を本文に取り込んだのである(拙稿「『伝法絵』の善導寺本と国華本」、佛教大学アジア宗教文化情報研究所『本朝祖師伝記絵詞(善導寺本)――本文と研究――』→本書第二部第一章)。「弥陀の三尊、紫雲に乗して来現したまふをみる人々」の交名は、国華本における病臥の上人を取り巻いて座する僧たちを描く絵図の人名銘記の一部が、転写の間で混入したのであろう。

(16) 前掲注(11)「『法然上人伝絵詞』(琳阿本)について」。

(17) 藤堂恭俊「各種法然上人伝に引用されている法然の詞」(『佛教大学研究紀要』四二・四三合巻号)。藤堂氏は『醍醐本』「一期物語」に出拠をもつ五種類の法然上人の詞が『古徳伝』に採用されているという。

(18) 良栄(持阿)の『選択決疑抄見聞』第五に「黒谷上人伝云敬西作也又依月輪禅定殿下教命、元久甲子之春献選択集一軸」とある逸文が『古徳伝』巻六第四段の「選択本願念仏集者、月輪禅定博陸の教命に依て、元久元年甲子の春、聖人撰集したまふ」に相応するところから、『古徳伝』が『黒谷上人伝』によって編述されたという（望月信亨『浄土教之研究』所収「法然上人の行状記伝並に其の価値」）。また阿川文正「常陸無量寿寺蔵拾遺古徳伝絵詞残欠一巻本の比較と考証」（浄土教思想研究会『浄土教――その伝統と創造――』）は、「拾遺古徳伝絵黒谷源空聖人」（存覚は「黒谷伝」と略称する）という題号さえ「黒谷源空上人伝」を模したともいう。

（19）『獅子伏象論』は「本伝云」として、『決答見聞』は「上人伝記云」として引くが、両本とも原文を正確に引用しているとは限らず、多分に省略ないしは衍文、もしくは書き換え等の可能性が否定できない。両本を照合しつつ試みに校訂した。

（20）ただし厳密にいうと、〈観経疏披覧の事〉の「其後黒谷の報恩蔵に入て一切経披覧五遍云々のとき、光明寺の観経義をひらきたまふに、極楽国土を高妙の報土とさためて、往生の機分を垢障の凡夫と判せられたる義理をみるに」という箇所は、『琳阿本』巻三第四段の「凡夫出離の要道のために、経蔵に入て一切経五遍披見之時、善導観経の疏四巻披見し給に、極楽国土を高妙の報土と定て、往生の機分を垢障の凡夫と判せられたり」によっている。『古徳伝』にはこうした文章の「つぎはぎ」がよくみられる。

（21）『古徳伝』巻六第二段の七箇条起請文は漢文体である。『琳阿本』は同起請文に言及せず、『高田本』は連署交名と配列を異にし、かつ和文体である。和文体の文章を漢文体に直すことは至難の業であり、覚如は『西方指南抄』所収のものを用いたと考えられる。しかし『西方指南抄』の第一四番目の「親蓮」を『古徳伝』では「親西」とする相違がみられる。

（22）前掲注（8）『親鸞と真宗絵伝』「『拾遺古徳伝絵』の成立と展開」。

（23）中野正明『法然遺文の基礎的研究』第Ⅱ部第四章「「七箇条誡誡」について」。

（24）前掲注（8）『親鸞と真宗絵伝』「真宗の善導像と法然像」。

（25）望月信成「法然上人像について」（『浄土学』二八）。

（26）大橋俊雄『法然上人辞典』「信実の御影」。

（27）九州歴史資料館『筑後大本山善導寺目録』、知恩院御忌法務局『華頂誌要』。

（28）『明義進行集』巻第二の隆寛伝に、「然間元久元年三月十四日、コマツトノ、御堂ノウシロニシテ、上人フトコロヨリ選択集ヲ取出シテ、ヒソカニサツケ給フコトハニイハク（中略）ハヤク書写シテ披読ヲフヘシ、モシ不審アラハ、タツネ給ヘト、タ、シ源空カ存生ノ間ハ披露アルヘカラス。（中略）然レハマサシク選択集ヲ付属セラレタルモノハ隆寛ナリト云々」とあって、元久元年三月十四日に隆寛は選択集を「付属」されたとする。

(29) 前掲注(8)『親鸞と真宗絵伝』「『拾遺古徳伝絵』の成立と展開」。

(30) 前掲注(17)「各種法然上人伝に引用されている法然の詞」。

(31) 『琳阿本』には「上人すミそめの衣に高野ひかさうちきて、いとこともなけなる躰にて、かさうちぬきて礼盤にのほりて、やかて説法はしまりぬ。三論法相の深義をと、こほりなくのへて」とあるところを、「聖人こき墨染の衣に高野ひかさきつ、、□□□□《いとこと》もなけなる躰にて入堂あり。笠うちぬきつ、礼盤にのほりて、やかて説法はしまりぬ。影像等の讃嘆辞訖て、三論法相の法門滞なく問難に遮て、智弁玉をはく」と潤色し、浄土五祖像の讃嘆が行なわれたかのように記したがために、三部経釈に続いて五祖の略伝を付加せざるを得なかった。

(32) 田村圓澄氏は『古徳伝』が真宗の教義を反映しているとして、例証に耳四郎の話をとりあげている（『法然上人伝の研究』第一部第三章「法然伝の系譜」）。

(33) 三田全信『成立史的法然上人諸伝の研究』「十六　拾遺古徳伝絵」。

(34) 前掲注(11)「『法然上人伝絵詞』（琳阿本）について」。

拾遺古徳伝絵の内容標目一覧

『琳阿本』との比較
◎表現・内容がほとんど同じ
○表現が若干異なるが内容的にほぼ同じ
△表現や内容に共通するところがある

第一巻

第一段
序（伏以諸仏の世にいつる時をまち……）
○上人誕生の事（爰如来滅後二千八十四年……）

第二段
○定明夜討の事（保延七年辛酉春の比……）

第三段
◎時国臨終の事（時国ふかき疵をかうふりて……）

第四段
△葬送中陰の事（葬送中陰の間……）

第五段
　観覚入室の事（同年のくれ、当国菩提寺の……）
第六段
△小童請暇の事（観覚得業の命によりて……）
◎叡公故実の事（得業の云、このことはりは……）
△母子訣別の事（たらちめも身をわけたる……）
第七段
△小童入洛の事（久安三年丁卯の春……）
第八段
△観覚書状の事（垂髪に相副てをくる状に云……）
第九段
○皇円愛翫の事（源光云、我はこれ愚鈍の……）
第二巻
第一段
　社頭詠歌の事（同年夏の比、聖人出家……）
△出家受戒の事（同仲冬出家登壇受戒……）
第二段
　遁世志願の事（或時師に申て云……）
○本書披読の事（貴命本意也といひて……）

第三段
◎皇円桜池の事（件の闍梨のありさま……）
◎上人悲嘆の事（のちに上人おほせられ……）
第四段
△叡空入室の事（師よりくいさむれとも……）
第五段
△法華修行の事（或時法華三昧修行の……）
第六段
△室内放光の事（暗夜に経巻をみたまふに……）
第七段
◎五相観行の事（真言の教門に入て……）
第八段
○釈迦堂参籠の事（保元々年、聖人生年……）
第九段
△蔵俊対面の事（嵯峨より南都の蔵俊僧都……）
第十段
　寛雅対談の事（また醍醐寺の三論宗……）
△慶雅対談の事（又慶雅法橋にあひて……）
△中川実範の事（小乗戒は中川の少将……）

第三巻

第一段

入浄土門の事（聖人みつから浄土門……）

△観経疏披覧の事（其後黒谷の報恩蔵に入て……）

△善導来現の事（但自身の往生はすてに……）

第二段

△観称優劣の事（或時黒谷の幽栖にして……）

第三段

○叡空臨終の事（かくて叡空上人臨終……）

第四段

吉水説法の事（諸方の道俗を化せん……）

第五段

高倉天皇の事（天台円頓菩薩大乗戒は……）

○上西門院の事（又上西門院にして……）

第六段

○大仏大勧進の事（治承四年庚子十二月廿八日……）

第四巻

第一段

○東大寺説法の事（やうやく東大寺すゝめ……）

◎古老霊夢の事（又当寺古老の学徒……）

三部経釈の事（次に三部経に付たる事……）

五祖略伝の事（次に五祖に付たる事……）

第二段

◎坂本談義の事（文治二年の比……）

○大原談義の事（自宗の行法を閣つゝ……）

○顕真五坊の事（剰一の発願あり……）

◎阿弥陀号の事（また重源一の意巧あり……）

第三段

静厳対談の事（静厳法印吉水の坊に来て……）

第四段

○明遍夢想の事（高野の明遍僧都……）

△明遍問答の事（この僧都、或時善光寺に……）

第五段

耳四郎聴聞の事（河内国みてくらしまに……）

第五巻

第一段

△小舎人童の事（聖人清水寺にして……）

第二段

○勢至同列の事（霊山にして三七日不断念仏……）
第　三　段
○法皇講説の事（聖人院宣によりて……）
第　四　段
△八坂念仏の事（建久三年秋の比……）
第　五　段
○無品親王の事（無品親王静恵違例……）
第　六　段
◎三昧発得の事（聖人自筆の記に云……）
第　七　段
◎三尊出現の事（無量寿仏化身無数……）
第　八　段
◎山門起請の事（元久元年仲冬の比……）
◎兼実消息の事（九条禅定殿下……）
第六巻
第　一　段
善信入門の事（おほよそ聖人浄土の法門……）
第　二　段
七箇条起請の事（七箇条起請文詞云……）

第　三　段
△瘧病療治の事（或時、聖人瘧病の事……）
第　四　段
選択集授与の事（選択本願念仏集者……）
第　五　段
真影自銘の事（又同年閏七月下旬第九日……）
第　六　段
公胤論難の事（園城寺の碩学……）
第　七　段
公胤対談の事（順徳院処胎の間……）
第　八　段
公胤焚書の事（公胤坊に帰て後……）
第　九　段
諸人謗難の事（抑一向専修の義を……）
第　十　段
偏依善導の事（若又人ありて……）
浄土弘通の事（蓋聞、上人黒谷の松扉を……）
諸人霊夢の事（凡聖人在世の間……）
第十一段

○頭光踏蓮の事（聖人或時月輪殿に参して……）

第七巻

第一段
遠流勅宣の事（聖人浄土真宗の興行……）

第二段
△配流出立の事（承元々年三月上旬の比……）
○信空説諭の事（既に進発のとき……）
○西阿説諭の事（又率爾をかへりみす……）
○信空証言の事（又後に信空上人云……）
◎念仏停廃の事（凡念仏停廃の沙汰……）

第三段
○公全惜別の事（聖人都を出たまふ日……）

第四段
善信流罪の事（住蓮安楽等の四人は……）

第五段
△経島説法の事（聖人摂津国経島に一宿……）

第六段
△遊女教化の事（室の泊に付給けれは……）

第七段

△西仁説法の事（聖人の配所は……）

第八巻

第一段
松山観桜の事（御弟子等いさや……）

第二段
△勝尾逗留の事（聖人浄土の法門興行……）

第三段
○一切経施入の事（当山に一切経……）
△開題供養の事（剰安居院の法印聖覚……）

第四段
△京洛還帰の事（龍顔逆鱗の欝をやめて……）

第五段
○吉水入庵の事（聖人京着のゝちは……）
往生二品の事（このとき人ありて……）

第六段
大谷詠歌の事（聖人或時大谷の坊にて……）

第七段
△老病蒙昧の事（同二年正月二日より……）
◎高声念仏の事（十一日の辰剋に……）

◎紫雲靉靆の事（廿日の巳時に……）
諸人夢想の事（おほよそ明日往生のよし……）
○兼高夢想の事（又七八年さきたちて……）
○上人臨終の事（爰聖人廿三日以後……）
第八段
○円寂荼毘の事（伏以釈尊円寂の……）
第九巻
第一段
○初七日仏事の事（門弟等常の式に任て……）
◎禅尼夢想の事（二七日普賢菩薩導師……）
○八幡菩薩の事（抑神功皇后元年辛巳……）
○三七日仏事の事（三七日弥勒菩薩導師……）
四七日仏事の事（四七日正観音導師……）
◎七七日仏事の事（七々日阿弥陀如来幷両界曼荼羅導師……）
△公胤懺悔の事（凡此間仏事をいとなみ……）
第二段
△公胤往生の事（彼公胤僧正、同四年……）

第三段
△大谷廟堂の事（延暦寺の梨本は……）
第四段
遺骸掘出の事（爰信空上人、妙香院僧正……）
○遺骸奉移の事（件の夜、宇津宮の弥三郎……）
第五段
太秦移送の事（この事にあひしたかふ……）
第六段
△遺骸火葬の事（明年正月廿五日の暁……）
第七段
善信追善の事（善信聖人も勅免のうへは……）
第八段
○明禅法印の事（諸宗の碩才、聖人の……）
○沙弥随蓮の事（又沙弥随蓮……）
△徳行総結の事（凡聖人在世之徳行……）
△後序（測知十方三世無央数界……）

〔法量〕

巻一　四一・七×一八二九・〇センチメートル
巻二　四一・九×一五六六・六センチメートル
巻三　四一・八×一五二四・八センチメートル
巻四　四一・三×二五七三・九センチメートル
巻五　四一・五×一八二七・四センチメートル
巻六　四一・三×二一〇四・四センチメートル
巻七　四一・八×一六五三・五センチメートル
巻八　四一・六×二二五二・六センチメートル
巻九　四一・四×一七九五・一センチメートル

第六章　『法然上人行状絵図』成立私考――『九巻伝』取り込み説批判――

一　島田修二郎氏と小松茂美氏の所説

筆者は別稿において、『法然上人伝記』（以下『九巻伝』という）と『法然上人行状絵図』（以下『行状絵図』という）の成立について、通説とは逆に『行状絵図』が先で、『九巻伝』が後の関係になり、『九巻伝』は、全般的にいって『行状絵図』を基本としながら、他の資料をも参照して編集されたと論じた。[1]筆者の研究は絵巻の詞書を比較しての結論であるが、私見の前に立ちはだかるのは、美術史家による絵図の研究である。

島田修二郎氏[2]は、知恩院蔵の『行状絵図』（以下、知恩院本という）の絵図を細かく検討した。画家の作風を類別し、各段ごとに絵図の筆者を推定したが、これは画期的な研究であった。画家の執筆の順序が無秩序に前後に入り乱れ、料紙もまた質の異なったものが一巻のなかに入り乱れていることをもって、知恩院本は「少なくともその現状はよほど特別の事情の下に成り立った」と推測したうえで、注目すべきいくつかのことがらを指摘している。

知恩院本には、詞書と絵図が照応しない段があるが、この不相応は脱落のために生じたのではない。法然上人の容貌が補筆によって改められているが、ほかにも僧綱襟を削り取り、素絹の法衣を黒衣に塗り替え、合掌した手に紙をもたせるなどの、改竄が行われている。もとは連続した一つの絵図を切断して二段の絵図に改編した箇所もある。こうした補筆・改竄・改編などは、島田氏の分類でいうと、第一群（A・B）に多く、第三群（H～L）にはない。そこで島田氏は、「別の法然伝の絵図であったAとBの絵を改編流用し、新たに画かれた絵図を加えて行状絵図が作られた」と推測するのである。そして、第一群に次いでできた第二群（C～G）の絵にも補筆と傷みがみられるところから、制作過程の間で何かの災厄が起こり、絵図の一部に損傷をきたしたため、一時的に絵図の制作が中断したが、再び制作が始まった時、第三群の画家が新たに残りの絵図を画くことになったと推測する。

こうした推測のもとに、A・Bが『行状絵図』以外の法然絵伝だとすれば、それは『九巻伝』であると断言している。その理由として、A・Bの絵図には、『行状絵図』よりも早く成立した法然絵伝の諸本になく、『九巻伝』と『行状絵図』にだけみえる段があるからだとする。A・Bの絵を『九巻伝』の絵図として、改編流用された段を復元すると、Aは『九巻伝』の巻一上下、巻二上下、巻三下、巻七上下に、Bは巻三下、巻四上下、巻五上下、巻六上下、巻八上下、巻九上下にそれぞれ集中する。巻三下には両者の絵が混在するので、二本の『九巻伝』を合わせて解体改編し、新しい『行状絵図』の詞に応じて新図を補い、全四八巻とした。『九巻伝』の絵図が『行状絵図』のなかに入り込んでいるから、『九巻伝』はある意味では『行状絵図』の草稿本でもあり、また『九巻伝』の詞書しか伝存しない謎も解けてくるという。以上が島田氏の所説の概要である。

島田氏の研究によって、『九巻伝』の『行状絵図』先行説もしくは草稿説を有力に裏づけることになった。ところが、同じく知恩院本について画家と書家の作風を詳細に研究した小松茂美氏は[3]、島田氏の指摘のような補筆・改竄・改編などを何ら問題にしていないのである。異時同図の手法で画かれた一図の切断による改編の例をあげるものの、これを「特殊な描法」と捉えている。知恩院本の絵の画風によって、島田氏は一二（A～L）の、小松氏は一八（一～十八）のタイプに分類したが、島田氏が問題視するA・Bは小松氏の「二」「六」にほぼ一致する。そして島田氏のFは小松氏の「七」に完全に合致するなど、画風の分類は精確度が高い。しかし島田氏は、Aは徳治（一三〇六〜〇八）から正和（一三一二〜一七）のころの作とみなせるが、第三群は南北朝に入ってからの作であるとして、成立時期に年代差を想定する。これに対して小松氏は、そうした制作年代の時差を考えていない。島田氏が室町時代の末か桃山時代と推定した各巻ごとの「何巻料紙数何丁　四十八巻伝知恩院常住」という奥書を、小松氏は第四五巻奥書のある軸付の遊紙に同巻の第二図の料紙を裁断して用いていること、各巻の奥書の書風が「鎌倉の匂いをもつ」ことをもって、奥書は絵巻ができあがってからさほど時代が隔たっていず、舜昌自身が書いたのではないかと推測している。

このように島田氏と小松氏とでは、知恩院本の制作年代の推定に見解の相違がある。知恩院本が別の法然絵伝の絵図を流用改編した可能性について、小松氏は一切言及していないので、島田説を否定しているのではないかと考えられる。小松氏に従えば『行状絵図』が『九巻伝』より先行するという私見を妨げることはないが、知恩院本の絵図に補筆・改竄・改編などがあることは明白で、島田氏の『九巻伝』取り込み説は今なお有力な学説として評価を受けている[4]。しかし、島田氏の所説に問題はないのであろうか。

島田氏の『九巻伝』の絵図が知恩院本の『行状絵図』に取り込まれているとする根拠は、「A・Bの絵図には、行状絵図よりも早く成立した法然絵伝の諸本にはなくて、九巻伝と行状絵図とだけに見える段がある」ことであった。だが、A・Bの絵図には『九巻伝』に対応する段がないものが九画も存するのである[5]。これをどのように理解するのであろうか。『九巻伝』にないはずの絵図を『行状絵図』に到底転用できたとは考えられない。「それ（『九巻伝』）を解体して『四十八巻伝』に編集し直した時点で、改めて『四十八巻伝』の段に合わせた新しい画を描いた」と推測するのは[6]、説得性に欠けよう。なぜならば、『行状絵図』の段に合わせて新しく描いたはずの画に補筆・改竄の跡がうかがわれるからである[7]。

こうした疑問を解くには、さらに複雑な制作過程を想定しなければならないであろう。それは『行状絵図』の成立に関する考究を混乱におとしいれるだけである。筆者は、そもそも知恩院本の『九巻伝』絵図の流用改編(取り込み)は虚妄の説ではないかとさえ考えている。そこで文献資料から『行状絵図』の成立事情を振り返ってみよう。

二 『行状絵図』成立を語る三つの史料

『行状絵図』の成立を語る史料は、元禄三年(一六九〇)ごろになった「総本山知恩院旧記採要録」(以下「採要録」という)[8]と、忍澂の『勅修吉水円光大師御伝縁起』(以下『御伝縁起』という)[9]がある。煩をいとわず、以下に摘記しよう。

(一)「採要録」

徳治二年、後伏見上皇、叡山功徳院舜昌法印に勅して、宗祖大師之正伝を撰しめ給ふ。稿を奏進するに及て、伏見法皇、後伏見上皇、後二条院、宸翰を染させ給ひ、又能書之人々、青蓮院尊円親王、三条太政大臣実重公、姉小路庶流従二位済氏卿、世尊寺従三位行尹卿、同従四位定成朝臣に勅して、各伝文を助筆せしめ、能画をして丹青の相を成しめ給ふ。然して是を八世の住持如一国師に給ふ。国師是を捧て、応長元年辛亥正月廿五日、宗祖大師百回之遠忌を修し、大に化風を振ふ。故に念仏之一行益四海に盛なり。これ偏に道俗貴賤、勅修之正伝を拝し、結縁し奉りたれは也。是において舜昌法印之嘉名も、又遠近に聞えしかは、台徒之中、憤を含之由、山洛之間に沙汰す。依て法印、述懐鈔を作て、山門に披露す。偏執之輩も其理に伏して、亦妨くる人なし。舜昌法印、正伝惣修之賞とし、知恩院九世之別当に被補。此時正副両伝ともに賜り、永く吉水之宝庫に納。第十二世誓阿上人住持之時、康安元年、宗祖大師百五十回遠忌に当て、勅して慧光菩薩之諡号を賜ふ。又誓阿上人へ詔してのたまはく、祖師の伝本正副ともに甲乙なし。就中重写の一本は、第一第十一第三十一の三巻、伏見法皇の宸翰、第八第二十の二巻は世尊寺従三位行俊卿の筆、残る四十三巻、後伏見上皇、悉宸筆を染させ給ふ。叡願又たくひなし。一庫に両部を秘蔵し、若不図非常の災ありて、一時に烏有ともなりなは、うき事の限なるへけれは、一部はいかにも世はなれたらんはるけき名山に蔵して、末代の宝券に残すへしとの勅諚により、大和国当麻寺の奥に一宇を建立し、仏殿には宗祖大師の真影を安置し、宝庫には一部の勅伝を蔵す。両伝とも今に相伝て現存し、一宗の霊宝、天下の美玉と崇む。是皆朝恩のしからしむる所也と云々。

（二）『御伝縁起』

法然上人行状画図一部四十八巻は、九十二代後伏見上皇、叡山功徳院舜昌法印に勅して、昔年吉水門人の記する所の数部の旧伝を集めて、大成せしめ給ふにぞ侍る。これによつて世の人、勅集の御伝と称して、ことに尊重する事にはなりぬ。つらく\／\これを拝閲するに、行状の詳悉にして、文章の優美なる事、諸伝に比類なし。（中略）爰に後伏見上皇、本より大師の徳行を御信仰ましく\／\けるが、叡慮もかたじけなく、かゝる事をや思召されけん、上人の道跡より、弘教の門弟、帰依の君臣等の行状に至るまで、たゞ吉水門人のをのく\／\記し置る旧記をかんがへて、事の同じきをはぶき、跡の異なるをひろひ、数編の伝記を総修して、一部の実録となし、万代の亀鏡にそなへまうすべき旨、舜昌法印に仰下さる。法印つゝしみ承りて、近代杜撰の濫述をば撰びすて、たゞ門人旧記の実録をのみ取用て、類聚して編をなせり。しげきをかりては要をあつめ、漢字を訳しては和語となし、見る人ごとに、尋やすくさとりやすからしむ。をよそ二百三十七段、段ごとに画図をあらはし、巻を四十八軸にと、のへて奏進せらる。上皇叡感かぎりなく、更に才臣に命じて事実を校正し、文章を潤色せしめ、絵所に仰てくはしく丹青の相を成しめ給ふ。しかのみならず、行状の詞は、上皇まづ宸翰を染させ賜へば、後二条帝、伏見法皇も共に御随喜ましく〳〵て、同じく宸筆を染させたまへり。又能書の人々、青蓮院尊円法親王、三条太政大臣実重公、姉小路庶流従二位済氏卿、世尊寺従三位行尹卿、従四位定成卿に勅して、をの〳〵伝文を書しめ給へり。（中略）かくて四十八巻の絵詞、やうやく繕写事をはりにしかば、上皇斜ならず悦ばせ給ひて、繕写の御本をばやがて官庫にぞ納められける。上皇又思召れけるは、もしながく官庫に秘蔵せば、利益衆生のはかりことにあらず、またみだりに披露せば、紛失の恐れなきにしもあらずと、依之重てまた絵詞一本を調られて、副本にそなへ、かつは世間伝写の因縁にもなさばやとて、更に御草案の画図を取用ひさせ給ひて、又一部重写の叡願をおこさせたまひけるに、これも程なく功成てげり。第一第十一第三十一の三巻は伏見法皇の宸翰、第八第廿の二巻は世尊寺従三位行俊卿の筆、残る四十三巻は後伏見上皇ことぐ〳〵く宸筆を染させ給ひけるとぞ。誠にためしなき不可思議の御善事なりけり。正本副本両部の御伝、おの〳〵四十八巻の絵詞、徳治二年に初まり、十年あまりの春秋をへて、其功ことぐ〳〵く成就し給ひぬ。（中略）さて重写の御本をば、世間に流布して衆生を利益すべしとて、舜昌にぞ給はりける。これより世こぞりて勅集の御伝と称して、展転書写してひろく京夷にひろまりければ、諸人の尊重する事、はるかに往昔門人の旧記にこえたり。（中略）法印の嘉名も遠近に聞えしかば、其比台徒の中にいきどほりをなす人出来て、（中略）そしりをなすともがら、山洛の間に聞えければ、法印又述懐鈔をつくりて、山門にぞをくられける。（中略）さて舜昌法印をば御伝惣修の賞として、知恩院第九代の別当に補せらる。其時官庫の御伝を正本と名づけて、これを賜はりてながく吉水の宝庫にぞ納められける。（中略）其後吉水十二世誓阿上人、宸翰を秘蔵し思いたまひけるあまり、もしはからざるに非常の災などにあひて、両部の御伝、時のまの烏有ともなりなば、いかばかり心うきわざなるべければ、一部をばいかにも世をはなれたらんはるけき名山に蔵して、末の世の宝巻に残さばやと、常に遠き慮をめぐらされけるが、老後に和州当麻の往生院に退居し給ひける時、御正本はあまたの宸翰名筆備足して、画図の彩色まで殊に勝れて厳重なりしかば、これをば吉水の宝庫に留られ、副本一部を随身して往生院の宝庫に納められけり。

右の「採要録」と『御伝縁起』に共通するのは、

(1)徳治二年（一三〇七）に後伏見上皇が舜昌に勅して法然上人伝の編集を命じた。
(2)詞は後伏見上皇・伏見法皇・後二条天皇が宸筆を染め、尊円法親王・三条実重・姉小路済氏・世尊寺行尹・世尊寺定成らが清書した。
(3)絵は能画（絵所）に描かせた。
(4)法然上人伝編集の功により、舜昌は知恩院別当に補され、正副両本の絵巻を賜わる。
(5)誓阿は、非常の災に正副両本を失なうことの危険を避けるため、副本を当麻寺往生院に移した。

の五点である。「採要録」や『御伝縁起』に先行する史料として、義山の『円光大師行状画図翼賛』（以下『翼賛』という）の序文に引く聞証の言葉がある。

（三）『翼賛』序文

師（聞証）云、四十八軸全伝者、吉水大師一化顚末而山門法印舜昌所編也。初昌師偏攬諸家旧記、編為一套、附入画図。述作既成韞櫝自珍焉。後恭承後伏見上皇之勅奏進之。天覧殷重叡信殊深。乃詔菅清諸儒及命世才臣、添之刪之斐然為章。於是伏見後伏見後二条三帝親染震翰、法親王尊円依勅挺華毫。亦命一時縉紳転法輪太政大臣実重等繕写全備。其画図則画司土佐某依勅筆焉。即賜御題曰法然上人行状画図。今現在于本山知恩院之蔵。

聞証が中阿（円智）や義山（良照）に語った時期は特定できないが、聞証の没する貞享五年（一六八八）に近いころと思われる。この聞証の所伝は、上記五点のなかの(2)(3)が同じであるが、後伏見上皇の勅より以前に舜昌が草稿となる絵巻を作っていたこと、それを御覧になった後伏見上皇が菅原・清原の諸儒や才臣に命じて添削させたこと、絵巻に「法然上人行状画図」という題号を賜わったこと、が異なる。

草稿の絵巻とは『九巻伝』のことであろうか。『浄土宗全書』刊本の刊記によれば、『九巻伝』の成立には「嘉禄年中」（恵空）、「嘉禄年中ヨリ三十余年後」（或人）、「文永已後」（称阿）、「元祖滅後凡百五十年の頃」（古伝）、「元祖滅後凡八九十年の内」（在禅）の各説があって、在禅のごときは「蓋し舜昌法印の集録にして勅修の草稿にもなりぬべし」と述べている。しかし、義山は『翼賛』で『九巻伝』について「按ニ嘉禄ノ比ノ注記ト見エタリ、故ニ彼第九下ニ永延以来嘉禄ニ至ルマテ二百四十年計也ト云詞アリ」（巻一）と注記しており、『九巻伝』を「勅集の草稿」とはみていないのである。[10] おそらく聞証や義山は、『九巻伝』とは別に草稿となった絵巻の存在を想定しているのであろう。[11] 後伏見上皇が菅原・清原の諸儒や才臣に命じて添削させたというのも、これまた推測ではなかろうか。[12]

つぎに「法然上人行状画図」の御題（題号）を賜わったのかを検討しよう。『翼賛』に「本山ノ御本ニハ巻ノ内ニハ題号モナク巻次モ記セラレズ。因之今当麻寺ノ御本ノ題ヲ用ユ此本亦三帝ノ宸翰ナリ」（巻一）とある。知恩院本には内題と巻次の記載がないので、当麻寺往生院に所蔵する御本（以下、当麻本という）の題号を用いて「法然上人行状画図」と名づけるという。現在の知恩院本には「法然上人行状絵図」または「法然上人行状画図」の題箋が付されているが、それは宝永三年（一七〇六）の修復時に付けられたようである。[13] 後伏見上皇から題号を賜わったとするのは、当麻本のそれを指しているとしても、知恩院本に関してはあたらないのである。

以上の検討により、(三)『翼賛』序文の聞証の言葉からは『行状絵図』成立に関する新知見を得られなかった。結局、先の(一)(二)に共通する五点にもどらねばならない。詞は後伏見上皇・伏見法皇・後二条天皇が宸筆を染め、尊円法親王・三条実重らが清書し、絵は能画（絵所）に描かせた、概略こうした内容に近いことがらが、貞享五年より以前に、所伝として――事実かどうかは別に――確立していたと考えてよい。次節でほかの三点について順次みていこう。

三　『行状絵図』正副両本の制作

まずは、徳治二年（一三〇七）に後伏見上皇が舜昌に勅して法然上人伝の編集を命じた、という点である。『行状絵図』の編者が舜昌であったことは、舜昌の自著『述懐鈔』に「今不図勅命ヲウケ、法然上人ノ勧化ヲ画図ニ写シ、弥陀称名ノ本願ヲ巻軸ニ顕ス」とあり、澄円（智演）の『浄土十勝箋節論』にも「知恩院別当法印大和尚位舜昌、得之（法語）而為祖師行状画図之詞」（巻二）とあることからも明白である。ここにいう「画図」（絵巻）や「祖師行状画図之詞」が『九巻伝』を指示しないことは、現行の『行状絵図』と『九巻伝』を比較すれば疑いのないところである。[14]舜昌が後伏見上皇の勅を奉じたと『述懐鈔』に記すが、すでに大橋俊雄氏が指摘したごとく、『続浄土宗全書』刊本の延享五年（一七四八）版におけるここの箇所は、延宝三年（一六七五）版には「然間法然上人乗勧化画図、弥陀称名利益顕巻軸」（然ル間、法然上人ノ勧化ヲ画図ニ乗セ、弥陀称名ノ利益ヲ巻軸ニ顕ハス）とあるので、「勅命ヲウケ」は「勅修」を裏づけるための作意であったとみられる。[15]なお、舜昌の編集開始を徳治二年（一三〇七）であったとする確証が他に得られないので、当座は保留しておきたい。

つぎに、詞書および絵図の作者を特定することは、美術史家の精緻な研究によっても困難であり、[16]後伏見上皇・伏見法皇・後二条天皇の宸筆、尊円法親王・三条実重・姉小路済氏・世尊寺行尹・世尊寺定成の清書は、いずれも伝承にすぎないのであろう。

それでは、『行状絵図』を編集した功により、舜昌は知恩院別当に補され、正副両本の絵巻を賜わったとするのはどうであろうか。舜昌が知恩院別当に補されたことは、前引の『浄土十勝箋節論』に「知恩院別当法印大和尚位舜昌」と記すから、疑いの余地はない。ただ、それが『行状絵図』編集の功績を理由とするところから、舜昌が知恩院第八代如一国師の後を継いで第九代の別当になったのは、如一国師が示寂した元亨元年（一三二一）であるので、『行状絵図』成立の下限を元亨元年とする説(17)には従いがたいのである。「別当」とは、別にその任にあたるが原意で、僧職としては専寺（所属寺）以外の他寺の寺務を統轄する僧をいうが、広く一山・一寺の長を指す呼称となった。舜昌のほかに知恩院の歴代住持が別当を称したものはいないから、舜昌に与えられた名誉的な地位と考えられる。舜昌を知恩院の「第九代」とするのは、近世の世代譜であり、中世の文献にはみあたらない。第二二代珠琳（周誉）から第二八代聡補（浩誉）まで、実際の古文書などにはそれぞれ一代ずつ若くした世代であったことが確認されており、慶長年間（一五九六～一六一五）に尊照（満誉）が第九代に舜昌を加えるために、それ以後を一代ずつ繰り下げて調整したのである(18)。舜昌が別当に補された年時は不明であって、『行状絵図』成立の下限の決め手にはならないと思われる。

　舜昌が正副両本の絵巻を賜わったとする点は、誓阿が非常の災に正副両本を失なうことの危険を避けるため、副本を当麻寺往生院に移したことと連関するので一緒に検討しよう。『翼賛』に「（当麻寺往生院）霊宝ノ中ノ大師行状画図全部四十八軸ハ是伏見、後伏見、後二条《ノ》三帝宸翰ヲ染《ソメ》、又才臣ノ筆翰ニ善《ヨキ》ニ仰セテ書シメ給シ二本ノ中、其《ノ》一本ヲ止メ、此《ノ》一本ヲ当麻ニ送ラ 是ノ一本ハ本山ノ御伝ノ亡失ヲ恐レ思シ召シテ写サセ給シトソ レケル也」（巻五〇）とあり、「採要録」『御伝縁起』『翼賛』のいずれも、正副の二本が制作されて、現在の知恩院本が正本、当麻本が副本であるといっている。この副本は「重写」とも称しているので、正本に引き続いて制作された絵巻のはずである。ところが、当麻本は「その絵の描写や詞の書風からみても、正本に引き続きただちに制作されたとは思われず、かなり隔たる室町時代に入ってからの転写と推定」されている(19)。当麻本は、絵の構図に変更や省略、詞に脱文や文字の異同などが若干みられるものの、知恩院本を模写したことは確かで、正本に対する副本（重写）ではなく、「模本」といわざるをえない。

井川定慶氏は、永享三年（一四三一）に知恩院が焼けた時、非難のために『行状絵図』が寺外に持ち出されたらしく、永享九年（一四三七）に江州金勝寺で玉泉坊覚泉が「黒谷上人絵詞」を抜き書きし、文安元年（一四四四）に伊勢兵庫助亭で中原康富が「法然上人之絵」をみたのは、この間のことと考えている[20]。そして井川氏は、『御伝縁起』に一二代誓阿が不慮の事態を避けるべく知恩院の宝庫から副本を当麻へ移転したというが、実は眼前に永享の火災を見た一八代入阿の手によって知恩院本の模写本が当麻に移されたと推測し、伊勢兵庫助亭に知恩院本の『行状絵図』が存したのは、模写本を作るためであったという。非常の災に遭い烏有になることを憂いて、「副本」を残そうとした人物――実際には模写本であるから、制作の動機の持ち主――は、井川氏の推考の通り、一五世紀初めの知恩院の住持で、晩年に当麻往生院へ隠棲した入阿とみる方が妥当である。

当麻本は正本に引き続いて重写された「副本」ではなく、知恩院本より一〇〇年以上も経た一五世紀の模本であったと考えた場合、舜昌が正副両本の絵巻を賜わったとする『御伝縁起』などの伝承自体が怪しくなってくる。ここで正副の両本に関して少し整理したいが、次節に回そう。

四　知恩院本は副本か

「採要録」には、如一国師が正本を賜わり、これを捧げて宗祖一〇〇年遠忌を修したこと、舜昌が宗祖伝物修の賞として知恩院別当に補され、正副両本を賜わったことの二点を述べる。そうすると、正本は初め如一国師が、のちに舜昌も賜わり、両者の関係が明らかでない。また舜昌がなぜ正副両本を賜わったのか、説明が欠けている。これらの疑問を解くとなれば、舜昌が知恩院別当になったことで先に如一国師が賜わっていた正本をも伝領し、宗祖伝物修の賞として新たに副本だけを賜わったと解釈する以外にないが、どうであろうか。

『御伝縁起』は同意反復が多いが要するに、①正本は官庫に納められた、②副本として、かつ世間伝写の便宜に一本を重写した、③正本・副本それぞれ四八巻の絵巻が徳治二年（一三〇七）より一〇年余りの歳月をかけて成就した、④副本を世間に流布し衆生を利益するために舜昌に賜わった、⑤これより勅修御伝と称して展転書写して京夷に広まった、⑥舜昌は御伝惣修の賞として知恩院別当に補され、官庫の正本を賜わったの六点を述べる。副本の制作とそれを舜昌に賜わった目的は②④で明白だが、官庫の正本をも賜わった事情がよくわからない。御伝惣修の賞としてなら、副本で十分なはずであろう。一度官庫に納めて秘蔵されるべきものがどうしてすぐに下賜されたのか説明がつきにくく、副本制作の目的が宙に浮くことになる。

「採要録」は、正本の如一国師への下賜と、誓阿による副本の当麻往生院への移転を、それぞれ宗祖の遠忌と結びつけているが、いかにも不自然な感をまぬがれない。誓阿による副本の当麻往生院への移転は、前述の通り事実に反する伝承である。正本の如一国師から舜昌への伝領もまた疑わしくなろう。「採要録」のなかで検討対象として残るのは、舜昌が賜わったのは副本だけだという点である。一方、『御伝縁起』は正本の詞書の筆者ごとの担当巻次を詳細に記すが、副本はその制作目的についても述べている。前引した部分から該当の箇所を拾うと、

上皇又思召れけるは、もしながく官庫に秘蔵せば、利益衆生のはかりことにあらず、またみだりに披露せば、紛失の恐れなきにしもあらずと、依之重てまた絵詞一本を調られて、副本にそなへ、かつは世間伝写の因縁にもなさばやとて、更に御草案の画図を取用ひさせ賜ひて、又一部重写の叡願をおこさせたまひけるに、これも程なく功成てげり。

および

さて重写の御本をば、世間に流布して衆生を利益すべしとて、舜昌にぞ給はりける。これより世こぞりて勅集の御伝と称して、展転書写してひろく京夷にひろまりければ、諸人の尊重する事、はるかに往昔門人の旧

記にこえたり。

が相当する。そして前引で中略した部分に、

伏見院御落飾の後は、上皇《（後伏見）》世の政を知しめして、ことに御いとまましまさゞりけり。比しもなを衆生利益のために、重写の御沙汰まで思召入させ給ひけん。御宿善の程、よもおぼろけの事には侍らじ。さればいにしへより今の世まで、御伝の利益の世に盛なるを思へば、みな上皇の御賜なり。かたじけなきには侍らずや。

とある。重写の副本が世間に流布して衆生を利益したと強調するのは、正本＝知恩院本、副本＝当麻本の立場からすれば、異様な感じを禁じえない。当麻本が正本と同じく「一宗の霊宝、天下の美玉」たることを示す単なる潤色とは考えられない。知恩院本が舜昌に下賜された重写の副本であった事実を抹消しきれずに来たからこそ、副本制作の経緯を子細に伝えているものと思われる。そこで筆者は、正本は官庫に納めて長く秘蔵され、重写の副本は世間に流布させ衆生を利益するため舜昌に賜わった、ところが、正本はいつしか亡失したので、知恩院本を正本に、模本の当麻本を副本に置き換えた、と推考するのである。

　現行の知恩院本は、詞書はほとんどが一巻一人の執筆であるが、絵図の方は一巻のなかで各段ごとに手が変わり、画風を異にする画家が入り乱れ、料紙もまた統一されていない。しかも塗抹や切断分離などの痕跡が残っている。また、外題・内題・巻次（巻頭の「巻何」という記載）もない。こうした絵巻を果たして「正本」とみなせるのであろうか。むしろ『御伝縁起』に「更に御草案の画図を取用ひさせ賜ひて、又一部重写の叡願をおこさせたまひけるに、これも程なく功成てげり」という「副本」に相応するのではないか。「御草案の画図を取用」いたがゆえに、知恩院本に顕著な補筆・塗抹（島田氏は改竄という）、料紙の不統一などが存在するのである。補筆・塗抹（改竄）と見受けられる箇所は、草案の画図を清書向けに訂正した手跡だと考えられる。知恩院本を舜昌が賜わった副本であるとした時、絵と詞の不相応など、従来から知恩院本に持たれた絵巻としての疑点が晴れ

るのでないか。

ここで誤解を招かないためにあえて付言しておくと、現行の知恩院本が副本であるとしても、正本が亡失した現在では、絵巻として美術史上の価値を毫も損しないのである。

五　我祖の眉目・宗門の光華

最後の課題は『行状絵図』の成立年代である。忍澂が得た原拠はわからないが、「正本副本両部の御伝、おの〱四十八巻の絵詞、徳治二年に初まり、十年あまりの春秋をへて、其功こと〲く成就し給ひぬ」とあって、徳治二年（一三〇七）より一〇年後といえば正和五年（一三一六）にあたる。延慶二年（一三〇九）四月、中宮権大進光藤が新大夫史に法然上人の配流および召還の宣旨案と奉行職事などを照会し、上人の俗名「藤井元彦」と建永二年（一二〇七）二月二十八日付けと承元元年（一二〇七）十二月八日付けの官符案二通を返答されている[21]。この日付の官符と藤井元彦の俗名を記すのは法然諸伝のなかで『行状絵図』だけであるから、この照会は舜昌サイドからなされたと考えられる。延慶二年は徳治二年より二年後のことで、実際に編集が開始していたことを示唆する。

それでは編集の終期はいつか。国枝利久氏は、『行状絵図』の「勝尾寺にて　しばのとにあけくれかゝるしらくもをいつむらさきの色にみなさん此歌入玉葉集」（巻三〇）を手がかりに、『玉葉集』が撰進された正和二年（一三一三）以後まもない時期に『行状絵図』が成立したと推測した[22]。正和二年は徳治二年の六年後にあたり、『御伝縁起』が伝える編集期間に属している。これは有力な上限説で、『行状絵図』のことに言及する『浄土十勝箋節論』は跋文が元応二年（一三二〇）に付され、序文が正中元年（一三二四）に書かれているので、元応二年もしくは正中元年がその下限となろう。

以下は補足的な言説であるが、前節で推考した『行状絵図』知恩院本が「副本」から「正本」に置き換わったのは、いつごろからかを考えたい。模本の当麻本の存在を前提にしているから、当然ながら当麻本の制作以後のこととなる。当麻本を知恩院本と同じ時期の副本と信じさせるには、制作されてからさらに一〇〇年程度の時間的経過が必要であろう。そもそも『行状絵図』は、『御伝縁起』の言葉を借りれば、「をよそ我朝に諸師の伝記おほしといへども、いまだかくばかり盛なるはなかりき。ゆゝしき我祖の眉目にして、宗門の光華にぞ侍る」であった。かつて塚本善隆氏が看破したように、「法然と浄土宗と知恩院の三位一体の関係こそ『四十八巻伝』が説き明かそうとした大綱であり、結論ですらあった」[23]。すなわち『行状絵図』の宣揚は、「浄土宗の知恩院」の立場を不動にすることであった。

知恩院と知恩寺が「一宗の本寺」の地位をめぐり拮抗していた、一六世紀前半から後半にかけての時期こそ、「我祖の眉目」である「宗門の光華」の『行状絵図』の存在が知恩院にとって重要な意味をもってくる。紫衣被着の勅許や出世綸旨の執奏権だけでなく、三帝の宸翰が知恩院を荘厳する道具となったと考えられる。それには『行状絵図』を叡覧に供することであった。『御湯殿の上の日記』大永七年（一五二七）三月十八日条に「ちおん院より法然上人のゑ四十八くわんけさむに入らるゝ」、享禄四年（一五三一）閏五月七日条に「ちおんゐんとくよまいりて、御まへにてほうねんのてんきよみまいらせらるゝ。御ふせ十てう、御かうはこたふ」とあり、知恩院の光然（徳誉）は『行状絵図』を後奈良天皇の叡覧に供し、かつ御進講申しあげている。光然は、永正十四年（一五一七）の火災に伽藍が灰燼に帰したが、「雖然本尊真影並伝紀等、皆以安全」[24]を喜ぶとともに、『行状絵図』の「正本」が知恩院に伝わる縁起を説き、後伏見天皇の恩寵を強調したに相違ない。

（1）拙稿「法然諸伝に見える遊女教化譚――『行状絵図』と『九巻伝』の前後関係――」（宮林昭彦先生古希記念論文集『仏

教思想の受容と展開』→本書第三部第一章）。

（2）島田修二郎「知恩院本法然上人行状絵図」（新修日本絵巻物全集一四『法然上人絵伝』）。

（3）小松茂美「『法然上人絵伝』総観」（続日本絵巻大成三『法然上人絵伝』下）。

（4）島田氏は『行状絵図』に取り込まれたと推定する『九巻伝』の対応段を例示したにとどまっているが、若杉準治「法然上人絵伝について――『九巻伝』の復原を中心に――」（『真宗重宝聚英』六）は『九巻伝』の絵を全巻にわたって復原し、野村恒道「『四十八巻伝』に組み込まれた『九巻伝』の原形について」（『法然上人研究』創刊号）は詳密に対応段を特定し、島田氏が『九巻伝』巻三下にはA・B両方が混在するとしたところを、三下の四段と三下の五段の間で画家がAからBに替わったとみることも可能だという。

（5）Aのうち『九巻伝』に対応段がないものは一九巻一図、二二巻一図、二五巻一図、Bのうち『九巻伝』に対応段がないものは四巻六図、五巻四図、一九巻二図、二四巻一図、二四巻二図、二四巻五図。

（6）前掲注（4）野村論文。

（7）一九巻二図、二四巻五図は容貌の補筆、五巻四図は僧綱襟の塗抹の可能性があり、二五巻一図は僧綱襟の塗抹、一九巻一図は僧綱襟と法衣の塗抹、二二巻一図は僧綱襟の塗抹と法衣の塗抹、人物像の追加の形跡が明らかで、二二巻一図のごときは改竄の典型である。

（8）『浄土宗大辞典』は元禄元年の成立とするが、記事の年代の最後は第四〇代専誉孤雲の住職拝命（貞享五年二月）と継目御礼（元禄二年四月）であり、第四一代宏誉良我の住職拝命（元禄四年十二月）に言及しないから、元禄三年のころに成立したと考えられる（住職拝命・継目御礼は『知恩院史料集』古記録篇一所収「古記録抜萃」による）。ただし記事の冒頭に「宗祖円光大師」という表記がみえる。円光大師の贈号は元禄十年のことで、成立年代と矛盾する。内閣文庫の原本は、安政三年の「知恩院御取立御趣意覚書」と一緒に綴られているという（『国書総目録』第五巻）。もとは「宗祖大師」とあったところを、書写のさいに「円光」の二字を追記したとみなせば、矛盾は解決する。

（9）『勅修吉水円光大師御伝縁起』は忍澂の死後、七回忌にあたる享保二年に刊行された。文中に「今又あらたに円光大師の徽号をくり給りてしゆへなり」という文言がみえるので、元禄十年より以後、忍澂が没する正徳元年より以前の成立となる。「たゞ表紙の上に、法然上人行状絵図と題せられたり」とあり、これが知恩院本のそれを指すなら、この題簽は宝永三年の修補のさいに付けられたと推測されるので、成立の上限を宝永三年にまで下げることが可能である。しかし、当麻本には早くから付けられていたようで、成立年代の決め手にはならない。義山が宝永三年に『翼賛』を講義したその内容を素中が筆記した『円光大師御伝随聞記』（以下『随聞記』という）に、『御伝縁起』と同じ趣旨のことを述べている箇所があるので（巻一）、宝永三年以前には概要が成立していたとも考えられる。

(10)『随聞記』に「遍ク旧記ヲ挍ヘ玉フニ、其中ニ九巻伝ハ誰人ノ作ト云フ事ヲ知ラサレトモ、委ク大師ノ行状ヲ記セリ。故ニ先ツハ九巻伝ニ拠リ、且ツ其外ノ伝記幷ニ先聞ノ慥ナルヲ採集シテ実録トナシ」（巻一）とある。義山は『九巻伝』を『行状絵図』の基本的な典拠文献とみたが、しかし草稿とは考えていない。

(11)草稿の絵巻の存在は想定であって、『随聞記』に「御帰依浅カラサル三朝ノ御戒師如一国師ナトニコソ勅詔アルヘキニ、山門ノ住侶舜昌法印ニ勅詔アリケルハ不審也。定メテ兼テ編集シ置レシコト、天聴ニ達セシ故ニトコソ思ヒ侍ル。尚ヲ後学コレヲ正セ。取捨ハ人ノ心ニ任ス」（巻一）とある。ただし該当の箇所は素中の言のようである。

(12)諸儒・才臣の添削について、『随聞記』に「是故ニ述懐抄ノ文章トハ同シカラス。此伝文ノ文章殊ニ勝ル、コトモ、此等ノ由ヘナリ」（巻一）と説明している。『行状絵図』と『述懐鈔』の文章を比較し、その善し悪しからの単なる憶測かと思われる。

(13)『随聞記』に「御伝ハ本トヨリ定レル題号侍ラス。宸翰ノ御本ハ巻ノ内ニハ題号モ無ク、巻頭ヲ記セラレス。御正本ニハ巻毎ノ表紙ノ上ニ上人伝第一第二等ト記シ、副本ニハ法然上人形状画図第一第二等ト記セラル。然ルニ寛永開板ノ本ニハ黒谷上人絵伝《ママ》詞ト改メ、近比重刊ノ本ニハ法然上人一代記ナトト題セル。皆ナ私事也」（巻一）とある。義山の『翼賛』の講義は宝永三年の二月十九日から五月三日までであった。ところが、知恩院第四二世秀道が宝永三年十一月、絵巻を納める箱の蓋裏に「元祖大師行状画図四十八軸」を修補・装飾したことを記しており、知恩院本の題箋はこの時に付されたと思われる。

(14)『行状絵図』一六巻二段を、舜昌の著『述懐鈔』および『九巻伝』と比較対照する。
明遍夢想の話は、『法然上人伝絵詞（琳阿本）』『拾遺古徳伝絵』『九巻伝』にみえる。『行状絵図』は『法然上人伝絵詞』に、『九巻伝』は『法然上人伝絵詞』と『行状絵図』に、それぞれ依拠している。しかし、『行状絵図』の「欽明天皇の御ために」から「念仏三昧の有縁なる事もあらはれにけれ」までは、他の法然諸伝に見えない独自記事である。聖徳太子と善光寺如来との往復書簡は『述懐鈔』に載せられており、『行状絵図』の編者が舜昌であったことを示している。ところが、『九巻伝』は文脈的に不自然なこの『行状絵図』独自記事をまったく引用していない。これは『九巻伝』の編者が舜昌ではなかったことを意味する。なお、『行状絵図』の編者が舜昌であることは、次掲の一覧表のほか、一五巻二段（慈円の日吉社西方懺法）、四段（妙香院僧正良快のこと）と『述懐鈔』の一六・一七の記事を対照させれば一目瞭然である。

『述懐鈔』	『行状絵図』	『九巻伝』
（二、従聖徳太子善光寺如来御書事） 聖徳太子、欽明天皇ノ御為メニ七日ノ念仏ヲ勤メ給ヒ、黒木ノ臣ヲ御使トシテ、善光寺ノ如来へ御書ヲ進ゼラル。其ノ御書ニ云ク、名号称揚七日已、此斯為報広大恩、仰願本師弥陀尊、助我済度常護念、命長七年丙子二月十三日、ト侍ケルニ、如来ノ御返事ニハ、一念称揚無恩留、何況七日大功徳、我待衆生心無間、汝能済度豈不護、二月十三日、善	（一六巻二段） 〔明遍が法然上人の選択集を読み、偏執の所ありと思い寝た夜の夢（上人が天王寺の西門で病人に粥を施す）の話〕 とりわき天王寺とみられけるも、由緒なきにあらず。この寺は極楽甫処の観音大士、聖徳太子とむまれて、仏法をこの国にひろめ給し最初の伽藍なり。欽明天皇の御ために、七日の念仏をつとめたまひ、命長七年二月十三日、黒木の臣を御使として、善光寺の如来へ御書を進らる。その御ことばには、名号七日称揚已、以斯為報広大恩、仰願本師弥陀尊、助我済度常護念、と侍けるに、如来の御返報には、一日称揚無恩留、何況七日大功徳、我待衆生心無間、汝能済度	（三巻下） 天王寺西門事 〔同上〕 夢にとりわきて、天王寺と見られけるも、由緒なきにあらず。此寺は極楽補処の観音大士、聖徳太子と生て、仏法を此国に弘め給し最初の伽藍也。

光、トゾ被遊ケル。	豈不護、とぞあそばされける。御表書には上宮救世大聖の御返事と侍ける。この御消息にこそ、この国は念仏三昧の有縁の事もあらはれにけれ。かの鳥居の額にも、釈迦如来転法輪所、当極楽土東門中心、とぞか丶れて侍る。わが国に生をうけん人は、尤もこの念仏門に帰すべきものなり。	彼鳥居の額にも、釈迦如来転法輪所、当極楽土東門中心、とか丶れけり。和国に生をうけむ人は、此念仏門に帰すべきなり。

(15) 大橋俊雄「四十八巻伝の成立年時について」(『日本歴史』一五〇)

(16) 前掲注(2)島田論文、前掲注(3)小松論文。

(17) 阿川文正「四十八巻伝製作私考」(『浄土学』二七)。

(18) 拙稿「知恩院『二十七世』燈誉の紫衣被着」(拙著『法然伝と浄土宗史の研究』所収)。

(19) 真保亨『法然上人絵伝』(日本の美術九五)。

(20) 井川定慶「当麻往生院と知恩院との関係」(『佛教大学研究紀要』五四)。『康富記』文安元年閏六月十日条に「次向伊勢兵庫助亭。法然上人之絵四十八巻、知恩院在之、二十巻許在之、予披見了」、十一日条に「昨日之残法然上人之縁起、今日具又見了。西山上人之分、四十七ノ巻ニアタル、彼等之分今日幷拝見了」とある。「法然上人之絵」(「法然上人之縁起」)四八巻は知恩院本であること、そのうち二〇巻ばかりが伊勢兵庫助の亭にあったこと、中原康富はなかんずく巻四七の西山上人(証空)伝を拝見したことがわかる。陽明文庫蔵の「黒谷上人絵詞抜書」と『行状絵図』の記事を対照した高橋貞一「黒谷上人絵詞抜書」(『佛教大学大学院研究紀要』一)によると、玉泉坊覚泉が江州金勝寺で抜き書きした『行状絵図』の記事は二七巻分であり、証空伝の巻四七を抜き書きしていない。知恩院本が当時あるいは分散していたことを裏づけるのではなかろうか。

(21) 「壬生文書」(『大日本史料』四編之九、五二五頁)。

(22) 国枝利久「四十八巻伝と文学の世界と」(『浄土宗聖典』六、聖典刊行委員会報)。

(23) 塚本善隆「四十八巻伝と知恩院」(新修日本絵巻物全集一四『法然上人絵伝』)。

(24) 『知恩院史』所収「総門勧進之状」。

第三部

『法然上人行状絵図』をめぐる諸問題

第一章　法然諸伝にみえる遊女教化譚――『行状絵図』と『九巻伝』の前後関係――

一　はじめに

法然上人伝は『法然上人行状絵図』（以下『行状絵図』という）によって集大成されたといわれるが、有名な遊女教化譚について、先行する諸伝記との比較を行ない、上人滅後一〇〇年を経過した『行状絵図』の遊女教化譚は、上人が生きていた時代の話として認めることができないという見解がある。(1) 法然上人伝にみえる遊女教化譚の〝増幅〟の跡を追うことで、それを証明しようとしている。

しかし筆者は、そうした見解には疑問に思うところがあった。『行状絵図』にはいくらかの潤色が想定できるとしても、遊女教化譚それ自体が伝記編者の作り話であると決めつけることに躊躇するのである。そこで、法然上人伝にみえる遊女教化譚の増幅の跡を追跡して、『行状絵図』の遊女教化が上人在世中の教説と大きく矛盾しないことを指摘するとともに、従来から見解が対立している『行状絵図』と『法然上人伝記』（以下『九巻伝』という）の前後関係を決める手がかりの一つにしたいと考える。

二　法然諸伝における「遊女教化」記事

まず初めに、「伝法絵」と称される伝記群の祖本であり、嘉禎三年（一二三七）成立の『本朝祖師伝記絵詞』（以

下『絵詞』と略称）巻三には、

室泊につき給ければ、君だちまいり侍けり。むかし小松天皇、八人の姫宮を七道につかはして、君の名をとゞめ給中に、天王寺別当僧行尊、拝堂のためにくだられける日、江口、神崎の君達、御船ちかくふねをよせける時、僧のふねにみぐるしくやと申しければ、神歌をうたいゝだし侍ける。

うろぢよりむろぢにかよふ釈迦だにも　羅睺らがはゝはありとこそきけ

と打いだし侍ければ、さま〴〵の纏頭し給ける。

又をなじきとまりの長者、老病にふして、最後に今様歌。

なにしに我らがおいにけん思へばいとこそかなしけれ　いまは西方極楽のみだのちかひをたのむべしとうたひければ、むらさきの雲、青海波にたなびき、音楽人に聞て、異香身にかほりつゝ、往生をとげ侍ければ、今、上人をおがみたてまつりて、同じく其縁をむすばむと、をの〳〵申侍ける。

とある。この段の構成は、法然上人が室泊に着くと遊女が来たこと、むかし行尊が江口・神崎の遊女に纏頭したこと、室泊の長者が今様を歌って往生したこと、遊女が法然上人に結縁したことである。

つぎに、『絵詞』の系統に属する「伝法絵」の諸伝記について、表現や仮名遣いの相違はともかく、大意においてどのように増補されていくかを検討すると、分量的に増補の程度が少ないのは、『法然上人伝絵詞』（以下『琳阿本』という）巻六第七段で、法然上人が室泊に着く前に、

摂津の国経の島にとまらせ給ければ、男女老少まいりあつまる事、そのかずをしらず。其なかに往生の行をすゝむとて、上中下の三品のはちすは念仏のなにあらはし、転妙法輪かちはせば、平生にあがむるほとけなり。こゝろは此界一人念仏名のいひなり。

と、法然上人が経島に着いて人びとを教化したことになっている。

『法然上人伝法絵流通』（以下『国華本』という）は、経島が「おへしま」（押部島）になっており、経島の築造について、図中の詞で段を分けて、

此島は六波羅大相国一千部の法華経を石の面に書て漫々たる波の底に沈て、鬱々たる魚貝を済がために、安元宝暦よりはじめて未来際を尽すまで、結縁を、人々はいまに石をひろふてぞ向うなる。

と説明し、さらに、

いかなる人にか侍けん、汀の船の波にゆられけるを見、南無阿弥陀仏を上にをきて読る。

難波めかもかりにいづるあまをぶね　みぎはの波にたふめきにけり

という一節を加えている。絵に「屋島」「州間（須磨）関」「明石浦」などの地名を書き込み、瀬戸内を航海していることをうかがわせる描写が他伝と異なり、室泊における記事は『絵詞』に近く、単純な内容である。『琳阿本』と並んで古態を保っているといえよう。

永仁四年（一二九六）書写の『法然上人伝法絵』（以下『高田本』という）下巻では、室泊の長者が今様を歌って往生したことにならって、法然上人に結縁しようと集まった人びとのなかにいた修行者が問い、上人が答えられる。

ヨテ上人ヲオガミタテマツリテ縁ヲムスバムトテ、クモカスミノゴトク、マイリアツマリケル中ニ、ゲニ〳〵シゲナル修行者トヒ奉ル。至誠心等ノ三心ヲ具シ候ベキヤウオバ、イカガ思ヒサダメ候ベキ。上人答テノ給ク、三心ヲ具スル事ハタヾ別ノヤウナシ。阿弥陀仏ノ本願ニワガ名号ヲ称念セバ、カナラズ来迎セムトオホセラレタレバ、決定シテ引接セラレマイラスベシト、フカク信ジテコ、ロニ念ジ口ニ称スルニ、モノウカラズ。スデニ往生シタル心地シテ、最後ノ一念ニイタルマデ、オコタラザレバ、自然ニ三心具足スルナリ。又在家ノモノドモハ、サホドニ思ハネドモ、念仏申スモノハ極楽ニウマル、ナレバトテ、ツネニ念仏ヲダニ

申セバ三心ハ具足スルナリ。サレバコソイフカヒナキモノドモノ中ニモ、神妙ノ往生ハスルコトニテアレ。タヾウラ〳〵ト本願ヲタノミテ南無阿弥陀仏トオコタラズトナフベキ也。

ここで遊女に対する教化が展開してもよいはずなのに、三心具足の念仏に関する修行者との問答が行なわれている。

『法然聖人絵』（以下『弘願本』という）は、経島での教化、室泊での教化ともに『高田本』とほぼ同じ文章である。正安三年（一三〇一）成立の『拾遺古徳伝絵』（以下『古徳伝』と略称）巻七第六段もまた『高田本』と同内容だが、行尊が江口・神崎の遊女に纏頭したという話に続けて、

中比の事にや。少将の上人中河本願実範ときこえし人、彼泊をこぎすぎたまふことありけるに、遊女船をさしうかべて

くらきよりくらきみちにぞ入ぬべき　はるかにてらせ山のはの月

とくりかへし〳〵三遍うたひて、こぎかへりけるこそ哀におぼえ侍れ。

という「少将の上人」と遊女の話が付け加わり、室泊の長者の名を「とねぐろ」とし、三心具足の念仏問答の終わりを「修行者領解しつゝ、随喜ふかゝりけり」と結んでいる。

以上の検討によれば、法然上人が流罪に処せられて西下の途中、遊女に結縁・教化した話にかぎっていうなら、「伝法絵」の伝記群は、『絵詞』を祖本にして、『琳阿本』と『国華本』を第二次本とすること、そして第三次本たる『高田本』と『弘願本』はほとんど双子に近く、おそらく『琳阿本』をもとに増補したと考えられること、さらに『古徳伝』は『高田本』または『弘願本』をもとにした第四次本ともいうべき増補の過程が想定されるのである。[2]

さて、「伝法絵」系の諸伝記が増補または改変された足跡をたどるには、遊女等の故事来歴の部分を除外して、

法然上人の言動だけを抽出するのが、もっともわかりやすい。祖本の『絵詞』の場合、むかし行尊が江口・神崎の遊女に纏頭したこと、室泊の長者が今様を歌って往生したことが除外され、法然上人が室泊に着くと遊女が来たこと、遊女が法然上人に結縁したことが残る。原文では、「室泊につき給ければ、君だちまいり侍けり」と「今、上人をおがみたてまつりて、同じく其縁をむすばむと、をの〳〵申侍ける」が、法然上人の言動を示すに不可欠の叙述であって、あとは補足説明というか、要するに「付（つけたり）」にすぎないのである。

室泊に着いた法然上人に近づいた君達（遊君・遊女）を説明するために、小松天皇が七道に遣わした姫宮が君達の起こりであること、江口・神崎の君達が行尊に近づき、釈迦にも羅睺羅の母がいる（僧といえども女性を避けるべきでない）という歌をうたい、行尊が君達に纏頭したこと、泊の「遊女の」長者が最期に「いまは西方極楽の」の今様を歌って往生し、奇瑞が現れたことの故事を述べ、そして長者にならって、室の君達が法然上人に結縁を申し出た、こういう筋書きである。

それが『琳阿本』では、「摂津の国経の島にとまらせ給ければ、男女老少まいりあつまる事、そのかずをしらず」云々の、経島における教化の話が新たに付加される。また、室泊の長者の今様による往生は、「この上人の御すゝめにしたがひたてまつるゆへなり」と、法然上人による勧化であったと作為している[3]。

『国華本』になると、平清盛が一千部の法華経を石の面に書いて沈め、魚貝を救済したこと、人びとは結縁のために石を拾うことなどの、経島の来歴が新たに加わる。ただ、同じく増加された、汀の船の揺れるのをみた人が「難波めか」云々の歌を読んだという詞書は、これ以降の伝記には現われない。

ところが『高田本』では、清盛の経島築造の目的を、魚貝の救済ではなく、「オホクノノボリフネヲタスケ、人ノナゲキヲヤスメムタメニ、ツキハジメラレケリ」と、瀬戸内航海の安全のためであったとする。そして、室泊における教化の言説として、結縁をもとめて雲霞のごとく集まった人びとのなかで、「ゲニ〳〵シゲナル修行者」が三心具足の念仏について問い、法然上人が「三心ヲ具スル事ハタヾ別ノヤウナシ」云々と答えられたことを記している。

『古徳伝』は、「中比の事にや」という書き出しで、少将の上人と遊女の歌物語を挿入する。しかし、本筋の室泊における法然上人の言説は、おおむね『高田本』と相違ない。

こうした「伝法絵」諸伝における増補・改変の特徴は、僧と遊女の歌物語、経島での教化、室泊での教化に集約されるが、法然上人の言説に関してはどうであろうか。経島でのそれは『琳阿本』『国華本』に記すが、「其なかに往生の行をすゝむとて、上中下の三品のはちすは念仏のなにあらはし、転妙法輪かちはせば、平生にあがむるほとけなり。こころは此界一人念仏名のいひなり」と、意味がよくわからない。室泊でのそれは『高田本』『弘願本』『古徳伝』にかなり長文で記すが、三心具足の念仏に関する修行者との問答であった。

この問答は、『法然上人伝記』（醍醐本）の「或時、遠江国蓮花寺住僧禅勝房参上人、奉問種々之事、上人一々答之」の第一一問、または『西方指南抄』下本の「或人念仏之不審聖人に奉問次第」の第一一問に典拠があると指摘されている[4]。ある人（禅勝房）の問いを「ゲニ〳〵シゲナル修行者」の問いに置き換えたのである。

伝記のなかに法然上人の言葉を差し入れることは、読者を上人が語る会座に誘いこみ、じかに聴聞しているのと同等の感銘を与えるところに、作者の意図があったとするなら、その場面に最もふさわしい言葉でなければ、効果的だといえないのである。ところが、室泊の段の修行者が問う三心具足の念仏では、どう考えても適切ではない。「今は西方極楽の」の今様を歌い往生した遊女（とねぐろ）にあやかり、結縁をもとめて群集した人びとを前にした上人の言葉としては、何とも場違いすぎるのである。上人に問いかけるのが実直そうな修行者では、先にあった僧と遊女の話が宙に浮いてしまい、伝記作者の意図を解しかねる。上人の言葉を場面に関係なく挿入したと考えられる。

以上のように、『琳阿本』以下の「伝法絵」諸伝はそれぞれに増補・改変されたが、法然上人の言説を補足ないし敷衍するものではなかった。『古徳伝』にいたってもなお、上人が室泊に着くと遊女が来て、上人に結縁した、という『絵詞』の枠を超えてはいないのである。結局のところ、「伝法絵」では遊女との結縁にとどまり、遊女教化譚としての展開をみせていないことになる。

三　『行状絵図』の「遊女教化」記事

さて、『行状絵図』の検討に移ろう。第三四の第三段（摂津国経の島につき給ふ事）には、

摂津国経の島につき給にけり。かのしまは平相国安元の宝暦に、一千部の法華経を石の面に書写して、漫々たる波の底にしづむ。鬱々たる魚鱗をすくはむがために。村里の男女老少そのかずおほくあつまりて、上人に結縁したてまつりけり。

と、経島築造のこと、村里の男女が上人に結縁したことを述べるが、経島築造の説明と上人の結縁とは、文脈的に続かない(5)。文中の「安元の宝暦」「漫々たる波の底にしづむ、鬱々たる魚鱗をすくはむがために」などの文言が『国華本』の表現に酷似し、この段は同本系の「伝法絵」によっていると考えられる。

つぎの第四段（播磨国高砂の浦につき給ふ事）は、上人が高砂浦で海人の老夫婦を教化されたことを記す。この段の教説は簡明だが、先行の「伝法絵」にまったくみえず、遊女教化譚とは別立てで挿入されたと考えられる。上人が経島から室泊にいたる途中の地に停泊されたと推測される高砂浦を舞台に、海人教化譚が創案されたのであろう。殺生を生業とするがゆえに地獄に堕ちる苦しみからの救いを求める海人に、上人は称名念仏によって浄土に往生することを教えられた。海人は夫婦ともに、昼は漁撈の間も名号を称え、家では終夜念仏して、ついに臨終正念にして往生を遂げたという。

そして、第五段（同国室の泊につき給ふ事）には、

同国室の泊につき給に、小船一艘ちかづききたる、これ遊女がふねなりけり。遊女申さく、上人の御船のよしうけたまはりて推参し侍なり。世をわたる道まち〳〵なり、いかなるつみありてか、か丶る身となり侍らむ。この罪業おもき身、いかにしてかのちの世たすかり候べきと申ければ、上人あはれみての給はく、げにもさやうにて世をわたり給らん、罪障まことにかろからざれば、酬報またはかりがたし、もしか丶らずして、世をわたり給ぬべきはかりことあらば、すみやかにそのわざをすて給べし。もし余のはかりごともなく、又身命をかへりみざるほどの道心いまだおこりたまはずは、たゞそのま丶にて、もはら念仏すべし。弥陀如来はさやうなる罪人のためにこそ、弘誓をもたてたまへる事にて侍れ。たゞふかく本願をたのみて、あへて卑下する事なかれ。本願をたのみて念仏せば、往生うたがひあるまじきよし、ねんごろにをしへ給ければ、遊女随喜の涙をながしけり。のちに上人の給けるは、この遊女信心堅固なり。さだめて往生をとぐべしと。帰洛のとき、こ丶にてたづね給ければ、上人の御教訓をうけたまはりてのちは、このあたりちかき山里にすみて、一すぢに念仏し侍しが、いくほどなくて臨終正念にして往生をとげ侍きと人申ければ、しつらん〳〵とぞおほせられける。

と記す。上人が室泊に着くと、遊女の船が上人の船に近づいてきた。遊女は、このような罪業の重い身の後世はどうすれば助かるかと尋ねた。上人は、「確かに今の生業は罪障軽くない。しかし、他に世を渡る計りごとがあるならともかく、現在の境遇のまま専ら念仏しなさい。阿弥陀仏はそのような罪人のために弘誓を立てられた。卑下することなく、本願をたのんで念仏すれば往生疑いない」と教えられた。遊女は上人の教訓を受けてのち、近くの山里に住み、ひたすら念仏し、臨終正念に往生をとげたという。

前節で検討したように、『絵詞』から『古徳伝』までの「伝法絵」では、遊女教化譚は十分に展開せず、遊女

との結縁を記すにとどまっていた。上人が遊女に何を語られたかが明らかでなかったのである。しかし『行状絵図』では、遊女に対する教説が明確に示されている。

その教説の中心は、遊女の「いかなるつみありてか、かゝる身となり侍らむ。この罪業おもき身、いかにしてかのちの世たすかり候べき」という罪業観と、「(阿弥陀仏の) 本願をたのみて念仏せば、往生うたがひあるまじき」という念仏往生の確信である。前段の高砂浦の海人に対する教説もまた同じく罪業と念仏往生であるが、この両者を結ぶ論理は「弥陀如来はさやうなる罪人のためにこそ、弘誓をもたてたまへる事にて侍れ」という悪人往生論であるから、『行状絵図』の遊女教化譚は、前段の海人教化譚と併せて、悪人往生論を説いたものとみられる。

四　『九巻伝』の「遊女教化」記事

つぎに『九巻伝』の検討に入ろう。『九巻伝』は遊女教化譚を、巻六上の第四段(被著経島事)と巻六下の第一段(被著室津事)に分けて記す。『行状絵図』と比較するため、両段の全文を左に引用する。(6)

［被著経島事］

摂津国経の島に著し給ければ、村里男女老少まいりあつまる事、浜の真砂の数をしらず。此島は六波羅の大相国、一千部の法華経を石の面に書写して、漫々たる波の底にしづむ、鬱々たる魚鱗をすくはんが為也。安元の宝暦より初て未来際を尽すまで縁をむすぶ人々は、いまも石をひろひてぞ向ふなる。鳥羽院の御時の事にや、平等院僧正行尊と申しは、故一条院の御孫、天下無双の有験高僧にておはしましければ、天王寺の別当に補任せられて、拝堂の為に下られける時、江口の遊君ども舟を近くよせければ、僧の御船に見ぐるしと申ければ、神歌をうたひ出し侍ける。

有漏路より無漏路にかよふ釈迦だにも　羅睺羅が母はありとこそきけ

と、うち出したりければ、さま〴〵の纏頭し給ひけり。其より後例となりて、天王寺の別当の拝堂には遊君の船をよせて纏頭にぞあづかるなる。又同宿の長者、老病にふして最後の時うたひけるいまやうに、

なにしに我身の老にけん思へばいとこそかなしけれ　いまは西方極楽の弥陀のちかひを憑べし

とうたひければ、紫雲蒼海の波にたなびき、蓮花白日の天にふり、音楽近くきこえ、異香ちかくかほりつゝ、往生を遂けるも、此上人の御勧に随ひ奉るゆへ也ければ、いまも上人に縁をむすび奉らんとて、我おとらじとまいりあつまりて、おがみ奉けり。

［被著室津事］

同国むろの津に著給ける時、小船一艘近づき来れり。遊君の船と見ける間、上人の御船より人々しきりに是を制しければ、遊女申云、上人の御船のよし承間、聊申入べき事侍ゆへに推参せるよし、いひもはてず、やがて鼓をならして、

くらきよりくらき道にぞ入ぬべき　はるかにてらせ山のはの月

と、両三度うたひて後、涙にむせびて云事なし。良久く有て申けるは、むかし小松の天皇、八人の姫君を七道に遣して君の名を留め給き。これ遊君の濫觴也。朝には鏡に向て容顔をかいつくろひ、夕には客にちかづきて其意をとらかす。念々に思ふ所皆是妄念也。寄り〳〵に営む所、罪業にあらずと云事なし。悲かな渡世の道まち〳〵成に、いかなる宿習にてか、此わざをなせる。恥哉、世路の計事品々なるに、いかなる前業にてか此業を積や。今生にはかゝる罪業に深重の身なりとも、生をあらため得脱する道あらばたすけ給へと、なく〳〵申ければ、上人哀感して曰、述所、誠に罪障かろからず。酬報又はかりがたし。過去の宿業によつて、今生の悪身をえたり。現在の悪因にこたへて、当来の悪果を感ぜん事疑なし。若此わざの外に渡世の計

略あらば、速に此悪縁を離べし。たとひよの計略なしといふとも、身命を顧みざる志あらば、又此業を捨べし。若又余の計略もなし、身命を捨る志もなくば、たゞその身ながら専念仏すべき也。弥陀如来汝がごときの罪人の為に、弘誓をたて給へる其中に、女人往生の願あり。然則女人はこれ本願の正機也。念仏は是往生の正業也。ふかく信心を発すべし、敢て卑下する事なかれ、罪の軽重をいはず、本願を仰で念仏すれば、いかなる柴の扉、苔の莚なれども、所をきらはず臨終の夕には、弥陀如来無量の聖衆と共に来りて引摂し給が故に、往生うたがひなきよし仰られければ、遊女歓喜の涙を流し、渇仰の掌を合てかへりける。後に発心真実也、信心堅固也、一定の往生かなとおほせられける。上人帰路の時これをたづねられければ、村人等申云、上人御下向の後、則出家して近き山里に籠居して、他事なく念仏し侍りしが、いくほどを経ずして、臨終正念、高声念仏して往生し侍るよし申ければ、しつらう〳〵とぞ仰られける。

右に引用した『九巻伝』の傍線は『行状絵図』と同字・同義の語句を示すが、これによって『九巻伝』と『行状絵図』は、史料的に極めて近しい関係にあることが一目瞭然である。問題はその前後関係である。従来より二説があり、一つは『九巻伝』を先とし、もう一つは『行状絵図』を先とする考えである。

前者の説は、『九巻伝』は「法然上人絵詞」の序文に「今上人の遷化、すでに一百年におよべり」というので、徳治（一三〇六〜〇八）・延慶（一三〇八〜一一）のころの成立とし、「叙説の起尽、文章用語」がほとんど『行状絵図』に同じく、そのなかの法語と弟子伝を略した稿本で、舜昌の草したものとみる。[7] この説は、現在も定説の位置を占めるが、『九巻伝』刊本の後記[8]に依拠しており、論拠に乏しいといわざるを得ない。

たとえば、三田全信氏は『九巻伝』巻八上に、慈円の願往生歌「極楽にまだ我こゝろゆきつかず　ひつじのあゆみしばしとゞまれ」、日吉社詠歌「人を見るも我身を見るもこはいかに　南無阿弥陀仏〳〵」の二首を掲げるが、舜昌の著書『述懐鈔』にも慈円の歌として引き、他の法然諸伝にまったくみえないから、『九巻伝』が舜昌の著作である有力な証拠であるという。(9) しかし、慈円のこの歌は『行状絵図』第一五第三段に引かれており、つぎに述べる後者の説を否定する論拠にはならないのである。

後者の説は、『九巻伝』は第一部が「法然上人絵詞巻第一」の残欠本、第二部が「法然上人伝記」九巻完結本の二部合成であり、まったく異なる法然伝を後世に一つにしたものと考えられ、第一部は『行状絵図』に近似した残欠本で、第二部は『行状絵図』を参考にしながら、さらに別の史料を追加してできたものという。(10)

筆者は結論からいうと、後者の説が正しいと考える。『九巻伝』に『行状絵図』の草稿本あるいは略抄（縮刪）本という評価しか与えられないとすれば、それは当を得ていない。『九巻伝』がそれ自体独立した伝記であることは、法然諸伝の各記事を対照した『法然上人伝の成立史的研究』の、たとえば『行状絵図』第七第五段（夢中相承の事）と諸伝記の該当記事を、丹念に比較すればおのずと判明しよう。(11)

紙数の都合で詳論は避けるが、『九巻伝』は巻一上（上人誕生の事）に、

　曩祖上人の恩徳を報ぜんがために、諸方の伝記をひらき、古老の直説について、かづ〳〵是を記す。

とあり、そして巻九下（上人徳行惣結事）に、

　諸伝の中より要をぬき肝をとりて、或は紕謬をたゞし、或は潤色を加えて、後賢にをくりて、

とあるように、先行する法然諸伝を取り込んで編集した、いわば完成度の高い伝記である。その成立は確証を欠くが、「元祖滅後凡百五十年の頃に於て、隆寛律師の門葉より記録せし」という古伝(12)にしばらく従っておきたい。

ところで、『九巻伝』の遊女教化譚は、「被著経島事」と「被著室津事」の両段にわたる。「被著経島事」の冒頭数行に傍線が存するので、『行状絵図』に拠っているかにみえるが、語順が異なるから、そうではない。大筋において前半の経島築造の話は『国華本』、後半の遊女の話は『琳阿本』に拠りつつ、行尊に関して歴史的説明を加えたと考えられる。ただし、後半の遊女の話は「伝法絵」諸伝のように、「被著室津事」にあるべきで、室津を

指示するはずの「同宿」をここで使うのは、『九巻伝』の書き誤りであろう。
「被著室津事」は傍線が頻出し、『行状絵図』に拠っていることが明らかである。しかし、傍線が現われない箇所の「やがて鼓をならして」から「涙にむせびて云事なし」までは、『古徳伝』に拠っているとみられるが[13]、「少将の上人」を法然上人に置き換えている。『行状絵図』は「伝法絵」諸伝にみえる遊女の起源、江口・神崎の遊女と行尊の纏頭、室泊の長者の今様による往生、遊女と僧の歌物語など一連の話を無視したが、『九巻伝』はこれらをすべて盛り込んでおり、この点が両伝の大きく異なるところである。

法然上人と遊女の対話では、『九巻伝』の「朝には鏡に向て容顔をかいつくろひ、夕には客にちかづきて其意をとらかす。念々に思ふ所皆是妄念也。寄り〳〵に営む所、罪業にあらず云事なし」という遊女の告白、「過去の宿業によつて、今生の悪身をえたり。現在の悪因にこたへて、当来の悪果を感ぜん事疑なし」という上人の応答などの記事から、遊女の過去の宿業観、現世の罪業観が『行状絵図』よりも強調されていると判断される。また『九巻伝』には「女人往生の願あり。然則女人はこれ本願の正機也」とあって、『行状絵図』の悪人往生という包括的な論理に加えて、特に女人往生・女人正機論を前面に押し出している。

五　おわりに

以上に検討した遊女教化譚の相違から、通説のごとく『九巻伝』を『行状絵図』の草稿本と考えることは困難である。『行状絵図』が先で、『九巻伝』が後の関係になるという結論に達せざるを得ないが、また同時に『九巻伝』を『行状絵図』の縮刪本とみなすことも難しい。遊女教化譚にかぎっていうと、『九巻伝』はそれが製作された時代の遊女の観念を反映しているが[14]、これに先行する『行状絵図』の遊女教化の言説は、ことさら宿業観や罪業観を強調しているわけでもないので、法然上人の在世当時の教説にそぐわないとして、これを否定することはできないと思われる。

（1）今堀太逸『神祇信仰の展開と仏教』第三部「法然の絵巻と遊女」。

（2）ただしこの成立史的な前後関係は、あくまでも「遊女教化譚」に限定したものである。例えば藤堂恭俊氏は各伝記序文の比較から、『琳阿本』は『弘願本』に改訂を加えているとみている（藤堂恭俊「各種法然伝序文の比較研究」『法然上人伝の成立史的研究』第四巻）。今堀太逸氏は、『高田本』は『国華本』が底本になっているという（前掲注1著書）。

（3）この作為があって始めて、長者が今様を歌い往生した話が「付」ではなく、有意の筋書きとして生きてくる。

（4）藤堂恭俊「各種法然上人伝に引用されている法然の詞」（『佛教大学研究紀要』第四二・四三合巻号）。

（5）「魚鱗をすくはんがために」の「に」が「なり」の誤りだとすれば、文章が前後に切れて意味が通じる。

（6）『九巻伝』もまた両段の間に「被著高砂浦事」（巻六上第五段）をはさむが、『行状絵図』とほぼ同内容であり、比較はしない。

（7）望月信亨「法然上人の行状伝記並に其の価値」（『浄土教之研究』所収）。

（8）『浄土宗全書』一七に収める『九巻伝』の後記に、忍海は「凡元祖御伝の内には最初の編集なり。故に舜昌法印録せる勅修御伝四十八巻も、この九巻伝を基とせり」と言い、在禅は「蓋し舜昌法印の集録にして勅修の草稿にもなりぬべし。（中略）初めの序文に、上人の遷化すでに一百歳に及べり。次の序文に、こゝに開山源空上人と云ふ人あり。此語正に是れ舜昌なるべし」という。

（9）三田全信『成立史的法然上人諸伝の研究』「一七　法然上人伝記」。

（10）井川定慶『法然上人絵伝の研究』第五章第九。

（11）『行状絵図』の記事は、大半を『西方指南抄』中本所収の「法然聖人御夢想記」のごとき上人の自記によっており、一方の『九巻伝』の記事は、醍醐本『法然上人伝記』（「一期物語」）や『古徳伝』を受けつつ、一部に独自の文章を配している。

（12）『浄土宗全書』一七所収刊本後記。

（13）『九巻伝』で遊女の告白する罪業観が『発心集』六の「室の泊の遊君、鄭曲を吟じて上人に結縁する事」のそれに近いところから、典拠を『発心集』と考える方が適切であろう。

（14）前掲注（1）今堀著書。

［追記］

「伝法絵」系の諸伝の成立順について、本稿執筆当初は『国華本』を『絵詞』（善導寺本）の増補版と考えていた。しかし、両本の比較研究を行なった結果、『国華本』は「伝法絵」の原初版に近いものを、『絵詞』は簡略版の永仁二年（一二九四）書写本をテキストに用いたことがわかった（本書第二部第一章を参照）。

今堀太逸氏は「法然の念仏と女性」（西口順子編『仏と女』所収）という論文において、「周知のように、室泊の遊女が極楽往生の道をたずねるために、われもわれもと法然のもとへとやってきて、法然が遊女を教化するのは、この『古徳伝』からである」と断言する。だが本稿で指摘したように、『古徳伝』は『弘願本』『高田本』を受けて、「修行者」の三心具足の念仏に関する問答に言及するだけであって、上人は遊女に対して直接教化されていない。今堀氏の深読みであろうか。氏の論文の主旨は、法然上人の女人教化譚が成立するのが『古徳伝』『九巻伝』『行状絵図』などの諸伝記ができる一三世紀前半にあって、「『行状絵図』において、法然の女人教化譚が完成したのである。法然が建暦二年（一二一二）に往生してからは、すでに百年が経過している。天台宗を母体として浄土宗が念仏教団としての基盤を築き、「法然の念仏」が教義として確立されて、法然の女人往生論が成立するのである。このことは、仏教の女性にたいする罪業観、職業にたいする卑賤観が浸透した社会において、浄土宗教団が本格的に女性にたいする教化活動に取り組んでいたことを物語るものである」という点に存する。そもそも本稿は、法然上人の女人往生論や遊女教化譚が上人の滅後一〇〇年後の「創作」だとする今堀氏の所説への懐疑から出発している。

第二章　『法然上人行状絵図』と『法然上人伝記』（九巻伝）

一　はじめに

筆者は、別に「『法然上人行状絵図』成立私考――『九巻伝』取り込み説批判――」（A）[1]および「法然諸伝にみえる遊女教化譚――『行状絵図』と『九巻伝』の関係――」（B）[2]を著わし、『法然上人行状絵図』（以下『行状絵図』という）が先で、『法然上人伝記』（以下『九巻伝』という）が後とする成立史的な関係を論述した。そのさい、別稿（A）において、『行状絵図』一六巻二段の「（明遍）僧都選択集披覧の後専修念仏門に入給ふ事」[3]をとりあげ、そのなかの「善光寺如来と聖徳太子と御書往来の事」が舜昌の著書の『述懐鈔』と照応しているので、『行状絵図』の編者が舜昌であったことを考証した。しかし、一五巻二段（慈鎮日吉の拝殿にて七日の間西方懺法并六時に高声念仏の事）、同巻四段（月輪殿の御息妙香院良快僧正上人に帰依の事）と『述懐鈔』を対照させれば、『行状絵図』の編者が舜昌であることは一目瞭然だと言いながら、紙数の制限もあって具体的に説明しなかった。また、別稿（B）においても、『九巻伝』が独自の法然伝であることは、例えば「夢中対面」のことに関する記事について、諸伝記を丹念に比較すれば、おのずと判明すると言いながら、これも十分に論証しないで例示にとどめていた。本稿はこうした不備を補うと同時に、自説をさらに強調しようとするものである。

二　『行状絵図』と『述懐鈔』の比較対照

まず初めに『行状絵図』の編者が舜昌であることを、その内容から論証するに最適の方法は、舜昌の自著『述懐鈔』のなかに類似した記事があるかを確認することである。以下、煩をいとわず関連記事を対照しよう。『述懐鈔』の「十六　青蓮院座主慈鎮和尚写西方懺法給事」に、

青蓮院ノ座主慈鎮和尚ハ、懇ニ慈覚大師ノ玄蹤ヲ追テ、極楽往生ノ素懐ヲ為遂、大師御自筆ノ西方懺法ノ本ヲ写シ取テ、自ラ筆ヲ染テ奥書ヲ被遊タルニハ、建久八年丁巳秋九月、為自行是ヲ抄シ出ス。七日念仏ノ方法、前唐院ノ本也。此書年来未天下流布、而ル間ダ小僧念仏ノ行ヲ企ル時、函ノ底ヨリ此本ヲ撰ビ出シ畢ヌ。若シ念仏ノ器タル歟、弥陀如来ノ知見尤モ可思慮、感涙ヲ拭テ記之。唯仰仏照見、人ノ嘲哢ヲ忘ル、者也。念仏ノ沙門慈円是ヲ記スト書レテ、建仁元年庚戌（ママ）九月二十二日ヨリ七箇日ノ間ダ、日吉ノ聖真子ノ拝殿ニシテ、実円、実全、仁慶、良尋以下二十余人ノ門弟ヲ伴ヒテ、此西方懺法ヲ行ル。毎日六時毎ニ、高声念仏千返ヲ唱ヱ給ヒシニ、偏執我慢ノ大衆違乱ヲナス事ヤアラント、人毎ニ思ヒ合リケルニ、若干ノ大衆雖群集、首尾七ケ日ノ間、一人トシテ誹謗ノ脣ヲ変ス事ナシ。皆渇仰ノ頭ヲ低レ、帰敬ノ掌ヲ合セシカバ、信心無二ノ前ニハ、魔障不得便乎ト、和尚筆ヲ被残。是ニ依テ四天王寺ノ絵堂ニハ、九品往生ノ人ヲ書テ、其心ヲ詩歌ニ被顕。往生ノ望ミ深キニ付テ、欣求浄土ノ心ヲ被励ケルニ、称名ノ薫修日浅ク、光陰ノ運転時移ストヤ被思食ケム。

極楽ニマダ我心行ツカズ　ヒツジノ歩ミシバシトヾマレ
阿弥陀仏ト唱ル数ヲ重ネバヤ　南無阿弥陀仏〳〵

ト詠ジ在シキ。

とある。これに対応する『行状絵図』は、一五巻二段〈慈鎮日吉の拝殿にて七日の間西方懺法幷六時に高声念仏の事〉の、

本願の旨趣をとぶらひ、極楽の往生をのぞみまし〳〵けるあまりにや、建仁元年九月廿二日より七ケ日のあひだ、日吉聖真寺の拝殿にて、実円、実全、仁慶、良尋已下廿余人の門弟をともないて、かつは本地弥陀の内証に資し、かつは垂迹明神の外用をかざらんがために、慈覚大師の古風をしたひ、西方懺法をぞおこなはれける。六時の時ごとに、高声念仏千反までとなへ給しに、偏執我慢の大衆、さだめて違乱をなす事やあらんと人おもひあへりけるに、七ケ日のあひだそこばくの大衆群集すといへども、みな貴敬のたなごゝろをあはせて、誹謗のくちびるをうごかさず。信心無弐のまへには、魔障たよりをえざるにやと、見聞の諸人不思議の思をなし、たとまずといふ事なかりけり。

と、同三段の「慈鎮和尚詠歌の事」の、

日吉の社に百日参籠し給て、後生菩提をいのり申されける念誦のひまに、百首の歌を詠じ給けるをくに、

わがたのむなゝの社のゆふたすき　かけても六のみちにかへすな

人をみるもわが身をみるもこはいかに　なむあみだぶつ〳〵

とぞかきつけ給ける。往生の望みふかくして、欣求の心をはげまされけるに、称名の薫修日あさく、光陰の運転時うつりぬとやおぼしめされけむ、ある時詠じ給けるは、

極楽にまだわがこゝろゆきつかず　ひつじのあゆみしばしとゞまれ

が該当する。表現の相違はともかく、同義の文字に傍線を付すと、傍線の箇所にかぎって対照してみれば、文章の骨格においてまったく一致することが判明する。舜昌は『述懐鈔』では慈円が円仁筆の西方懺法を書写したこと、その跋文までを記したが、『行状絵図』ではこれらを省略し、日吉社参籠和歌百首のことを加えたのである。

つぎに、引用は長くなるが、『述懐鈔』の「十七　妙香院僧正良快記浅近念仏集給事」に、
妙香院ノ良快僧正ハ、深ク本願ヲ信ジテ念仏ヲ行ジ給ヒ、浅近念仏集ヲ記シテ、勧無智輩ラル。彼序ノ詞ニハ、夫以レバ本覚真如ノ月ハ無明戯論ノ雲ニ隠レ、常住仏性ノ蓮ハ生死妄染ノ埋泥以来、或ハ焦熱大焦熱ノ炎ニ咽テ、多百千劫塵数ノ諸仏ノ過出世、或ハ紅蓮大紅蓮ノ氷ニ閉レテ、無量億生ノ恒沙ノ如来ノ泄化導タリ。或ハ入餓鬼城、一万五千歳飢饉シテ苦患忍ビ難ク、或ハ畜生道ニ堕シテ、三十四億ノ類残害ノ苦ミ幾ゾヤ。適雖受人中生、余州ニ有テハ不聞仏法、希ニ天上ノ報ヲ雖感、快楽ニホコリテ無修浄業。然ルニ今南贍部州、仏法流布ノ国ニ生レテ、西方ノ浄刹、欣求指南ノ教ヲ得タリ。此度不趣出離直道、何レノ時ニカ可向菩提正路。就中一生涯ノ無定事、如夢如幻。五盛陰有待事、為旦為暮。春ノ花落テ秋ノ風ニ驚ク。四季ノ涼燠易移、朝ノ日登リ、夕ベノ影傾ク。難留一日光陰、以一日一月ヲ積リ、以一年一生ヲ計ルニ、縦ヒ八十ノ算ヲ持トモ須臾ノ間ナリ。況ンヤ老少不定ナルニ於テヲヤ。縦ヒ千万ノ財ニ富トイヱドモ刹那ノ程也。況ヤ於貧賤薄福ヲヤ。然ルニ催煩悩内、悪縁外ニ引テ、驚此理輩誠ニ少ク、致其勤類甚希也。或ハ思ナガラ無修事、引懈怠故ニ、或ハ雖企不遂、被催悪縁故ニ、或ハ先ヅ求今生名利、後ニ期修来世業因。或ハ壮年ニハ栄花ニホコリテ暮シ、老齢ニ善根ヲ植ント思フ。此思ヒ甚ダ拙ク、此ヲ案ルニ尤愚也。頓死全ク不依若、重病必シモ無待老事。誰カ定ム、今日非其日、争カ知ラン、我身非其類。然ル間ダ無常ノ告ゲ忽ニ来リ、有為ノ姿タ永ク隠レヌレバ、一善ノ畜ヱモ無キニ依テ、早ク三途ノ底ニ堕シヌ。過去漫々ノ流転已ニ如此、未来永々ノ輪回又可爾。悲哉々々。如何セン々々セン。急ヒデ出離ノ要術ヲ可求。更ニ生死ノ妄報ニ莫著事。爰ニ弥陀ノ念仏ハ諸教所讃多在弥陀、大恩教主已ニ此仏ヲ称讃シ給フ。弥陀一教利物偏増、末代ノ我等最モ彼国ヲ可欣。依是龍樹大士ハ十二ノ礼拝ヲ開弥陀誓願、天親菩薩ハ五念ノ要門ヲ定浄土業因。善導ノ章疏五部九巻、併ラ勧称名一行。源信ノ要集三巻十門、偏ニ弘念仏一門。誠ニ是レ末代相応之要法、凡夫易往ノ直道

ナル者歟。此故ニ為初心行者、念仏簡要ヲ注シテ、分テ七段トシテ、以テ九品ヲ期ストゾ書レケル。

とある。対応する『行状絵図』の一五巻四段〈月輪殿の御息妙香院良快僧正上人に帰依の事〉の記事は、

月輪の禅閤の御息、妙香院の僧正良快は、慈鎮和尚の附法として、大師正嫡の跡をうけ、顕密兼学の宗匠なりき。しかれども宿縁のうちにもよほされけるにや、上人の勧化に帰したまひ、厭離穢土の思ふかく、欣求浄土の願ねんごろなりしかば、ひとへに弥陀の本願を信じて、念仏を行じ給ひ、浅近念仏の抄を記して無智の輩をすゝめらる。彼序の言には、夫以本覚真如の月、無明戯論の雲にかくれ、常住仏性の蓮、生死妄染の泥に埋しよりこのかた、或は焼熱大焼熱の炎にむせびて、多百千劫塵数の諸仏の出世をもすぎ、或は紅蓮大紅蓮の氷にとぢられて、無量億生恒沙の如来の化導にもゝれたり。或は餓鬼城に入て一万五千歳、飢饉のうへしのびがたく、或は畜生道に堕して三十四億類、残害のくるしみいくそばくぞ。たま〳〵人中の生を受といへども、余洲にありて仏法をきかず、まれに天上の報を感ずといへども、化楽にほこりて浄業を修する事なし。而今南瞻部洲仏法流布の国にむまれて、西方浄刹欣求指南の教を得たり。このたび出離の直道に赴ずは、いづれの時にか菩提の正路に向べき。就中一生涯のさだまりなき事、夢のごとし、幻のごとし。五盛陰の待ことある、旦とやせん暮とやせむ。しかるに煩悩内にもよをし、悪縁外にひきて、このことはりにおどろく輩すくなく、その勤をいたすたぐひまれなり。頓死またくわかきによらず、重病かならずしも老を待ことなし。誰かさだめむ、今日その日にあらずとは。争しらむ、我身その類にあらずとは。無常のつげ忽にきたり。有為のすがたながくかくれぬれば、一善の蓄もなきによりて、三途の底に堕しぬ。過去漫々の流転すでにかくのごとし。未来永々の輪廻又然べし。いそぎて出離の要術を求めよ。更に生死の妄報に着することなかれ。爰弥陀の念仏は諸教所讃多在弥陀、大恩教主すでにこの仏を称讃したまふ。弥陀一教利物偏増、末代の我等最かの国を欣べし。誠に是末代相応の要法、凡夫易行の直道なる者歟。この故に初心の行者のため

に念仏の簡要をしるして、分て七段とし、もて九品を期す已上取詮とぞかゝれたる。

とある。先と同様に同義の文字に傍線を施してみよう。『行状絵図』が『述懐鈔』の記事からその多くを抄出したことは、「已上取詮」と注記する通り、傍線箇所の対照によって明らかである。『行状絵図』と『述懐鈔』の編者・筆者が同じという密接な関係は、慈円の記事よりも良快の記事の方が一層鮮明になった。

このように冗長な比較対照をあえて行なったのは、『九巻伝』との関係を理解するための作業にほかならない。『行状絵図』は慈円および良快のことで一巻を構成するが、『九巻伝』は慈円について、巻八上の「追善事」、法然上人中陰六七日《むなぬか》の諷誦文の後に、

大師嫡々の正統として山門の真言の一流、秘密をつたへ奥義を極め給しかども、つねに上人に御対面ありて、本願の旨趣をとぶらひ、極楽の往生を願まし〳〵ける。称名の薫修猶日あさく、光陰の運転時うつりぬとやおぼしめされけん、

極楽にまだ我こゝろゆきつかず　ひつじのあゆみしばしとゞまれ

とぞ詠じまし〳〵ける。又日吉社に百日御参籠の百首の御詠のおくに、

人を見るも我身を見るもこはいかに　南無阿弥陀仏〳〵

とあそばされけるに、浮世をかろくする御志ふかく、浄刹にそめる思食あさからざりし御事、偏に上人の恩徳也ければ、没後の追教に至るまでなをざりならず。

と述べるだけで、良快については一切言及しない。右掲の『九巻伝』を『行状絵図』と比較対照すると、『九巻伝』が『行状絵図』の影響下にあることがわかる。(4) しかし、『九巻伝』が『行状絵図』の草稿本もしくは抜粋本ではなく、それ自体独立した法然伝であることは、全巻を通じて段の構成を異にするばかりか、『行状絵図』以外の資料にも依拠している点からも明白である。以下、一、二の段を例に論証しよう。

三 〈夢中相承の事〉比較対照

さて、『行状絵図』七巻五段〈夢中相承の事〉は、

上人ある夜夢見らく、一の大山あり、その峰きはめてたかし。南北長遠にして西方にむかへり。山のふもとに大河あり。碧水北より出て、波浪南にながる。河原眇々として辺際なく、林樹茫々として限数をしらず。山の腹にのぼりて、はるかに西方をみたまへば、地よりかみ五丈ばかりあがりて、空中に一聚の紫雲あり。この雲とびきたりて、上人の所にいたる。希有の思をなし給ところに、この紫雲の中より無量の光を出す。光のなかより孔雀鸚鵡等の百宝色の鳥とびいでゝてよもに散じ、又河浜に遊戯す。身より光をはなちて照耀きはまりなし。其後衆鳥とびのぼりて、もとのごとく紫雲のなかにいりぬ。この紫雲又北にむかひて山河をかくせり。かしこに往生人あるかと思惟し給ほどに、又須臾にかへりきたりて、上人のまへに住す。やうやくひろごりて一天下におほふ。雲の中より一人の僧出で、上人の所にきたり住す。そのさま腰より下は金色にして、こしよりかみは墨染なり。上人合掌低頭して申給はく、これ誰人にてましますぞやと。僧答給はく、我は是善導なりと。なにのために来給ぞやと申給に、汝専修念仏をひろむること、貴がゆへに来れるなりとの給とみて夢さめぬ。画工乗台におほせて、ゆめにみるところを図せしむ。世間に流布して夢の善導といへるこれなり。その面像のちに唐朝よりわたれる影像にたがはざりけり。上人の化導、和尚の尊意にかなへることあきらけし。しかれば上人の勧進によりて、称名念仏を信じ往生をとぐるもの、一州にみち四海にあまねし。前兆のむなしからざる、たれの人か信受せざらん。

とある。法然上人と善導大師との夢中対面の話は、ほとんどの法然諸伝に記載されている。田村圓澄氏は、その原形と推定されるのは『拾遺語灯録』所載の「夢感聖相記」、『西方指南抄』所載の「法然聖人御夢想記」、『源空

聖人私日記』の三つであるという。[5]『源空聖人私日記』に法然伝の原形たる地位を与えられないので、[6]これを除くとして、「夢感聖相記」または「法然聖人御夢想記」のごとき筆記録が存在した。『行状絵図』の夢中対面の記述は、ほかの法然諸伝に比べてかなり詳しく、山・河・鳥・雲などの細かな描写から判断して、「法然聖人御夢想記」と同系統の資料によったと思われる。

ところが、『行状絵図』に先行する諸伝は記述が簡潔である。順次に検討していくと、『法然上人伝記』（醍醐本）の「一期物語」[補]には、

但於自身出離已思定畢、為他人雖欲弘之、時機難叶故、煩而眠夢中、紫雲大聳覆日本国、従雲中出無量光、従光中百宝色鳥飛散充満、于時昇高山忽奉値生身善導、従腰下者金色也、従腰上者如常人、高僧云、汝雖不肖身弘専修念仏故来汝前、我是善導也云々、従其後弘此法、年々繁昌無不流布之境也云々、

とある。「伝法絵」系の『本朝祖師伝記絵詞』は、

唐善導和尚、もすそよりしもは、阿弥陀如来の御装束にて現じて、さま〴〵の事を、ときてをしへ給ける。

と極めて簡単だが、これは「画中詞」というべく、絵図をみると「夢中対面」が描かれており、絵と詞が補完し合い、物語として成り立つのである。『法然上人伝』（増上寺本）も、

それよりのち善導和尚御こしよりしもは金色にて、夜な〳〵きたりたまひてのりをとき給を、画師にあつらへて影像をうつしとゞめ給けり。

と詞書は不十分であるが、絵図との関連で理解されたと思う。増上寺本になって、善導の半金色の姿（影像）を画師に写し取らせたという話が出現する。次の『法然上人伝絵詞』（以下『琳阿本』という）、『法然聖人絵』（以下『弘願本』という）、『拾遺古徳伝絵』（以下『古徳伝』という）は少し詳しい詞書になってくる。

又別伝に云、紫雲広大にしてあまねく日本国におほへり。雲中より無量の光を出す。白光の中に百宝

色の鳥とびちりて虚空にみてり。善導和尚のすそよりしもは、金色にて現じての給はく、汝下劣の身なりといへども、念仏興行一天下にみてり。称名専修衆生におよぶが故に、われ爰にきたる。善導すなはちわれなり。

（『琳阿本』五巻三段）

時機相応せん事を不審してねぶり給へるに、善導告てのたまはく、汝念仏をもんて人をたすけんとおもへり。これわが願にかなへりとの給へり。このゆへに弥ひとへに念仏し給へり。案ずる所の邪正自然にあきらめられぬといへり。紫雲靉靆として日本国におほへり。雲の中より無量のひかりをいだす。ひかりの中より百宝色の鳥とびさる。雲の中に僧あり。上は墨染、下は金色の衣服なり。予とふて云、これ誰とかせん。僧答云、われこれ善導なり。汝専修念仏の法をひろめんとするがゆへに、其証とならんがために来なりと云云。

（『弘願本』一巻一段）

但自身の往生はすでに決定し畢ぬ。他のために此法を弘通せんと思給に、若仏意に合哉否、心労の夜夢に見らく、紫雲靉靆として日本国におほへり。雲の中より無量の光をいだす。光の中より百宝色の鳥とびちる。雲の中に僧あり。上は墨染、下は金色の衣服也。予問て云、是為誰。僧答て云、我是善導也、専修念仏の法をひろめんとす。故に其証とならんがためにきたれる也と云々。善導は則是弥陀の化身なれば、詳覈の義仏意に協けりとよろこびたまふ。

（『古徳伝』三巻一段）

これらはいずれも「一期物語」系の夢想記（簡略版）によったのか、夢中対面の様相は要を得ている。ただし『弘願本』と『古徳伝』の書き出しは「一期物語」に近く、浄土開宗の心証に位置づけているが、『琳阿本』は建久九年（一一九八）の三昧発得に続く霊験とみている。

それでは問題の『九巻伝』の記事はどうか。巻一下の「紫雲覆日本国事」と題する段のなかほどに、自身の出離におきては思定つ。他の為に此法をひろめんとおもふ所存の義、仏意に叶や不叶やと、思ひわづらひて、まどろみ給へる夢に、紫雲たなびきて日本国に覆、雲の中より無量の光を出す。光の中より百宝色の鳥とびきたりてみちみてり。又高山あり。けんそにして西方にむかへり。長河あり、洪汗として辺畔なし。峰のうへには紫雲そびき、河原には孔雀鸚鵡等の衆鳥あそぶ。雲の中に僧あり。上は墨染、下は金色にて、半金色の衣服なり。上人問て宣く、これは誰にかあると仰られければ、答て宣く、我はこれ善導なり。汝専修念仏の法をひろむる故に、証とならんが為に来れる也と。

とある。三田全信氏は『行状絵図』の夢想の記事と同じだというが(7)、子細に対照すれば決して同じではない。『九巻伝』の書き出しは、「一期物語」や「伝法絵」系の『弘願本』『古徳伝』のように、浄土開宗の心証としての霊夢である。ところが『行状絵図』は「ある夜夢みらく」と、霊夢を体験した年時を特定しない。夢の内容も、『行状絵図』は情景の描写が克明であり、前述のごとく「法然聖人御夢想記」と同系統の資料によったと思われる。一方の『九巻伝』は「一期物語」系の夢想記（簡略版）に似ているが、典拠を指摘することができるのである。それは敬西房信瑞の『黒谷上人伝記』（以下『信瑞伝』という）である。『獅子伏象論』に引く逸文がしばしば用いられるが、良祐の『決答見聞』上巻に引く「上人伝記」もまた『信瑞伝』の逸文と思われるので(8)、これを以下にかかげよう。

但於自心(身カ)往生者已決定、欲為他恢弘此法、所詳叡義、合仏意否、心身(労カ)之夜夢、紫雲靉靆覆日本国、雲中出無量光、光中百宝色鳥飛散充満、又見有高山、険阻対西方、有長河、浩汗無辺畔、峯上紫雲聳、河原孔雀鸚鵡等衆鳥遊、雲中有僧、上墨染下金色衣服也、予問曰、是為誰、僧答曰、我是善導、汝欲弘通専修念仏法故、為作証来也云々、善導即是弥陀化身、詳叡義喜合仏意、

和文と漢文の相違はあるが、同義の文字に傍線を付けると、とりわけ夢の情景描写がまったく一致していることがわかる。『信瑞伝』は『古徳伝』が依拠した先行伝記の一つであり(9)、『九巻伝』は『古徳伝』からの孫引きと

みられなくもないが、「又高山あり」以下は『古徳伝』にないので、『信瑞伝』からの直接引用と考えられる。

それでは、『九巻伝』は『行状絵図』を何ら参照しなかったのか。『九巻伝』は前掲の文章に続けて、

又天台の菩薩大乗戒は釈迦如来より十九代法義相承、上人の一身にあり。此故に王后以下、海内の貴賤、受戒の師範として、尊重他に異也。母の剃刀をのむ夢、すでに符合せり。又紫雲の日本国に覆夢たがふことなし。上人の化導に随て、称名念仏を信ずるもの、一州にみちふさがれり。実夢かくのごとし。信じて疑事なかれ。思ふべし、上人の勧を信じて背ざらんものは、定めてかの紫雲に乗じて、順次に極楽浄土に往生せんことを。

とも述べている。上人が一朝の戒師となったことと、母が剃刀を飲む夢をみたことが符合したように、紫雲が日本国に覆うた夢は、上人の化導によって称名念仏を信ずるものが満ちあふれる霊示であり、それが実夢となったというのである。このようなコメントは『行状絵図』の「上人の化導、和尚の尊意にかなへることあきらけし。しかれば上人の勧進によりて、称名念仏を信じ往生をとぐるもの、一州にみち四海にあまねし。前兆のむなしからざる、たれの人か信受せざらん」を受けて、ことさらに付言したものと考えられる。すなわち『九巻伝』は『行状絵図』七巻五段〈夢中相承の事〉を読んで、それを継承（要約または敷衍）せずに、先行の諸伝記を採用し、かつ私見を加えたのである。

四　〈重衡卿教訓を蒙る事〉比較対照

『行状絵図』三〇巻三段〈本三位重衡卿生捕れて上洛の時上人の御教訓を蒙る事〉の記事に対応する『九巻伝』二巻上の「重衡卿の事」の記事を比較すると、次頁のようになる。この表の対照によるかぎり、『九巻伝』は『行状絵図』によって記事を構成していることは明白である。しかし、問題は［中略1］［中略2］の箇所である。［中

『行状絵図』三〇巻三段	『九巻伝』二巻上
治承四年十二月廿八日、本三位中将重衡卿、父平相国の命によりて、南都をせめしとき、東大寺に火かゝりしかば、大伽藍忽に灰燼と成にき。其後元暦元年二月七日、一谷の合戦に、彼中将いけどられて、都へのぼりて大路をわたされ、さま〴〵のことありき。 後生菩提の事を申あはせむために、其請ありければ、上人おはして対面し給て、戒などさづけ申されて、念仏のことくはしく教導ありけり。 このたびいきながらとられたりけるは、いま一度、上人の見参に入べきゆへにて侍りけるとて、かぎりなくよろこび申されけり。 受戒の布施とおぼしくて、双紙筥をとり出て、上人のまへにさしをきて申されけるは、御要たるべき物には侍らねども、御目ちかき所にをかせ給て、かつは重衡が余波とも御覧じ、且は思食出候はんたびには、とりわき御廻向あるべきよしを申さるゝ。上人そのこころざしを感じて、うけとりて出給にけり。	治承四年庚子十二月廿八日、平家の本三位中将重衡卿、父太政入道の命によりて、南都をせめし時、東大寺に火をかけしかば、大伽藍忽に灰燼となりにき。其後元暦元年二月七日、一谷の合戦の時、本三位の中将生どられて、都へのぼりて、大路をわたされて、さん〴〵の事共のありし時、法然上人を招請して、後生菩提の事を申合られしに、上人、中将のおはする所へさし入て見給へば、 [中略1] 今度生ながらとられけるは、今一度上人に見参に入べき故に侍ける。 [中略2] いかにして都にてむつび給し人の許に、双紙筥をとりわすれ給事の有けるを、入御の御事もやとて、送り遣しけり。折節うれしく覚て、中将自とり出て、御戒の布施とおぼしくて、上人の御まへに指置て申されけるは、御用たるものには侍ねども、人にはかならず形見と申事あり。重衡が余波とも御らんじ思召ば、いつも不退の御念仏なれば、御目にかゝり候はん度には、とり分重衡が為と、御廻向有べきよしを申されければ、心ざし感じて、上人懐中して出られけり。

略1」に一三二字分、「中略2」に九七〇字分の記事が挿入されている。すなわち『九巻伝』は「重衡卿の事」を編

するにあたって『行状絵図』の該段を下敷きに記事を作ったが、なかほどの「このたびいきながらとられたりけるは、いま一度、上人の見参に入べきゆへにて侍りける」という文章の前後を大幅に増補しているのである。その増補は編者の創作であろうか。

そもそも当段の主題は、一谷の合戦で捕えられた平重衡が京の大路を引き回され、鎌倉に送られる前に、法然上人に会って受戒し法文を聞くことであって、『平家物語』巻一〇（覚一本）の「戒文」が有名である。ここに「今度いきながらとらはれて候けるは、二たび上人の見参に罷入るべきで候けり」の詞章が存するので、『行状絵図』は『平家物語』を参照しているに違いない。[10]「戒文」は『平家物語』が物語の生成過程で増補されており、[11]その話の筋はつぎの通りである。

重衡は法然上人を招いて、南都炎上は君命・父命で衆徒を鎮めるために赴いたところ、思いがけずに伽藍が滅亡したその責任は免れず、出家して仏道修行したいが、囚われて今日明日のわからぬ身ではかなわないので、かかる悪人でも後世を助かる方法を聞いた。上人は、出離の道はまちまちだが、末法の時機には称名が最もすぐれており、たとえ十悪五逆を犯しても回心すれば往生を遂げ、一念十念の念仏でも心を致せば弥陀の来迎にあずかり、往生の得否は信心の有無によることを説かれた。そして、重衡が受戒を請うたので、上人は重衡の額に剃刀をあてて剃るまねをして十戒を授けられた。重衡は喜び、布施として松陰の硯をささげた。

『行状絵図』は「後生菩提の事を申あはせむために、其請ありければ、上人おはして対面し給て、戒などさづけ申されて、念仏のことくはしく教導ありけり」と極めて簡略に記し、布施の品も「双紙筥」と異なり、右の話をそのまま載せていない。しからば増補された『平家物語』によっていないといえるのであろうか。古態を残すといわれる四部合戦状本には重衡の述懐と上人の授戒だけで教説はなく、屋代本には重衡の罪業の懺悔と受戒の要請を述べた後に、「聖人泣々頂キ斗リ剃テ戒ヲゾ授給ケル。其ノ夜ハ上人留給テ、終夜浄土荘厳可観様々ノ法文共ヲゾ宣ヒケル」とあり、喜んだ重衡は松陰の硯を形見として上人に奉っている[12]。あるいは屋代本のごとき増補前の『平家物語』によったとも考えられるが、その教説が「浄土荘厳可観様々ノ法文」では、上人の教えを正しく現わさず、法然伝としてはふさわしくない。やはり詞章のなかに「浄土宗の至極」の語がみえる平松家本・覚一本や長門本・延慶本など増補後の『平家物語』と思われる[13]。

それでは、十分に物語として生成された『平家物語』によりながら、なぜ『行状絵図』はいたって簡略な記事にしたのか。筆者はここに舜昌の『行状絵図』編集上の見識がうかがわれるのではないかと考える。すなわち舜昌は人口に膾炙していた平重衡と法然上人の逸話を知っていたので、『平家物語』によってこの逸話を『行状絵図』に採用したが、上人の説いた法門について、舜昌が収集した上人の生の言葉である語録・消息などで確認できなかったのか、『平家物語』の詞章そのままを用いることを躊躇し、逸話の要点だけを記すとともに、上人の教化に関しては「戒などさづけ申されて、念仏のことくはしく教導ありけり」とだけ書くにとどめたのではないだろうか。このさい、『平家物語』では重衡の懺悔→上人の教化→受戒の順序になっていたが、上人の教化を承るには先に仏教への入門階梯たる受戒が必要と考え、重衡の懺悔→受戒→上人の教化の順序に改めたと思われる[14]。

ところが、『九巻伝』は『行状絵図』とは対蹠的に『平家物語』の詞章を積極的に用いている[15]。それを例示しよう。『九巻伝』の［中略2］の部分の文章中にある語句で、『平家物語』諸本と同一もしくは表現の類似、同義の語句がみえる『九巻伝』の箇所を抜き出すと、つぎの通りである[16]。

「時しも風はげしくして」……不及力次第也。……時の大将軍にて侍しうへは、責一身に帰する事にて侍るなれば、重衡一人が罪業につもりて、……「いけどられて」、こゝかしこに恥をさらすも、併其報とこそおぼへ侍れ。かくて命終せば火血刀の苦果、敢てうたがひなし。……「只本どりをつけながら戒をうけ」……か、る悪人の助かりぬべき方法侍らば、示給へと。……上人涙をながして、暫く物もの給はず。良久ありて……、難受人身をうけながら、むなしく三途に帰り給はんことは、かなしみてもなを余あり。……然に穢土を厭、浄土を欣ひ、悪心をすて、善心を発し給はん事は、三世の諸仏も定めて随喜し給ふべし。其にとりて出離の道まちまちなりといへども、末法濁乱の機には、称名をもて勝たりとす。……愚癡闇鈍の族も、唱れば……。罪ふかければとて卑下し給べからず。十悪五逆も回心すれば往生し、一念十念も心をいたせば来迎す。……利剣即是弥陀号、……魔縁近付ず。一声称念罪皆除、

右の抜き書きだけでも『平家物語』のあらすじとなっている。ところが[中略2]は上人の言葉を、『平家物語』の「浄土宗の至極をの〳〵略を存じて」以下、「何の疑かあらむや」までの詞章に代えて、「罪障を消滅して、極楽往生を遂ん事、他力本願にしくはなし」から、「一心に称名をたしなみ給ふべきよし」まで、さらに長々と続けるのである。ここの箇所および[中略1]の、重衡のやつれた姿の描写などは、『九巻伝』の作者の創作とも思えないが、その典拠を明らかにできない。『九巻伝』は『行状絵図』にもとづき「重衡卿の事」の段を設けたが、舜昌が法然上人の御法語としての確証がもてなかったのか、『平家物語』の詞章を用いることを躊躇したのに対して、そのような慎重な配慮を払わずに『平家物語』その他の資料によって、『行状絵図』の数倍にも上る分量の記事を割いている。筆者は、ここに当段の特色を見いだすのである。このように、『行状絵図』と『九巻伝』の作者の意図は異なっているので、両伝の関係を考える場合にはこの点を看過すべきではない。

五　おわりに

以上の考察をもって本稿を閉じるが、別稿(A)(B)と併せて筆者の言いたいことは、法然伝の中で最も浩瀚な『行状絵図』と『九巻伝』について、記事の内容・文章が同一もしくは類似する段が多く、両伝は草稿とか抜粋とかの関係で捉えられてきたが、個々の段を比較対照して詳細に検討した結果、『行状絵図』が先で『九巻伝』が後

という成立上の関係にあることがわかった。『九巻伝』は『行状絵図』の強い影響下に作成されたが、記事を構成するにあたっては、『行状絵図』を要約または敷衍するかたちで継承する場合もあれば、『行状絵図』より先行する別の伝記等の資料による場合もあり、一方でまったく採用しないなど、個々の段によって異なるのである。したがって『行状絵図』とは段の配列や趣旨に変更を生じていることがある。要するに『九巻伝』は、法然諸伝の類別では『行状絵図』の系統に属するが、『行状絵図』よりも発展した独立の伝記と位置づけられよう。そこで、つぎの課題は『九巻伝』の成立した時期の考究に移るが、機会を改めて論じたい。

（1）佐藤成順先生古稀記念論文集に収録（↓本書第二部第六章）。
（2）宮林昭彦先生古稀記念論文集に収録（↓本書第三部第一章）。
（3）『行状絵図』の段の名称は、忍澂の『勅修吉水円光大師御伝略目録』による。
（4）収載の和歌のほかに、「つねに上人に御対面ありて」は、一五巻一段の「つねに上人に御対面ありて」と同文、「本願の旨趣をとぶらひ、極楽の往生を願まし〱ける」は、同二段冒頭の「本願の旨趣をとぶらひ、極楽の往生をのぞみまし〱ける」とほぼ同じく、「称名の薫修猶日あさく、光陰の運転時うつりぬとやおぼしめされけん」は、三段後半にまったく同文でみえ、「浮世をかろくする御志ふかく、浄刹にそめる思食あさからざりし御事」は、三段後半の「浮生を軽くし、おもひを浄刹にかけ給事」と趣旨を同じくする。一方、『述懐鈔』と類似する文章は全然みられない。このことは『九巻伝』が『行状絵図』を直接に参照したことを意味する。
（5）田村圓澄『法然上人伝の研究』第三部第七章。
（6）拙著『法然伝と浄土宗史の研究』第一篇第二章。
（7）三田全信『成立史的法然上人諸伝の研究』「二　法然上人伝記」。
（8）『決答見聞』上巻に「上人伝記」として引用する文章は、『獅子伏象論』に「本伝」と称して引くものと一致する。なお、『続浄土宗全書』刊本に編者の考証として、「九巻伝、要集釈之意」と注する。本書に引用する『(黒谷)上人伝記』をいわゆる『九巻伝』と見間違ったのも当然で、夢中対面の箇所が『九巻伝』の典拠となっているからである。

（9）『古徳伝』が『信瑞伝』を用いていることは、すでに望月信亨氏が指摘しているが、例証を欠いている（『浄土教之研究』「四五　法然上人の行状記伝竝に其の価値」）。夢中対面の話も全般的に『信瑞伝』によっているが、ほかに例をあげると、『古徳伝』二巻一〇段の「又慶雅法橋にあひて、華厳宗の法門の自解の義をのぶるに、慶雅はじめは侮慢して高声に問答す。後には舌を巻てものいはず。他門自解の義、自宗相伝の義にこえたるを感嘆して、華厳宗の章疏を白馬に負て黒谷へをくる」は、『決答見聞』上巻に引く『信瑞伝』の「又遇慶雅法橋、述華厳宗法門自解義、慶雅初侮慢、高声徴詰、後結舌不改（敢カ）酬抗、感歎他門自解（義脱カ）之超相伝之義、負華厳宗章疏於白馬送黒谷」によっていることは明らかである。

（10）長門本『平家物語』巻一七にも「今度生ながら捕れて候けるは、今一度上人の見参にまかり入べきにて候けり」とほぼ同文でみえる。古態に近いといわれる屋代本の、これに相当する詞章は「皆人ノ生身ノ如来ト奉仰上人ニ二度奉入見参タレバ」である。

（11）時枝誠記「『平家物語』「戒文」の異文について」（『中世文学の世界』所収）、佐々木八郎『平家物語評講』下、渥美かをる『平家物語の基礎的研究』第四章。

（12）小城鍋島文庫本・百二十句本も屋代本とほぼ同内容である。

（13）延慶本には「浄土宗ノ至要」とある。また同本は上人に差し上げた品を「双紙鏡ノ一合」とする。なお、上人の教説を伝える諸本のなかで、源平闘諍録は「有難くこそ思食したれ。此の程までは、阿弥陀仏は罪深き者に慈悲殊に深くして、恃みを懸けぬれば往生を遂ぐ。名を唱れば往くへ易し。然れば極重悪人無他方便、唯称念仏得生極楽とも云へり。又一声称念罪皆除とも見え、専称名号至西方とも述べたり。今は日来の悪心を翻し、懺悔念仏したまはば、往生何の疑ひか有らん。凡そ世間の無常を見るに、厭ふべきは此の世、欣ふべきは浄土なり。此の世界の習ひ、長命栄花を感ずといへども、限り有れば磨滅に帰す。極楽浄土の有様、無苦無悩の所にして、永く生死を離れたり。只偏へに心に懸けて帰命を至し、念仏したまふべし」と、諸本と異なった内容である。

（14）法然上人が「受戒」を行なうことは、専修念仏の義に反することだといわれかねない。確かに上人には戒を否定するかのような発言があるが、それは往生の業には念仏を先とし、持戒・破戒を何ら問題にされなかっただけで、仏教徒としての基本的規範たる戒を受けることは、当然の前提になっていたと思う。舜昌はそうした当時の仏教界の常識に従って順序を変えたのであろう。

（15）　田村圓澄氏は「『九巻伝』の記事は、長門本の『平家物語』によって作られたように思われる」という（『法然上人伝の研究』第一二章）。長門本は布施の品を「草紙箱」とするのでその可能性は高い。しかしもしそうなら、同本に法然上人を指して「皆人のしやうじん（生身）の如来と仰奉る上人」と称している箇所こそ、上人伝作者としては恰好の詞章であり、引用してしかるべきであろう。筆者には長門本と特定することは難しいと思われる。現在、国文学の立場から渡辺貞麿氏は長門本だけでなく、源平盛衰記にもよっていると言い（『平家物語の思想』第三部第二章第三節）、小番達氏は「本文の接近度でいうならば覚一本の方に分がある」という（「「戒文」記事をめぐって」、千葉大学社会文化科学研究科プロジェクト報告『続・平家物語の成立』）。山田昭全氏は「九巻伝の明恵懺悔譚は延慶本の文覚呪詛譚をヒントにした創作であるという仮説をあてはめると、必然的に九巻伝が延慶本を引用したことになる」と言い、九巻伝が延慶本によっているという説をとる（「軍記研究と仏教思想――法然義論争の検証によせて――」、梶原正昭『軍記文学とその周縁』）。

（16）　「時しも風はげしくして」は長門本に、「いけどられて」は平松家本に、「只本どりをつけながら戒をうけ」は長門本にみえ、あとの語句は平松家本・覚一本・長門本・延慶本にほぼ共通してみえる。ただし、長門本は「不及力次第也」「時の大将軍にて侍しうへは」「こゝかしこに恥をさらすも」がなく、平松家本は「穢土を厭、浄土を欣ひ、悪心をすて」がなく、延慶本は「愚癡闇鈍の族も、唱れば……。罪ふかければとて卑下し給べからず」を欠き、「来迎す」の語が「正因トナル」になっている。『九巻伝』が依拠したのはこれらの写本系統とみられるが、このように諸本間それぞれ詞章に出入りがあるので、現存写本のどれかに特定することは難しい。

〔補注〕　最近の研究によって、正しくは「勢観上人見聞」と呼ぶべきであるが（本書第一部第二章参照）、本章では便宜的に旧来の名称を用いる。

〔付記〕　『平家物語』の「戒文」をめぐる研究については、佛教大学文学部の黒田彰氏のご教示に預かった。ここに謝意を表すために特に記しておく。このさい、渡辺貞麿氏らの研究で気になったことを若干いえば、平重衡に説いた法然上人の教説が寿永三年（重衡が死の直前に上人と対面した時点）当時の思想と合致するか、上人の思想形成の軌跡を丹念に検討し、もって『平家物語』諸本の性格等を論じようとされているが、『平家物語』の記事に歴史的な誤りがなく、記録された時点でのことがらしか正確に記載しない性格の「実録的史料」にもとづき詞章が書かれているという確証がないかぎり、意味のない議論であると思った。

第三章　『法然上人行状絵図』所収の太政官符

一　はじめに

法然上人絵伝の白眉たる『法然上人行状絵図』（以下『行状絵図』という）は、全四八巻からなる浩瀚な伝記資料であるゆえに、永らく宗門人に親しまれる存在ではなかった。江戸時代に入って、寛永十三年（一六三六）に『黒谷上人伝絵詞』と題して片仮名（絵なし）で木版印行され、元禄十三年（一七〇〇）に『法然上人行状画図』と題して平仮名（絵入り）で木版印行されてより、ようやく門末信徒に普及し出したのである。ことに元禄十三年刊本は、義山が注釈考証を施した宝永元年（一七〇四）刊行の『円光大師行状画図翼賛』の底本ともなり、「義山本」と通称されている。明治以降の活字本の多くは「義山本」に依拠してきたが、この『行状絵図』にかぎらず、義山の校訂にかかる宗典の刊本が必ずしも原本に忠実でないことは、周知の事実である。近年に刊行される宗典は「義山本」に惑わされることなく、原本に忠実に翻刻し、「義山本」の誤りを訂正している。それでもなお「義山本」に影響されてか、その呪縛から解き放たれない事例もある。

二　建永二年の太政官符

『鎌倉遺文』には『行状絵図』から一二通、『法然上人伝記』（九巻伝）から一通、『法然上人伝』（十巻伝）から一通の文書が収録されている(1)。編者の竹内理三氏が「この時期に、後鳥羽院政下の京都では、治承内乱からすでにその活動をはじめていた法然房源空の浄土宗をめぐって、旧仏教の反撃が激烈となり、源空の陳疎にかかわらず、源空以下が配流されるという事件が起っていた。源空の書状を含めて、その取扱いには慎重を要するが、関係文書が案外多く伝えられていることは、ひきつづく親鸞・日蓮と通ずるものがあって、興味深い」といわれるように(2)、いずれも研究の余地があろう。今ここでとりあげるのは、二通の太政官符である。

まず、第三三巻第二段につぎのごとく太政官符を引く。

罪悪生死のたくひ、愚痴暗鈍のともから、しかしなから上人の化導によりて、ひとへに弥陀の本願をたのむところに、天魔やきをひけん、安楽死刑にをよひてのちも逆鱗なをやますして、かさねて弟子のとかを師匠にをよほされ、度縁をめし俗名をくたされて、遠流の科にさためらる。藤井元彦。かの宣下の状云、

太政官符　土佐国司

　流人藤井の元彦

　使左衛門の府生清原の武次　従二人

　門部二人　　　　　　　　従各一人

右、流人元彦を領送のために、くたんらの人をさして発遣くたむのことし。国よろしく承知して例によりてこれをおこなへ。路次の国またよろしく食柒具、馬参疋をたまふへし。符到奉行。

　建永二年二月廿八日　　　右大史中原朝臣判

　左少弁藤原朝臣

追捕の検非違使は宗府生久経、領送使は左衛門の府生武次なり。上人の勧化をあふく貴賤、往生の素懐をのそむ道俗、なけきかなしむ事たとへをとるにものなし。

ところで、この段に対応する先行の法然絵伝をみると、

かゝるほとに、小松殿に赦かけられ給にけり。建永二年丁卯二月廿七日、還俗の姓名を給源元彦。配所土佐国。　『伝法絵流通』（『本朝祖師伝記絵詞』）

建永二年丁卯二月廿七日、還俗の姓名の春（ママ）源元彦、配所土佐国に侍りけれとも、　『法然上人伝絵詞』（琳阿本）

その余失なをやますして、上人の上に及て、建永二年二月廿七日、御年七十九（ママ）、思食よらぬ遠流の事ありけり。　『法然聖人絵』（弘願本）

南北の学徒の奏事左右なく　勅許、すてに罪名の議定に及て、はやく遠流の　勅宣をくだされけり。聖人の罪名藤井元彦男、配所土左国幡多、春秋七十五。　『拾遺古徳伝絵』

とあり、いずれも簡単な記事で、しかも太政官符なるものを掲げていないのである。『行状絵図』に先行する絵伝において、流罪に関する「宣旨」が不明確であり、上人の還俗名を源元彦または藤井元彦男とし、そして赦免（召還）の年次にも、『伝法絵流通』が建永二年（一二〇七）八月、『琳阿本』が承元三年（一二〇九）八月、『法然聖人絵』や『拾遺古徳伝絵』が建暦元年（一二一一）八月とするなど、それぞれ異説があった。この点を解決しようとした舜昌から要請をうけたのか、延慶二年（一三〇九）四月六日付で藤原（堀川）光藤が、

無殊事候間、細々不申承候、何事候哉、抑法然上人、承元之比、依山門之訴、被配流候歟、翌年被召帰候、件宣旨案大切事候、注給候哉、奉行職事誰人に候けるやらん、同不審候也、上卿ハ光親卿と覚候、彼記無所見候、相構々々可注給候也、事々難尽紙上候、併□了、恐々謹言、

と新大夫史に照会し、その返答に、

誠無殊事候間、細々不申案内候処、委細仰恐悦候、抑元空上人還俗藤井元彦、本名法然房源空、為御沙汰改元空云々、俗名藤井元彦配流并召返事官符案二通、被注遣候、事々得参入候、恐々謹言、

と知らされている。上人の還俗名は藤井元彦であり、配流と召返の官符案二通は「建永二二廿八食馬官符　承元々十二八□官符也」であったと付記する。(3) 光藤がみた上人の伝記（「彼記」）には上人が流罪の翌年に赦免（召返）されたとしていたが、新大夫史が示した日付をもつ官符を掲げる『行状絵図』は、光藤から遣わされた案文にもとづいたと考えられる。『行状絵図』の太政官符は、厳格にいえば法然上人を土佐国に流すことを「宣下」した官符ではなく、上人の流罪にともなう「食馬官符」なのである。

同じころ佐渡国へ流罪に処せられた藤原公定について、建永元年（一二〇六）九月十八日付けで、式部省および刑部省に宛てた「応除名造東大寺長官参議正三位行左大弁兼勘解由長官備前守藤原朝臣公定事」、左京職に宛てた「応追正三位藤原朝臣公定位記事」の太政官符とともに、佐渡国司に宛てた食馬官符を発しているが、その食馬官符はつぎのようであった。(4)

　太政官符　佐渡国司
　　流人藤原公定
　　　使左衛門少志清原遠安　従参人
　　　門部弐人　　　　　　　従各一人
右、為領送流人藤原公定、差件等人発遣如件、国宜承知、依例行之、路次之国、亦宜給食馬柒具馬三疋、符到奉行、
(右少)同弁　　　　　　　　　　(左大)同史
　　建永元年九月十八日

藤原公定の流罪に準拠して考えると、上人の場合も「坐事配流」の旨を治部省に通知する太政官符、あるいは度縁を進めるべき旨を綱所か延暦寺に連絡する官宣旨などが想定されるが、食馬官符しか官務家に記録が残って

いなかったのであろう。藤原公定の流罪に関して発せられた佐渡国司宛ての太政官符と、上人の流罪に関して発せられた太政官符を比較すれば明らかなように、後者が和文体に書き直していること、日付の位置が異なる以外は、様式に相違がなく、『行状絵図』所載の太政官符に何ら問題は存しないのである。

なお、官符の「食柒具」について言及すると、寛永十三年（一六三六）刊本および元禄十三年（一七〇〇）刊本が「食済具」と翻刻したが、(5)意味がわからなかったからだと思われる。例えば承安二年（一一七二）二月二十八日付けの安芸国司に宛てた太政官符は、上卿の権大納言兼中宮大夫藤原隆季が伊都岐島社に仏舎利壱粒をもたらす僧都楽を遣わした旨を国司に下知し、「宛食参具馬壱疋、令得往還、路次之国、亦宜准此」と令している。(6)この例から「食柒具」の「柒」は数詞であって、柒は漆の俗字だが、「七」の大字として用いたことが知られる。要するに食糧七人分という意味で、土佐国までの路次の国々において、左衛門府生清原武次と門部二人（馬各一疋）、そして従者四人、合わせて七人に食糧を支給せよ、というのである。

三　承元元年の太政官符

つぎに、赦免（召返）の太政官符を検討する。第三六巻第一段に

をりしも最勝四天王院供養に大赦を、こなはれけるに、その御沙汰のありて、同年十月二十五日改元承元々年也十二月八日　勅免の　宣旨をくだされけり。かの状云、

太政官符　土佐国司

流人藤井元彦

右、正三位行権中納言兼右衛門督藤原朝臣隆衡宣、奉　勅、件の人は二月廿八日事につみして、かの国に配流。しかるをおもふところあるによりて、ことにめしかへさしむ。但よろしく畿のほかに居住して、洛中に

往還する事なかるへし者、国よろしく承知して　宣によりてこれをおこなへ。符到奉行。

承元々年十二月八日　　左大史小槻宿禰

権右中弁藤原朝臣

勅免のよし都鄙にきこへしかは、京都の門弟は再会をよろこひ、辺鄙の士民は余波ををしむ。よろこひとなけきと、あひなかはにそ侍りける。

とある。今ここに筆者は原本の通りに翻刻したが、おそらく問題となるのは「但よろしく畿のほかに居住して」の「畿のほか」の箇所であろう。これまで『行状絵図』詞書の普及に大きな影響力を与えたのは元禄十三年（一七〇〇）刊本であるが、同本は「但よろしく幾《ママ》の内に居住して」と翻刻した。爾来、多くの活字本が踏襲するところである。図1のように、確かに「ほ」は一見すると「内」に読めるが、「に」との間に一字存する。『浄土宗聖典』第六巻は「内、に」と判読し、「畿の内々」と翻刻している。[7] しかし、図2（第四八巻第一段）や図3（『くずし字解読辞典』）のごとく、「ほか」と判読せざるを得ないのである。実際に寛永十三年（一六三六）刊本は図4のように「幾《ママ》ノホカニ」と翻刻していた。すでに早田哲雄氏が『勅修法然上人御伝全講』で、『法然上人伝』（十巻伝）に従って「畿のほかに」と翻刻されていたが[8]、それが継承されてこなかったのは遺憾である。

それでは、「畿の内」と誤読してきたのは何故か。建暦元年（一二一一）十一月十七日にいわゆる「帰洛の宣旨」が出るまで、上人の滞在された場所が畿内に属する摂津国の勝尾寺であり、「畿の外」では齟齬をきたすからであったに相違ない。この矛盾を解消するために会通を試みるなら、「畿」の範囲を令制のそれとは別に考えることである。早田氏は令制の五畿内を説明した後、「ここでは単に、都又は都近い地という意」と注記する。この早田氏の見解はどうであろうか。

『延喜式』（巻三）によると、「畿内堺十処疫神祭」は「山城与近江堺一、山城与丹波堺二、山城与摂津堺三、

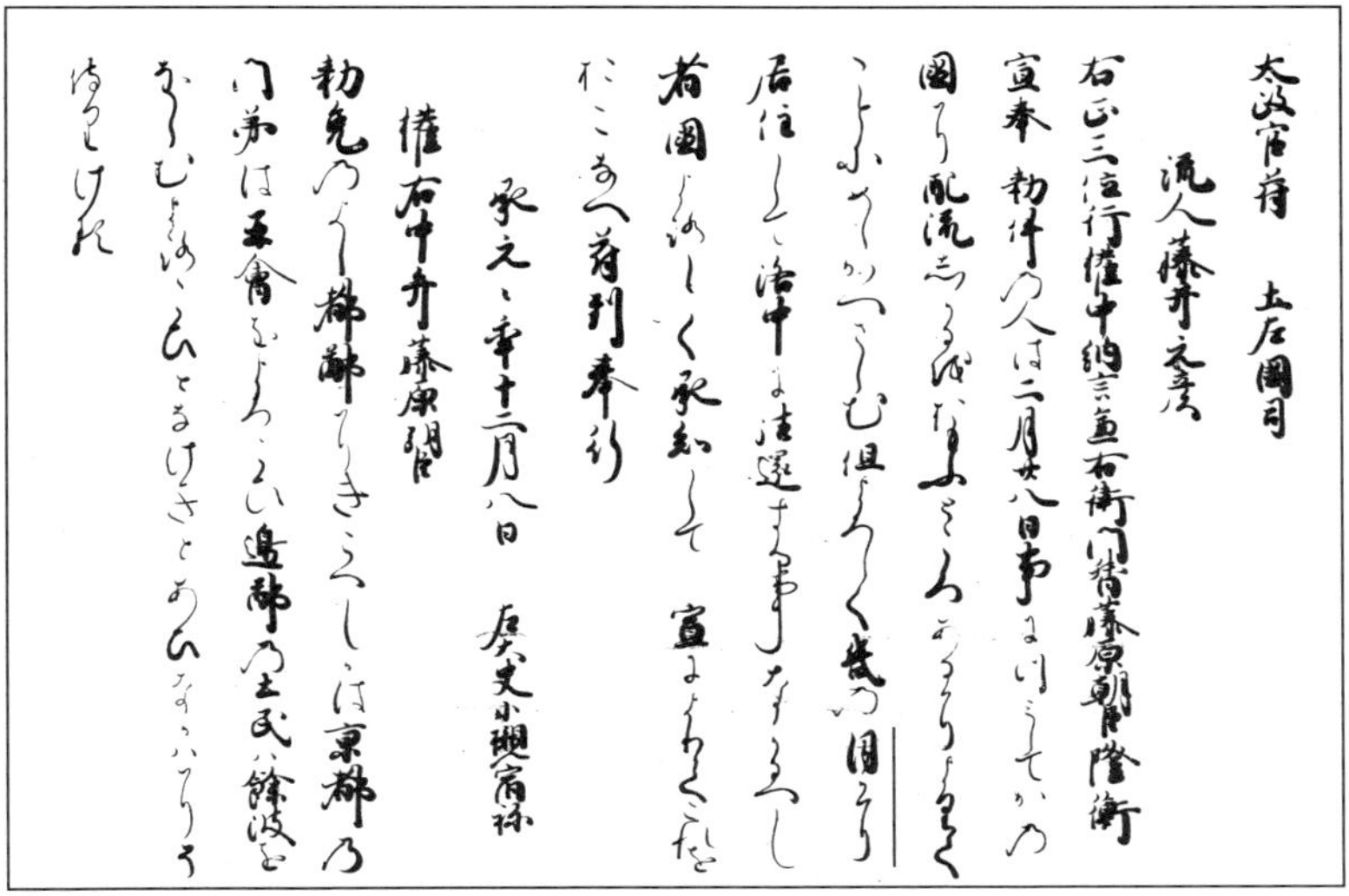

（図１）

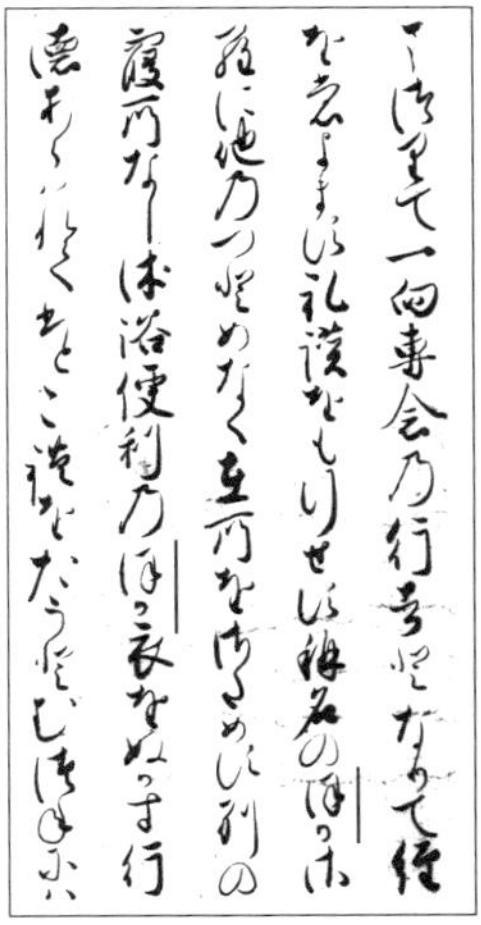

（図２）

（図３）

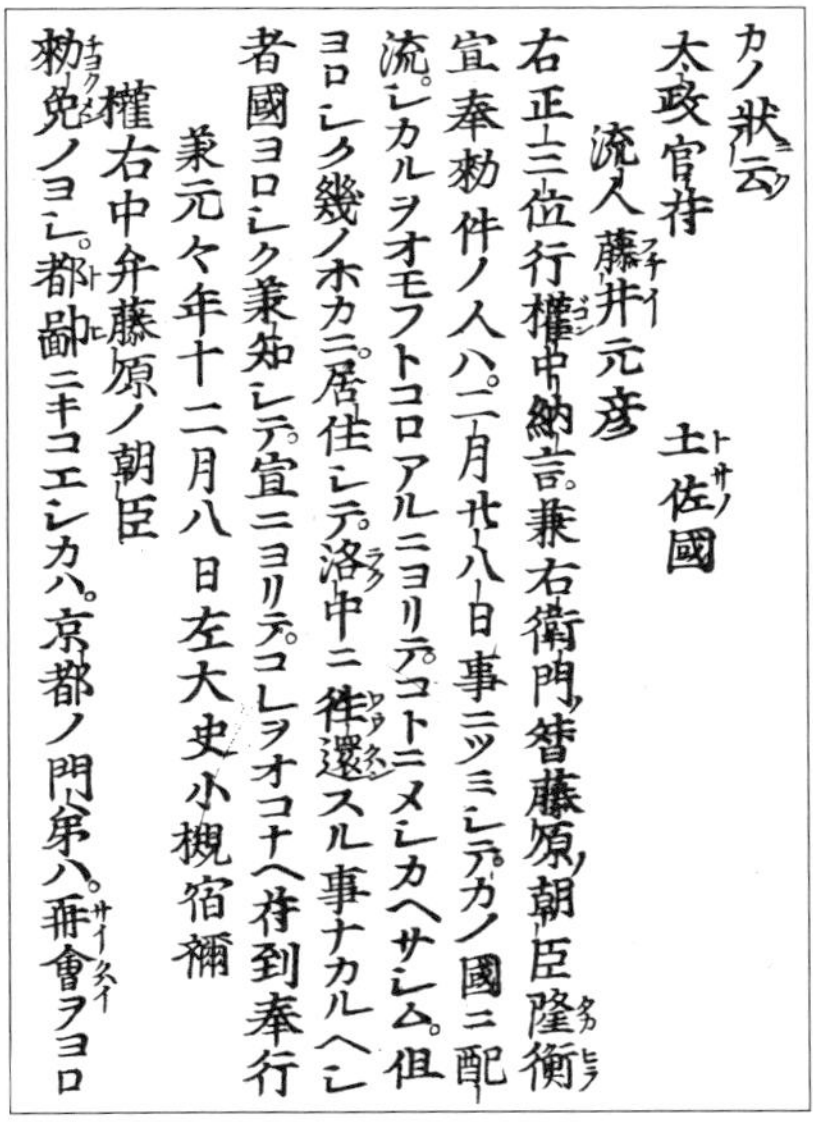

カノ状云
太政官符　土佐國《トサノ》
流人藤井《フヂイ》元彦
右正三位行權中納言《ゴン》兼右衛門ノ督藤原朝臣隆衡《タカヒラ》
宣奉勅件ノ人ハ二月廿八日事ニツミシテカノ國ニ配
流シカルヲオモフトコロアルニヨリテコトニメシカヘサシム但
ヨロシク幾ノホカニ居住シテ洛中《ラク》ニ往還《ワウクワン》スル事ナカルヘシ
者國ヨロシク兼知シテ宣ニヨリテコレヲオコナヘ符到奉行
兼元々年十二月八日左大史小槻宿禰
權右中弁藤原ノ朝臣
勅免《チヨクメン》ノヨシ都鄙《トヒ》ニキコエシカハ京都ノ門弟ハ再會《サイクワイ》ヲヨロ

（図4）

山城与河内堺四、山城与大和堺五、山城与伊賀堺六、大和与伊賀堺七、大和与紀伊堺八、和泉与紀伊堺九、摂津与播磨堺十」で行なう規定であった。令制の五畿内と畿外諸国との境界七か所（一・二・六・七・八・九・十）に加えて、新たに山城・摂津堺(三)、山城・河内堺(四)、山城・大和堺(五)の三か所が「畿内堺」にあげられている。また寛平七年（八九五）十二月三日付けの太政官符に、令制において五位以上及び孫王は「畿外」に出る（居住する）ことが禁止されていたので、「畿内」に居住することが多くなり、かえって「畿内百姓」が愁嘆し、公私の事業に困難をきたすようになったため、今後は五位以上及び孫王が「畿内」に出ることを禁止したが、そのさいに「山城国内東至会坂関、南至山崎与渡泉河等北涯、西至摂津丹波等国堺、北至大兄山南面」を制限外としている。[9]「畿」の境界の事実上の移動であった。王朝時代の「畿」は観念的に理解されて、令制よりその範囲を縮めて山城国だけを指したのではないかと思われる。

　京都から追放された念仏者に関する史料をみると、『明月記』嘉禄元年（一二二五）四月二日条に「去月下旬入道相国於中山迎講、態請空阿弥陀仏（勅勘在天王寺、依此事推而入洛云々）、事非密儀、総公卿列座、管弦云々」、五月四日条に「近日伝聞、上人空阿弥陀仏（専修念仏法師）、依山衆徒訴訟、被出関外了、而依入道相国招請入洛、於中山修迎講、帰天王寺之間、煩時給之由日来聞之」とある。入道相国藤原頼実の中山迎講に招かれた空阿は、延暦寺衆徒の訴えで「関外」に追却されて四天王寺にいた。この「関」とは山城・摂津国境の山崎関のことであろう。嘉禄の法難時に発せられた綸旨・宣旨等に、「永可被追却帝土也」[10]「悉追却其身於洛陽之外」[11]とある。専修念仏停止を訴える延暦寺からは「処専修張本於遠流、永不可令皈本郷」[12]「捜尋彼専修結構之輩、搦取其身、破却住所、可追却皇土外」[13]と要求していた。「帝土」とか「皇土」と大仰にいっても、専修念仏者の主たる活動の場であった「洛陽」（京都）からの追放を意味していたのである。

　そこで、上人の赦免の太政官符の「洛中に往還する事なかるへし」という付帯条件を考慮すると、「畿のほか」

は「関外」と同義であったとみられる。すなわち「畿」は山城国内を指示したものと思われる。

つぎに、勅を奉じた上卿の藤原隆衡の官位について。『公卿補任』によると、正三位は元久二年（一二〇五）正月十九日から建暦元年三月二十二日まで、権中納言は承元元年（一二〇七）十月二十九日から建暦二年（一二一二）六月二十八日まで、右衛門督は建永元年（一二〇六）二月二十二日から承元三年（一二〇九）正月十三日までの間である。隆衡が「正三位行権中納言兼右衛門督」と称するのは、承元元年十月二十九日から同三年正月十三日までで、太政官符の日付はこの期間に合致する。したがって隆衡を上卿とするこの太政官符は、様式の点で何らの問題はないのである。

最後に残るのは、「最勝四天王院供養に、大赦をゝこなはれけるに、その御沙汰のありて」赦免になったとするのが、当時の史料で傍証されるか否かである。最勝四天王院（白河殿新御堂）の供養は承元元年十一月二十九日に行なわれた。『明月記』が同日条に「今日僅聞及事、左府経透渡殿、召右門権佐経高、被仰赦事、経高承之退出帰参、法会訖布施如例」と記し、「赦事」が沙汰されたことがわかる。赦の規模や適用者は不明であるが、上人の流罪の赦免がこれにもとづいていることは疑えない。

四　おわりに

以上の考証によって『行状絵図』に収載される太政官符は、仮名書きに改めているものの、史料的に「本物」といえるのである。筆者は別稿で、『伝法絵流通』に従って「上人の流罪はこの年（建永二年）八月に赦免されている」とし(14)、赦免の年次が法然絵伝によって異説が存することに関連して「伝記作者の依拠するところの相違であろう」と、いずれの説にも蓋然性があるかのように述べたが(15)、ここに訂正したい。

（1）元久元年十一月七日付「源空起請文」（送山門起請文）
（元久元年カ）十一月十三日付「藤原兼実消息」
元久三年月日付「僧弁長書状」
（建永二年？）四月三日付「源空書状」
（建永二年？）四月一日付「九条兼実書状」
建永二年二月二十八日付「太政官符」
承元元年十二月八日付「太政官符」
嘉禄二年正月十五日付「後鳥羽上皇書状」
（嘉禄二年？）「承円書状」
（嘉禄二年？）「明禅書状」
嘉禄三年六月三十日付「延暦寺政所下文案」
（文暦元年？）「津戸尊願為守書状」
（文暦元年）九月三日付「善恵書状」
（文暦元年）十月十二日付「善恵書状」

（2）『鎌倉遺文』第三巻・序。

（3）「壬生文書」（『大日本史料』第四編之九、五二五頁）。

（4）『三長記』承元元年九月十八日条。『鎌倉遺文』第一六三八号文書。この官符は藤原長兼の書き間違えか、「食馬」は単に「食」とすべく、使の清原遠安の「従参人」を「従弐人」の誤りとするか、「食捌具」の誤りであろう。

（5）早田哲雄『勅修法然上人御伝全講』第八冊、一一三六頁、大橋俊雄校注『法然上人絵伝』（下）一〇四頁は「済具」を「渡船」と訳している。

（6）『平安遺文』第三五九四号文書。

（7）『浄土宗聖典』第六巻、五六七〜八頁。

（8）早田哲雄『勅修法然上人御伝全講』第八冊、一一八八頁。早田氏は『法然上人伝』（十巻伝）巻九の「勅免宣旨状云、左弁官下土佐国、応早召還流人源元彦身事、丈《（火カ）》長一人、右、件元彦去建永二年二月廿八日、坐事配流土佐国、而今依有所念行、被召還者、按察使権中納言藤原朝臣光親宣、奉勅件人宜令召還、宜居住畿外、勿往還洛中者、国宜承知、依宣行之、建暦元年八月八日、小槻宿爾国宗　権右中弁藤原朝臣」とある記事を参照されたようである。この官宣旨は、先行する諸種の法然絵伝にみえる官宣旨をもとに捏造したらしく、信憑性に欠けるが、「居住畿外、勿往還洛中者」は『行状絵図』に依拠している。言い換えると、十巻伝の作者は『行状絵図』の当該箇所を「畿の外」と読んでいたことを示唆する。

（9）『類聚三代格』巻一九、禁制事。

(10)『鎌倉遺文』第三六三一号文書。
(11)『鎌倉遺文』第四六七六号文書。
(12)『鎌倉遺文』第三三三四号文書。
(13)『鎌倉遺文』第三六二八号文書。
(14)拙稿「専修念仏停止と法然上人伝」(『法然伝と浄土宗史の研究』所収、五頁)。
(15)拙著『法然絵伝を読む』一二三頁。

〔追記〕本章は、宇高良哲先生古稀記念論文集『佛教と歴史』(平成二十四年)に投稿した「勅修御伝所収の太政官符について」を収めた。原題の「勅修御伝」とは、宗内でよく用いられる『法然上人行状絵図』の別称である。『法然上人行状絵図』が後伏見上皇の勅をもって撰修されたという伝承にもとづく呼称だが、「勅修」は江戸時代の中ごろから言い出された。宗内で用いるには差し支えないが、学術的にはどうかと思われるので、本書に収録するにあたり題名を変更した。

第四章　『法然上人行状絵図』の書誌

一　『翼賛』序文と『採要録』――「勅修」説の登場――

『法然上人行状絵図』（以下『行状絵図』という）を読解するには、『円光大師行状画図翼賛』（以下『翼賛』という、宝永元年刊）並びに『勅修吉水円光大師御伝縁起』（以下『縁起』という）および『勅修吉水円光大師御伝略目録』（以下『目録』という、ともに享保二年刊）は必須の文献である。『縁起』と『目録』の二つを用いて、『行状絵図』の成立を詳細に解説しているのが、『続日本絵巻物大成』三（『法然上人絵伝』）の小松茂美氏稿「法然上人絵伝」総観」と『浄土宗聖典』第六巻（『法然上人行状絵図』）の伊藤唯真氏稿の「解題」である。しかし、本章では切り口を変えて、『翼賛』の序文から入っていこうと思う。

『翼賛』の序文によると、ある日、義山が弟弟子の円智を誘って、京都の浄教寺にいた師僧の聞証を訪ねた。聞証は知恩院に蔵する『行状絵図』のことにふれ、「此の伝已に世に梓行すと雖も、魚魯字誤り画図また闕けたり。汝等之を知恩の伝に参訂し、また附するに画図を以てし、且つ文義を注釈し事実を考覈して、以て来裔に便せよ」（原漢文、以下同じ）と命じた。そこで、義山と円智の二人は、本山に登り宝蔵を開き、全伝を手に取って、参訂に尽力した。「事已に成り、法師雲竹・報恩の礀上人、相共に随喜して之を書し之を画す。獅谷の澄上人、白銀百両を喜捨して、之が興基をなす」にいたった。文義の注釈と事実の考証に努めたが、なお同異決しがたく、繁箇互いに存し、脱稿にいたらず、しかも円智が病没した。そこでとりあえず、「是を以て未だ注解に及ばず、先づ刻に属して行ふ」ものの、義山は師命と円智の遺志の重きことを思い、独りで事業を継続し、元禄十六年（一七〇三）十二月序文を著わして、翌年ついに『翼賛』を刊行したのである。巻一の冒頭に「湖南大津沙門中阿《（円智）》纂述　洛東華頂沙門義山重修」と記す所以である。

ここに「先づ刻に属して行ふ」とあるのが、「元禄十三年春仏涅槃日　洛北報恩寺前住古磵画　洛西林観雲竹書」の後跋をもつ『法然上人行状画図』（二四冊本）であろう。それでは聞証が「此の伝已に世に梓行すと雖も、魚魯字誤り画図また闕けたり」と酷評した刊本は、おそらく『黒谷上人伝絵詞』（一〇冊、寛永十三年刊、同二十一年再刊）と題するものと思われる。

元禄十三年（一七〇〇）刊本の校訂者は義山であり、「義山本」と称して差し支えないが、寛永十三年（一六三六）刊本の校訂者は不明である。両本を比較すると、前者が漢字ひらがな交じり文、絵図入りであるのに対して、後者は漢字カタカナ交じり文、絵図無しといった違いがあるほか、たしかに「魚魯字誤り」が少なくない。しかし、元禄十三年本が寛永十三年本の読みに従う箇所は多く、義山もまた「誤り」を踏襲している場合があって、寛永十三年刊本は、刊本としてその価値を損なうにはいたらないといえる。そこで本書の校注において用いる時、それぞれ「寛永十三年刊本」「元禄十三年刊本」と称し、両本を併せて呼ぶときは単に「刊本」と称した。

さて、『行状絵図』の成立等に関する解説は、従来から江戸中期に著わされた『縁起』によっているが、実はこれ以外に成立の事情を詳しく語る史料がないためであった。しかし、遺憾ながら忍澂が依拠した文献がみあたらないのである。『縁起』よりさかのぼるものとして、『翼賛』序文に語る聞証のつぎの言葉がある。

> 四十八軸の全伝は吉水大師一化の顛末にして、山門の法印舜昌の編める所なり。初め昌師諸家の旧記を偏攬して編みて一套となし、画図を附入す。述作既に成りて櫃に韞めて自珍とす。後恭しく後伏見上皇の勅を承

りて之を奏進す。天覧殷重叡信殊に深し。乃ち菅清の諸儒及び命世の才臣に詔して、之に添へ之を刪り、斐然として章を成す。是に於て伏見後伏見後二条の三帝親しく宸翰を染め、法親王尊円勅に依りて華毫を挺んず。また一時の縉紳転法輪太政大臣実重等に命じて繕写全く備はれり。其の画図は則ち画司土佐の某勅に依りて筆す。

聞証がいうには、『行状絵図』は舜昌が撰修するところだが、初めは舜昌が諸家の旧記を遍く集め、絵伝を制作し、これを筐底に秘していた。のちに後伏見上皇の勅を承りて奏進した。上皇の叡感深く、菅原・清原の儒者や才臣に命じて添削させ、見事な文章となした。そして伏見・後伏見・後二条の三帝がみずから宸翰を染め、尊円法親王や三条実重らの能書家に書写せしめ、画司土佐某に絵図を描かせたという。ここで留意したいのは、後伏見上皇の勅の存在を認めるものの、勅より以前すでに舜昌は成稿し、それを儒家才臣が修文し、三帝が宸筆を染め、能書家が清書したとすることである。聞証の理解によれば、『行状絵図』の撰修は、舜昌の発意にかかるもので、上皇がそれを権威づけたのである。

つぎに、元禄三年（一六九〇）のころに成立したと推測される『総本山知恩院旧記採要録』（以下『採要録』という）がある。長くなるが引用しよう。

徳治二年、後伏見上皇、叡山功徳院舜昌法印に勅して、宗祖大師之正伝を撰しめ給ふ。稿を奏進するに及て、伏見法皇、後伏見上皇、後二条院宸翰を染させ給ひ、又能書之人々、青蓮院尊円親王、三条太政大臣実重公、姉小路庶流従二位済氏卿、世尊寺従三位行尹卿、同従四位定成朝臣等に勅して、各伝文を助筆せしめ、能画をして丹青の相を成しめ給ふ。然して是を八世の住持如一国師に給ふ。国師是を捧て、応長元年辛亥正月廿五日、宗祖大師百回之遠忌を修し、大に化風を振ふ。故に念仏之一行、益四海に盛なり。これ偏に道俗貴賤、勅修之正伝を拝し、結縁し奉りたれは也。是において舜昌法印之嘉名も、又遠近に聞えしかは、台徒之中、憤を含之由、山洛之間に沙汰す。依て法印述懐鈔を作て、山門に披露す。偏執之輩も其理に伏して、亦妨くる人なし。舜昌法印正伝惣修之賞とし、知恩院第九世之別当に被レ補。此時正副両伝ともに賜り、永く吉水之宝庫に納。第十二世誓阿上人住持之時、康安元年宗祖大師百五十回遠忌に当て、勅して慧光菩薩之諡号を賜ふ。又誓阿上人へ詔してのたまはく、祖師の伝本正副ともに甲乙なし。就中重写の一本は、第一第十一第卅一の三巻伏見法皇の宸翰、第八第二十の二巻は、世尊寺従三位行俊卿の筆、残る四十三巻後伏見上皇悉宸筆を染させ給ふ。叡願又たくひなし。一庫に両部を秘蔵し、若不レ図非常の災ありて、一時に烏有ともなりなは、うき事の限なるへけれは、一部はいかにも世はなれたらんはるけき名山に蔵して、末代の宝券に残すへしとの勅諚により、大和国当麻寺の奥に一宇を建立し、仏殿には宗祖大師の真影を安置し、宝庫には一部の勅伝を蔵す。両伝とも今に相伝て現存し、一宗の霊宝天下の美玉と崇む。是皆朝恩のしからしむる所也と云々。

『採要録』は、徳治二年（一三〇七）、後伏見上皇が勅して舜昌に撰修せしめたと明言し、『行状絵図』を「勅修」とみなす。三帝の宸翰に加えて、助筆した能書家は尊円法親王・三条実重の二人から増え、姉小路済氏らを含め五人となった。さらに正副の両本が制作されたようで、副本（「重写の一本」）も伏見法皇・後伏見上皇の宸翰、そして世尊寺行俊の筆と伝える。正本（「正伝」）は当時の住持如一国師が給わり、宗祖一〇〇回の遠忌を修し、副本は舜昌に下賜されたらしく、舜昌が「正伝惣修之賞」として知恩院の別当に補された時に、正副両本とも吉水の宝庫に納まったという。

舜昌が『行状絵図』を撰修したことで評判を高め、天台宗徒の怒りを買ったので、弁解のために書いたとする『述懐鈔』に、「今不レ図勅命ヲウケ、法然上人ノ勧化ヲ画図ニ写シ、弥陀称名ノ本願ヲ巻軸ニ顕ハス」と記す。ところが、大橋俊雄氏の指摘によると[1]、これは『続浄土宗全書』所収の延享五年（一七四八）の刊本の記述であって、延宝三年（一六七五）の刊本では「然《ル》間《タ》法然上人《ノ》乗《セ》二勧化《ヲ》画図《ニ》一、弥陀称名《ノ》利益《ヲ》顕《ス》二巻軸《ニ》一」となっていたのを改竄したのである。そしてこうした改竄は、本文にとどまらないのである。沙門増誉の跋文の「此鈔者、叡山功徳院法印舜昌和尚之述作也。法印奉二勅命一編二集吉水御伝四十八巻一」もまた、延宝三年刊本には「抑《々》此《ノ》鈔《ノ》濫觴者《ハ》、叡山舜昌法印、至《マテ》二源空《ノ》一代《ニ》幷遺弟《ノ》儀式《ニ》一詳《ニ》記《シテ》 号《シ》二語伝《ト》一、作《ナス》二四十八巻《ト》一」とあった。「不レ図勅命ヲウケ」「奉二勅命一」と改竄したのは、『行状絵図』の「勅修」を裏づけるための作為であったと考えられる。言い換えると、延宝三年の時点では、舜昌の法然絵伝の制作が「奉勅」を契機になされたとは伝承されていなかったのである。

それでは『行状絵図』の「勅修」説が唱えられたのはいつごろからであろうか。前引した聞証の言に「勅」や「詔」の語がみえるが、絵伝制作の発議の位置にはない。それが『採要録』で初めて後伏見上皇の勅をもって撰修が発議されたことになる。聞証が浄教寺に滞在していたのは、貞享四年（一六八七）に華開院で病臥する以前であろうから（『聞証和尚行状記』）、貞享の初年と思われる。「勅修」説は貞享・元禄の交に言い出されたと思われる。このころに『行状絵図』の校訂と注釈の事業が開始された。事業を推進したのは義山と円智であり、忍澂が資金援助して協力していた。憶測をたくましくすれば、宗祖を顕彰するために、『行状絵図』を権威づける方途として、義山グループが「勅修」説を唱えたものと推考しておきたい。

二 『縁起』における「御伝総修」論

忍澂の『縁起』は格段に詳細となるが、『行状絵図』に成立等に関する事項は、ほぼ『採要録』を踏襲している。『採要録』が言及しなかった点、すなわち『縁起』によって得られる知見を以下に抄出する。

爰に後伏見上皇、本より大師の徳行を御信仰ましく〱けるが、叡慮もかたじけなく、かゝる事をや思召されけん、上人の道跡より、弘教の門弟、帰依の君臣等の行状に至るまで、たゞ吉水門人のをのく〱記し置る旧記をかんがへて、事の同じきをはぶき、跡の異なるをひろひ、数編の伝記を総修して、一部の実録をなし、万代の亀鑑にそなへまうすべき旨、舜昌法印に仰下さる。法印つゝしみ承りて、近代杜撰の濫述をば撰びすて、たゞ門人旧記の実録をのみ取用て、類聚して編をなせり。しげきをかりては要をあつめ、漢字を訳しては和語となし、見る人ごとに尋やすくさとりやすからしむ。をよそ二百三十七段、段ごとに画図をあらはし、巻を四十八軸にとゝのへて奏進せらる。

かくて四十八巻の絵詞、やうやく繕写事をはりにしかば、上皇斜ならず悦ばせ給ひて、繕写の御本をばやがて官庫にぞ納められける。上皇又思召れけるは、もしながく官庫に秘蔵せば、利益衆生のはかりことにあらず、またみだりに披露せば、紛失の恐れなきにしもあらずと。依之重てまた絵詞一本を調られて副本にそなへ、かつは世間伝写の因縁にもなさばやとて、更に御草案の画図を取用ひさせ給ひて、又一部重写の叡願をおこさせたまひけるに、これも程なく功成てげり。

正本副本両部の御伝、おの〳〵四十八巻の絵詞、徳治二年に初まり、十年あまりの春秋をへて、其功こと〴〵く成就し給ひぬ。

さて重写の御本をば世間に流布して衆生を利益すべしとて、舜昌にぞ給はりける。これより世こぞりて勅集の御伝と称して、展転書写してひろく京夷にひろまりければ、諸人の尊重する事、はるかに往昔門人の旧記にこえたり。

さて舜昌法印をば御伝惣修の賞として、知恩院第九代の別当に補せらる。其時官庫の御伝を正本と名づけて、これを賜はりてながく吉水の宝庫にぞ納められける。をよそ我朝に諸師の伝記おほしといへども、いまだかくばかり盛なるはなかりき。ゆゝしき我祖の眉目にして、宗門の光華にぞ侍る。

忍澂は『縁起』の冒頭に「法然上人行状画図一部四十八巻は、九十二代後伏見上皇、叡山功徳院舜昌法印に勅して、昔年吉水門人の記する所の数部の旧伝を集めて、大成せしめ給ふにぞ侍る」と書き、『行状絵図』は先行の法然伝たる「数部の旧伝」を集めて「大成」したものと概括する。上皇は「旧記をかんがへて、事の同じきをはぶき、跡の異なるをひらひ、数編の伝記を総修して、一部の実録をなし、万代の亀鑑にそなへまうすべ」しという編集方針を舜昌に指示し、これを受けて舜昌は「近代杜撰の濫述をば撰びすて、たゞ門人旧記の実録をのみ取用て、類聚して編をな」したという。

四八巻の「絵詞」（絵図と詞書の意）の繕写が終わり、「官庫」に収められたが、上皇は「副本にそなへ」るために「又一部重写の叡願」を起こした。その正副各四八巻の絵詞が徳治二年（一三〇七）から一〇年の歳月をかけて完成したのである。制作開始が徳治二年だとする根拠は不明であるが、後二条天皇の宸筆説を合理づけるには、同天皇が崩御される延慶元年（一三〇八）以前の開始としなければならず、その前年の徳治二年に始期を置いたとする考えもある（前掲伊藤氏稿「解題」）。制作に要した「十年あまりの春秋」という期間は、四八巻におよぶ浩瀚な伝記資料の収集、詞書の修文、絵図の作画、装幀等にわたる諸工程、しかも正副二部の作業量を踏まえた忍澂の推算であろう。推算の目安にしたのは、舜昌と同時代の澄円が著わした『浄土十勝箋節論』（巻二）に、「知恩院別当法印大和尚位舜昌」が法然上人の法語を得て「祖師行状画図之詞」となしたという記事にあった。[補1]澄円が『浄土十勝箋節論』を執筆した時点で、舜昌が『行状絵図』の撰修を終えていたことになる。『浄土十勝箋節論』の跋文が元応二年（一三二〇）に付され、序文が正中元年（一三二四）に書かれている。序文より跋文が先だという理由はわからないが、いったん脱稿の後に補訂を加えて序文を認めたと考えれば、さほど矛盾はない。[補2]そこで『行状絵図』成立の下限は、元応二年ないし正中元年となろう。「徳治二年に初まり、十年あまりの春秋をへて、其功こと〴〵く成就し給ひぬ」は、今のところ信じざるを得ないのである。

さて『採要録』では、前述したように、正本は当時の住持如一国師が給わり、副本は舜昌に下賜されたらしく、舜昌が「正伝物修之賞」として知恩院の別当に補された時、正副両本とも吉水の宝庫に納まったという。しかし『縁起』では、①正本は官庫に納められた、②副本にそなえ、かつ世間伝写の便宜に、一本を重写した、③副本を世間に流布し、衆生を利益するために舜昌に賜った、④舜昌は御伝物修の賞として知恩院の別当に補された時、官庫の正本をも賜った、というやや複雑な経緯が記される。正本を如一国師が給わり、宗祖大師百回の遠忌を修したことに触れないのは、『行状絵図』の完成が上人一〇〇回忌の応長元年（一三一一）以後のこととみていたからである。副本の制作とそれを舜昌に賜った目的は②および③で明らかだが、官庫の正本をも賜った事情がよくわからない。御伝物修の賞ならば、副本で十分なはずである。官庫に納めて永く秘蔵されるべきものが、どうしてすぐに下賜されたのか説明がつきにくく、副本制作の目的が宙に浮くことになろう。

『翼賛』（巻五〇）に「（当麻寺往生院）霊宝ノ中ノ大師行状画図全部四十八軸ハ、是レ伏見後伏見後二条ノ三帝宸翰ヲ染《ソメ》、又才臣ノ筆翰ニ善《ヨキ》ニ仰セテ書シメ給シ二本ノ中、其ノ一本ヲ止メ、此ノ一本ヲ当麻ニ送ラ是ノ一本ハ本山ノ御伝ノ亡失ヲ恐レ思シ召シテ写サセ給シトソレケル也」とある。『翼賛』『採要録』『縁起』のいずれも、正副の二本が制作されて、知恩院本が正本、当麻本が副本であると主張する。だがこうした主張は、当麻本もまた宸翰名筆の手になる「叡願」の「重写の御本」であるとする伝承を裏づけるために、ある種の合理的な解釈を提示しているにすぎないのではなかろうか。それにしても、副本制作の目的や舜昌が正副二本を下賜された理由は、なお釈然としないが、これらに関する憶測は、別稿に譲る。(2)

ところで、先行の法然伝の集大成という位置づけは、『行状絵図』の序に「ひろく前聞をとぶらひ、あまねく旧記をかんがへ、まことをえらび、あやまりをたゞして、粗始終の行状を勒するところなり」と記すので、舜昌の意図するところでもあった。だが、それは同時に忍澂自身の史観でもあった。『縁起』によれば、「門人の記する所の数部の旧伝」「門人旧記の実録」とは、上人に親炙した「聖覚法印・隆寛律師・勢観上人など」が「師の行業を録しとゞめられける」ものであった。ところが、祖師から遠ざかった時代に撰修された伝記は作為が多く、ほとんど信用するに足らず、世人を惑わすだけであるから、上人の直弟子らの記録した「師の行業」を「実録」とみて、そこに祖師の真の事績を求めようとした。しかし、門人の旧記だけで十分なのか。忍澂の『縁起』はいう。

つら〳〵御伝の縁起を按ずるに、誠に僧中の公伝にして、古今に比類なき事にぞ侍る。其ゆへは、門人の旧記は上世の実録なれども、をの〳〵知れる所をのみ記せられしかば、たがひに書もらせる事なきにしもあらず。さればあまねく諸伝を通はし見ん事もわづらはしかるべきに、法印の総修は数編の伝記にのする所、こと〴〵くそなはりて、さらに捜索のわづらひなし。いとめでたからずや。

門人の旧記は「実録」として尊重すべきだが、各自が知れることをのみ記して、内容に偏りがあり、脱漏する点も少なくない。諸伝を通覧すればよいのだが、かなり面倒である。舜昌が諸伝を「総修」したことで、捜索する必要がなくなったという。このように『行状絵図』を評価したのは、忍澂の識見によるものであるが、今日の法然伝研究の水準に照らして、十分に堪え得る見解ではないかと思う。「旧記の実録」を重視し、それらを「総修」した『行状絵図』は、法然上人の全貌をうかがうに最適の文献であろう。

法然上人の伝記資料としては、『伝法絵流通』(『本朝祖師伝記絵詞』)、『法然聖人伝絵』(『法然上人伝絵詞』)、『法然聖人絵』(『黒谷上人絵伝』)、『拾遺古徳伝絵』など一群の絵伝のほかに、『法然上人伝記』(醍醐本)、『知恩講私記』、『源空聖人私日記』などの文献がある。これらは『行状絵図』よりも早い時期に成立しているから、史料的に〝良質〟といわざるを得ないが、法然上人の全貌を描いているわけではないのである。

三　『行状絵図』刊行小史

『行状絵図』の「絵詞」（絵伝の詞書だけを抄出）の書写が最初に確認されるのは、『存覚上人袖日記』である。存覚は「黒谷四十八巻絵詞」を「杉原四半紙五行定」で一〇冊に写している。書写の時期は不明だが、存覚が没する応安六年（一三七三）以前になろう。知恩院本の『行状絵図』各巻の奥書に「四十八巻絵伝」とあるので、知恩院本の絵詞に相違ない。つぎに陽明文庫所蔵の『黒谷上人絵詞抜書』がある。永享九年（一四三七）に玉泉坊覚泉が江州金勝寺で書写した本を、文安四年（一四四七）に書写したものである。内容は『行状絵図』と比較すると、巻・段の順序が不同で、詞章も必ずしも原文に忠実でないが、『行状絵図』の巻一から巻四八までの、計二七巻分の詞書を抜き書している。

井川定慶氏が「燈誉本」「徳富蘇峰本」と称する写本がある。[3]「燈誉本」の表題は「法然上人伝絵図」、永禄元年（一五五八）に燈誉が書写した本を天正九年（一五八一）に書写したもので、「知恩院本の複写」であるという。これには「絵相」を欠くとあるので、『行状絵図』の絵詞の写本とみるべきであろう。「徳富蘇峰本」は同志社大学の徳富文庫所蔵で、慶長十二年（一六〇七）に文誉が知恩院へ通って書写した。「此れにも絵相はなく、詞書のみである」という。

以上はいずれも〝写本〟の範疇に属し、普及性に乏しかったが、江戸時代に木版印行が行なわれるにいたった。前述した寛永十三年（一六三六）の『黒谷上人伝絵詞』である。「寛永丙子孟春吉日　書舎二左衛門梓行」という奥付以外に刊記がないので、刊行にかかわった人物を特定できない。この刊本の特徴は、各冊の初めに「目録」を配することで、各巻の内容標題を摘記している。興味深いことに、この目録は、小松茂美氏が紹介した宝永五年（一七〇八）に安井門跡道恕が筆記する「法然上人行状絵図目録」と吻合するのである。道恕の目録は、各巻の詞書の筆者推定を義山グループの考究に従ったが、標題は寛永十三年刊本によっている。ただこの標題は、たとえば第一巻は「序　出胎事　時国死門事」、第二巻は「定明逐電事　菩提寺入室事　小児上洛事」、第三巻は「童子入洛事　同登山事　同出家事　黒谷慈眼房渡事」などとあり、実際の段とは対応していない。

各巻の各段について、標題を一々掲出したのが忍澂の『目録』である。「全部四十八巻、凡二百卅七段」のすべてに、内容を端的にあらわす題目を付して、閲読に便宜ならしめた。実際には二三五段のはずだが、第一巻第一段の「夫以、我本師釈迦如来は」から「たれかこのこゝろざしをよみせざらむ」までを「序」、「抑上人は」から「三宝に帰する心深かりけり」までを「父母仏神に祈て上人を懐妊し給ふ事」に分け、第三〇巻第四段を「東大寺造営の為に上人を大勧進職に補せらるべき院宣幷上人御辞退の事」と「上人俊乗房を大勧進に選び奏せられし事」に分け、それぞれ二段と数えたからであろう（後者の場合、原文では「俊乗房伊勢大神宮にまいりて」以下を改行しているので、これを分段とみられなくもない。それならば、「俊乗房伊勢大神宮祈請の事」とでも題すべきか）。段ごとに丁寧に付された標題は、内容の検索に便宜を得るので、本書では目次や本文各段の校注の箇所に挿入しておいた。

次いで最も普及に寄与したのは、元禄十三年（一七〇〇）刊行の『法然上人行状画図』であろう。そして同本にもとづいて注釈を施した『翼賛』（全六〇冊）が宝永元年（一七〇四）に刊行された。ここに義山校訂の『行状絵図』が宗門の内外を風靡し、〝定本〟の位置を占めるにいたったのである。ところで、寛永十三年刊本にしろ、元禄十三年刊本にしろ、詞書の翻刻は必ずしも知恩院本の原文に忠実ではない、いま試みに第一一巻第五段を対照しよう（濁点の有無は原文のまま）。

上人うるさき事におもひたまひて、九条殿へまいり給はさらむために、房籠りとて別請におもむき給はす、（中略）さやう御時は子細におよひ侍らすと申されけれは、（中略）門弟正行房心中に、あはれ房籠とてよの

所へはましまさすして、九条殿へのみまいり給事、　（知恩院本）

上人ウルサキコトニ思《ヒ》給テ、九条殿《クデウドノ》ヘマイリタマハサランタメニ、房籠《バウロウ》トテ別請ニオモムキタマハス、（中略）サ様ノ御時ハ子細ニ及ビハンヘラスト申サレケレハ、（中略）門《モ》弟《テイ》正《シヤウ》　行《キヤウ》房心中ニ、哀《アハ》レ房籠トテ余ノ所ヘハマシマサスシテ、九条殿ヘノミ参給コト、　（寛永十三年刊本）

上人うるさき事に思給て、九条殿へまいりたまはざらんために、房籠《ばうこも》りとて別請《べつしやう》におもむき給はず、（中略）さやうの御時は子細《しさい》に及ひ侍らずと申されけれは、（中略）門弟正行房心中に、あはれ房籠りとて余《よ》の所へはましまさずして、九条殿へのみ参給こと、　（元禄十三年刊本・翼賛本）

江戸期の刊本は、初学者に読み易からしめるために、仮名遣いを改め、漢字・仮名を適宜に変換し、文字を補うなどの改訂を行なっている。意味に差異を生じなければ差し支えないという鷹揚さのあらわれであろうが、現代の原文主義からはほど遠いテキストである。

近代に入り、活字印刷の『行状絵図』が刊行されて、普及性を一層高める。望月信亨氏編纂の『法然上人全集』（明治三十九年刊、浄土教報社）に「法然上人行状画図」が収められ、梶宝順氏の編になる『法然上人行状画図』（明治四十一年刊、東光社）が単行本として刊行された。後者は掌中版とも称すべき小型の本で、「索引」「法然上人年譜」および『縁起』を付載している。『浄土宗全書』一六（明治四十三年刊、浄土宗宗典刊行会）に『翼賛』『縁起』『目録』が収められた。そして望月信道氏の編纂する『浄土宗聖典』（明治四十四年刊、無我山房）にも、「法然上人行状画図」が収録されている。

こうした相次ぐ出版によって、『行状絵図』が宗門人の手に取る身近な存在になったが、活字印刷本の底本には、いずれも義山の校訂にかかる「義山本」（元禄十三年刊本・翼賛本）を用いていた。それは義山本と同様の書名「――画図」で明らかである。厳密な意味での知恩院本の翻刻は、藤堂祐範・江藤澂英の両氏が当麻本・翼賛本と校合した『大正新校法然上人行状絵図』（大正十三年刊、中外出版）が最初である。つづいて『日本絵巻物集成』第一五巻・第一六巻（昭和六年刊、雄山閣）に『行状絵図』が収められた。知恩院本による絵詞は井川定慶氏の校訂にかかり、さらに同氏の該博な知見にもとづく本格的な解説が施されている。これまでの活字印刷本は『縁起』を収録することで「解題」に代えていたが、ここに初めて解題らしきものをともなう知恩院本を底本とする『行状絵図』が登場した。

これ以後、知恩院本を直接に用いるのが主流となる。なかでも井川定慶氏編の『法然上人伝全集』（昭和二十七年刊、同刊行会）は、『行状絵図』をはじめ各種の法然絵伝の詞書をも網羅しており、学界を最も裨益した。しかし、魯魚の誤りがなきにしもあらず、原文対照が必要である。例えば梶山昇氏編『法然上人行実』（平成十七年刊、浄土宗）は、建久二年（一一九一）条に「上人、後白河法皇に授戒」の綱文を立て、『法然上人伝全集』四四頁の「建久二年正月五日より、御悩ありけるに」云々を引くが、建久三年の誤植である。

『行状絵図』は仏教用語や古典文法に精通しなければ読解しがたく、語句の注釈や現代語訳が求められる。早田哲雄氏『勅修法然上人御伝全講』（昭和四十二～四十七年刊、西念寺）、村瀬秀雄氏『全訳法然上人勅修御伝』（昭和五十七年刊、常念寺）、大橋俊雄氏『法然上人伝』（平成六年刊、春秋社）などが出版されている。いずれも原文と現代語訳が対照できるが、なかでも早田哲雄氏の現代語訳が優れている。しかし、早田氏は例えば、

すへて親しきも疎も貴も賤も、人にすきたる往生のあたはなし。（第二〇巻第一段）

という原文を、

総べて親しきもうときも、尊きも卑しきも、人に過ぎたる往生のあたはなし。（五一二頁）

と表記を改変している。原文の仮名遣いは往々にして間違っているが、それを正しい歴史的仮名遣いに改めるなど、国文学者としての見識によるのであろうが、原文主義に徹していない憾みがある。

本書はこうした問題点を克服すべく、原文主義を貫きつつ、現代人に読解の便を図るために、難読の漢語には振り仮名を付け、仮名語には傍注にて漢字を記するなど工夫を凝らした。

（1）「四十八巻伝の成立年時について」（『日本歴史』一五〇号、昭和三十五年）。
（2）「『法然上人行状絵図成立私考』――『九巻伝』取り込み説批判――」（佐藤成順博士古稀記念論文集『東洋の歴史と文化』、平成十六年、山喜房佛書林→**本書第二部第六章**）。
（3）『法然上人絵伝の研究』（昭和三十六年、法然上人伝全集刊行会）。

[追記]　本章は『新訂法然上人絵伝』（思文閣出版、平成二十四年）に付した「解題」を収めた。文中にいう「本書」は『新訂法然上人絵伝』を指す。

[補1]　『浄土十勝箋節論』（巻二）に「従上所引の上人の法語は、人皆之を知れり。汝なんぞ見ざるや。ただ小子独り之を得たるのみにあらず。また知恩院の別当法印大和尚位舜昌、之を得て祖師行状画図の詞となす也」（原漢文、以下同じ）とある。澄円や舜昌が得たという法然上人の法語とは、具体的にはどのような内容のものであったのか。それは「従上所引」の「黒谷上人空阿大徳に書き与えたまへる法語に云く、正念の時称名功を積ぬれば、たとひ臨終に称名念仏せずと雖も、決定往生するの由、群疑論に見へたり云云」を指すものと思われる。『行状絵図』第四八巻第二段〈空阿の臨終行儀の尋に付て上人御返状の事〉にも空阿宛ての上人書状を収めており、「又正念のとき称名の功を積候ぬれば、たとひ臨終に称名念仏せずといふとも、往生つかまつるよし、群疑論にみえて候也云々」と、その文言がほぼ一致するから間違いない。澄円がこの書状（法語）を『浄土十勝箋節論』執筆の当初は写しで入手していたようだが、正平九年（一三五四）に天王寺瓦堂で「上人御自

筆の書」を実見して「随喜渇仰極まりなし」と感激した旨を補記している。なお書状は、和語と漢語の両様で伝えられていたらしく、『漢語灯録』（巻一〇）に「遺或人之返報　指南抄云、遺空阿弥陀仏」として収録している。

［補2］　嘉永五年（一八五二）校訂重刊本（巻九）に「論主端書　十件」（「論主後叙」とも）として一〇個の跋文を載せている。それらによれば、文保元年（一三一七）には稿本を完成させていたが、元応二年（一三二〇）にいたって公表する決意をもった。そして年紀未詳の跋文にて「十勝論輔助儀（義）」を著わした旨を記すが、これは正中元年（一三二四）の序文と同じ時の跋文と思われる。この後ろに正慶元年（一三三二）、建武二年（一三三五）、貞和三年（一三四七）、同四年（一三四八）、同五年（一三四九）の年紀をもつ跋文を付しているのは、添削補訂を示すものであろう。

第五章　『法然上人伝記』（九巻伝）の成立について

一　はじめに

筆者は先に「法然諸伝にみえる遊女教化譚」[1]「『法然上人行状絵図』成立私考」[2]および「『法然上人行状絵図』と『法然上人伝記』（九巻伝）」[3]を著わして、法然上人伝のなかで最も浩瀚な『法然上人行状絵図』（以下『行状絵図』という）と『法然上人伝記』（九巻伝、以下『九巻伝』という）について、記事の内容・文章が同一もしくは類似する段が多いために、従来から『九巻伝』が『行状絵図』の草稿であるいう関係で捉えられてきたが、個々の段を比較・対照して詳細に検討した結果、『行状絵図』が先で、『九巻伝』が後という成立上の関係にあることを指摘した。しかし、それは『九巻伝』が『行状絵図』の抜粋であることを意味せず、『九巻伝』は『行状絵図』の強い影響下に作られたが、記事を構成するにあたって『行状絵図』を要約または敷衍するかたちで継承することもあれば、『行状絵図』より先に成立している他の伝記等に依拠することもあり、あるいは『行状絵図』を無視するなど、個々の段によって異なるのである。したがって『行状絵図』とは段の配列や趣旨に変更を生じていることがある。要するに『九巻伝』は、法然諸伝の類別では『行状絵図』の系統に属するが、『行状絵図』よりも発展した独立の伝記というべきであることを指摘した。

それでは『九巻伝』の成立はいつか。『念仏の聖者　法然』（日本の名僧7、吉川弘文館、二〇〇四年）を編集し、執筆した「法然伝の系譜」において、『九巻伝』末尾の刊記に忍海が「元祖滅後凡百五十年の頃に於て、隆寛律師の門葉より記録せしと古伝に云伝へたり」と書くところに従って、十四世紀半ばと推定した。ところが、その一方で『法然絵伝を読む』（思文閣出版、二〇〇五年）を著わしたさいに、『行状絵図』の善恵房証空の記事（第四七）をとりあげ、『九巻伝』の成立は至徳三年（一三八六）に実導（仁空）が撰述した『西山上人縁起』より後であったと示唆した。しかしながら、『九巻伝』と『西山上人縁起』の前後関係は、むしろ逆のことがいえるのではないかと考え直すにいたり、ここに改めて『九巻伝』の成立について論じようと思うのである。

二　現行本『九巻伝』の構成

現行本『九巻伝』のなかで特に巻一の構成は複雑である。写本等を精査された野村恒道氏[4]の研究を参考しつつ、私見を述べよう。結論からいえば、現行本『九巻伝』は大きく分けて二部、見方を変えれば三部からなる。『浄土宗全書』一七に収める刊本を用いて、巻頭の記事を分解すると、以下の通りである。

㋐法然上人絵詞巻第一（此序中阿直伝ノ本ニハ自序ノ次ニアリ）

夫以、我本師釈迦如来は、あまねく流転三界の迷徒をすくはんがために、ふかく平等一子の悲願をおこしますによりて、たちまちに無勝荘厳の土を捨て、忝娑婆濁世の国に出給しよりこのかた、（中略）然に今上人の遷化、すでに一百年におよべり。星霜をのづからあひへだたる。（中略）愚成者のさとりやすからむため、見聞んもの、信をすすめんために、数軸の画図にあらはし、万代の明鑑にそなふ。念仏の行者として誰人か信受せざらむ。

一　上人誕生事　写本直のごとし

二　鞭竹馬遊覧事

（本文省略）

三　夜討の事

（本文省略）

四　臨終の事

（本文省略）

五　登菩提寺事

（本文省略）

六　為登山母乞暇事

（本文省略）

七　参会法性寺殿御出事

（本文省略）

八　登西塔北谷持法房事

従是以下事義相同。上巻欠行又少違在之。故令書写者也。

㋑（此序中阿ノ本ニハ序ノ前ニアリ）此伝一部九巻十八冊者、未レ知二作者何人一也。而尚其伝行二于世一甚希矣。予適探二得一本一、而最備二亀鏡一。恨其本闕二初之一冊一。忙然無レ所レ考レ之。然幸得下一巻之有中為二絵詞一者上。而並以考レ之、其詞如レ合二符契一。数々挍レ之、後来之一巻即前本初一而已。若此異者、唯不レ安二其題目及標目一、且闕二時国夜討、観覚入室両段之詞一、而存二其画図一而已。間亦有二存略言一者、蓋為レ有レ不レ便二於画図一也。然則初一冊本、唯其本文而已。今私加二其題目及標章一、以類二下諸巻一。後哲得二善本一、則為二削補一焉。

于時貞享五初秋中旬

㋒法然上人伝記巻一上 并序

上人誕生事

時国夜討に逢ひ小矢児敵を射給ふ事

菩提寺に至りて観覚得業に師とし仕る事

童子上洛事

入洛事

此一巻写本に目録なし。又題号もなし。然るに此本上下を一巻にして、段々に絵あるものあり。下巻の初の童子登山の体をかきけるより已下、叡空上人臨終の段に至迄、両本相同じ。但詞に少づゝ略したる所あり。されども両本引合するに毛頭相違なし。故にその詞計書とりて、私に題号と目録とをくわへ侍るなり。後日に正本有ば挍合すべきものなり。(此十二行中阿ノ所記也)

㋓上人誕生の事

老の眠、たちまちにおどろき安く、春の夢、むなしく夜をのこすに、つら〱往事を顧れば、旧友ことごとくゆきて、法跡わづかに存す。累代の口伝、みみのそこにとゞまりて、ひとり師子の芳訓を案ずれば、千行の涙さいぎりて落。(中略)こゝに同山源空上人と申人あり。弥陀本願の称名は、正業決定の行体なれば、助縁を不待して、願行具足し、専修不乱の一念は、無生の大悟にかなふと決判し給へり。(中略)曩祖上人の恩徳を報ぜんがために、諸方の伝記をひらき、古老の直説について、かづ〱是を記す。もし過減あらば、後昆刪補をくわへよ。多言をいとふ事なかれ。

上人誕生事

(本文省略)

此間に絵あり平産の体をかけり。

時国夜討にあひ小矢児敵を討給ふ事

此段詞かけて礼紙のみあり。又絵あり。夜討の体也。

菩提寺にいたりて観覚得業に師とし仕る事

此間詞かけて礼紙のみあり。又絵あり。

童子上洛事

（本文省略）

童児入洛事

（本文省略）

㋔法然上人伝記巻第一下

登西塔北谷持法房事　入皇円阿闍梨室事

遂出家受戒学六十巻事　入叡空上人室事

法花修時白象現事　真言修行時観成就事

暗夜得光明事　花厳披覧時青竜出現事

蔵俊僧都寛雅法印等対面事　紫雲覆日本国事

叡空上人臨終事

登西塔北谷持法房事

（本文省略）

入皇円阿闍梨室事

（本文省略）

（後略）

㋕法然上人伝記巻第九下

（中略）

然をいま九巻の絵を作して、九品の浄業にあて、一部の功力を終て、一宗の安心を全くせんが為に、諸伝の中より要をぬき肝をとりて、或は紕謬をたゞし、或は潤色を加えて、後賢にをくりて、ともに仏国を期せんと也。（中略）見聞一座の諸人、同音に千返の念仏を申さるべし。

願以此功徳　平等施一切　同発菩提心　往生安楽国

『九巻伝』の構成に関して、野村氏は㋐（「法然上人絵詞巻第一」）、㋓（「法然上人伝記巻第一上并序」の序文・本文）、㋔（「法然上人伝記巻第一下」）以下㋕まで、の三部構成になっていることを指摘した上で、㋐の「法然上人絵詞」の事書が㋔を含む一七冊と揃っているようにみられると言い、㋐の「法然上人絵詞」の方が㋔以下の『九巻伝』と内容が同一である可能性が高く、『九巻伝』の古態は『法然上人絵詞』であったと推測した。そして「このことは㋓の部分の存在意義を脅かすものでもある」と付言しているが、㋓は㋐・㋓・㋔〜㋕が合綴されたさいに、竄入した異質な存在とでも言いたいのである。野村氏は㋐の冒頭に書かれた序文を『九巻伝』の序文として扱い、これを『行状絵図』の序文との比較に用いているが(5)、何種類もの写本等に直接あたった野村氏の斬新な研究も、『九巻伝』の『行状絵図』草稿説の呪縛から解かれていないようである。

㋐は㋔〜㋕の『九巻伝』と一具の伝記とみなされるのであろうか。㋑㋒は中阿の文章である(6)。㋑によれば、㋓の「一巻之有為絵詞者」を入手するまでは「一部九巻十八冊」のうち「初之一冊」は「闕」とみており、㋐と㋔〜㋕が一体（内容的同一）のものとは認識していなかったと考えられる。㋐が㋔以下と合綴された事情は不明だが、中阿が㋓を手に入れる以前に、すでに㋐（一冊）と㋔以下（一七冊）は合綴されていた。「後来一巻」は「前本初二」に相当し、もし異なるとすれば（後来本は）題目及び標目を置かず、かつ「時国夜討」と「観覚入室」の両段の詞書を欠き、絵図だけであること、（前本の）「初之一冊本」は詞書のみだというからである。

すでに合綴されていながら、㋐が㋔以下が一体のものとは認識されていなかった。すなわち㋐を『九巻伝』の「巻一上」とみなしていたとすれば、中阿と義山らが『円光大師行状画図翼賛』を撰述した時、『九巻伝』の成立について、巻九下の「嵯峨釈迦堂上人廟塔事」の「彼永延より以来嘉禄に至るまで二百四十年計にや成ぬらん」に着目して、「按ニ嘉禄ノ比ノ注記ト見エタリ」と推定することなく、㋐の序文の「今上人の遷化、すでに一百年におよべり」という記事から、多分に「応長」もしくは「正和」の作と考えたはずである。

㋐は「伝法絵」系の絵伝と内容上の共通性が多く、㋓および㋔以下とはそれぞれ系統を異にする絵伝と考えられる。その㋓と㋔以下の関係をみると、中阿が㋒に記すように、㋓の絵巻物一巻の内容は「此本上下」すなわち㋐および㋔にわたっていた。下巻＝㋔の「童子登山の体をかきける」より「叡空上人臨終の段」までを照合すると、絵巻物の詞書に若干省略した箇所があるものの、「両本引合するに毛頭相違」なかったので、その（上巻に該当する）詞書だけを書き取って、「私に題号と目録とをくわへ」た。これが「法然上人伝記巻一上并序」「上人誕生事」「時国夜討に逢ひ小矢児敵を射給ふ事」「菩提寺に至りて観覚得業に師とし仕る事」「童子上洛事」「入洛事」という題号と目録である。

こうして補われた㋓にも問題がなかったわけではない。中阿が㋑でいうごとく、「闕二時国夜討、観覚入室両段之詞一、而存二其画図一而已」という欠陥があった。そこで、重複の感は否めないが、㋐を破棄せずにいたのではなかろうか。内容的に「相同じ」をもって「法然上人伝記巻一上并序」と題した㋓は、㋔以下の『九巻伝』とはこれまた別個の伝記といわざるを得ないのである。したがって法然諸伝との比較・対照、成立史の位置づけなどの研究に用いる『九巻伝』は㋔以下の箇所のみを採択するのが穏当と思われる。結局のところ、現行の『九巻伝』は、基本的に由来不詳の絵伝㋐・絵伝㋓と、㋔〜㋕との二部構成であり、『九巻伝』と指示する場合は、㋔〜㋕に限定すべきであろう。

三 『善恵上人絵』と『九巻伝』

伝記Bと伝記Dにおいて、記事の構成・表現・用字などに類似性があると指摘されるなら、伝記Bと伝記Dの間に成立的な前後関係が想定される。しかし、伝記B・伝記Dよりも先に成立した伝記Aとの間にも、それぞれ同様な類似性が見いだされるならば、伝記Aは祖本ともいうべく、伝記A→伝記B、伝記A→伝記Dの関係を措定しえても、伝記Bと伝記Dの間に成立的な前後関係を想定することは困難になろう。一方、類似性が少なく、かつ伝記Aよりも後に成立したことが明らかな伝記資料Cとの比較において、伝記Bは伝記資料Cよりも成立が早く、伝記Dは伝記資料Cよりも成立が遅いことが想定されるならば、各伝記の成立は伝記A・伝記B・伝記資料C・伝記Dの順序となり、記事の構成・表現・用字などの類似性からみた前後関係は、伝記A→伝記B→伝記Dという成立史的な系統が考えられるのである。

ところが、こうした伝記の成立上の前後関係は一般的な通則にすぎず、その前後の決め手も記事の内容や表現において簡略か繁雑かという繁簡を基準にすえることが多く、結局は研究者の主観にもとづいている、と非難をあびるであろう。しかし、法然上人伝の成立史的研究は、諸伝の記事の相互比較から得られる前後関係の措定の積み重ねによる以外に方法はないと思われる。本稿は『九巻伝』の成立の時期をさぐろうとするささやかな営みであるが、これまで筆者がとってきた方法論を踏襲している。

さて、『九巻伝』巻第三上の「善恵上人の事」は『行状絵図』第四七の第一段および第二段に依拠している。『行

状絵図』に、

西山の善恵房証空は、入道加賀権守親季朝臣法名証玄の子なり。久我の内府通親公の猶子として、生年十四歳の時、元服せしめむとせられけるに、童子さらにうべなはず、父母あやしみて、一条堀川の橋占をひけるに、一人の僧、真観清浄観、広大智恵観、悲観及慈観、常願常瞻仰ととなへて、東より西へゆくありけり。宿善のうちにもよをすなりけりとて、出家をゆるさんとするとき、師範の沙汰のありけるをきゝて、童子のいはく、法然上人の弟子とならむと。これによりて建久元年、上人の室に入、やがて出家せさせられて、解脱房と号す。たゞし笠置の解脱上人と同名なるによりて、これをあらためて善恵房とつけられき。その性俊逸にして、一遍見聞するに通達せずといふ事なし。上人にしたがひたてまつりて、浄土の法門を稟承する事、首尾廿三年自十四歳至卅六歳なり。稽古に心をいれて、善導の観経の疏をあけくれ見られける程に、三部まで見やぶられたりけるとぞ申伝侍る。

とあるが、『九巻伝』には、

西山善恵上人は、天暦聖主の御後、入道加賀の権守親季法名証玄の息也。一門のよしみ深くして、幼稚の昔より、久我内府通親公の猶子たりき。漸に元服の沙汰侍りしに、童子ふかく菩提心に住して、偏に出家をのぞむ。父母更に是をゆるされず。于時生母忍て、一条のもどり橋にて、橋占をとわれしに、一人の僧ありて、真観清浄観、広大智恵観、悲観及慈観、常願常瞻仰と誦し、東より西へ行。生母これをきくに落涙甚し。内府此由をきゝ給ひて、宿善の内に催す事を感じて、出家をゆるされし時、師範の沙汰侍りしに、童子申さく、願は法然上人の弟子たらん、不然は出家更に其詮なしと。翌建久元年十四歳にして、遂に上人の室に入、常随給仕の弟子として、浄土の法門残る所なし。

とあり、続いて『行状絵図』の第二段にならい、白木の念仏のことを述べる。点線を施した語句について、表現・

用字等が共通するから、『九巻伝』が『行状絵図』によって記事をなしていることは明らかである。証空（善恵房）の別伝たる『善恵上人絵』[7]の巻一に、

この善慧上人は、俗姓源氏、天暦聖主の皇胤、賀州刺史親季朝臣法名証玄長男なり。治承元年丁酉十一月九日甲辰、種々の嘉瑞ありて、この家に誕生す。童稚のむかし、久我内大臣通親公、彼明敏の性を感して、且は一門なるによりて、猶子として元服せしめんとするに、生年纔に十四歳、幼齢なりといへとも、深く菩提心に住して、更に理髪のこゝろさしなし。たゝ出家の儀を庶幾ふ。厳父嫡子なるをもて、すへてこれをゆるさす。その母愁歎のあまり、一条堀川の橋の辺にして、橋占をとわれけるに、一僧ありて、真観清浄観、広大知恵観、悲観及慈観、常願常瞻仰の偈を誦して西に向て行けり。さては仏法の器なるへきしるしにこそとて、ちからなく出家をそゆるされける。

其後は冠帯剣笏の経営をさしをきて、ひきかへ釈門入室の談話にてそありける。仁和醍醐の院家にや入しむへき、南都北嶺の門室にやつかはすへきなと、様々の沙汰ありしに、童子是をきゝて、これらはさらにのそむ所にあらす、法然上人の弟子とならむこと、我本意なり。しからすは出家して何の益かはあるへきと申されけり。

とあり、『行状絵図』および『九巻伝』とも表現・用字等において共通する語句（点線部分）がみられる。前述した通則のように、『善恵上人絵』は『行状絵図』を祖本とし、『九巻伝』とは直接の関係がないともいえる。だが子細に比較すると、実線を施した語句は『九巻伝』にも類似した表現・用字等が存し、『九巻伝』と『善恵上人絵』の間に成立的な前後関係が想定されるのである。このさい、『善恵上人絵』が証空の生誕を「治承元年丁酉十一月九日甲辰」としており、伝記的要素を新たに加えていること、師範の沙汰を「仁和醍醐の院家にや入しむへき、南都北嶺の門室にやつかはすへきなと、様々の沙汰ありし」と具体的に記していることから、『善恵上人絵』の方

が『九巻伝』よりも後にできた伝記だと予測させよう。

　つぎに比較検討するのは、宇都宮頼綱の法然上人ならびに証空への帰依のことである。『行状絵図』第二六の第二段に、

ⓐ宇津宮の弥三郎頼綱、家子郎従済々として武蔵野をすぎけるに、熊谷の入道ゆきあひていふやう、いみじく大勢にておはするものかな。但いかにおほくとも、無常の刹鬼はふせぎがたくや侍らん。弥陀如来の本願にて、念仏するものをば、悪道にをとさずむかへとり給へば、一人当千のつはものにもなをまさりたるは、これ念仏なり。かまへて念仏し給へと申けるが、きもにそみておぼえける。」ⓑのち念仏往生に心をかけて、大番勤仕のために上洛したりけるついでに、承元二年十一月八日、上人の勝尾の草庵にたづね参じて、念仏往生の法、御教訓をかうぶるとき、上来雖説定散両門之益、望仏本願、意在衆生一向専称弥陀仏名の文をふたゝび誦したまひて、往生せうせじはわどのゝ心ぞ。一向に念仏せば往生疑ひなしとの給ける御ことば、耳にとゞまりておぼえける。のち一向専修の行者になりにけり。」ⓒ上人御往生の後は、ふかく善恵房をたのみ申けるが、結縁のために、四帖の疏の文字よみばかりをうけ、つゐに出家して実信房蓮生と号し、西山に草庵をしめ、一向専念のほか他事なかりき。」ⓓ仁治二年十一月廿二日、天はれ風しづかなる夜、蓮生ゆめみらく、深山幽谷の北に一の庵室あり。蓮生この中に侍り。小山めぐりかさなり、左右の峰たかくそびえたり。なを北の山をみるに、三尺ばかりの弥陀の立像、虚空に影向したまふ。いづれのところよりきたりましますにかと、疑をなすところに、虚空にこゑありて、仏来臨の方は善光寺なりとこたふ。仏やうやくちかづきたまひ、光明赫奕として、白玉のかざりまことに妙なり。このとき蓮生高声に念仏し、右の手をもて仏の左の御手をにぎりたてまつるに、はじめて木像の来現としり、又年来安置の本尊なりとさとりぬ。夢さめてのちは、いよ〳〵信心をふかくして、念仏のいさみをなし、行住坐臥の四威儀、たゞ称名のほか他事をわする。」ⓔ正元々

年十一月上旬の比より、いさゝか病悩の事侍けるが、同十二日端坐合掌念仏相続し、瑞相あらはれて、往生の素懐をとげゝるとなむ。」

とあり、かなり長文の記事である。これに対する『九巻伝』は巻第七上に「宇津宮入道参上事」として、宇津宮三郎入道は、実信房蓮生と法名をつけ、出家の形なりといへども、いまだ念仏往生の道を知らず。熊谷入道のすゝめによりて、大番役勤仕の時、勝尾寺へ参り、上人の見参に入けるに、念仏往生のむねを授られて後、上人のたまひけるは、上来雖説定散両門之益、望仏本願、意在衆生一向専称弥陀仏名と判じて、一切善悪の凡夫、口称念仏によりて、無漏の報土に往生する事、善導和尚弥陀の化身として、かやうに釈し給へる上は、此度の往生は入道殿の心なるべしと被仰ければ、ふかく本願に帰して、上人御往生の後、御門弟の中には、誰人にか不審の義をも尋申べく候らんと申けるに、善恵房といへる僧に相尋べしと仰られければ、やがて見参に入候ばやと申けるに、浄土宗の学者も余学を知ざるは、いふかひなき事なれば、太子の御墓に願蓮房といへる天台宗の人に、学問せよとて遣したる也と仰られければ、幸に天王寺参詣の志しも候へば、御文を給はり候はんとて、上人の御文をたまはりて、太子の御墓へまゐり、善恵上人の見参に入て、上人御往生の後も、二なくたのみ申けり。西山吉峯といふ所に庵室をむすびて、他事なく念仏しけるに、正元元年十一月十二日、臨終の用心たがふ事なく、念仏相続して、種々の霊異を施し、耳目をおどろかすほどの往生をぞとげき。

というむしろ簡潔な記事がある。『行状絵図』の記事は、ⓐ武蔵野において熊谷入道から念仏の教えを勧められる、ⓑ承元二年に勝尾の法然上人の庵室に見参し、念仏の行者となる、ⓒ善恵房をたのみ出家し、実信房蓮生と号す、ⓓ仁治二年に夢想する、ⓔ正元元年に往生を遂げる、という五つの部分からなる。ところが『九巻伝』はⓓの蓮生夢想の記述を欠き、ⓐの武蔵野における話を略して「熊谷入道のすゝめによりて」と記すだけだが、ⓒ

に相当する箇所は少し詳しくなり、聖徳太子廟の願蓮房に天台宗を学んでいた善恵房を訪ねたとある。宇都宮頼綱が出家したのも、『行状絵図』では「上人御往生の後は、ふかく善恵房をたのみ申ける」の後とし、『九巻伝』では法然上人に見参する以前のこととする相違がある。

こうした記事の出入りをどうみるかは論者の考えによろうが、繁簡を基準にすえて、簡略なるものから繁雑なるものへと展開するという通則に従えば、『九巻伝』の方が『行状絵図』に先行することになり、『九巻伝』の『行状絵図』草稿説を支持するかに思われる。しかし、逆に『九巻伝』が『行状絵図』の記事を取捨選択したとみることも可能である。草稿たる『九巻伝』になかったが、『行状絵図』制作の段階でⓐおよびⓓの記事が付加されたとみるよりも、『行状絵図』のⓐおよびⓓの記事が煩雑なるをもって、『九巻伝』では省略したと考えた方が合理的であろう。結局のところ、『行状絵図』のⓒに相当する箇所が『九巻伝』の独自記事ということになる。すなわち前掲した文章の実線部分がそれである。

『善恵上人絵』巻二の宇都宮頼綱に関する記事は、左の通りである。

法然上人しはらく摂州勝尾寺に閑居し給ひしころ、承元三年の冬、宇都宮入道蓮生、あさなをは実信とそ申ける。上人の庵室に詣て、出離の要道をたつね申事ありけり。他人にはいまた一巻の講尺を終られたることたにもまれなりしに、この禅門に対して、観経疏四帖を一反読とほされけり。その散善義の終にいたりて、上来雖説定散両門之益、望仏本願、意在衆生一向専称弥陀仏名の文を、二反まて誦し給て、往生の得不はたゝ汝意にありとそしめされける。未来に益あるへき人なりと鑑給けるにや、不思議の事なるへし。さて実信房、上人帰寂の後、教授をへたてむ時は、誰人をか師範とすへきと申けれは、上人、弟葉多しといへとも、まさしく真実の義をさつくるものは善恵房なり。近比は天台の止観法門を学せむために、太子御陵に止住せしむるよしをおほせられしかは、すなはち本師匠の封札を申うけて、彼霊廟に詣し、願蓮上人の禅房にいたりにけり。おりふし止観の談義ありて、聴衆多く列座しけるを見めくらして、法然上人は日本第一の智者の誉ましますに、我真実の本意をつたふる人と仰らるゝは、さためて余人にことなるところましますらん、相し申し直に御書をたてまつらんとおもひて、談義のをはるを相待けり。さて講尺をはりてをの〳〵退散しけるに、この僧にてやましますらむとおもふ人にゆきむかひて、勝尾上人の御状とて奉けれは、すこしもたかはさりけり。高名のいたりと自称ありけるとかや。それよりひとへにこの上人に帰属して、四十余年の星霜をゝくりけるとそ。

ここに引いた『善恵上人絵』の記事のうち、点線を施した部分は『行状絵図』と、実線を施した部分は『九巻伝』と、それぞれ表現・用字等が類似するか、内容的にほぼ同じである。これは『善恵上人絵』が『行状絵図』と『九巻伝』の両方を参照していることを示している。思うに『善恵上人絵』の作者は『九巻伝』の該当記事だけでは文意が通じなかったのか、『行状絵図』を併せみて、そのⓑの部分に注目し、「他人にはいまた一巻の講尺を終られたることたにもまれなりしに、………不思議の事なるへし」と内容的に敷衍したのであろう。「さて実信房」以下は、前掲の『九巻伝』の実線部分を下敷きに、法然上人が推薦する証空を訪ねて、聖徳太子廟に赴き、願蓮房の談義の聴衆のなかから証空を探し出し、上人の書状を奉じて見参に入り、それより証空に四〇余年帰属したという筋書きに仕立てたと考えられる。

以上を要するところ、宇都宮頼綱（実信房蓮生）に関する伝記は、『行状絵図』→『九巻伝』→『善恵上人絵』の順に成立したという結論に到達するのである。[8] ここで少し気がかりなことに、『行状絵図』および『九巻伝』をみているはずの『善恵上人絵』が、証空の教義や消息に言及していないのである。すなわち『行状絵図』第四七の第二段に「門弟記録」によって白木の念仏のことを述べ、第三段に「津の戸の三郎入道尊願、不審なる事をば、上人往生の後は善恵房にたづね申けり」として、文暦（一二三四～三五）のころ「かの入道善恵房にたづね申ける状」に答えた証空の九月三日付け書状、十月十二日付け書状、さらに「九条の入道将軍の御尋につきて、善恵房しるし申されける状」を載せている。『九巻伝』も巻第三上の「善恵上人の事」に白木の念仏のことを、「月輪殿御不審事」に付けたりのかたちで、文暦元年のころ「善恵上人にたづね申ける津戸入道の状」に対する証空の九月三日付け書状、十月十二日付け書状を収めている。これらを『善恵上人絵』が迂闊にも見落としたとは考えられない。

『行状絵図』には、津戸三郎宛の書状の後に「これらみな自筆判形の状等なり。亀鏡とするにたれり。仰てこれを信ずべし」というから、実物の書状であった。九条頼経宛の書状の後に、

念仏相続し臨終正念をもて、往生の指南とすべしといふ事、消息といひ記文といひ、このひじりの存意あきらかなり。しかるに当世かの門流と号するなかに、多念を功労すべからず、臨終を沙汰すべからずといふ人も侍にや。この義すでにかの消息記録等に違するうへは、これまたく善恵房の義にあらず、末学の今案なり。ながれのにごれるをきゝて、みなもとのすめるをうたがふ事なかれ。

とコメントし、『九巻伝』もまたほぼ同意の文章をもって結んでいる。この「末学の今案」なる新義が、天台・真言・戒・浄土の四宗兼学の基盤上に専修念仏を立てた康空示導（広恵和尚）の本山義を指すとなれば[9]、その拠点の三鈷寺を継いだ実導仁空（円応和尚）が著わす『善恵上人絵』において、本山義を批判する記事を意図的に無視したと考えられる。そもそも『善恵上人絵』は、実導仁空が西山派の派祖証空の伝記を編纂するにあたり、本山義こそが証空の正統な伝承、三鈷寺が証空の遺跡であることを主張することを意図したといわれている[10]。したがって『行状絵図』や『九巻伝』の法然伝を参照しても、本山義を批判する箇所はあえて削除したのであろう。

『善恵上人絵』は「于時至徳三年丙寅十一月廿五日、祖師上人遠忌の節を迎へて、西山往生院上衍房の閑窓にして、老病をたすけ、医瞑をしたて、草記することをはりぬ」とあって、至徳三年（一三八六）に撰述されている。

そこで『九巻伝』成立時期の下限を至徳三年に置くことができるという小結を得るのである。

四　『存覚法語』と『九巻伝』

真宗本願寺の第三世覚如の嗣、存覚が文和五年（一三五六）に契縁禅尼のために著わした『存覚法語』に興味深い記事がある。『存覚法語』は、「そも〳〵弥陀如来の深重の本願をおこし、殊妙の国土をまうけたまへるは、衆生をして三輪をはなれしめんがためなり」として、無常輪・不浄輪・苦輪の「三輪」の各一について述べ、浄土に往生すれば三輪を離れることができると説き、「なかんづくに女人の出離は、ことにこの教の肝心なり」として、「別して女人往生の願をおこしたまへるは、ことに諸仏の済度にもれたる重障をあはれみ、十方の浄土にきらはれたる極悪をたすけんとなり」という女人往生論をもって結ぶが、つぎのような韋提希夫人の垂迹譚を紹介している。長文にわたるが煩をいとわず引用しよう。

ほのかにきく、日本正治二年庚申四月十二日、大内羅城門のあとにして、農夫田のなかよりおほきなる石をほりいだすことありけり。たかさ六尺、ひろさ四尺、うへに文字あり。奇異のことなるによりて、東寺より奏聞しければ、勅使をたてられ、文士をえらばれて、これをみせらるゝに、その字古文なるが、つちのそこにありてそこばくの年序をへぬれば、点画たしかならざるによりて、たやすくよむひとなし。そのとき月輪の禅定殿下の教命として、黒谷の聖人かのところにむかひ、その字を御覧ぜられて、これをよみたまひけり。その文字には、前代所伝者聖道、上人之教、我朝未弘者此宗旨也、大同二年仲春十九日、執筆嵯峨帝国母といふ三十六字なり。聖人のたまひけるは、大同のころほひ浄教いまだきたらず、さきよりつたはれる聖道の教に対して、この宗旨といへるは浄土の法門なり。国母といへるは在世の韋提の再誕なりと料簡したまひければ、叡感ことにはなはだしくて、すなはち聖人のうつされたる本を平等院の宝蔵におさめられけるとなん。聖人の出世にあたりて権化の未来記をえたる、時機の純熟、宗旨の恢弘、もともたふとむべし。平城天皇の御宇大同二年丁亥より、土御門院の御宇正治二年庚申にいたるまで三百九十四年ををくり、その翌年建仁元歳辛酉より、いま今上聖暦永和五年己未にいたるまで百七十九年をへたり。大同のむかしよりいまゝでは、あはせて五百七十三年にあたる[11]。年紀渺焉のすゑにあたりて利物偏増のときにあへり。宿縁のをふところ慶喜もともふかし。さてもかの聖人の禅房に、ことのやうけだかくしかるべき貴女とおぼしき人ののぞみたまひけるが、乗御のよそほひもみえず、来入の儀もさだかならで、のどかに対面をとげ、ねんごろに法門の沙汰ありければ、勢観上人あやしくおもはれけるに、かへりたまふときは乗車なりければ、ひそかにあとをいてみらるゝに、賀茂の河原のほとりにて、にはかにみうしなひたてまつられければ、いとゞ奇特のおもひをなし、いぶかしさのあまりに、事の子細を聖人に啓せられけるに、それこそ韋提希夫人よ、賀茂の大明神にてましますなりとこたへたまひけり。かの大明神の御本地をば、ひとたやすくしらず、たとひしれる人も左右なくまふさぬことにてはんべるとかや。いま聖人ののたまふところも、いづれの仏菩薩とはおほせられねば、当社の故実をばわすれたまふにはあらで、しかも韋提の垂迹としり、あまさへまのあたり神体を拝したまひけるは、大権のいたり、いよ〳〵信敬するにたれり。

この記事の前半には羅城門から出土した礎石に刻まれていた文字を法然上人が判読されたこと、後半には上人の禅房を訪ねた貴女が韋提希夫人であったことを述べるが、ともに法然上人伝に関連する。後者の話は『行状絵図』第四五の第一段、勢観房源智の伝に、

上人御入滅の後は、賀茂のほとりさゝき野といふところにすみ給けり。その由来は、上人の御病中に、いづくよりともなく車をよする事ありけり。貴女くるまよりおりて上人に謁したまふ。おりふし看病の僧衆、あるいはあからさまにたちいで、あるいは休息しなどして、たゞ勢観房一人障子のほかにてきゝ給ければ、女

房のこゝにて、いましばしとこそおもひたまふるに、御往生ちかづきて侍らんこそ無下に心ぼそく侍れ。さても念仏の法門など、御のちにはたれにか申おかれ侍らむと申さるれば、上人こたへ給はく、源空が所存は選択集にのせ侍り。これにたがはず申さむものぞ、源空が義をつたえたるにて侍べきと云々。そのゝちしばし御ものがたりありてかへり給ふ。その気色たゞびととおぼえざりけり。さる程に僧衆などかへりまいれりければ、勢観房ありつるくるまのゆくゑおぼつかなくおぼえて、をいつきてみいれむとし給ふに、河原へ車をやいりいだして、きたをさしてゆくが、かきけつやうにみえずなりにけり。あやしき事かぎりなし。かへりて上人に、客人の貴女たれびとにか侍らんとたづね申されければ、あれこそ韋提希夫人よ、賀茂の辺におはしますなりと仰られけり。（中略）勢観房まのあたりこの不思議を感見せられけるゆへに、上人遷化の後は、社壇ちかく居をしめて、つねに参詣をなむせられける。

とみえる。存覚は『行状絵図』の詞書を全巻にわたって書写しているので、[12]当然この記事を知っていたと思われる。貴女の来訪、法門の談義、勢観房の追跡、韋提希夫人来現の教示という要旨をとって、簡潔な文章に書き換えたのである。ただ『行状絵図』では貴女が韋提希夫人の来現であることを示しても、「賀茂の辺におはしますなり」とだけいうにとどめたが、[13]『存覚法語』では「賀茂の大明神にてましますなり」「韋提の垂迹」と言い切っている。

一方、前者の話は『行状絵図』にはみえず、『九巻伝』および『法然上人伝』（十巻伝）にだけみえる特異な記事だといわれてきた。[14]『法然上人伝』は『九巻伝』を踏襲して独自性はないので、『九巻伝』巻第四上「羅城門礎事」を引くことにする。

正治二年四月十二日、農夫羅城門の前の田耕作せし時、礎の石を掘出す事有けり。此石に文字あり、農夫あやしみて人にかたる。月輪殿是をきこしめされて、成信、孝範、為長、宗業の四人の儒者を遣はして見せられけるに、三人一向に是をよまず。孝範一人は年号計をよめり。各々帰参して、此文更に文道の事にあらず、仏法の事かと申けるに、春日の中将を御使として、法然上人へ仰られければ、上人彼所へ向て是を見給ひて後、落涙甚し。しばらく有て、腰より檜木の骨の紙扇をとり出して、是をうつして持参せらる。彼文云、前代所伝皆是聖道、上人教法、未弘我朝者此宗旨也、大同二年中春十九日、執筆嵯峨帝国母云々。文の心を御尋ありけるに、上人のたまはく、大同年中には、浄土教未本朝にわたらざりしかば、聖道門に対して浄土門を、未吾朝にひろまらざるは此宗旨也とは云給へり。此国母は韋提希夫人の再誕也、不審候はずとぞ仰られける。此石は長六尺、広四尺、文字八寸、古文の字也。宇治の宝蔵にぞ納められける。実に不思議にこそ。

前掲した『存覚法語』とほぼ内容を同じくするので、二通りの考えができよう。一つには『存覚法語』と『九巻伝』の間で依用・被依用の関係、すなわち史料的な前後関係を想定すること、二つには両者に先行する史料をそれぞれ別個に依用していることである。現在のところ両者に先行する第三の史料が確認できない段階では、『存覚法語』と『九巻伝』のいずれかが他を依用したとみなさざるを得ず、第一の考えをとるべきであろう。しかし、第二の考えの可能性も否定できないのである。ともあれ結論を出す前に、『九巻伝』における賀茂の韋提希夫人の話を対照しておきたい。『九巻伝』巻第七下の「韋提希夫人事」を掲げる。

同（建暦二年正月）廿二日、看病の人々或は休息し、或は白地に立出、折節勢観上人たゞ一人看病し給ふ時に、気高げなる女房の、車にのりて来臨して、上人の見参に入べきよしを申されける。但僧衆をのけらるべしとあれば、勢観上人はたちのき給ひながら、あたりちかく退けるに、此女房申されけるは、いかにくるしく思召侍るらん、此事をのみ歎き申つる也。この薬を用らるべしとて薬を奉らる。また浄土の法門はいかに御定め候ぞと申されければ、選択集といふ文をつくりて候へば、此文に違はず申侍らん。連々源空が義なるべしと返答せられければ、さては目出たくぞ候とて、数御物語ありてかへられぬ。此時に勢観上人あやしみて見送り給ふに、川原へ出、上へ向て上られけるが、忽然として見え給はざりければ、帰りて上人にたづね申されけるに、其こそ韋提希夫人よと仰られければ、いづくにおはしまし候ぞと重て申けるに、賀茂の辺にありとぞ答給ひける。賀茂の大明神の本地を知る人なし。而に今の仰のごときは、計知ぬ、賀茂の大明神は韋提希夫人也と云ふ事を。

この『九巻伝』の記事は、基本的に『行状絵図』の該当記事を踏襲しつつ、建暦二年（一二一二）正月二十二日の日付け、病床の上人に薬の献上などを作為したが、「賀茂の大明神の本地を知る人なし。而に今の仰のごときは、計知ぬ、賀茂の大明神は韋提希夫人也と云ふ事を」というコメントを付している。これは『行状絵図』からの敷衍ではなく、『存覚法語』の「それこそ韋提希夫人よ、賀茂の大明神にてましますなりとこたへたまひけり。かの大明神の御本地をば、ひとたやすくしらず、たとひしれる人も左右なくまふさぬことにてはんべるとかや」を措いては書けない文章である。義導の『存覚法語聞書』に、

今ココニコノコト（「加茂ノ明神化女トナリテ、元祖ノ禅坊ニ来リタマヒ、対話アリシコト」——引用者）ヲ出シタマフハ、前ニ嵯峨帝ノ国母トイフハ韋提希夫人ノ再誕ニシテ、女人往生ノ先達ヲナサレ、猶又末世ニ来リテモ元祖聖人現レテ、女人往生ノ道ヲ勧メタマフヲ御存ジアリテ、大同二年ニ羅生門ノ辺ニ埋メタマフコトアリ。韋提希夫人ノ内証ハ極楽ノ仏ナリ。イヨ〳〵元祖ノ浄土門ヲ弘メタマフヲ喜ビ、加茂ノ明神ノ本地ハ韋提希夫人ニシテ、今マタ化女トナリテ元祖ノ禅坊ニ来リ、法門ノ御沙汰アリトイフコトヲシラシメンガ為ニ、此処ニコノコトヲ挙ゲテ、女人往生ヲ勧メタマフナリ。

という通り、存覚にとって韋提希夫人・女人往生をキーワードに、羅城門礎の古文解読の話と貴女来現の話は繫がっていたのである。

羅城門礎石の古文は、存覚が「聖人の出世にあたりて権化の未来記をえたる、時機の純熟、宗旨の恢弘、もと

もたふとむべし」と評したように、一種の「未来記」であったと思われる。未来記たる文言は「前代所伝者聖道、上人之教、我朝未弘者此宗旨也、大同二年仲春十九日、執筆嵯峨帝国母」という古文の部分だけを指すと考えられるが、「日本正治二年庚申四月十二日」より「平等院の宝蔵におさめられける」までの文章すべてがないと意味が通じなくなる。法然上人が羅城門の礎石に書かれた古文を「大同のころほひ浄教いまだきたらず、さきよりつたはれる聖道の教に対して、この宗旨といへるは浄土の法門なり。国母といへるは在世の韋提の再誕なり」と解読されたという箇所が主眼のように思えるが、未来記の趣旨は、大同の昔に韋提希の再誕といわれる嵯峨帝国母が、法然上人の浄土宗の興起を予言したということである。

こういう未来記[15]が上人の在世中に出たとは考えられず、遷化されてから余程の年代が経過した時期とみるのが穏当である。『行状絵図』にこの話を収めていないのは、荒唐無稽の話と断じて無視したか、編纂の後に世に出回ったかのどちらかに違いない。存覚が未来記の出現を「年紀渺焉のすゑにあたりて利物偏増のときにあへり。宿縁のをふところ慶喜もともふかし」と感激しているので、『存覚法語』執筆に近いころのことと推測される。存覚は未来記を解説した文章を読んで韋提希夫人の予言のことを知り、それが機縁となって『行状絵図』の勢観房源智の伝にある韋提希夫人来現の記事を想い起こして、「韋提の垂迹」を確信するにいたったのである。

存覚の思いはともあれ、右に述べたように、未来記を解説した文章が「日本正治二年庚申四月十二日」ないし「平等院の宝蔵におさめられける」とすれば、『存覚法語』と『九巻伝』とでは記事に出入りが存する。『存覚法語』の方が未来記の解説らしく整っている。だが『九巻伝』の方は、儒者の名前を四人もあげ[16]、「文道の事にあらず、仏法の事か」と申したとか、法然上人が落涙し、腰より檜木の骨の紙扇をとりだして古文を写したとか、未来記を解説した文章らしからぬ言辞でつづられており、『九巻伝』に潤色の疑いが消え去らないのである。そこで『存覚法語』と『九巻伝』の間で前後関係を想定するなら、『九巻伝』が『存覚法語』に依拠し、法然上人に関する出来事のように修文したといわざるを得ない。『存覚法語』は文和五年（一三五六）の執筆であり、『九巻伝』の成立時期の上限を文和五年に置くことができるのである。しかし、未来記とその解説文が先にあって、『存覚法語』はかなり忠実に引き、『九巻伝』は法然伝に相応しい文章に修飾したとも考えることができるなら、文和五年をさほどさかのぼらない時点が上限となろう。

五　おわりに

『浄土宗大辞典』（昭和五十五年刊）の「法然上人伝記」の項目に、

九巻からなるので『九巻伝』というが一巻を上下に分つので実際は一八巻である。また『法然上人絵詞』とある本もある。『絵詞』の序文に「数軸の画図にあらわし《（ママ）》云云」の語や『九巻伝』の序文に「画図のえん《（ママ）》をかりて云云」、終りに「いま九巻の絵を作して」とあるから絵詞であったが、『勅伝』が成立すると、その絵は抜取られて用いられた。だから『勅伝』の詞に合わないで『九巻伝』の詞に合う部分があるから『勅伝』の草稿本と考えられている。（逆に『勅伝』の後に成立したとの説もある。）なお前後二序があって、前序は『勅伝』の序文と全く同じであり、後序にも「同山源空上人」とあるから、舜昌の作と見なされる。特異記事は厳密に検討すれば多いが、最も著しいのは、「賀茂韋提希夫人の事」と「羅城門礎の事」である。『九巻伝』が『勅伝』の草稿本であると考えれば、前項はかなり修飾され、後項は除かれている。本書の成立は序文の「上人の遷化すでに一百歳《（ママ）》」とすれば一三一二年（正和一）法然一〇〇回忌に相当する。

と記す。宗派が刊行する辞典であるから、現在のところ最も権威のある解題といえよう。私見はこの「逆に『勅伝』の後に成立したとの説もある」を展開しているところで、ここに一々の反証を述べないが、前述したように基本的な誤解は、辞典の解題の用語を借りていえば、「『絵詞』の序文」（本稿でいう絵伝㋐）を『九巻伝』と一具のものとみたことが原因である。また『九巻伝』の著者を舜昌と決める根拠を、「後序」(本稿でいう絵伝㊁)の「こゝに同山源空上人と中人あり」の言葉が舜昌にして言い得る言葉であるとする三田全信氏の主張[17]に置くのは、全く合理的な理由がない。むしろ非合理というよりも、この序文もまた『九巻伝』と一具のものではないからである。さらに本書の成立を正和元年(一三一二)とするのも、序文に「然に今上人の遷化、すでに一百年におよべり」とあるのに依拠するが、同様の理由で否定されるのである。

『九巻伝』の成立時期をさぐるには、「前後二序」(本稿でいう絵伝㋐・絵伝㊁)ではなく、本文たる㋔〜㋕の記事それ自体に即して推測しなければならないのである。本稿では『九巻伝』の巻第三上「善恵上人の事」、巻第七上「宇津宮入道参上事」、巻第四上「羅城門礎事」、巻第七下「韋提希夫人事」について、『善恵上人絵』および『存覚法語』と比較・対照して前後関係を措定することにより、成立時期の上限を文和五年(一三五六)もしくはそれをさほどさかのぼらない時点に、下限を至徳三年(一三八六)に置くことができるという結論に達した。この結論は図らずも『九巻伝』末尾の刊記に「九巻伝は、元祖滅後凡百五十年の頃に於て、隆寛律師の門葉より記録せしと古伝に云伝へたり」とある「古伝」を傍証することになった。

(1)　宮林昭彦教授古稀記念論文集『仏教思想の受容と展開』所収(→本書第三部第一章)。
(2)　佐藤成順博士古稀記念論文集『東洋の歴史と文化』所収(→本書第二部第六章)。
(3)　高橋弘次先生古稀論文集『浄土学佛教学論叢』所収(→本書第三部第二章)。
(4)　野村恒道「『四十八巻伝』に組み込まれた『九巻伝』の原形について」(『法然上人研究』創刊号)。
(5)　野村恒道「『九巻伝』と法然諸伝記」(『三康文化研究所年報』二四・二五合併号)。
(6)　前掲注(4)野村論文によると、㋑は法然院本に朱筆で「中阿謹書」とある。
(7)　一般に普及している名称は『西山上人縁起』である。『国文東方仏教叢書』(伝記部上)所収の『西山上人縁起』は原本に乱丁があるので、『大日本史料』第五編之二十三、宝治元年十一月二十六日条に収める『善恵上人絵』を用いる。

（8） 小此木輝之『中世寺院と関東武士』第四章第二節「法然門下の関東武士」に、『九巻伝』の「上人御往生の後」以下を引用して、「右の『九巻伝』にみられる内容は、『十五世三鈷寺善空書置文』等にもみられるエピソードであり、『西山上人縁起』には嘉禎四年（一二三八）に証空は天王寺に浄土曼荼羅を安置したという伝とともに全く否定することもできない。『九巻伝』成立の背景を示すものとして注目すべき事柄なのであろう」という。晦渋な文章だが、『九巻伝』は『西山上人縁起』や『十五世三鈷寺善空書置文』等の影響を受けていることを示唆しているという意味だろうか。「十五世三鈷寺善空円慈書置文」は『大日本史料』第六編之十、貞和二年九月十一日条に一部引用されているが、そこにはこのエピソードは記されておらず、筆者は未見である。記主の善空恵篤（円慈和尚）は明応元年（一四九二）に没した一五世紀後半の人で、『九巻伝』の成立をそこまで降ろすわけにはいかない。

同じころに成立した『三鈷寺拘留如来縁起』に、実信房蓮生と善恵房との出会いを、「即御封札を申うけて彼（太子）霊廟に詣るに、止観の談義ありて聴聞おほく列座しけるを、法然上人は日本第一の智者の誉ましますに、真実の本意伝て上人の所存に不異とのたまふは定て余人に別なる所ましますらん、相し申て直に御書を奉むとおもひて、講釈すぎて帰りたまふを相待。各数人の僧の中に此僧にてやましますらんとおもふ人に向て、勝尾の上人よりの御状とて奉ければ、すこしもたがはざりけり。実信高名のいたりと自称ありけるとかや。それより偏に此上人に帰依して、四十余年西山善峰寺白川遣迎院をかけて星霜を送られける」と記すのは、明らかに『善恵上人絵』によっている。実信房蓮生と善恵房との出会いに関する逸話の三鈷寺系文献は、『九巻伝』との関係よりも『善恵上人絵』との関係が濃厚であろう。

（9） 田辺隆邦「善空上人の教化」（『西山学報』一二号）。大山喬平『浄土宗西山派と三鈷寺文書』（『京都大学文学部博物館の古文書』第九輯）。

（10） 伊藤正順「『西山上人縁起』の撰述意図――特に証空の『般舟讃』発見を伝える記述を中心として――」（『仏教学研究』四九号）。

（11） この年数は永和五年（一三七九）に善如が書写したさいに書き換えたもので、原文は「その翌年建仁元歳辛酉よりいま今上聖暦文和五年丙申にいたるまで百五十六年をへたり。大同のむかしよりいまゝでは、あはせて五百五十年にあたる」であったと思われる。

（12）『存覚袖日記』。

（13）三田全信氏は『浄土宗史の研究』三「賀茂の韋提希夫人の考究」において、貴女は「賀茂の辺」にあたる五辻殿に住む修明門院（藤原重子）を指すと推定するが、『行状絵図』に勢観房は「上人遷化の後は、社壇ちかく居をしめて、つねに参詣をなむせられける」というから、貴女が賀茂の神の応現であったことを暗示している。

（14）三田全信『成立史的法然上人諸伝の研究』一七「法然上人伝記」。

（15）未来記については、和田英松『国史国文之研究』第一九「聖徳太子未来記の研究」を参照。聖徳太子信仰の興起にともない、鎌倉時代にも聖徳太子が石に刻した「記文」（未来記）がしばしば出土している（『明月記』安貞元年四月十二日条、天福元年十一月廿二日条）。とりわけ天喜二年（一〇五四）九月二十日に河内磯長の太子廟より発掘されたものが最も古く、『聖徳太子伝古今目録抄』上巻、『上宮太子拾遺記』第五などに転載されて、次第に有名となった。『聖徳太子伝古今目録抄』には「記文」のほか、発見者の名前や石筥の形状を記し、四天王寺への注進文を添えている。『古事談』第五には、天王寺別当桓舜僧都が「執柄」の仰せで御廟に参向し、帰洛後の談話として、住僧が夢想によって発掘にいたった経緯を述べる。このように「記文」の文字・形状に限らず、発見にまつわる奇異な話、「記文」が意味不通ならば、時代に応じた解釈などを添加してこそ、はじめて未来記としての様式が整い、その働きをなすのである。羅城門礎の「未来記」は、聖徳太子の未来記を模して何者かが偽作したのであろう。偽作の意図はわからない。

（16）当時儒者（文人）として知られた人物を適当にあげたのではないか。たとえば『玉葉』文治三年二月九日条の内府作文に「儒者」として菅原為長、宗業、「文章生」として藤原孝範、正治二年二月九日条の左大臣作文に「序者」として菅為長、「講師」として成信の名がみえる。

（17）前掲注（14）に同じ。

第四部

百万遍念仏考

第一章　念仏結社の展開と百万遍念仏——専修念仏の前史——

一　はじめに

浄土宗の開祖・法然が提唱した念仏は、その主著『選択本願念仏集』にちなんでいえば、阿弥陀仏が選択された本願の称名念仏であり、「たちどころに余行をすて〻、一向に念仏に帰し給にけり」（『法然上人行状絵図』第六）という〈専修念仏〉である。しかし、念仏の専修は、実は法然より以前にも存し、平安時代から勃興してきた、浄土教における観想の念仏に対する口称念仏の集団的行動がもたらした一つの到達点であった。法然の専修念仏を理解するうえで、その前史たる念仏信仰運動の古代的な展開を究明しておくことは、社会史的に不可欠な作業であろう。そこで以下に、先学の研究(1)に導かれながら、私見を述べたい。

二　念仏結社の概観——不断念仏・勧学会・二十五三昧会——

最初に「念仏」結社を概観する。平安中期には各種の「念仏」結社が形成された。第一に不断念仏や勧学会、二十五三昧会などがある。不断念仏は、円仁が仁寿元年（八五一）に「五台山念仏三昧之法」を移して始修した常行三味に由来し、貞観七年（八六五）に定式化され（『叡岳要記』上）、四種三昧の一つとして、結衆一四名が常行三昧堂に籠もり、七日間修する天台宗の行法である（『石清水不断念仏縁起』）。その念仏は、法照流の五会念仏を中核としただけに、不断念仏が諸寺で行なわれるにいたっても、五種の音声による陶酔的な夢幻世界に投入することを目的とした、感性を重んじた念仏であった。念仏する結衆（堂衆）には能声のものが請ぜられ、また聴衆を前提とした「儀礼」に転じやすかった。延喜年間（九〇一～一二三）の法華行者・陽勝仙人は毎年の八月末に叡山にいたり、「聞不断念仏、拝大師遺跡」と伝え（『大日本国法華経験記』巻中）、治安元年（一〇二一）十二月の法成寺西北院の御堂供養は、「山の御念仏の様をうつし」て不断念仏が行なわれたが、念仏憎には比叡の西塔・東塔・横川、山階寺・仁和寺・三井寺より一二歳から一五歳までの「小法師」が召し集められ、色鮮やかな装束をまとい、化粧をほどこした「あはれにうつくしう尊き様」は地蔵菩薩かに見え、「さま〴〵あはれにらうたき声どもの、ひ若く細くうつくしげにきかまほしき事、迦陵頻伽の声もかくやと聞へたり」と感嘆したのは（『栄花物語』巻一六）、不断念仏を聞き・見るものと受けとっていたことを示す。

康保元年（九六四）に大学寮北堂の学生らが西坂本で始めた勧学会は、毎年三月・九月の十五日に行ない、主唱者の慶滋保胤がみずから「令一切衆生、入諸仏知見、莫先於法華経。故起心合掌、講其句偈。滅無量罪障、生極楽世界、莫勝於弥陀仏。故開口揚声、唱其名号」と記すごとく、「台山禅侶二十口、翰林書生二十人」の僧俗からなる念仏結社であった（『本朝文粋』巻一〇）。しかし、「朝には法花経を講じ、夕には弥陀仏を念じて、そのゝちには暁にいたるまで、詩を作て仏をほめ、法をほめたてまつりて、その詩は寺におく」（『三宝絵』下）とあるように、当時の時代思潮のもと、法華と念仏を双修する貴族文人が中心となって「風月詩酒之楽遊」に走りがちであった。勧学会の念仏は、中書王（具平親王）から「公在俗之日、常念仏、言談之隙、合眼唱仏号」（『本朝麗藻』巻下仏事部）と評された慶滋保胤が指導的地位におり、保胤自身も「開口揚声、唱其名号」といっているので、観想念仏よりも称名念仏に重きを置いていたとみられるが、何よりも文学の才がないものには加わり難い会合であった。

つぎに寛和二年（九八六）五月、横川首楞厳院において「根本結衆二十五人」が始めた二十五三昧会は、わが国最初の本格的な念仏結社で、毎月十五日に結衆が集まり、六道を出離し往生極楽を願うため、念仏・講経を行なった。会の次第は、未時に大衆が集まり、申時から法華経を講じ、回向の後に起請文を読み、酉の終りから翌朝辰の初めまで、夜を徹して阿弥陀経を読み、阿弥陀仏号を唱えるのである（『横川首楞厳院二十五三昧起請』永延二年「十二箇条起請」）。勧学会が二十五三昧会に発展解消したといわれるだけに[2]、勧学会と同様に法華・念仏の双修を基本的とするが、勧学会より一層、宗教的結社性を濃くしている。すなわち、結衆が会の時だけのものではなく、彼らは「吾党」と呼び、互いに「父母兄弟之思」をなし、病人が出れば番を結んで守護・問訊し、病篤くなれば「往生院」に移して臨終行儀を助け、亡者を「安養廟」（「花台廟」）に葬って、結衆が悉く集まり念仏を修するという契りを交わし、そして「念仏講経三度闕之、看病問葬一般違之人」は「擯出衆中」されるというように（「十二箇条起請」）、二世にわたる強固な協同意識を持ち合う、しかも持続的な結社であった。

この会における念仏は、「請我結衆、寤寐不忘、一切時処、心念口称美」（寛和二年「八箇条起請」）とあり、「修念仏三昧」（『二十五三昧式』所引「発願文」）または「修不断念仏」（「十二箇条起請」）と明記するように、なお常行三昧の系統に属する不断念仏であったと考えられる。さらに注意すべきは、「尼女在俗非於此限」（「八箇条起請」）と、会の結衆を「僧」にかぎった点である。勧学会に引き続き、中心人物の一人であった慶滋保胤は、出家したうえで結衆に加わったと考えられる。ただし、結縁者リストの『二十五三昧根本結縁衆過去帳』に尼女や在俗も名を連ねているが、それは時代が下がって付け足した部分で[3]、当初はこの原則であったと思われる。同心・同行を強調する余り、排他的・閉鎖的な結社だったといわざるを得ない。

三　念仏結社の概観――迎講・菩提講・往生講――

二十五三昧会はそれ自体が成員を特定した結社のため、念仏運動としては普及性に欠けるが、この会の対外的な浄土教宣布の活動が迎講である。(4) 迎講は二十五三昧会の本拠・花台院にて源信が創始した。源信の伝記に、

楞厳院東南建立精舎、安金色丈六弥陀仏、号之花台院。便就其地勢、勤修来迎行者之講。菩薩聖衆、左右囲繞、伎楽供養、歌詠讃嘆、已為年事実。緇素貴賤、結縁之者、僉然以為、即身往詣極楽国矣、（『延暦寺首楞厳院源信僧都伝』）、

とあり、あるいは「構弥陀迎接之相、顕極楽荘厳之儀世云迎講。集其場者、緇素老少、至放蕩邪見之輩、皆流不覚之涙」ともある（『大日本国法華経験記』巻下源信伝）。極楽の荘厳を顕現し、阿弥陀仏と菩薩・聖衆が来迎して、行者（二十五三昧会の結衆）を引接するありさまを、道俗貴賤の目前で演じたのである。

この迎講は毎年行なわれたようで、「横川迎講」（『首楞厳院二十五三昧結縁過去帳』源信伝）とも称して世に知られ、やがて京都や各地へと広がっていく。瞻西の「雲居寺迎講」（『後拾遺往生伝』巻中安部俊清伝）、永観の中山吉田寺における「迎接之講」（『拾遺往生伝』巻下永観伝）、寛印の「丹後迎講」（『古事談』第三）などがその例である。弥陀迎接の様相を演出して、不特定多数の視聴者に欣求浄土の思いを起こさせる迎講は、開放的であると同時に、儀礼的・芸術的にもすぐれ、衆庶の浄土教帰入に一定の役割を果たした。だが、迎講に参列したものの信仰心を高揚させるには効果的であったとしても、迎講の開催には装置・衣装・楽器・その他用具の調達にかなりの経費がかかり、実修的な念仏運動とはならなかった。丹後国に迎講を始めようとした聖人は、「己ガ力一ツニテハ叶ヒ難クナム侍ル。然レバ此ノ事力ヲ加ヘ令メ給ヒナムヤ」と、国守の大江清定に助成を請い、国守は「京ヨリ舞人楽人ナムド呼ビ下シ」ている（『今昔物語集』巻一五）。永観が中山吉田寺で「迎接之講」を修し

た時、「其菩薩装束二十具、裁羅縠錦綺、施丹青朱紫。是乃四方馳求、□年営設」と、優美華麗さを追う傾向にあった。

ここで若干言及しておくべきは、菩提講のことである。菩提講は迎講と類似の講会だといわれているが[5]、はたしてそうであろうか。『栄花物語』巻一五に「六波羅蜜寺・雲林院の菩提講などの折節の迎講などにもおぼし急がせ給ふ」とある記述が根拠となって、迎講が菩提講とも呼ばれ、または雲林院でも迎講が行なわれ、それが著名であったがごとくに解釈されやすい。だが、この「うたがひ」の巻は、藤原道長の出家と法成寺の造営に関連して、道長の仏教信仰を一括叙述した部分であり、特に「正月より十二月まで、年のうちのことゞもに、一事はづれさせ給ふ事なし」と、道長が毎年一月から十二月までの年中仏事、諸寺の法要にすべて参詣または関与したことを述べた箇所である。それゆえ、ここは〝六波羅蜜寺や雲林院の菩提講、そして折節の迎講などに云々〟と解釈すべきである。菩提講と迎講は一応、別個の講会であったと考えておきたい。

雲林院の菩提講は、『中右記』承徳二（一〇九八）年五月一日条に「此講筵者故源信僧都為結縁所被始行也。其後無縁聖人行来日久。或有夢想告行此講莚。或発菩提心来此堂舎」とあって、源信が始行し、無縁聖人が続行したという所伝を記す。ところが、『今昔物語集』によれば、七度も禁獄された「極タル盗人」が、検非違使に足を切られようとした時、「此レハ必ズ往生ス可キ相ヲ具シタル者」と見た相人の諫言で赦免せられ、たちまち「道心ヲ発シテ」法師となり、「日夜ニ弥陀ノ念仏ヲ唱テ、懃ニ極楽ニ生レムト願ヒケル程ニ、雲林院ニ住シテ此ノ菩提講ヲ始メ置」いたとある[6]（巻一五）。『中右記』の無縁聖人と『今昔物語集』のもと極悪人の聖が同一人かどうか、にわかに断じ難いが、源信始行説はかなり信じられたようで、徳治三年（一三〇八）の「雲林院内念仏寺修造勧進文」に、

寛和暦におよひて、一の梵字をひらき念仏寺となつけ、安置の本尊は伝教大師の造弥陀仏、供養の唱導楞厳

先徳云云、其より後毎月朔の期をむかへて、菩提講の勤いたす、彼式文は恵心の製作云云、

とある（『山城名勝志』巻一一）。

雲林院の菩提講が月のうち朔日に行なわれたことは、『中右記』の作者・右大臣藤原宗忠が参詣したのが五月一日であること、前引した勧進文の「毎月朔の期をむかへて、菩提講の勤いたす」の記述から立証される。(7)菩提講の「式」は不明であるが、『中右記』によると、講師がまず三帰十戒を授け、つぎに説経が始まり、人びとの供養する経は数十部におよび、巳時に終わり、老少男女の南無を称える声が堂中に遍満したという。授戒・説法・念仏の次第からは、迎講の中核をなす「構弥陀迎接之相」の儀式はうかがえず、菩提講が迎講に類似した講会だとはいえないのである。

さて、毎月十五日に弥陀の迎接を願うものが集まる往生講（阿弥陀講）は、結衆を限定しない開放性および開筵の簡便性において、右述したいずれの講会よりも浄土教信仰を純化させた講会であった。阿弥陀仏を讃仰する講会は、天徳四年（九六〇）没の延暦寺座主昌延、長久三年（一〇四二）没の河内国往生院の安助、延久年間（一〇六九～七四）没の安楽寺学頭頼暹らが行なっていた。昌延は「毎月十五日、招延諸僧、唱弥陀讃」え（『日本往生極楽記』）、安助は「迎月三五、集衆講演」し（『拾遺往生伝』巻上）、頼暹はもともと管弦を好み、「帰命頂礼弥陀尊、引接必垂給倍」という詞に合わせた楽曲を作り、「毎月十五日、招伶人五六、勤修於講演、号曰往生講矣。専営此事、漸及多年」んだ（『同』巻下）。往生講の中核は「頌讃」と「講演」であるが、これら先蹤を見るかぎり、「頌讃」は勧学会や二十五三昧会よりも早くから行なわれ、浄土教の発展につれて「講演」が加わり、内容的に充実していったことがわかる。

ついで、永観が承暦三年（一〇七九）または永長元年（一〇九六）に『往生講式』を作り(8)、講会の次第を定式化した。それによると、阿弥陀迎接像に香華等を供えただけの簡素な道場で、弥陀の来迎引接と決定往生を確信

させるべく、頌偈と礼拝とを交えつつ、「発菩提心門」から「廻向功徳門」までの七門に分けて「講演」するものであった。永久二年（一一一四）に真源が制した『順次往生講式』[9]になると、「但今所勤修稍異常儀、非啻礼讃称念、兼以妓楽歌詠」とあって、「述意門」「正修門」（分為九段）「回向門」の三門九段ごとに、頌偈のほか「音楽」と「催馬楽」の曲を付した浄土をしたう歌謡を添えている。要するところ、往生講は時代の経過とともに管絃・歌謡の要素が加わり、弥陀の講讃に力点が置かれ、称名念仏の継続を主眼とする講会ではなかったのである。

四　百万遍念仏の実修形態

こうした観点から、古代にあっても、また浄土宗の時代にあっても、集団的な念仏信仰の運動について考える時、百万遍念仏が注目される。百万遍念仏は、源信が『往生要集』（巻中）に七日の別行として、迦才の『浄土論』から「綽禅師、検得経文、但能念仏一心不乱得百万遍已去者、定得往生。又綽禅師、依小阿弥陀経七日念仏、検得百万遍也」という文章を引いて以来、やがて世に広まり、往生伝や公卿の日記に百万遍念仏を実修した人の記録が見える。その若干を例示しておこう。

「年頃も、いと道心おはしまして、百万返の御念仏など常にせさせ給」という皇太后妍子（『栄花物語』巻二九）、「読法華経三千余部、百万遍念仏数百箇度矣」という叡桓の母・尼釈妙（『拾遺往生伝』巻中）、「治暦年中八月、彼岸中詣天王寺、一心念仏満百万遍」という永快（『同』巻下）、「凡一生之間、顕密行業甚多、奉唱弥陀宝号、不知幾許。初毎日一万遍、後亦六万遍、別満百万返三百度」という永観（『同』巻下）、「禁断言語、念仏坐禅、唱百万遍、満万ケ度」という聖禅（『同』巻下善法伝）、「生年三十以後、毎月二ヶ度、必修百万遍念仏」という教真（『三外往生記』）などがいる。『拾遺往生伝』『後拾遺往生伝』の作者・三善為康も「康和元年九月十三日、参天王寺修念仏行。経九箇日満百万遍」とある（『拾遺往生伝』巻上序）。また左大臣の藤原頼長は、『台記』に「自今夕始阿弥陀仏百万遍、自今年四気（季）可有之、祈請云、順次生往生極楽、若罪業猶深者、三生之内往生」（天養元年（一一四四）三月五日条）「百万遍念仏、今日酉刻終之」（三月十八日条）とみえて以来、しばしば百万遍念仏を修したことを書き留めている[10]。関白の九条兼実も、安元二年（一一七六）九月八日から十八日（当初は十五日の予定）まで修したのを始め、前後二〇回ばかり百万遍の念仏が確認される[11]（『玉葉』）。

これらの記録からうかがわれるかぎり、一人で七日ないし十数日をかけて百万遍の念仏を称えている。兼実は百万遍念仏を始めるに当たり、阿弥陀経の説によって七日間で満了する決意をして、

但除念誦之時之外、雖不無言、不聴世事。念仏之間、雖専信力、為凡夫之妄心、随境堺易乱、不及一心不乱。為之如何、

と記している。このいわば〈独唱〉型とも称すべき百万遍念仏は、誰もが容易に成し遂げられる行業ではなく、大衆的な念仏信仰運動になりえなかったのである。

ところが、承保元年（一〇七四）に薨じた前関白・藤原頼通を追善するため、「心清き奥山の聖どもに、百万遍を満てさせとぶらはせ給つる」と、複数の聖たちに共修させている（『栄花物語』巻三九）。この時の共修の方法は具体的に明らかにできないが、個々の僧が読誦した経典の巻数を累計する方式を援用し、聖たちの念仏の数を合算したと考えられる。例えば公家御祈の仏事で、尊勝陀羅尼百万遍を「仁和寺五十万遍在僧各五十口高野寺五十万遍」に分け（『中右記』長治二年（一一〇五）三月二十日条）、百口の僧が各人一万遍の尊勝陀羅尼を念誦した、その累計をもって所期の数量を満了させるものと同工であろう[12]。短時日に百万遍という膨大な数量を達成させるための便法でしかなかった。しかし、こうした多人数が同所・同音で唱える方式は、単修の〈独唱〉型とは異なり、百万遍念仏の易行化・大衆化を促す要因となる。そこで、永暹や出雲聖人（円聖）が四天王寺西門の念仏堂で始め、

そして次第に世間の耳目を集めた、多人数の「念仏衆」が同音に百万遍の念仏を称える〈同唱〉型の、四天王寺念仏に注意したい。この〈同唱〉型については、節を改めて論じよう。

五　四天王寺の百万遍念仏

四天王寺の西門は、極楽の東門に当たるという俗説により、早くから浄土教の聖跡として願生者の信仰を集めていた。前掲の永快や三善為康のほか、天仁元年（一一〇八）に「於天王寺西門修念仏」した後、河内の聖徳太子廟で没した永暹は、「生年七十三、於天王寺嘔衆徒、読弥陀経四十八巻四十八箇度、又満百万遍不記幾度」であったという（『後拾遺往生伝』巻中）。永暹が単身で修するのではなく、衆徒とともに百万遍念仏を幾度となく修したというところが、注目すべき点である。四天王寺における集団的な百万遍念仏は、永暹の後を継いで、出雲聖人と呼ばれた円聖が大いに展開した。

康治二年（一一四三）十月に前関白の藤原忠実、久安二年（一一四六）九月、三年九月に鳥羽法皇、四年五月に忠実、同年九月、六年九月に法皇がそれぞれ四天王寺に参詣し、藤原頼長は随行のたびに詳しい記録を『台記』に残している。参詣の目的の一つは、西門の外、鳥居の内にあった念仏堂[13]で、円聖が興行する百万遍念仏に加わることにあった。朝野の崇敬を得ていた円聖について、「其聖人、京中人不論貴賤、勤《勧カ》毎年一度百万遍念仏、随心定其旬」と言い（『台記』久安二年九月十四日条）、とりわけ、

> 其念仏之為体也、毎月分衆、毎旬定番。上都下邑之尊卑、信向帰依之男女、赴勧進者、寔繁有徒。専致昼夜不断之勤行、漸積星霜数廻之薫修、

であったという（『本朝文集』巻六〇「天王寺念仏三昧院供養御願文」）。円聖は、京都や近郊の人びとに一年に一度、百万遍の念仏を勧めたが、それを容易ならしめるためか、月ごと旬ごとに番を作って念仏を唱えさせていた

のである。彼らは「念仏衆」と称され、法皇はもとより念仏衆の一員というべく(14)、忠実も念仏衆に入る約束をし、美福門院はすでに念仏衆に入っていた(15)。

ところで、出雲聖人・円聖の百万遍念仏を『台記』によってみていこう。「一旬念仏人及数十人云云余不入此念仏、其身有障者進其代人、法皇令受九月中旬給、仍令参給也」とあり、念仏衆は十日単位で順次交替し、その間不都合な場合には代人を出した（久安二年九月十四日条）。ちなみに法皇は九月の「中旬番衆」であったが（四年九月二十一日条）、久安二年の時は予定をくりあげ十六日に還御となり、「不能満百万」ために左衛門尉季実を御代とされ、季実は「猶留天王寺、終一旬終百万可帰」の命を受けた（九月十四日・十六日条）。念仏衆は各人が十日間で念仏を百万に満了する義務を負ったが、四六時中念仏を唱えているのではなく、日のうち時刻単位でも番を作っていたようで、法皇は「戌番」であった（四年九月十五日条）。「一旬念仏人」は数十人におよんでも、座を同じくして同音で念仏を唱えた人の規模は、この半数程度と思われる。出雲聖人は、西門で「迎講」を営むとともに（三年九月十三日条など）、念仏所では百万遍念仏に交えて、「行法」（「長講」）や「弥陀講」（「往生講」）を修していた（二年九月十四日・六年九月十六日・十八日・十九日条など）。後者については「其行法異于諸寺行法、弥陀悔過云云」と注記し、また「是夜長講、聖人法音短於常」と、音の長短を問題にしているので、不断念仏と阿弥陀悔過を混交させた特異な講会と考えられる。

以上のように、四天王寺の百万遍念仏は、数十人におよぶ組織立った念仏衆によって行なわれていた（念仏衆は一旬で数十人だから、通年すると千人から二千人の規模となろう）。称名念仏に加えて従前の浄土系講会も並行して営む、いわゆる〈雑修〉の形態が濃かったが、しかし、十日ごとに百万遍念仏を勧めた「一旬念仏人」の集団性についていえば、「時俊（後カ）読過去現在念仏者旬終日有此事云々」（四年九月二十日条）「長講後読念仏者名旬竟日在此事」（六年九月二十日条）とあるように、百万遍を満了した旬の最終日には、そこに結縁した過去および現在の念仏人の名を読みあげており、二十五三昧会のごとく二世にわたる協同意識を持ち合っていた。ここに筆者は、百万遍念仏を勧進する出雲聖人のもとに称名念仏の結社が形成されていたことを確認するのである。

鳥羽法皇・美福門院らは、仁平元（一一五一）・二・久寿元（一一五四）の各年九月十日に四天王寺へ参詣、二十一日（仁平元年は十八日）に還御されているので（『本朝世紀』『兵範記』）、百万遍念仏の九月中旬番衆を勤められたと考えられる。法皇は久安五年十一月に、円聖が造立した阿弥陀如来像を安置する六間四面檜皮葺の「念仏三昧院」を建立されたが、これは円聖の奏請によるものであった（『本朝世紀』）。円聖の百万遍念仏の拠点はこの念仏三昧院に移り、仁平四年に法皇は「御手印起請」をもって、院内諸務寺領庄園の執行は大勧進の円聖が進止し、円聖門弟が相承すべきことを定め、安元元年（一一七五）に円聖は大勧進職を最後に譲っている（『妙法院史料』第五巻第三八・三九号文書）。その譲状に念仏三昧院を「御願寺」と称している点に注目すると、念仏三昧院の百万遍念仏が円聖の門流によって公然と継承され、かつ〈勅願〉という権威が付与されたことを意味するのではなかろうか。

なお、活動の時期は特定できないが、重源も四天王寺の「於西門満百万遍度々」であった（『南無阿弥陀仏作善集』）。この百万遍念仏は、重源が自行として単修したのではなく、勧進聖の活動の一環とみれば、円聖と同様の念仏衆を形成し、多数の人びとに結縁したと想像される。

六　おわりに

円聖や重源らの勧進によって、四天王寺の西門付近の念仏堂に参集した百万遍念仏は大衆性を帯びたとはいえ念仏衆各人が一定期間に百万を満了させるには相当の労力を要し、百万遍念仏が「苦行」(16)であることに違いはなかった。ところが、融通念仏の思想を受けてか、複数人が同所・同時あるいは異所・異時に称えた個々の念仏の総数が百万に達すれば、百万遍念仏が成就したとみなし、その功徳をもろともに享受する考え方も出てきた。これを〈合唱融通〉型と名づけておく。建暦二年（一二一二）十二月に、源智が法然の恩徳に報いるため造立した阿弥陀仏像の胎内文書（『玉桂寺阿弥陀如来立像胎内文書調査報告書』）に、「百万遍人衆」（第二号文書）「越中国百万遍勤修人名」（第六号文書）「注進　百万人々数之事　合　一千五百人　又三人　又三人」（第七号文書）という書き出しの結縁交名帳があり、その他の交名もほとんど百万遍念仏の結縁者と考えて差し支えない。源智は仏像造立の勧進に百万遍念仏をもってし、結縁者は「十もん　ねふつ一万へん　ふしわらの女　くわこしやうらうのため」などと、何がしかの銭を奉加したのである（第四号文書）。結縁衆の規模は、大は数千人から小は数十人まで、実にさまざまである。その唱えた念仏も、十返・百返から千返・万返におよぶ。同じ返数（例えば一万返のものが何十人といる場合は（第五・一八・二一号文書）、同座・同音で唱えたとも推測され、前述の四天王寺念仏に近い。しかし、返数が不揃いの場合は、各人が座を異にして個別的に唱えていたことを示唆する。いずれにしろ、彼らの唱えた念仏の返数を合算し、百万に達するごとに、「百万遍念仏」と括っていったと考えられる。このようなかたちの百万遍念仏は、融通念仏に近い。このなかで、第七号文書の第二一丁右（裏表紙裏）に「注進　専修念仏人事」と題し、道俗二二人の交名と念仏数を記すのは注目に値する。彼らの念仏数は一万返から三万五千返であり、一万返以上の念仏を唱えたものを「専修念仏人」と称していたことを示す。また「一万返の念仏人士」一〇人の交名もあり（第五号文書）、多分に一日一万返以上の念仏を唱えることが専修念仏とみられていたようである。源智が勧進した百万遍念仏の結縁衆に、その師法然が提唱した専修念仏を体する人を含んでいたのは、ある意味では当然であろう。

右に述べた〈合唱融通〉型の出現は、あくまで便法であったとしても、百万遍念仏の易行化を初めて可能としたのである。ここにいたって百万遍念仏は、念仏者に同心・同行の意識を喚起させ、百万遍念仏を勧進する念仏上人のもとに念仏結社を形成し、大衆的な念仏信仰運動として浄土教の浸透に寄与した。百万遍念仏に結縁する念仏衆から、専ら称名念仏を行業する〈専修〉の念仏人を析出したという視座に立てば[17]、初期浄土宗の発展に百万遍念仏の果たした役割は大きいのである。

（1）井上光貞『日本浄土教成設立史の研究』、伊藤真徹『平安浄土教信仰史の研究』など。以下の論述は、両書によるところが多い。

（2）小原仁「勧学会と二十五三昧会」（大隅和雄・速水侑『源信』所収）。ただし、近年発見の『勧学会記』（康保元＝九六四年作）の結衆と二十五三昧会の根本発起衆を比べ、一人も一致する僧のいないことをもって、両会は別位相にあったと考える説が出ている（後藤昭雄『平安朝漢文文献の研究』）。しかし、勧学会創始から一一年目の時点（天延二年＝九七四）で「故人党結之外、同志合力之徒」の措辞がみられる（『本朝文粋』巻一三）。勧学会創始から二〇年以上が経過した寛和二年（九八五）には結衆の入れ替わりが想定されよう。したがって両会別位相説は慎重にならざるを得ない。

（3）尼女・在俗の名が見えるのは、「文永座主前大僧正御房」以下の箇所である。

（4）堀大慈「二十五三昧会と霊山院釈迦講」（前掲注2『源信』所収）。

（5）前掲注(1)井上著書、二三〇頁。

（6）『宇治拾遺物語』上末一にも同様の話が「東北院の菩提講はじめける聖」としてみえるが、説話のうえで混乱があったと考えられる

（7）長門本『平家物語』巻四に、平家打倒を図って備前国児島に流された新大納言成親卿を、侍の源左衛門尉信俊が訪ね「北の方去六月一日より、北山雲林院の僧房にぼだい講を行ふ所候、彼所に忍びて渡らせ給候が、御歎きの深く渡らせ給ふ事斜ならず候」と、北の方の消息を伝えた記事がある。「六月一日」は、この日に成親卿が平家の西八条第に召し籠められ、そのことを聞いた北の方らが「ひとまどなりともたち忍」ぶため、中御門烏丸の邸宅を出て、「北山の雲林院の辺までましく〵にけり、その辺なりつるそう坊」に仮寓したこと（巻二）を受けているので、雲林院菩提講がこの日に

行なわれたことを直接示す記事ではないが、「いづくをさして行ともな」い北の方らが雲林院へ向かったのは、この日に菩提講が行なわれていたからと考えて差し支えないと思う。

（8）前掲注（1）井上著書、三八八頁。

（9）伊藤真徹『浄土教文化史研究』所収。

（10）『台記』によると、藤原頼長はこれ以外に、天養元年五月十五日～五月廿五日、九月十八日～十月朔日、十月二日～十月十三日、二年正月十五日～正月廿六日、五月朔日～五月廿四日、五月廿五日～六月十八日、九月十八日～十月六日、久安二年二月十八日～二月廿八日、五月朔日～五月廿五日、五月廿六日～六月十三日、九月十二日～十月二日、三年五月朔日～五月十七日、五月十八日～六月六日、六月七日～七月十九日、九月九日～十月四日、四年正月十五日～二月十日、五月朔日～五月十五日、五月十五日～六月朔日、九月九日～十月五日、六年五月朔日～五月廿六日、五月廿六日～六月十三日、六月十三日～六月廿六日、九月十日～十月十日、十一月卅日～十二月十三日、十二月十五日～十二月廿八日、仁平元年三月十四日～三月廿七日の各間に百万遍念仏を修している。頼長の百万遍念仏の詳細については別稿を用意している（**→本書第四部第二章参照**）。

（11）毎年九月（または八月）の「恒例念仏」は百万遍念仏であったが、必ずしも百万を満了していない。詳しくは別稿を参照（同右）。

（12）坪井俊映『法然浄土教の研究』一四四頁。

（13）藤田博雅「四天王寺西門念仏堂攷」（『歴史地理』六七巻一号）。なお、当時の四天王寺西門の内外には、大小いくつかの念仏堂が存在していた。

（14）『本朝文集』所引の久安五年「天王寺念仏三昧院供養御願文」に「年々致参詣、念々専精勤、或唱百万遍之仏号、或挑十万点之慧燈、或修舎利会、或行逆修善」とあり、同六年「鳥羽天皇於天王寺御逆修功徳御願文」に「又唱百万遍之念仏、屢翹十三度之懇誠。一称南無之力無空、況積多年之熏修」とあって、法皇の百万遍念仏は、久安六年までに一三回を数えていたと考えられる。

（15）頼長が念仏衆に入らなかったのは、「予暫与聖人言談。其説非正直、足為怪」と、円聖に対して批判的でもあったが（久安四年五月十四日条）、四天王寺参詣中も自身で百万遍念仏を修していたからであろう。

(16)『法然上人行状絵図』第一〇に「後白河の法皇、ひとへに上人の勧化に帰しましく、御信仰他にことなりしかば、百万遍の御苦行二百余ケ度まで功をつみ、比類なき御事にてぞましくける」とあり、〈独唱〉型の百万遍念仏は苦行であった。

(17) 栄西は『興禅護国論』に「問曰、或人云、念仏三昧、雖無勅流行天下。禅宗何必望勅耶。答曰、仏法皆付属国王。故必応依勅流通也。又念仏宗者、先皇勅置天王寺云云。今尊卑念仏、是其余薫也。禅宗争不蒙施行詔矣」という（巻中）。別の箇所で「八宗之行処雖区別、至証位必応用禅。乃至称名念仏之行、非禅者不成順次業也」ともいうので（巻下）、「念仏三昧」は「称名念仏」を指示し、しかも「尊卑念仏」は法然の専修念仏を前提に表現したと思われる。栄西は、専修念仏の源流が鳥羽法皇の勅置した四天王寺の百万遍念仏（「念仏宗」）にあるという認識をもっていた。

［追記］
本稿は本書第四部第二章の別稿「藤原頼長の百万遍念仏」（水谷幸正先生古稀記念論集『仏教福祉・仏教教化研究』所収）と一緒に執筆した。そのさい、うかつにも渡辺貞麿『平家物語の思想』第二部付録一「四天王寺百万遍念仏考」を見落としていた。しかし、論点および得たる結論は異なるように思う。

第二章　藤原頼長の百万遍念仏

一　頼長の性格と仏教信仰

本稿は院政期の貴族・藤原頼長の百万遍念仏の実修について考察するものであるが、まず初めに、彼の資質と仏教信仰の性向に関して概観しておきたい。保元元年（一一五六）七月、鳥羽法皇の崩ずるにおよび、崇徳上皇の招きに応じて挙兵し、あえなく敗死した左大臣・藤原頼長が、世人から「悪左府」の異名をもって恐れられたのは、彼が執政の間に「賞罰・勲功をわかち給、政務きりとをしにして、上下の善悪を糺され」た（古活字本『保元物語』巻上）、その酷薄な性格に起因しよう。しかし他面では、和漢の才に富み「日本第一大学生」（『愚管抄』第四）と評されるほど学問に身を入れ、古今まれにみる読書家であった。ことに経学に立って、公事を尊び、私事を軽んじ、礼節と忠義をふみ、正道を進め、諂諛を排した[1]。ただ、朝政の刷新に余りにも急進かつ峻厳で、そうした偏執とでもいうべき態度が当時の廷臣にいれられなかったのである。

頼長の日記『台記』を披見した花園天皇は、頼長を「作僻見人歟」と評し、その僻見の証拠に、

官掌某丸、名字不覚練公務者也、為使庁下部某丸被害、仍件下部被禁獄、而無程会赦被免、大臣仰公春殺之、記云、是代天行罰、湯武誅桀紂之故也云々、天意豈然乎、又公春寿考事被祈禱、而遂以死去、後偏不信仏法之由記之、愚之甚不可敢言、

と、太政官召使の国貞を殺害した検非違使庁の下部を、近習の左近衛府生・秦公春に命じて密かに殺させたこと、公春の延命を祈禱したが効なく死去したので、以後は仏法を信じないといったこと、の二例をあげている（『花園天皇宸記』元亨四年（一三二四）二月十三日条）。前者は『台記』久安元年（一一四五）十月二十三日条・十二月十七日条にみえ、後者は『宇槐記抄』仁平三年（一一五三）正月十九日条に「左近衛府生秦公春逝去、愁嘆事及数十丁、仍私今略之」と公春の死去は伝えるが、仏法不信のことはみえない。省略された数十丁のなかにあって、愁嘆の余りに口走ったと考えられる。花園天皇はこれをはなはだ愚かだと評言するが、一面では頼長の現世主義を物語るという(2)。

頼長の仏教信仰について、岩橋小弥太氏(3)は、

> 当時の人の事であるから勿論仏教に深い関心を有つてゐたやうであるが、其の信仰は甚だ雑駁で、当来の往生よりも、寧ろ現世の福徳を楽つて居り、仏書は繙くが、それは読書といふより、謂はゆる看経である。僧家の学では頼長は因明の学に志した。

と言い、橋本義彦氏(4)は岩橋氏の見解を継承し、

> 頼長の神仏に対する信仰・信心は当時の一般の宮廷貴族のそれとあまり異ならず、自身および息男の官位の昇進や養女の入内・立后などを諸社諸寺に祈禱し、また病気平癒には薬師像に祈請する等、ほとんど現世利益の追求に終始している。

と述べている。

頼長の仏教信仰は、このように一見すれば興味索然となるが、頼長の仏教に対する態度は、彼の性格を反映していた。天養二年（一一四五）の四月四日夜から彗星が現われ、神仏へ祈禱したが効験なく、一向に消えなかった。四月二十九日より天台座主行玄に熾盛光法を、法印宗雲に七仏薬師法を修せしめたが、五月二十日の結願に

なっても彗星は消えず、仁和寺法親王が四月十日から五月三日まで修した孔雀経法もまた験なきことをもって、頼長は「弘法・慈覚両門、既堕地之世乎、嗟哀哉」と痛烈に非難している。(5) ようやく六月六日夜より彗星はみえなくなったが、これは大僧都定信が仁王経法を修したためであり、「先日大法等、全無其験、至仁王経時始乎、孔雀経無験而有賞、仁王経有験而無賞、猶丁公見戮、雍歯得封矣」と、漢の高祖が丁公を誅殺し、雍歯を侯に封じた故事を引いて、賞罰の義にかなうことを主張している。これは大仰な言い方だが、頼長が総じて祈禱による効験の有無に拘泥したのは、彼の気短な性格と合理的な思考によるのであろう。

つぎに、興福寺の蔵俊や恵暁らについて因明を研究したのは、生来の学問好きな頼長が儒学研究に応用しようと考えたからである。(6) 仁平二年（一一五三）の十月五日、頼長は寸白をわずらっている東大寺已講珍海に医者を遣わし治療せしめたが、十一月二十三日に入滅した。珍海の病気と死亡について、「件人有善因明之聞、不伝其儀、尤可遺恨」「斯人三論因明之英才也、可悲可惜矣」と記す。因明の学才が後世に継承されないことを遺憾に思ったにすぎなかろうが、他面では学僧に対する厚誼を表わしている。

高僧への情誼は中川の実範にも示された。頼長は天養元年（一一四四）九月十日条に、

後聞、今日実範聖人、於光明山房入滅云々、先日聞疾由、遣式部大夫盛憲問之、疾痛云々、或人云、往生極楽云々、件聖人年来懸心於安養之由、対面時所語也、又或人云、臨終弟子等聞音楽云々、奇異之事也、

と書き留めている。これより先、頼長は鱠膚（瘰瘍）をわずらい、実範のもとへ人を遣わし平癒を祈らせているので（康治元年（一一四二）八月六日条・同二年二月二十二日条）、信頼のほどが察せられる。実範入滅の報と同時に、「或人」から実範の「往生極楽」と聖衆来迎の瑞相（「音楽」）が相次いで伝えられた。頼長は実範自身が年来、心を浄土にかけていたことを知っていたのか、実範の「往生」をかなり興味をもって記している。

頼長といえども時代の思潮をこうむり、浄土教に関心を払い、往生を願う市井の人にも注視した。久安六年

（一一五〇）五月三十日、鳥羽法皇が最勝寺で小塔数万基に併せて「往生冠者」なるものが造った七宝塔を供養したことについて、頼長は父・忠実への注進状を日記に転載している。それによると、「往生冠者」は卑下の身ながら、往生の業として塔婆を造るにすぎるはなしという智者の教えにより、この両三年かけて七宝塔を造りあげたが、その供養に術なく、最勝寺の小塔供養大会のついでに添えられんと願い、男一〇人とともに御所（押小路殿）に担ぎ込み、渡殿に据え置き、意趣を言上したところ、法皇の叡慮があったのである。この男は、幼稚の時に両親と別れ、近年は縁者の家に宿り、相頼む人なきゆえ、ひとえに仏道に帰し、在家の輩は「往生冠者の君」と呼んでいるとのことである。頼長は、御所に押しかけ七宝塔を安置した、その無礼をなんら咎めていないので、「往生冠者」に好意をいだいたと思われる。

このように頼長の仏教信仰には、彼の資質と関心からくる特性が見いだされる。先学が指摘したごとく、現世利益の修法をしばしば行なった。だが、そうしたなかで、例えば久安三年（一一四七）には、四月七日より七月二十日までの一〇三日間、「八三除病飯水疲痩延命祈過五十」を祈るため、法眼静経や権大僧都覚仁に千手供三壇を修せしめたが、同時に自身もまた、持仏堂の千手観音像の前で千手陀羅尼五〇〇〇遍を唱え、礼拝すること三三二〇遍、この間「不食魚、不犯女男」の禁欲を続けているのは、当時の一般的な宮廷貴族には類まれな仏道の実践者と評せざるを得ない。持仏堂千手御前の唱礼は、繁忙時を除いて、それぞれ一〇八遍を日課とした。しかも同期間に「依例」の観音護摩を行なわせ（五月四日～十一日）、みずから百万遍念仏を三回も修している（五月一日～七月十九日）。ここに学問に研鑽する頼長の克己精励の姿が重なってくる。頼長の仏教信仰にもストイックな性格が反映しているのである。

二　百万遍念仏の記事

さて、本題の百万遍念仏に入るが、百万遍念仏の浄土教史における位置づけは、別稿[7]で論じたので、それに譲るとして、頼長の百万遍念仏の実修形態を明らかにしよう。『台記』にあらわれる百万遍念仏の記事は、つぎの通りである。

①「自今夕始阿弥陀仏百万遍、自今年四気（季）可有之、祈請云、順次生往生極楽、若罪業猶深者、三生之内往生、又始聖観音護摩七日、願趣同上、但加祈今年平安、但護摩者今年許可修也、依厄年也」（天養元年（一一四四）三月五日条）

「百万遍念仏、今日酉刻終之」（同月十八日条）

②「自今日始弥陀百万、五月十五日、九月十八日、定為式日、仍不択日次」（天養元年五月十五日条）

「満百万了、護摩結願」（同月廿五日条）

③「始秋季弥陀百万、依式日不忌日次、式日正月、五月朔日、九月十八日等也、五月二百万也」（天養元年九月十八日条）

「帰宅於弥陀御前満百万了」（十月一日条）

④「又始弥陀百万冬気（季）」（天養元年十月二日条）

「満百万了」（同月十三日条）

「自今日見礼記正義四十七、念珠（誦）百万念仏及周易講師之間、暫中絶矣」（十一月一日条）

⑤「始弥陀百万・観音護摩式日、証禅闍梨」（天養二年（一一四五）正月十五日条）

「満百万了」（同月廿六日条）

⑥「依例始百万式日」（天養二年五月一日条）

「今日満百万了、出仕幷他念(誦)珠相交、于今遅引」（同月廿四日条）

⑦「今朝又始百万」（天養二年五月廿五日条）

「今日始沐浴即唱弥陀仏、自二日至昨日依疾止念仏、但其間不犯女食魚、自今日満其残」（六月十一日条）

「依祇園奉幣不念仏」（同月十五日条）

「帰宅終百万」（同月十八日条）

⑧「依例始百万弥陀仏式日」（久安元年（一一四五）九月十八日条）

「帰洛之後、終弥陀百万」（十月六日条）

⑨「始阿弥陀百万・観音護摩宣覚」（久安二年（一一四六）二月十八日条）

「百万了」（同月廿八日条）

⑩「始恒例百万」（久安二年五月一日条）

「一百万了」（同月二十五日条）

⑪「又始百万」（久安二年五月廿六日条）

「早旦寿量品音一反訓一反・弥陀仏一万反、依忌日也毎年如此」（同月廿九日条）

「帰宅未刻満百万了」（六月十三日条）

⑫「始恒例弥陀百万、式日今月十八日也、而明日法皇御共、詣天王寺念仏、尤有便宜、仍今日始之」（久安二年九月十二日条）

「満百万了」（十月二日条）

⑬「依例始弥陀百万」（久安三年（一一四七）五月一日条）
「今日満一百万了」（同月十七日条）
⑭「又始百万」（久安三年五月十八日条）
「満百万了」（六月六日条）
⑮「又始百万」（久安三年六月七日条）
「満百万了」（七月十九日条）
⑯「始百万恒例」（久安三年九月九日条）
「満百万了」（十月四日条）
⑰「依例始弥陀百万・観音護摩、阿闍梨忠覚、於鳥羽始也」（久安四年（一一四八）正月十五日条）
「自今至八日不満万々（百万カ）」（二月六日条）
「及昏余満百万了」（同月十日条）
「余帰南屋満百万了、於所随身之弥陀絵像前終之」（同月十五日条）
⑱「依例始弥陀百万」（久安四年五月一日条）
⑲「即亦始百万於同像前始之」（久安四年五月十五日条）
「満百万了」（六月一日条）
⑳「始百万、今日凶会至十三日非式日、須択吉日状与事為恒例、加之候天王寺之間、得便宜仍所始也」（久安四年九月九日条）
「今日春日若宮祭、仍不取念珠、不得私入堂」（同月十七日条）
「依鼻垂不念珠（誦）」（同月廿四日条）

「鼻垂後始念珠〈夜前浴(誦)〉」（同月廿八日条）
「酉刻満百万了」（十月五日条）
㉑「去年正月、弥陀念仏百万遍、今日満了」（久安六年（一一五〇）正月廿九日条）
㉒「今朝依例始弥陀百万遍」（久安六年五月一日条）
「寅刻帰宅満弥陀百万遍了」（同月廿六日条）
㉓「更始之、今月七日、弥陀仏千遍〈奉訪後三条院後也〉忘却、今日補之」（久安六年五月廿六日条）
「満弥陀百万了」（六月十三日条）
㉔「更又始之〈今年正月分〉」（久安六年六月十三日条）
「満百万遍了、食魚」（同月廿六日条）
㉕「講説了退廬、始弥陀百万遍〈恒例〉」（久安六年九月十日条）
「自九月十日依例誦弥陀仏百万遍、及五十万有此慶、過三ケ日、誦所残之数〈依不終百万之功、慶後三日、雖不念誦、不食魚類〉、禅閤仰曰、長者之始、唱弥陀仏、非無所憚、宜令人代誦所残之数、余従此教、仰菅登宣誦之、与美絹八丈、但登宣満其数了、余用魚類」（十月七日条）
「登宣告満百万了由、即余用魚類」（同月十一日条）
㉖「依例始弥陀百万遍〈去年分〉、自今度奉廻向禅閤、願趣如此〈此由申禅閤〉、毎年四百万遍弥陀仏者、為三生之内往生安養界、自生年二十五所始修也、而以既往将来件行業、併所奉廻向禅閤也、為巡(順)次往生極楽世界御願円満也、此功徳力百分之一、勿利自身矣、敬白、久安六年十一月三十日、頼長敬白」（久安六年十一月三十日条）
「是日満百万了」（十二月十三日条）
㉗「始弥陀仏百万〈去年分〉」（久安六年十二月十五日条）

「満百万了」（同月廿八日条）

㉘「令始弥陀百万遍已(正)月分、自於仏前誦始、後令菅登宣誦之、給以長絹二疋、年来因修之、而執政後不遑万機、令人修之、但至登宣誦訖、不御婦人不用魚類、如自誦時」（仁平元年（一一五一）三月十四日条）

「登宣百万遍未修、而自今日至明後日、有伊勢幣斎、仍雖備魚類於盤台等不食之」（同月十九日条）

「登宣申誦弥陀百万了由、返送本尊、余於其前誦弥陀仏千遍自明日食魚」（同月廿七日条）

三　百万遍念仏の実修形態――その一――

阿弥陀念誦のことは右掲したほか、『台記』の康治元年（一一四二）五月七日条に「満弥陀仏千遍」、同月廿九日条に「依忌日読寿量品音一反訓一反、弥陀仏一万遍」、康治二年（一一四三）五月廿九日条に「寿量品三反（註略）、弥陀仏一万反」とみえる。[8] しかし、百万遍念仏は史料㉖に「自生年二十五所始修也」とあり、頼長は保安元年（一一二〇）生まれで、天養元年（一一四四）が二十五歳に当たり、したがって史料①は百万遍念仏を始修した記事であることがわかる。天養元年といえば、その前年の康治二年十月、忠実と四天王寺に参詣して、「若摂録天下之時、願任十七条憲法行之、此心無変、令天下撥乱反正矣」と祈請しており、執政の座を目指し始めた時期である。百万遍念仏の目的は、「祈請云、順次生往生極楽、若罪業猶深者、三生之内往生」（史料①）、「毎年四百万遍弥陀仏者、為三生之内往生安養界」（史料㉖）とあって、純然たる浄土教に基づく往生を願っており、決して現世利益ではない。

頼長は「自今年四気(季)可有之」（史料①）と、百万遍念仏を年に四回修することを誓っている。当初は「秋季」（史料③）「冬気(季)」（史料④）のように、四季ごとを考えたようだが、次第に念仏を開始する「式日」として正月十五日・五月朔日・五月十五日・九月十八日を定め（史料②③⑤⑥⑧⑫）、正・五・九の長斎月に固定し、ことに五月は二回（二百万遍）におよんだ（史料③）。一年四季の記事が揃っている年度について、百万遍念仏の実修を調べると、天養元年（史料①②③④）、天養二年（一一四五）＝久安元年（史料⑤⑥⑦⑧）、久安二年（史料⑨⑩⑪⑫）、久安三年（史料⑬⑭⑮⑯）、久安四年（史料⑰⑱⑲⑳）、久安六年（史料㉒㉓㉔㉕）の各年は、月日に多少のずれ込みはあっても、年四回の百万遍念仏をきちんと勤めている。[9] 五月は二回連続し（二〇〇万遍）、久安三年の五月一日から七月十九日までと、久安六年の五月一日から六月二十六日までは三回連続している（三〇〇万遍）。また、百万遍念仏の間は、前述の千手陀羅尼の唱礼と同様に「犯女食魚」をせず、禁欲していたことをうかがわせる（史料⑦㉔㉕㉘）。

康治二年十月に父の忠実、久安二年（一一四六）九月・久安三年（一一四七）九月に鳥羽法皇、久安四年（一一四八）五月に忠実、同年九月・久安六年（一一五〇）九月に法皇が四天王寺に参詣したさい、頼長は随行のたびに詳しい記録を『台記』に残している。法皇や忠実の目的は出雲聖人・円聖が興行する百万遍念仏に加わることにあったが、随行した頼長はその念仏衆には入らず、自身で百万遍念仏を修している（史料⑫⑯⑱⑲⑳㉕）。四天王寺参詣のために、特に式日より早く始めたり（史料⑫⑳）、阿弥陀の絵像を持参している（史料⑱）。久安六年九月の四天王寺参詣の時、九日に四天王寺到着、その翌十日夜半より百万遍念仏を開始したが、二十二日に宇治帰着の後、五〇万遍を唱えた時分の二十六日、父の忠実は頼長を伴って上洛し、東三条邸に入って、兄の摂政忠通と父子の義を絶ち、頼長を氏長者となした。この後三日だけ念誦を止め、再び残りの数を念誦したところ、十月七日になって忠実は「長者之始、唱弥陀仏、非無所憚」をもって、代人に残りの数を念誦せしめよと命じた。頼長は父の教えに従って、菅原登宣に念誦させたのである（史料㉕）。

摂関家の氏長者になったばかりの時に、念仏を唱えることがなぜ憚られるのか、よくわからないが、十一月三十日に「去年分」の百万遍念仏を始めた（史料㉖）。ただし「自今度奉廻向禅閤」と、忠実の順次往生を願っている。翌年の仁平元年（一一五一）三月十四日より「正月分」の百万遍念仏を修した。この時は最初にみずから唱えたが、後は菅原登宣に念誦させている（史料㉘）。その理由を頼長は「執政後不遑万機」と述べている。この年の正月十日、ついに内覧の宣旨を蒙り、念願の執政の座に就くことができた。政務多端につき、みずから百万遍念仏を修し得ないのである。代人念誦になったためか、これ以後、百万遍念仏の記事は『台記』にみえなくなる。最後の記事となった、菅原登宣が百万遍を満了して本尊を返却しに来た三月二十七日の前日条に、「年来祈請執政事、其願既成、自今以後、願曰検（捨カ）命也（已カ）、随願往生諸仏浄国〔不空羂索之所説也、八法之中第七法也〕」という興味深い記事がある。執政の地位を得た今、いつ命を捨ててもよい、不空羂索神変真言経に説く八法の中の第七法（おそらく頼長の勘違いで第八法）の、「臨命終時願生仏刹、随願往生諸仏浄刹」を信ずるのみ、という心境であろう。長年にわたって修した百万遍念仏は、阿弥陀仏の極楽浄土への順次往生を願ってのことと推測されるが、頼長の仏典に対する博識が災いしたのか、諸仏浄土往生の思想から脱しきれなかった。

四　百万遍念仏の実修形態——その二——

藤原頼長より一世代後の関白・九条兼実もまた、自身で百万遍念仏を修している。兼実の日記『玉葉』をみると、安元二年（一一七六）九月に阿弥陀経の所説に従って百万遍念仏を修して以来、原則的に毎年九月八日から十五日まで、「恒例念仏」を行なっている[10]。この「恒例念仏」が百万遍念仏であったことは、日々の念仏の遍数を記すか、または「七ケ日之間」の総数を書きあげていることから明らかである。しかし、実際に念仏百万遍を満了した年度は、次掲の安元二年・寿永二年（一一八三）のほかは寿永元年[11]（一一八二）しかなく、判明している年度については三〇万遍から七〇万遍の程度にとどまっている。そこで、百万遍念仏の実修に参考となる記事を摘記する。

㉙「入夜始念誦、是阿弥陀名号也、至于来十五日可奉満也、依少阿弥陀経説也、但除念誦之時之外、雖不無言、不聴世事、念仏之間、雖専信力、為凡夫之妄心、随境堺易乱、不及一心不乱、為之如何、今夜千返」（安元二年九月八日条）

「終日念誦、今日九万九千遍」（同月九日条）

「終日念誦、今日十二万五千遍」（同月十一日条）

「今日念誦十三万遍」（同月十二日条）

「今日念誦七万遍、入夜雨下」（同月十三日条）

「入夜雨下、念仏六万遍、戌刻蔵人中宮大進平基親来、依念誦之間、不相逢」（同月十四日条）

「今日終日無言、念仏十五万遍、但入夜止無言、因念誦了也」（同月十五日条）

「今日念仏十万遍」（同月十六日条）

「今日念仏十万遍」（同月十七日条）

「今日念誦十四万遍、満百万遍了」（同月十八日条）

㉚「巳刻仏厳聖人来、即余渡御堂、自今日為始恒（例カ）念念仏也、先受戒聖人為戒師、午終許始念仏、今日二万遍」（寿永二年九月八日条）

「今日念仏十四万遍、此日蔵人宮内権少輔親経来、伝院宣云余依念仏不謁之、使人伝申之（中略）依為念誦之間、不見文書、又不申子細也」（同月九日条）

「此日念仏十七万遍」（同月十日条）

「此日念仏廿一万遍、今日頭弁兼光来余南家云々、然而聞念仏之由、不来此堂、示置祇候之男退出了、事非急事、仍御念仏以後参上、可承之由示云々、入夜所聞也、御即位之間条々事被尋問、已念仏以後、委見披可申子細之文書等、書写之」（同月十一日条）

「今日念仏十八万反」（同月十二日条）

「念仏十二万反」（同月十三日条）

「今日百万遍了、今日十二万反」（同月十四日条）

頼長の百万遍念仏は最短で一一日（史料②⑨）、最長で四三日（史料⑮）を要している。しかし、二〇日以上の長期におよぶ場合、その中間に自身の病気や法皇の叡山行幸に陪従するなど、なんらかの事情が考えられる。そうした特例を除くと、大抵は一〇数日をかけている。ところが、兼実の百万遍念仏は七日（または八日）とかなり短期である。[12] 日々の念仏の遍数を検すると、ほとんど一〇万遍を超え、寿永元年の九月二十一日は二〇万遍、翌二年の九月十一日は二一万遍も唱えている。もちろん数遍[13]の多さゆえに、「依念誦之間、不相逢」（史料㉙）「余依念仏不謁之」「依為念誦之間、不見文書」（史料㉚）のごとく、念仏の間は人に面謁せず、文書も披見しなかった。したがって四六時中念仏を唱えているかに思えるが、二一万遍を唱えた時でさえ、夜に入って念仏を止めている。

それでは、一日の日中だけで一〇万、二〇万もの数遍の念仏は可能であろうか。一〇〇万遍を満了した寿永二年九月十四日の翌日条の「今日酉刻念仏結願、其以前念仏一万遍其中一千遍、高声念仏也、阿弥陀大呪一千遍、礼拝百遍、未曾修数反之礼拝、今度始致此礼拝、然間脚気陪増、殆難遂其功、然而偏為仏法捨身命、満数遍了之後、偏以平臥、如存如亡」という記事に注目したい。「念仏結願」とは、百万遍念仏を終えたことを仏前に報じる儀礼と考えられ、結願の直前に念仏一万遍・阿弥陀大呪一〇〇〇遍・礼拝一〇〇遍を修したというが、その念仏一万遍に「其中一千遍高声念仏也」と註記している。念仏一万遍のうち九〇〇〇遍が高声念仏に非ざる念仏であった。高声念仏に非ざる念仏とは何か。筆者は、史料㉙の「除念誦之時之外、雖不無言、不聴世事」「今日終日無言、念仏十五万遍、但入夜止無言、因念誦了也」とある「無言」がそれに相当するのではないかと考えている。「無言」は、念仏を専修するために念仏以外は声を出さないといった通常の意味ではなく、この文章を素直に読む限り、「念誦」のなかに含まれるのである。「念誦」と「念仏」は同義に用いているから、兼実の念仏には「無言」が存したといわざるを得ない。

五　高声念仏と無言念仏

ここで頼長の『台記』に戻ろう。「自今日七ケ日彼岸潔斎（註略）、於不動尊銀三寸像（註略）前、満其呪十万遍七ケ日間十万反也、千反門(間)無言、非有要事、有数千反無言之時」（久安六年（一一五〇）二月十九日条）、「造北斗七星三寸像一躰（中略）余自今日七ケ日、於其像前、日別満呪七千遍千遍間無言」（同年五月七日条）、「自四日至今日、毎日誦不空羂索大呪二十一遍無言、小呪一千遍、烏瑟沙摩真言一千遍、心経七巻奉平等院本願聖霊」（同年九月十日条）といった記事が散見する。呪にも「無言」があって、遍数のなかに入れていた。「無言」の数え方はどうするのか。これに答えるのがつぎの記事で、「自今日満如(始カ)意輪小呪十万、其千遍間無言、不緩不急、不高不下、両手持念珠当心、与真言終字同時取数、此等拠彼儀軌也」（天養二年（一一四五）二月十四日条）とある。「不緩不急」以下は「無言」にかかわる説明で、胸の辺りに念珠を持って、急がず緩やかならず、真言の終字ごとに念珠を繰って数をとる、というのである。「此等拠彼儀軌也」とあり、密教において「無言」の呪を誦える作法と考えられる。頼長は、百万遍念仏に関しては日々の遍数、「無言」の有無を註記していないから、にわかに断定はできないが、この当時には、念仏も誦呪と同様に「無言」が行なわれていたと考えてよかろう。

永観律師は康和五年（一一〇三）に撰した『往生拾因』で、「近代行者念仏名時、雖動舌口而不発声、或執念珠只計数遍、故心余縁不能専念、散乱甚多、豈得成就、発声不絶称念仏号、三業相応専念自発」と説き、業報差別経を引いて「高声念仏」の功徳を明かし、懐感の言に従って「励声念仏」を勧めている。声を発せざる念仏とは、密教の念誦法に準拠したものと思われる。空海の『秘蔵記』に五種の念誦（蓮華・金剛・三摩地・声生・光明）を釈して、「誦音聞於自耳」を蓮華念誦、「脣歯合小動舌端」を金剛念誦、「都不動舌於心念誦」を三摩地念誦という。心念に属する三摩地以下を観念の念仏に対置させるなら、蓮華念誦と金剛念誦は称名の念仏に該当するが、さらに蓮華念誦は「発声」に、金剛念誦は「不発声」に相当しよう。永観は「設雖一念専念若発、引業即成必得往生、設雖万遍専念不発、引業未熟不得往生」と述べ、「発声」の念仏と「不発声」の念仏を対比し、前者こそが「必得往生」と断じ、高声念仏・励声念仏を強調するのである。永観は「設雖万遍」と言い、おそらく七日別行の百万遍念仏を修する行者のなかには、「雖動舌口而不発声、或執念珠只計数遍」のごとき「近代行者」がいたと考えられる。

仏号を称念する時、舌口を動かすといえども声を発せず、念珠を執りてただ遍数を計《かぞ》える。これこそ「無言」の念仏を指しているのではなかろうか。脣歯を合わせ小さく舌端を動かすという金剛念誦は「無言」の呪を指している。口のなかでゴモゴモと念誦し、数珠を繰りながら遍数を計えるのが、無言の念仏であり、無言の呪であった。念仏であれ誦呪であれ、いずれにしろ念誦の場合、それを一〇万・一〇〇万の単位におよぶ膨大な数遍を短時日で満了するには、時間的にも体力的にも、声を出さずに唱える「無言」を取り入れざるを得なかったと思われる。筆者はこれまで「無言」の念仏と呼んできたが、実際にそうした用語に触目したので紹介したい。栄西禅師は『法華入真言門訣』なる著書の奥跋に「治承二年戊戌十月十五日、於鎮西筑前州今津誓願寺僧房、無言念仏之次記之、金剛仏子栄西」と記している。(14) 栄西は「無言念仏」をしながら『法華入真言門訣』を脱稿したのである。それはもはや「念仏ノ行者等、日別ノ所作ニオイテ、コヱヲタテテ申人モ候、ココロニ念シテカスヲトル人モ候、イツレオカヨク候ヘキ」（『十二問答』）といった問いの、心に念じて数をとる念仏と変わらなくなり、他人からは無言のまま数珠を繰っているにしかみえない。なお、法然上人は「口ニモ名号ヲトナヘ、ココロニモ名号ヲ念スルコトナレハ、イツレモ往生ノ業ニハナルヘシ、タタシ仏ノ本願ノ称名ノ願ナルカユヘニ、コヱヲアラワスヘキナリ、（中略）ワカミミニキコユルホトオハ、高声念仏ニトルナリ」と答え（同上）、無言念仏も往生の業なれども、仏の本願は「称名」なるゆえに「コヱ」にあらわすべきだと述べられている。

毎日の所作に「数遍の念仏を称ふ」行者の、数遍の多きをもって尊しとなす信仰における数量主義[15]が昂じて、日に百万遍を称える者が現われる。「数遍は不実のきはまり」と考えていた明遍僧都は、毎日百万遍を称える修行者を「例の不実の者よ」と非難したが、夢中に善導大師から「日来ははやくりの数遍を不受する事、仏意にそむく」と告げられ、「其後は百万遍の数遍をせられ」たという逸話が伝えられている（『法然上人伝記』巻第三下）。「ワカミミニキコユルホト」の高声念仏では、日に百万遍はとうていできない。そこで、一遍ごとに数をとらなくとも、また声に出さずとも、数珠を一回まわせば百遍の念仏と数える、「早繰りの数遍」という便法が考案されたと思われる。明遍は「手に念珠をまはすはおそしとて、木をもちて念珠をふりまわして数をとられければ、明遍のふりふり百万遍とぞ人申ける」とある。「ふりふり百万遍」などは、便法の極まりというべきであろう。

（1）龍粛「藤原頼長」（『平安時代』所収）。
（2）橋本義彦『藤原頼長』。
（3）岩橋小弥太「悪左府伝」（『国学院雑誌』五五巻一号）。
（4）前掲注（2）橋本著書。

（5）『台記』天養二年五月二十日条。以下、特に断らない限り『台記』『宇槐記抄』による。

（6）和田英松「藤原頼長の因明研究」（『国史説苑』所収）。

（7）「念仏結社の展開と百万遍念仏」（薗田香融編『日本仏教の史的展開』所収→本書第四部第一章）。

（8）史料⑪の「早旦寿量品音一反訓一反・弥陀仏一万反、依忌日也毎年如此」は、例年「昔人」（生母）忌日の読経・念誦であり（康治元年五月廿五日条参照）、百万遍念仏の間もこれを別個に営んでいる。

（9）久安五年は何かの事情で百万遍念仏を勧めることができなかったのか、「去年正月」「去年分」として、翌六年の正月・十一月・十二月に修している（史料㉑㉖㉗）。

（10）安元二年九月八日～十八日、治承元年九月八日～十五日、治承二年九月八日～十五日、治承三年九月八日～十五日、治承四年九月八日～十五日、養和元年九月八日～十五日、寿永元年九月十五日～二十二日、寿永二年九月八日～十五日、元暦元年八月八日～十五日、文治元年九月八日～十五日、文治二年八月十八日～二十五日、文治三年八月八日～十四日、文治五年八月八日～十四日、建久元年七月二十三日～三十日、建久二年八月二十一日～二十八日、建久三年八月八日～十五日、建久五年閏八月一日～九日。これ以降は日記の欠落により不明。ただし文治四年度は恒例念仏を修せず、建久四年八月は記事が欠落。なお、養和元年十二月八日条に「自今日奉始弥陀百万遍」とあり、恒例のほかに百万遍念仏を修したようだが、満了の日次は不詳。百万遍念仏の開白には潔斎（洗髪）の上、仏厳聖人または法然上人を請じ、受戒した後に念仏を始めている。

（11）兼実自身は「百万遍満了」の旨を記さないが、日々の念仏の遍数を加算すると、一〇〇万一〇〇〇遍に達する。

（12）史料㉙は一一日だが、当初の予定は八日であった。

（13）「数遍」とは三～四ないし五～六遍の意味ではなく、あらかじめ定めた一定数の遍という意味である。

（14）大屋徳城「鎌倉時代の禅宗諸家と密教」（『日本仏教史の研究』三所収）。

（15）坪井俊映「念仏の数量信仰」（『法然浄土教の研究』所収）。

第五部

古代仏教の諸相

第一章　僧尼令の法的起源——特に任僧綱条を中心にして——

一　はじめに

大宝元年（七〇一）六月、大宝律令の一篇に僧尼令が制定されたことは、古代仏教史に一つの画期を与えた。僧尼令が唐の道僧格（祀部格）[1]を主たる典拠とする継受法であるにもかかわらず、一面では、推古朝から大化期をへて天武・持統朝にいたる約一世紀の間に、古代国家がとったもろもろの仏教統制の定式化を意味し、ここに国家仏教の法制化をみたからである。

僧尼令の日本的特質の一つは、すでに諸戸立雄氏[2]が指摘されたように、唐制にない僧綱を規定していることで、「唐制輸入以前より存在した僧綱を残さんとしたがために、唐制に対して改変を加え」ている。改変とそれによって生じた条文間の矛盾に関しては、諸戸氏の所論に詳しい。ただ14任僧綱条[3]について引用すると、諸戸氏は「唐制を模倣した僧尼令の各条に直接影響を与えない範囲で、令制以前における僧綱の性格を残さんとして、新たに規定されたものが、この条である」とされる。そうすると、この僧綱の任用規定は、令制以前の僧綱の性格を明らかにする好個の素材となり、僧尼令の法的な起源を究めることが可能となろう。

また、僧綱に関する条項以外にも、唐制に典拠を求めることのできない条項が若干ある。そうした僧尼令中の日本的要素を摘出することは、僧尼令制定の前史をさぐる手掛かりとなるのである。諸戸氏の驥尾に付して、14

任僧綱条を中心に、道僧格など唐制に直接つながらない条項の分析を通じて、僧尼令の法的起源を究明し、もって僧尼令の日本的特性を指摘することは、広く律令法継受の研究に資するものと思われる。

ところで先学の研究[4]に従うと、僧尼令全二七条のなかで、道僧格など唐制に典拠を求めることのできない条項は、

凡僧聴近親郷里、取信心童子供侍、年至十七、各還本色、其尼取婦女情願者、（6取童子条）

凡僧不得輙入尼寺、尼不得輙入僧寺、其有観省師主、及死病看問、斎戒、功徳、聴学者聴、（12不得輙尼寺条）

凡任僧綱、謂律師以上、必須用徳行能伏徒衆、道俗欽仰、綱維法務者、所挙徒衆、皆連署牒官、若有阿党朋扇、浪挙無徳者、百日苦使、一任以後、不得輙換、若有過罰、及老病不任者、即依上法簡換、（14任僧綱条）

凡僧尼於道路遇三位以上者隠、五位以上、斂馬相揖而過、若歩者隠、（19遇三位以上条）

凡僧尼有犯百日苦使、経三度、改配外国寺、仍不得配入畿内、（25外国条）

凡斎会不得以奴婢、牛馬及兵器、充布施、其僧尼不得輙受、（26斎会布施条）

凡僧尼不得焚身捨身、若違、及所由者、並依律科罪、（27焚身捨身条）

である。これらのなかで12不得輙尼寺条・27焚身捨身条のごときは、なお唐制を継受した可能性を想定すべき条項であると思われるが、6取童子条・14任僧綱条・19遇三位以上条・25外国条のごときは、わが国の律令編纂者の手になる条項もしくは大宝令制定以前すでに単行法令をもって行なわれていた条項である。まずは制度的に追跡が可能な14任僧綱条から検討していく。

二　僧綱の起源

僧綱とは、3自還俗条に「三綱録其貫属、京経僧綱、自余経国司」、8有事可論条に「若有官司及僧綱、断決

不平、理有屈滞、須申論者、不在此例」、13禅行条「三綱連署、在京者、僧綱経玄蕃、在外者、三綱経国郡」、公式令12移式条に「其僧綱与諸司相報答、亦准此式、以移代牒」とあって、国司・官司・玄蕃・諸司などと並ぶ〝機関〟の名称である。14任僧綱条の令本文に「謂律師以上」と注し、『令義解』が「僧綱者、僧正、僧都、律師也」と注釈するように、僧綱は僧正・僧都・律師の職階で構成した。この他、『令義解』が17有私事条で「僧綱之録事也」と注釈する「佐官」がいて、律師以上の僧官のもとで実務を担当した。公式令12移式条の「移」を「牒」に代える書式の署名について、『令義解』は「律師以上一人署卿処、佐官署日下也」と注釈している。移式の例示で日付の下とは「録」が署名する位置である。したがって、薗田守良の『新釈令義解』が僧綱の佐官を令制官司の主典に当てて、「僧綱に四分官あり、長官は僧正、次官は僧都、判官は律師、主典は佐官といふを知へし」というのは卓見である。ただ、律師以上は徒衆推挙＝奏任扱い（のちに奉勅簡定＝勅任扱い）、佐官は判任であったように、その選任方法を異にしていた(5)。

さて周知のごとく、僧綱の起源は推古三十二年（六二四）にさかのぼり、『日本書紀』推古三十二年条に、

夏四月丙午朔戊申、有一僧、執斧殴祖父、時天皇聞之召大臣、詔之曰、夫出家者頓帰三宝、具懐戒法、何無懺忌、輙犯悪逆、今朕聞、有僧以殴祖父、故悉聚諸寺僧尼、以推問之、若事実者、重罪之、於是、集諸僧尼而推之、則悪逆僧及諸僧尼、並将罪、於是、百済観勒僧、表上以言、夫仏法、自西国至于漢、経三百歳、乃伝之至於百済国、而僅一百年矣、然我王聞日本天皇之賢哲、而貢上仏像及内典、未満百歳、故当今時、以僧尼未習法律、輙犯悪逆、是以、諸僧尼惶懼、以不知所如、仰願、其除悪逆者以外僧尼、悉赦而勿罪、是大功徳也、天皇乃聴之、

戊午、詔曰、夫道人尚犯法、何以誨俗人、故自今已後、任僧正僧都、仍応検校僧尼、壬戌、以観勒僧為僧正、以鞍部徳積為僧都、即日、以阿曇連名闕為法頭、

秋九月甲戌朔丙子、校寺及僧尼、具録其寺所造之縁、亦僧尼入道之縁、及度之年月日也、当是時、有寺四十六所、僧八百十六人、尼五百六十九人、幷一千三百八十五人、

とある。一人の僧が斧で祖父を殴る事件が起きた。これを聞いた天皇は諸寺の僧尼をことごとく集め、悪逆の僧のみならず、すべての僧尼に罪を科そうとした。この時、百済僧の観勒が上表して、仏法が伝わってまだ日が浅く、多くの僧尼は「法律」を熟知しないので、罪を犯した僧を除き、それ以外の僧尼は許されたいと請願した。天皇は観勒の意見を入れたが、僧正・僧都を置いて僧尼を検校させることにし、僧正には観勒、僧都には鞍部徳積を任じ、またこれとは別に阿曇連某を法頭に任じた、という。

僧都の鞍部徳積は、人名表記から推して俗人のように思えるが、『日本書紀』では僧慧隠を「志賀漢人慧隠」と書いている例[6]からして、僧であったとみなしてよい。この僧正・僧都という僧官の名称はのちの僧綱のそれと同じであるが、機関の呼称は残念ながら明らかでない。僧正・僧都は、大化期に十師と改められるが、令制につながる僧官であるだけに、令制の起源を尋ねるとき、これが推古朝に設置されたことのもつ意義は小さくない。

推古朝の僧正・僧都は令制僧綱の長官・次官に相当し、職階は二等官の構成であって、その名称は中国南朝の系統を引いている。すなわち、中国南朝の僧官は、その機関を僧司・僧局と呼び、長官を僧正もしくは僧主、次官を僧都または都維那と言い、地方の諸州郡にも僧正・僧都が置かれた[7]。しかし、わが国の地方僧官は国師と言い、大宝二年（七〇二）二月にはじめて置かれ、中央僧官とその名称を同じくしなかった。

三　新羅の政官

中国南朝の僧官制度は朝鮮、特に百済を経由してわが国に伝えられたと思われるが、推古朝当時の百済の僧官制度は全く不明である。史料が比較的残っている新羅の僧官制度をみると、基本史料の一つは、『三国史記』巻四

○（職官志下）にある、

〔A〕政官或云政法典、始以大舎一人史二人為司、至元聖王元年初置僧官、簡僧中有才行者充之、有故即逓、無定年限、

国統一人一云寺主、真興王十二年以高句麗恵亮法師為寺主、都唯那娘一人阿尼、大都唯那一人、真興王始以宝良法師為之、真徳王元年加一人、大書省一人、真興王以安蔵法師為之、真徳王元年加一人、少年書省二人、元聖王三年以恵英梵如二法師為之、

州統九人、郡統十八人、

という記事である。もう一つは、『三国遺事』巻四（慈蔵定律）の、善徳王十二年（六四三）に慈蔵を大国統に任じた記事の、「非夫綱理、無以粛清、啓勅蔵為大国統、凡僧尼一切規猷、総委僧統主之」という箇所の分註において、中国の仏教統制機関、なかんずく僧官についての沿革を概略した後に、

〔B〕新羅真興王十一年庚午、以安蔵法師為大書省一人、又有小書省二人、明年辛未、以高麗恵亮法師為国統、又云寺主、宝良法師為大都維那一人、及州統九人、郡統十八人等、至蔵更置大国統一人、蓋非常職也、亦猶夫礼郎為大角干、金庾信大大角干、後至元聖大王元年、又置僧官、名政法典、以大舎一人史二人為司、揀僧中有才行者充之、有故即替、無定年限、故今紫衣之徒、又律寺之別也、

とある記事である。すでに別稿[8]でも指摘したが、ここに必要な限り再説すると、〔A〕と〔B〕はほぼ同内容であるから、同じ藍本によっていると思われるが、〔A〕〔B〕ともにやや杜撰である。まず、国統（寺主）は両方一致しているので、信用せざるを得ない。つぎに大都維那は〔B〕に定員一名で、最初に任ぜられたのは安良法師とあり、〔A〕によれば安良法師の任命は真興王代（五四〇～七五）であるという。ところで〔A〕には、この大都維那の前に「都唯那娘一人阿尼」とあり、都唯那娘という職階が存在し、定員一名で、阿尼（尼僧）をこれに任ずる旨の記述になっている。〔A〕の国統以下はほぼ職階の順序に叙述しているので、尼僧を充てる「都唯那娘」が「大

都唯那」の上位にあると解される。僧官のなかに尼僧を充てる例は、中国北朝には「比丘尼統」、南朝には「都邑尼僧正」の例はあるが、日本では僧綱に尼僧が任ぜられたことはない。つぎに大書省と小書省についてみると、安蔵法師が大書省に任ぜられたのは〔B〕に真興王十一年（五五〇）とするが、〔A〕には真興王代とあるだけで、〔B〕の方に信が置けそうである。しかし、〔A〕にいう元聖王三年（七八七）に恵英と梵如が任ぜられた少年書省――年の字は衍か――の二人に関して、「又有小書省二人」とあたかも大書省と同年に設置されたかのように記しながら、大書省が真徳王元年（六四七）に増員されて二人となっているにもかかわらず、一人としている点はあやふやである。地方に置かれた州統・郡統について、〔A〕〔B〕に相違はなく、問題なさそうであるが、設置年代は不明である。

問題は〔A〕の「至元聖王元年初置僧官」、〔B〕の「後至元聖大王元年、又置僧官」の語句である。この「僧官」は名辞から想像されるごとく僧が就く官であるから、国統以下のものと別個の官を指すとは考えられない。ところが〔B〕によれば「僧官」の名称は「政法典」であり、〔A〕によれば「政法典」は「政官」の別名であるという。ここに元聖王元年（七八五）の僧官＝政法典＝政官の関係ができるが、『三国史記』新羅本紀の文武王九年（六六九）正月条に「以信恵法師為政官大書省」とあって、少なくとも「政官」は僧が就く大書省を職階とする機関を指示するものと考えられる。しかるに〔A〕では「始以大舎一人史二人為司」と、俗人の下級官僚からなる官司のように説明している。いずれにしろ、〔A〕〔B〕の記載そのままでは、どうにもわけがわからない。

そこで大胆に憶説を述べよう。「政官」とは、北斉では「昭玄寺」、日本では「僧綱」と称した、僧侶による仏教統制機関の、新羅における名称であった。この僧官とは別に、大舎一人・史二人の俗人下級官僚で構成した「政法典」なるものがあって、仏教統制に関連した事務を行っていた。それが元聖王元年になって、僧官である「政官」の下部組織に移行されたのではないか。それを〔A〕は――〔B〕もまた同じ轍を踏んで――元聖王元年に政法典のなかに「僧官」（政官）が置かれたと誤解しているのであろう。要するに、新羅の僧官制度を考えるには、〔A〕においては「或云政法典」の注記および「始以大舎一人史二人為司、至元聖王元年初置僧官」、〔B〕においては「後至元聖大王元年、又置僧官、名政法典、以大舎一人史二人為司」の語句にとらわれてはならないのである。これらを一応は無視した方が、その後ろに続く「簡僧中有才行者充之、有故即遞、無定年限」、「揀僧中有才行者充之、有故即替、無定年限」の文言が政官の任用規定として生きてくるのである。

新羅の中央僧官は「政官」と言い（設置当初からの名称であったかどうかはわからないが）、国統一人―都唯那娘一人―大都唯那一人（のちに二人）―大書省一人（のちに二人）―少書省二人の構成であった。このうち、都唯那娘は設置年代が明らかでなく、少（小）書省は元聖王三年の設置である。新羅の僧官制度の開始は、真興王十一～二年もしくは同王代であって、当初は国統・大都唯那・大書省各一人、すなわち職階は長官・次官・実務官の三等官で出発した。そして真徳王五年（六五一）の律令制的な官制大改革に先立って、真徳王元年に大都唯那・大書省各一人が増員となったのである。長官・次官の名称は中国北朝の系統を引いているが、実務官である「大書省」の名称は新羅独自のものと思われる。

さて新羅の僧官制度で注意したいのは、その任用規定である。先に述べたように、〔A〕の「簡僧中有才行者充之、有故即遞、無定年限」、〔B〕の「揀僧中有才行者充之、有故即替、無定年限」は、政官の任用に関する規定であった。規定の骨子は、第一に僧中の才行ある者を選ぶこと、第二に故あれば更迭するが、任期に年限がないことの二点である。ただ任用にあたって、僧団からの推薦制が存したかどうかは不確かであるが、第一の「簡僧中有才行者充之」は、わが僧尼令の14任僧綱条に「必須用徳行能伏徒衆、道俗欽仰、綱維法務者」とあり、第二の「有故即遞、無定年限」は同条に「一任以後、不得輙換、若有過罰、及老病不任者、即依上法簡換」とある僧綱の任用規定に通ずるものである。

ただ、こうした才行・徳行主義は、何も僧官に限ったことではなく、俗官（奏任官）でもその任官には選叙令4応選条に「凡応選者、皆審状迹、銓擬之日、先尽徳行、徳行同、取才用高者、才用同、取労効多者」とあって、律令官僚制の原理の一つであった。しかし、在京諸司の京官が一定年限で「遷代（替）」することを前提としたのに対して、僧官は中央にあっても外官の国博士・医師など[9]と同様に〝終身〟である点に、特殊性を認めることができる。

四　唐初の十大徳

『日本書紀』大化元年（六四五）八月癸卯条の正教崇啓の詔でもうけられた「十師」は、従来の学説によれば唐初の十大徳制を模したといわれている[10]。だが、別稿[11]で詳論したように、推古朝の「僧正・僧都」制を臨時に拡大した形態であったことから、北斉の昭玄十統の制度を模したと考えられる。私見はなお多くの支持を得ていないが[12]、今は改めるつもりはない。しかし、十大徳に関する史料は、わが僧綱の任用や職務について参考になるものが存する。十大徳に任ぜられた者を『続高僧伝』から摘出すると、吉蔵、保恭、法侃、慧因、海蔵、智蔵、明贍の七人が確認される。十大徳に関する主要な史料は（傍線は筆者）、

①武徳之初、僧過繁結、置十大徳、綱維法務、宛従物議、居其一焉、（『続高僧伝』巻一一、吉蔵伝）

②武徳二年、下勅召還、依旧検校、仍改禅定、為大荘厳、及挙十徳、統摂僧尼、京輦諸僧、慴憚威厳、遂不登及、高祖聞之曰、恭禅師志行清澄、可為綱統、朕独挙之、既位斯任、諸無与対、遂居大徳之右、専当剖断、平恕衷詣、衆無怨焉、（『続高僧伝』巻一一、保恭伝）

③大唐受禅、情存護法、置十大徳、用清朝寄、時大集僧衆、標名序位、侃儀止粛然、挺超莫擬、既徳充僧望、遂之斯任、恂恂善誘、弘悟繁焉、（『続高僧伝』巻一一、法侃伝）

④凡天下寺観三綱及京都大徳、皆取其道徳高妙、為衆所推者補充、（『旧唐書』巻四四〈職官志〉、鴻臚卿条）

の四つである。傍線の語句に留意すると、十大徳は「僧過繁結」のために「護法」を意図してもうけられ、法務を綱維し、僧尼を統摂するもので、「綱統」とも呼ばれ、道徳高妙にして衆のために推される者を充てたとある。[13]実際のところ、①や③からは、僧衆の「物議」で名を標し位を序したもの、すなわち僧団が推薦・選出した候補者を皇帝が任じる、という選任方法がとられていたことがわかる。②に京輦の諸僧が皇帝の威厳に慴憚して上申しなかったとあるのは、衆僧たちの評議による選出が原則であったことを示している。また、十大徳の管轄は「京都大徳」とあるので、京師に限られていたようである。十大徳とは、諸戸立雄氏[14]が指摘したように、唐初混乱期における民心収攬を図るための、京師の僧尼を内律によって教化する機関であって、仏教界の最長老をもって構成した権置の僧官と思われる。十大徳は、その設置事情と員数の点から、わが国大化期の十師とよく似通っているように思えるが、僧官としての機能論からいえば、むしろ十師を廃した後に復活した「僧正・僧都」制を整備した「三綱」制、すなわち七世紀後葉の、令制僧綱の直接の前身態に影響を与えているのではなかろうか。

右にうかがわれる十大徳の選任と職務とその権限は、次の四点において、令制僧綱を連想させる。[15]第一に、僧尼令14任僧綱条における徳行者を徒衆が推挙する規定は、①の「宛従物議」、③の「大集僧衆、標名序位」「既徳充僧望、遂之斯任」、④の「其道徳高妙、為衆所推者補充」に該当する。第二に、僧綱選任のもう一つの条件たる「綱維法務者」は、僧綱の職務上の能力資質を示したもので、これは①に「置十大徳、綱維法務」とある。第三に、わが僧綱は僧尼令3自還俗条、13禅行条、20身死条の規定によれば、所轄は京内に限られていたが、十大徳もまた既述のごとく京師だけを所轄としていた。そして第四に、十大徳は「統摂僧尼」に当たる総括者という意味で「綱統」とも呼ばれたが、わが国の僧綱と名称が類似する。

五　「三綱」と僧綱

十師は、『日本書紀』白雉二年（六五一）三月戊申条に「皇祖母尊、請十師等設斎」とある記事を最後にみえなくなり、天武二年（六七三）十二月戊申条に、造高市大寺司の任命、福林の知事辞任の不許可に続いて、「以義成僧為小僧都、是日、更加佐官二僧、其有四佐官、始起于此時也」とある。この記事から、遅くとも天智朝末年に、「僧正・僧都」制が復活し、僧都は大・小（少）に分かれ、佐官（二人）が置かれていたことは明らかである。そして天武十二年（六八三）三月己丑条に「任僧正僧都律師、因以勅曰、統領僧尼如法云々」とあって、新たに律師が加えられた。

この後、朱鳥元年（六八六）には、次のような記事が現われる。

ⓐ請三綱律師及大官大寺知事佐官幷九僧、以俗供養々之、仍施絁綿布各有差、（正月庚戌条）

ⓑ遣伊勢王及官人等於飛鳥寺、勅衆僧曰、近者朕身不和、願頼三宝之威、以身体欲得安和、是以僧正僧都及衆僧応誓願、則奉珍宝於三宝、是日、三綱律師及四寺和上知事幷現有師位僧等、施御衣御被各一具、（六月甲申条）

ⓒ是日、僧正僧都等、参赴宮中而悔過矣、（七月庚子条）

右に掲げた記事を検討すると、ⓐの「三綱律師及大官大寺知事佐官」は、合わせて九僧とあるから、「三綱、律師及び大官大寺知事、佐官」と読まねばならない。大官大寺の知事（寺主）および佐官（四人）と律師を除けば、「三綱」は僧正・大僧都・小僧都の三人となるはずである。ⓑの「僧正僧都及衆僧」は、すぐその後ろの「三綱律師及四寺和上知事幷現有師位僧等」に対応するとなれば、僧正・僧都が三綱に、衆僧は律師以下の僧等に相当する。ⓒにおいて「等」に律師を含むようにみえるが、「僧正・僧都等」はⓐやⓑから推すと、律師・佐官と一応区別した表記である。そこで「三綱」とは、僧正・大僧都・小僧都の三者の呼称であったと考えられ[16]、したがって「三綱」の名称は、僧都が大小に分けられた時点にまでさかのぼるのではなかろうか。

白雉二年から天武二年までの間に、僧官制度は十師を廃止し、僧正・僧都を復活すると同時に、次官に当たる僧都を大小の二階に分け、さらに佐官という実務官を置く、という変遷をみた。僧官は推古朝の僧正（長官）―僧都（次官）の二等官構成から、僧正（長官）―大小僧都（次官）―佐官（実務官）の三等官構成に整備されたのである。

ところで、俗官の一般職官の場合、令制官司の四等官制が成立する以前に、六世紀末から天武初年の間には、長官（カミ）―次官（スケ）―実務官（マツリゴトヒト・フビト）の三等官構成の職階が地方官・軍官に存し、大化以後は新制の評（郡の前身態）・国の官職のみならず、一部の中央官職にもおよぼされたと考えられ、三等官は令制の四等官に比べると、次官以上と実務官とでは地位にかなりの隔たりがあったようである[17]。新羅の僧官（政官）も、元聖王元年（七八五）にその下部機構に俗人の事務官司である「政法典」を組み入れるまでは、国統（長官）―大都唯那（次官）―大書省（実務官）の三等官構成であった。「十師」制に代わった「僧正・僧都」制は、新羅の僧官制を模しつつ、一般職官の三等官制に準拠して、次官を大小に分けること、実務官を新設することで、仏教統制機関としての充実が図られたものと考えられる。従来の職階の僧正・僧都を基本としたので、大小となった僧都以上の三者を指して「三綱」と呼び、実務官の佐官はこれに含まれなかった。

それでは、天武十二年の律師創設は何を意味するのか。律師は、北斉の断事沙門、梁の大律都沙門、隋の断事などと同様の、内律（仏法）による独裁的な裁判官であると推測されているが[18]、仏教教団内部の事件を裁断する一定の権限が与えられていたとするなら、それは僧官全体にであって、律師にその専権があったとは思われない。そもそも律師とは、中国では「僧持行者有三品、其一曰禅、二曰法、三曰律」と、法師・禅師に対して仏律に通達する僧を言い、また「道士修行有三号、其一曰法師、二曰威儀師、其三曰律師」と、道士においても律師と称していた[19]。わが国に仏教が伝来した当初、『日本書紀』敏達六年（五七七）十一月庚午条に「百済国王付還使大別王等、献経論若干巻、幷律師、禅師、比丘尼、呪禁師、造仏工、造寺工六人」とある律師も、そうした用法でしか理解できない。いわば汎称たる律師を僧官の職階にしたのは、別の観点が求められよう。それは律師の創設をもって、僧正（長官）―大小僧都（次官）―律師（判官）―佐官（主典）の、令制官司と同様の四等官構成になったことである。一般職官の官位相当制や遷代制が天武朝から持統朝にかけて整備されたとすれば[20]、四等官制が成立するのも同時期のことでなければならない。僧官の職階が四等官になったのは、こうした律令的官司機構の整備と揆を一にしているのである。

令制の判官は、職員令1神祇官条に「掌糺判官内、審署文案、勾稽失、知宿直、余判官准此」、主典は同条に「掌受事上抄、勘署文案、検出稽失、読申公文、余主典准此」とあって、判官は官司内の非違を糾弾・裁判し、公文書案を審査・署名し、公事や文書の停滞と過失を勾勘し、宿直の順序等を掌ることを、主典は判官以上の決裁を記録し、公文書案を作成・署名し、稽失を検出し、公文書を読みあげることを、それぞれの職務とした。それらの職務のなかでも、獄令25公坐相連条に「諸司糺判、皆為判官、諸司勘署、皆為主典」とあり、判官は主として「糺判官内」を、主典は主として「勘署文案」を掌る職階であると認識されていた。さらに判官はその和訓「マツリゴトヒト」から政務官、主典はその和訓「フビト」から事務官の要素をもっていたとみられる。また、令制の裁判は、獄令1犯罪条に規定する通り、事が発生したところの官司が推断し、在京の諸司であれば徒以上は刑部省に送り、杖以下は当司が決することになっていた。ただ、令制の四等官の判官と主典は、令制前の三等官制の実務官が掌った実務全般のうち、所轄の糾判と稽失の勾勘に関するものを判官に、受事の記録と文書の作成に関するものを主典に分離したというべきで、判官の行なう「糾判」は実務的側面が強く、官司内で独立した専権を有したとは考えられない。僧官の律師と佐官を令制の判官と主典に対置するとなれば、律師は令制判官の有する「糾判」の職務と政務官的な側面をもつ職階としてもうけられ、仏律に通達した僧の汎称たる「律師」を採用したのは、その行なう「糾判」と政務――正しくは「法務」というべきか――は仏律に準拠することを明示するためであった。

令制の判官・主典はともに奏任官であって、任用に差異はなかった。しかし、前述したように律師と佐官とでは格差がある。例えば、大宝二年（七〇二）正月二十三日の太政官処分(21)に、

任僧綱者、在京諸寺僧、請集薬師寺、仍大弁一人、史二人、式部輔一人、丞録各一人、治部玄蕃主典以上官人並集之、少弁以上大夫宣命、弁官式部左列、治部右列、

とあり、大宝三年（七〇三）正月二十二日の太政官処分(22)に、

任僧綱之佐官僧者、中官而補任、解任亦同、

とあって、「僧綱」（律師以上）と「僧綱之佐官」とでは任命の形式を異にした。また、大宝元年（七〇一）七月四日の勅裁(23)に「僧綱賻物者、僧正准正五位、大少僧都律師並准従五位給之」とあって、賻物は律師以上に限られた。こういう歴然とした格差は、三等官制における長官・次官と実務官との格差、すなわち「三綱」のなかに佐官を含めなかったことに由来するのではなかろうか。一般職官の場合、三等官制の実務官を判官と主典に分けることで四等官制へ移行したが、僧官の場合、同じく四等官制をとりながら、「三綱」制の実務官の職階を二つに分けたのではなく、「三綱」の職階を一つ増加したことになる。したがって律師の創設をみても、基本的には「三綱」制と変わるところはなかった。

僧正・大僧都・小僧都・律師の四者で構成するとなれば、「三綱」の名称はふさわしくない。もともと三綱とは「毎寺上座一人、寺主一人、都維那一人、共綱統衆事」と、寺院の統括に当たる上座・寺主・都維那の三者を

指す[24]。前掲史料ⓑに「四寺和上知事」と、上座の異称「和上」、寺主の異称「知事」がみえるから、天武朝には各寺において三綱の制度が整いつつあった。そうした寺官との混同を避けるため、僧官の「三綱」は持統朝か大宝令の制定時に「僧綱」と改称されたと思われる。

六　任僧綱条の遡及

天武十二年（六八三）に律師が任ぜられても、しばらくの間は「三綱、律師」と、律師が「三綱」に含まれずにいたのは、律師を加えた僧官の機関名称が「僧綱」に改められなかったからであろうが、筆者は「三綱」こそが令制僧綱の直接の前身態であって、律師という職階の増加をみる前に、令制僧綱の原形が固まっていたと考えるのである。天智朝ないし天武朝に存立した「三綱」制は、基本的に推古朝の「僧正・僧都」制の系統を引くものであって、しかものちの令制僧綱の骨格を形成した、という位置づけを措定したいのである。すなわち、僧尼令の14任僧綱条その他に規定する僧綱の任用・職務・所轄などは、「三綱」時代に確立していたのではないだろうか。

筆者は別稿において、令制僧綱の職務は、一般行政としては僧尼名籍と寺院資財の管理、宗教行政としては戒律を準則とする教導および教学振興であったことを明らかにしており、また推古朝の僧正・僧都の職務は、僧尼に仏律を熟知せしめ、それによって教団を自主的に統制すること、僧尼名籍を扱うことであったと推測している[25]。したがって、令制僧綱の職務は推古朝の「僧正・僧都」制に源流を求めることが可能であるが、ここでは再説しない。

14任僧綱条の任用規定は、再々いうが、第一に「必須用徳行能伏徒衆、道俗欽仰、綱維法務者」、すなわち徳能者を推挙すること、第二に「一任以後、不得輒換、若有過罰、及老病不任者、即依上法簡換」、任期に年限のないことの二点を特色とする。第一の点は唐初の十大徳や新羅の政官の場合も同様であったが、それは僧尼令の当該規定が十大徳もしくは政官の任用規定を直接に継受したというのではなく、東アジアの各国に共通する僧官任用のいわば原則ではなかったのだろうか。こうした教団が推挙する徳能者を僧官に任命する方法は、任免権を持つ国家と教団とのかかわりのなかで、その手続きに程度の差はあれ、中国の南北朝時代に不文律となっていたと考えてよいと思う。第二の点も、新羅の政官に類似の規定があるので、これまた僧官任用の原則であったと考えられるが、新羅政官の「有故即逓、無定年限」よりも、僧尼令の「若有過罰、及老病不任者」のほかは「一任以後、不得輙換」とする方が、教団側にかなりの主体性をもたせているので、中国南朝僧官の系統を引く感がする。

僧綱が「所挙徒衆、皆連署牒官」という手続きを踏んで任ぜられることを示すのは、前掲した大宝二年（七〇二）太政官処分の、在京の諸寺僧を薬師寺に請い集めて、衆僧の面前で任命式を行なうことである。そうすると、14任僧綱条の任用規定にみられる原則は、大化元年（六四五）に十師を任じたさい、「遣使於大寺、呼聚僧尼」ているから、少なくとも「十師」制にまで、あるいは推古三十二年（六二四）に僧正・僧都を任じた発端の事件の時、「悉聚諸寺僧尼、以推問之（中略）集諸僧尼而推之」というから、さらに推古朝の「僧正・僧都」制まで遡及しうるが、法的な規定として確立するのは「三綱」制であろうか。

つぎに考えるべきは、僧綱の所轄が僧尼令で京内に限られている点である。筆者は令制以前の寺院・僧尼の地域的な偏在に起因するのではないかと考える。飛鳥・白鳳時代様式の古瓦を出土する寺院跡は、飛鳥時代のものが四六所で、うち畿内は四二所（九一％）、白鳳時代が五五〇所で、畿内は一四三所（二六％）を数える。[26]ただ、近江・播磨を畿内に準ずる地域として畿内に含めると、飛鳥時代の寺院跡は四四所（九六％）、白鳳時代の寺院跡は二三〇所（四二％）に達する。いわゆる〝先進地帯〟の占める比率の高さがわかろう。このうち大和に限れば、飛鳥時代寺院跡は五〇％（一二三所）と比率は高いが、白鳳時代寺院跡は九％（五一所）と比率は低下する。

しかし、問題は僧尼数であって、文献に従うと、『日本書紀』推古三十二年九月丙子条には寺四六所、僧尼一三八五人であったと記録する。大和のみならず畿内・近国を含めた数であると思うが、一寺平均の僧尼は三〇人であった。白雉二年（六五一）十二月晦条に「於味経宮、請二千一百余僧尼、使読一切経」とあり、当時の日本に伝来していた一切経の数にも規制された数字であろうが、これだけの僧尼を味経宮（難波）近辺の寺院だけで動員できるはずはなく、大和の寺院からも呼び寄せたと思われる。天武四年（六七五）四月戊寅条に「請僧尼二千四百余、而大設斎焉」とある場合は、飛鳥浄御原宮に近い地域の寺院の僧尼が主であったと考えられる。持統四年（六九〇）七月己丑条に「以絁絲綿布奉施七寺安居沙門三千三百六十三、別為皇太子奉施於三寺安居沙門三百廿九」というのは、五月十五日から内裏で始めた安居講説が終わって沙門に物を賜った記事である。この七寺・三寺は特定できないが、飛鳥地方の寺院を指していよう。七寺では一寺平均四八〇人の沙門、三寺では一寺平均一〇九人の沙門がいたことになる。飛鳥地方の寺院であっても、その擁する僧尼は、大は五〇〇人から小は一〇〇人までの差があった。

実際のところ、奈良時代の寺院は、例えば大安寺の場合、天平十九年（七四七）に僧四七三、沙弥四一四、合わせて八八七人の「僧」が現住していた(27)。河内国の西琳寺では「天平十五年帳」によると、僧沙弥合わせて二二人いた(28)。一方、天平五年（七三三）の『出雲国風土記』によれば、同国には一一の寺院（意宇郡舎人郷の教昊寺のほかは寺名のない新造院）が存したが、意宇郡山代郷の新造院に僧一人、大原郡斐伊郷の新造院に僧五人、屋裏郷の新造院に僧一人、斐伊郷の新造院に尼二人が住んでいた程度で、そのほかは不明である。新造院だから僧尼が少なかったというのではなく、出雲国ではせいぜい一寺院数名ほどの僧尼でしかなかったと思われる。このように一寺院の僧尼数は〝先進地帯〟ほど多く、〝後進地帯〟ほど少なかったのである。そうすると、飛鳥・白鳳時代の僧尼分布は、畿内・近国では寺院跡分布の割合よりもかなり高く、さらに畿内でも大和の割合はもっと高くなるはずである。僧尼の居住地域は、今日の我々が想像するよりもはるかに当時の宮都のあった飛鳥地方にかたよっていたと考えねばならない。こうした僧尼の中央への集中度を想定する時、朝廷の地方支配の体制が十分に整わない時期にあっては、推古朝の「僧正・僧都」にしろ、大化期の「十師」にしろ、その管轄は、事実上、宮都の存する飛鳥地方を中心とした地域に限られていたとみられる。

天智朝から天武朝にかけてのころ、地方に「国―評―里」制が整い、中央に「京」制が成立し、日本で最初の都城といわれる藤原京より以前に、飛鳥を中心とする「倭京」が存在したという(29)。特に『日本書紀』の天武紀には「京」の語が頻出するが、仏教関係記事もその例外ではない。天武九年（六八〇）五月乙亥条に「勅、絁綿糸布、以施于京内廿四寺各有差、是日、始説金光明経于宮中及諸寺」、同年十月乙巳条に「恤京内諸寺貧乏僧尼及百姓而賑給之、一毎僧尼各絁四匹綿四屯布六端、沙弥及白衣各絁二匹綿二屯布四端」、翌十年（六八一）閏七月壬子条に「皇后誓願之大斎、以説経於京内諸寺」とみえ、明確に京内の諸寺と特定した仏事ならびに僧尼賜物が行なわれている。先述した天武四年の大設斎に請じた僧尼二四〇〇余人、持統四年の宮中安居に奉じた七寺の沙門三三六三人、三寺の沙門三二九人はおそらく「京内諸寺」の僧尼であったに相違ない。そうした仏事を監理し、それに奉ずる僧尼を統轄するのは、僧官たる「三綱」であろうことは想像に難くない。当時わが国の大多数の僧尼が京内の諸寺に居住し、主として彼らに対する教導と統制の任に当たっていた「三綱」の実績から、律令法に「京」制を明確化したさいに、「三綱」およびその後身たる僧綱の管轄は、おのずと京内に限られることになったと思われる。

七 おわりに

僧綱の制度的な遡及を試みて、14任僧綱条を中心にした僧尼令の法的起源を尋ねるのが、本稿の目的であった。推論の域を出ないと批判を受けるに違いないと思うが、一応の小結を述べると、以下の通りである。律令的官司機構の発展過程のなかに、僧官の変遷を対置するという観点に立つと、僧官の職階は、僧正・僧都の二等官構成→僧正・大小僧都・佐官の三等官構成→僧正・大小僧都・律師・佐官の四等官構成と整備されてきたのである。すなわち制度的に遡及すると、令制僧綱の直接の前身態は、天智朝ないし天武朝に存在した「三綱」であり、さらにその「三綱」は推古朝に設置された「僧正・僧都」に繋がるものであった。僧尼令の14任僧綱条その他の条文に規定する僧綱の任用・職務・所轄等は、「僧正・僧都」制にまでさかのぼりうるが、基本的には「三綱」制において法的に確立していたのではないかと推測するのである。

本稿の冒頭で述べた「僧尼令が唐の道僧格（祀部格）を主たる典拠とする継受法であるにもかかわらず、一面では、推古朝から大化期をへて天武・持統朝にいたる約一世紀の間に、古代国家がとったもろもろの仏教統制の定式化を意味し」たというのは、こうした僧官制度の発展過程をも捉えてのことである。僧尼令の制定は、道僧格など唐制を継受しながらも、その基本的な枠組みのなかで、大宝令より以前の律令的諸制度を段階的に整備する過程で法的に確立した仏教統制の骨格を、整合性を保ちつつ盛り込んだといえる。

そこで、唐の道僧格（祀部格）と僧尼令の比較において、彼にあって我になきもの、例えば「乗大馬」「招引賓客」の禁止(30)（還俗）、「王公已下薨別勅許度人」の制など(31)、我にあって彼にないもの、例えば6取童子条、19遇三位以上条、25外国条など、相互の出入りに注目して、僧尼令の編纂における取捨選択の態度および僧尼令の日本的特性を究明することは、わが国の律令法継受のありように関連する重大な課題であるが、残された問題は後考に俟ちたい。

（1）祀部格のなかの道僧に関する条文を、唐では「道格」と呼び、日本の明法家は「道僧格」と称したという湯浅幸孫氏の所説（「僧尼令考釈」、『佛教大学研究紀要』七二号）に従って、僧尼令の粉本は「祀部格」であるというべきだが、本稿では通常よく用いられる「道僧格」の呼称で述べる。
（2）諸戸立雄「僧尼令に現われた僧綱について」（『秋大史学』九号、のちに同著『中国仏教制度史の研究』に収録）。
（3）養老僧尼令の条文番号と条文名。
（4）三浦周行「僧尼に関する法制の起源」（『法制史の研究』所収）、道端良秀『唐代仏教史の研究』第一章第四節「寺院僧尼の取締と沙汰」、二葉憲香『古代仏教思想史研究』第二篇第二章第二節「僧尼令と道僧格の異同について」など。3自還俗条「凡僧尼自還俗者、三綱録其貫属、京経僧綱、自余経国司、並申省除附、若三綱及師主隠而不申、卅日以上、五十日苦使、六十日以上者、百日苦使」、20身死条「凡僧尼等身死、三綱月別経国司、国司毎年附朝集使申官、其京内、僧綱季別経玄蕃、亦年終申官」の両条は、その対応する道僧格がないとされる。しかし、『大宋僧史略』巻中（祀部牒附）に「及徳宗建中中、勅、天下僧尼身死還俗者、当日仰三綱於本県陳牒、毎月申州、附朝集使申省、拌符詣同送者注毀、其京城即於祀部陳牒納告」とある。僧尼の身死・還俗者の官府への報告規定は、〔地方〕三綱→本県・州→（朝集使）→尚書省、〔京城〕三綱→祀部→尚書省の経路であった。こうした規定は、建中年間（七八〇〜三）に始めてもうけられたとは思えず、同規定は大宝令制定の時点で唐制に存したと考えられる。
（5）拙稿「奈良時代の僧綱」（井上薫教授退官記念会『日本古代の国家と宗教』上巻、のちに拙著『日本古代仏教制度史の研究』に収録）。
（6）『日本書紀』推古十六年九月辛巳条。
（7）山崎宏『支那中世仏教の展開』第二部第一章「南北朝時代に於ける僧官の検討」。
（8）拙稿「新羅における仏教統制機関について」（『朝鮮学報』五九輯、のちに拙著『日本古代仏教制度史の研究』に収録）。
（9）選叙令27国博士条に「凡国博士、医師者、並於部内取用、若無者、得於傍国通取、（註略）補任之後、並无故不得輙解」

とあって、国博士・医師は遷替しない。

(10) 田村圓澄「僧官と僧官制度」(『飛鳥仏教史研究』所収)。

(11) 拙稿「大化元年八月癸卯詔をめぐる諸問題」(『仏教史学』一五巻一号、のちに拙著『日本古代仏教制度史の研究』に収録)。

(12) 直林不退『日本古代仏教制度史研究』第二部第三章第二節「十師制の先蹤形態」。

(13) 前掲注(7)山崎著書第二部第五章「唐代の僧官」。

(14) 諸戸立雄「唐初の僧官十大徳制について」(『秋大史学』一六号)。

(15) このことについては、すでに前掲注(12)直林著書第三部第四章第三節「『僧尼令』の僧綱関係条文を通じて見た仏教「制度化」」が言及している。しかし、推古朝の「僧正・僧都」制や「十師」制に関する理解は、本稿と異なるところが多い。

(16) 前掲注(10)田村論文。

(17) 東野治之「四等官成立以前における我国職官制度」(『ヒストリア』五八号、のちに同著『長屋王家木簡の研究』に収録)。

(18) 井上光貞「日本における仏教統制機関の確立過程」(『日本古代国家の研究』所収)。

(19) 『大唐六典』巻四(祀部員外郎)。

(20) 青木和夫「浄御原令と古代官僚制」(『古代学』三巻二号、のちに同著『日本律令国家論攷』に収録)。

(21・22) 『令集解』僧尼令任僧綱条令釈所引。

(23) 『令集解』喪葬令職事官条令釈所引。

(24) 前掲注(19)に同じ。

(25) 前掲注(5)および「推古朝における仏教統制機関成立の史的意義」(『東山学園紀要』一四号、のちに拙著『日本古代仏教制度史の研究』に収録)。

(26) 稲垣晋也「飛鳥白鳳の古瓦」(奈良国立博物館『飛鳥白鳳の古瓦』所収)。この論文は昭和四十五年の発表であり、その後の発掘調査等で数字的には増加していると思うが、地域的な傾向に著しい変化はなかろう。

(27)「大安寺伽藍縁起幷流記資財帳」(『寧楽遺文』所収)。
(28)「河内国西琳寺縁起」(『美術研究』七九号)。
(29)岸俊男「日本における『京』の成立」(『日本古代宮都の研究』所収)。
(30)前掲注(19)に同じ。
(31)『白氏六帖事類集』巻二六(僧第六〇)「度人格」註。

第二章　甲賀宮・甲賀寺と近江国分寺

一　はじめに

現在、滋賀県甲賀市信楽町黄瀬に「史蹟紫香楽宮阯」（以下、「史跡」という）がある。ここは昭和五年（一九三〇）、肥後和男氏によって発掘調査が行なわれ、礎石の配置が中門・金堂・講堂・僧房・塔など寺院の伽藍形式であることが判明した(1)。そこで、史跡と寺院の関係をどのように考えるか、諸説を生み出してきたのである。その代表的なものは、紫香楽宮と甲賀寺とは別の場所に造営され、紫香楽宮が廃された後に近江国分寺となったと考える説である(2)。

ところが、かつて整備事業を担当した水野正好氏が「史跡」は甲賀寺の遺構であり、紫香楽宮跡は近接地に別個に存すると考えた(3)その予想の通り、「史跡」の北方約二キロに位置する同町宮町から宮殿遺構と思われる建物群が発見された。宮町遺跡は、昭和五十九年（一九八四）の第一次調査より平成十年（一九九八）の第二二次調査におよび、「造大殿所」と書かれた木簡の出土など(4)から、紫香楽宮の遺跡であると断定されるにいたった(5)。そして平成十二年（二〇〇〇）には、「史跡」と宮町遺跡のほぼ中間に位置する新宮神社遺跡から大型の橋脚遺構が出土して、「朱雀路」を推測することが可能なところから(6)、甲賀寺を含むかなり広範な宮都の造営が考えられるようになった。

こうした発掘調査の成果をうけて、「大願を発す・大仏建立と紫香楽宮」と題する歴史フォーラムが催された[7]。筆者は発言の機会を与えられ、「聖武天皇と仏教」について概略を述べたが、そのさい改めて紫香楽宮と甲賀寺、近江国分寺に関して考えたことどもを、ここに披見したいのである。

二　紫香楽宮と甲賀宮

まずはじめに宮号の表記から検討しよう。辞書的解説をすれば[8]、紫香楽宮は信楽宮とも書き、甲賀宮ともいうが、どうであろうか。手はじめに『続日本紀』のなかから「紫香楽宮」の宮号が出てくる記事を抜粋する。

行幸紫香楽宮、（中略）即日、車駕至紫香楽宮、（天平十四年八月己亥条）

行幸紫香楽宮、（後略）（天平十四年十二月庚子条）

行幸紫香楽宮、（後略）（天平十五年七月癸亥条）

東海東山北陸三道廿五国今年調庸等物、皆令貢於紫香楽宮、（天平十五年十月壬午条）

皇帝御紫香楽宮、為奉造盧舎那仏像、始開寺地、於是行基法師率弟子等勧誘衆庶、（天平十五年十月乙酉条）

初壊平城大極殿幷歩廊、遷造於恭仁宮四年於茲、其功纔畢矣、用度所費不可勝計、至是更造紫香楽宮、仍停恭仁宮造作焉、（天平十五年十二月辛卯条）

取三嶋路行幸紫香楽宮、（後略）（天平十六年二月戊午条）

運金光明寺大般若経致紫香楽宮、（後略）（天平十六年三月丁丑条）

紫香楽宮西北山火、城下男女数千余人皆趣伐山、（後略）（天平十六年四月丙午条）

以始営紫香楽宮百官未成、司別給公廨銭惣一千貫、交関取息永充公用、不得損失其本、（後略）（天平十六年四月丙辰条）

（前略）斯二人並伐除紫香楽宮辺山木、故有此賞焉、（天平十六年八月乙未条）

つぎに「甲賀宮」の宮号の記事を引こう。

太上天皇幸甲賀宮、（天平十六年十一月癸酉条）

是日、車駕還恭仁宮、以参議従四位下紀朝臣麻路為甲賀宮留守、（天平十七年五月壬戌条）

発近江国民一千人令滅甲賀宮辺山火、（天平十七年五月丙寅条）

是時甲賀宮空而無人、盗賊充斥、火亦未滅、仍遣諸司及衛門衛士等令収官物、（天平十七年五月戊辰条）

以上の用例をみるかぎり、『続日本紀』において「紫香楽宮」は天平十四年（七四二）八月から同十六年（七四四）八月まで、「甲賀宮」は天平十六年十一月から同十七年（七四五）五月までと、二つの宮号の使い分けは判然としている。紫香楽宮と甲賀宮の宮号表記が混在して現われないとすれば、単純に別名と考えることは、躊躇せざるを得ないのである。

続いて、正倉院文書における宮号表記を検証しよう。「信楽宮」は三件[9]しか現われない。「律論疏集伝等本収納幷返送帳」の天平十六年五月十日の項に、

十日納花厳経疏一部廿巻（注記略）

右従信楽宮給出使舎人茨田久治万呂　受酒主

同年八月十日の項に、

十日納十一面神呪心経義疏一巻（注記略）

右従信楽宮給出使阿刀酒主　受人成　判進膳令史

とあり、もう一件はこの文書の案文と思われ、五月十日の項と同じ記載であるから、実質的には二件となる[10]。

一方、「甲賀宮」は「甲可宮」「甲加宮」とも書き、五〇件[11]も現われる。そのうち最も早いのは「経師等行事手

実帳」で、天平十六年三月六日付け杖部子虫手実に、

　起信論疏上巻用卅七　弁中辺論疏上巻卌八已上二巻写甲加宮者

とあり、同月七日付け志紀久比万呂手実に「弁中辺論疏中巻卌一已上一巻写甲加宮者」、同日付け漢浄万呂手実に「法花宗要一巻用十二張　肇論疏上巻用卅四　弁中辺論疏下巻用卅七已上三巻写甲加宮者」とあるのがこれに続く(12)。しかし、ここの箇所は「甲加宮」で写経した経典名と用紙数を追記した部分であり(13)、同年七月十七日付け阿刀息人手実および同月二十五日付け「写疏所解」を参照すると(14)、追記は三月から七月までの上半期中に行なわれたと考えられる。そこで「写疏料紙等納充注文」に、

　天平十六年四月十九日収納播磨国紙玖千捌佰伍拾枚疏料者

　　且充二千枚受広公収継紙八十二巻 進甲加宮十八巻

とあり、天平十六年四月十九日に二〇枚を一巻とした一八巻分三六〇枚が写経用紙として「甲可宮」に送られ、五月十六日に紙六枚が雑疏裏料として「甲可宮」に送られたとする記載あたりが確実な事例となろう(15)。

　そして周知の通り、天平十七年二月二十日付け玄蕃寮解を始めとして、同年十月二十一日付け造宮省移まで(16)、諸司から民部省宛に出された甲賀宮における直丁等の月粮請求の文書が二〇通残っている。これより時期的に孤立して最後に現われるのは、天平勝宝三年（七五一）十二月十八日付け「奴婢見来帳」で、佐伯伊麻呂が逃亡した奴忍人を「以二月十四日捉得於甲賀宮国分寺大工家」ことを報じている(17)。

　これまで検討した宮号の用例から、およそつぎのことがいえるのではないか。第一に、宮号も地名もすべて「紫香楽」は『続日本紀』にのみ使われ、正倉院文書では「信楽」の表記だけである。これをどう解釈するのか、即断を避けるが、『続日本紀』編纂時の修辞が考えられなくはない。第二に、甲賀（可・加）宮という宮号は、天平十六年四月ごろから現われだし、翌十七年五月の廃都後の十月ごろまで「宮」としての機能をもっていたら

しく、この宮号がずっと使われている。ところが信楽宮の宮号は、この間の正倉院文書では天平十六年の五月から八月までの期間に現われるにすぎない。しかも前掲の「律論疏集伝等本収納并返送帳」に、天平十六年八月十日に「信楽宮」から受納した十一面神呪心経義疏一巻を「以十六年八月廿九日付高向太万呂進納甲加宮人成」と注記しており、「甲加宮」と並行して使用されている。

こうした用例に鑑みると、天平十六年の四月ごろ、シカラキ宮はカフカ宮に改められたのではないか。[18] しかし旧名になずみ、八月ごろまではシカラキ宮・カフカ宮が並称されることもあったが、まもなくカフカ宮に統一されたと思われる。そこで、つぎに考えるべきは、宮号の変更は何を意味するのかである。

三　甲賀寺の建立

シカラキ宮からカフカ宮へ宮号が変えられた天平十六年（七四四）の四月ごろといえば、聖武天皇が五度目の行幸中のことである。『続日本紀』によれば、天皇が紫香楽へ行幸したのは、天平十四年（七四二）八月二十七日から九月四日まで、十二月二十九日から翌十五年（七四三）正月二日まで、四月三日から四月十六日まで、七月二十六日から十一月二日まで、十六年二月二十四日から翌十七年五月五日までの五度におよぶ。はじめの三度は滞在が極めて短く、四度目は『続日本紀』が「車駕留連紫香楽、凡四月焉」と特筆するごとく三か月以上にわたり、そして五度目はじつに一年二か月を超えた。この四度目と五度目の行幸中のできごとが重要なのである。

『続日本紀』の記事を追っていくと、天平十五年の九月二十一日に、甲賀郡の調庸は畿内に准じて徴収されることとなり、また当年の田祖が免ぜられた。田祖の免除は行幸にともなう臨時措置と考えられるが、調庸の減免は「京」と「畿内」に適用される賦役令の規定に従った恒久的な措置である。これをのちに紫香楽宮が「京」になる前段階と解しがちである。[19] だがこの時点では、甲賀郡が「畿内」に准じた扱いをうけたとしかいえず、恭仁京に接する近江国甲賀郡を畿内に編入したと考えられなくもない。十月十五日に有名な盧舎那大仏造顕の詔が発せられ、翌十六日には東海・東山・北陸三道二五国の今年の調庸物を紫香楽宮に運ばせ、十九日には盧舎那仏を造るために始めて寺地を開き、ここで行基が弟子らを率いて衆庶を勧誘している。こうした一連の記事をみると、東日本諸国の調庸物を紫香楽宮に運ばせたのは、紫香楽宮の造営を本格化させるというよりも、盧舎那大仏造顕のためであったと解さざるを得ないのである。

聖武天皇は、天平十六年になって閏正月十一日、恭仁京から難波宮に行幸したが、二月二十四日には三嶋路をとって紫香楽宮に行幸している。しかし、元正太上天皇と右大臣橘諸兄は難波宮にとどまり、天皇が不在の難波宮を「皇都」と定める勅を宣した。三月十四日には「運金光明寺大般若経致紫香楽宮、比至朱雀門、雑楽迎奏、官人迎礼、引導入宮中奉大安殿、請僧二百、転読一日」という記事がみえ、その一方で十五日の記事に「難波宮東西楼殿、請僧三百人、令読大般若経」とあるので、天皇の紫香楽宮と太上天皇の難波宮が対抗しあい、政治的な緊張の高まりを印象づける。(20)結局、太上天皇は十一月十七日に甲賀宮へ行幸し、皇権の分立を招くような危機は収まった。

太上天皇が甲賀宮に到着する四日前の十三日に、

甲賀寺始建盧舎那仏像体骨柱、天皇親臨、手引其縄、于時種々楽共作、四大寺衆僧僉集、襯施各有差、

と、甲賀寺に盧舎那仏の体骨柱が建ち、聖武天皇がみずから臨んで縄を引いている。盧舎那仏を造る寺を「甲賀寺」と称したが、寺地を開いて一年余で体骨柱を建てるまでに盧舎那仏の造営は進捗した。十二月八日の夜、「於金鍾寺及朱雀路、燃灯一万坏」している。この記事を平城京の金鍾寺（のちの東大寺）と朱雀路に解読する向きもあるが、新宮神社遺跡から「朱雀路」の存在が推測される現在では、甲賀宮での燃灯と解読するのが最も妥当であろう。そうなれば、金鍾寺は甲賀寺の誤りといわざるを得ない。(21)盧舎那仏の体骨柱が建つ甲賀寺、朱雀路、

甲賀宮（の朱雀門）までを結び、南北に一万坏の灯火が燃やされた光景を想定できること、甲賀寺と甲賀宮が一体で捉えられていたことを端的に示している。『続日本紀』天平十七年（七四五）正月己未条の「乍遷新京、伐山開地以造宮室、垣牆未成、繞以帷帳」という記事の「伐山開地」は、宮町遺跡が位置する地形にはふさわしくない。おそらく「宮室」は甲賀宮だけでなく、甲賀寺をも含んだ表現であったと考えられる。

甲賀寺は、正倉院文書では甲可寺とも書くが、[22]「信楽寺」の名で現われることはない。シカラキ宮の宮号にちなむ寺号ではないが、しかしカフカ宮の宮号より先に命名されていたと思われる。そこで宮号の変更についていえば、シカラキ宮からカフカ宮への変更は、「離宮」から盧舎那大仏を営む「寺」と不可分の宮都、という意味をもたせる意図が存したのではないか。足利健亮氏の宮域画定は宮町遺跡の出現によって訂正されようが、足利氏が指摘された「紫香楽宮が、甲賀寺を中心施設とする法都、法城として営まれた可能性」は、いまなお否定できないのである。[23]

なお、燃灯会に関して言及すると、類例として『日本書紀』白雉二年（六五一）十二月晦条の「於味経宮、請二千一百余僧尼、使読一切経、是夕燃二千七百余灯於朝庭内、使読安宅・土側等経、於是、天皇従於大郡、遷居新宮、号曰難波長柄豊碕宮」および白雉三年（六五二）十二月晦条の「請天下僧尼於内裏、設斎大捨燃灯」がある。この二度にわたる仏事の目的は同じと考えられ、難波宮の安鎮であろう。燃灯会が都宮の安鎮に関連した仏事として行なわれた前例に鑑みると、天平十六年十二月八日の燃灯会は、甲賀宮と甲賀寺を安鎮するための仏事であった。

仏師として塑像（中子）製作にあたったと思われる国中公麻呂が天平十七年四月二十五日、いちやく正七位下から外従五位下に昇叙されており、これが公麻呂に対する論功行賞であったなら、盧舎那大仏の塑像完成を示唆する。[24]しかし、五月十一日に平城京へ還都したため、盧舎那大仏の造営はおのずと中断されることになったが、なお「造甲可寺所」「甲可寺造仏所」という機関が存在した。造甲可寺所は、天平十七年十月二十一日付けで一六七人の「仕丁等公粮」を請求している。[25]甲賀寺は大仏鋳造それ自体をやめたものの、仕丁等の人数の多さから、塑像を廃棄した上で改めて伽藍の造営を継続したと考えられる。天平十九年（七四七）正月十九日付けで甲可寺造仏所が金光明寺造仏官に宛てて、「応奉請」べき仏像一具（仏菩薩三尊像）の担夫・裹料・綱料などを見積もっている。[26]金光明寺（のちの東大寺）へ運搬した仏像を甲賀寺の本尊とみなせば、これは盧舎那仏でなければならず、また甲賀寺の廃絶を意味する。しかし、手・台座・光背などに分解して梱包した状態で一六四人の担夫が運べる大きさの三尊像となれば、「天平十六年十一月に体骨柱の建てられた盧舎那仏そのものであった可能性」[27]はありえない。甲賀寺の造営に関して作製された幾つかの仏像のなかの一具と考えられる。

四　近江の国分寺

甲賀寺に関する文献史料は以上に尽きるが、ここに前引した天平勝宝三年（七五一）の「奴婢見来帳」にみえる「甲賀宮国分寺」が問題となる。水野正好氏は「於甲賀宮国分寺大工家」を⑴甲賀宮国分寺の大工の家に於て、⑵甲賀宮の国分寺大工家に於て、の二通りの読み方が可能であるとして、⑵をとる場合に、近江国府域に所在する国分寺の大工家が甲賀宮にあって、近江国分寺の修理等の資材を求めていたことも考えられるという。[28]しかし、それはうがちすぎというべきで、⑴をとるのが妥当であって、「甲賀宮国分寺」はどうしても「甲賀宮（があった故地）の国分寺」と解さなければ意味が通じない。現在、甲賀宮の故地には「史跡」以外に寺院遺跡が発見されていないので、甲賀寺が国分寺に転じたと考えざるを得ない。

それでは、甲賀寺が国分寺に変わったのはいつからであろうか。史料的には「甲可寺」の最後の天平十九年（七四七）正月から、「国分寺」の最初の天平勝宝三年十二月までにあたる。この間の国分寺政策で注目されるの

が、『続日本紀』天平十九年十一月己卯条の詔で、

朕以去天平十三年二月十四日、至心発願、欲使国家永固、聖法恒修、遍詔天下諸国、々別令造金光明寺・法華寺、其金光明寺各造七重塔一区、幷写金字金光明経一部、安置塔裏、而諸国司等怠緩不行、或処寺不便、或猶未開基、以為、天地災異一二顕来蓋由茲乎、朕之股肱豈合如此、是以差従四位下石川朝臣年足・従五位下阿倍朝臣小嶋・布勢朝臣宅主等、分道発遣、検定寺地、幷察作状、国司宜与使及国師、簡定勝地勤加営繕、又任郡司勇幹堪済諸事、専令主当、限来三年以前、造塔金堂僧坊悉皆令了、若能契勅、如理修造之、子孫無絶任郡領司、其僧寺尼寺水田者除前入数已外、更加田地、僧寺九十町、尼寺四十町、便仰所司墾開応施、普告国郡知朕意焉、

とある。国分寺建立の勅は天平十三年(七四一)二月に出されたが、「諸国司等怠緩不行、或処寺不便、或猶未開基」と、寺地の選定すら行なっていない国があった。寺地の検定と作状を視察する使者を派遣し、主当の郡司を任じて三年以内に塔・金堂・僧房の造了を命じ、僧寺に九〇町、尼寺に四〇町の水田を施入している。天平二十年(七四八)十月には塔裏に安置する「国分最勝王経七十一部」の書写を終え[29]、天平勝宝元年(七〇九)に諸寺の墾田地の限度を決めた時、諸国の「国分金光明寺」は一〇〇〇町、「国分法華寺」は四〇〇町とするなど[30]、国分寺造営の条件は整備されていたが、各国における実際の進捗状況は前掲の詔のごとく、いまだしの感があった。国分寺造営の督促は、天平勝宝八歳(七五六)六月にも出ている。

こうした一連の施策のなかで、天平十八年(七四六)九月戊寅条の「恭仁宮大極殿施入国分寺」を理解する必要があろう。山背国では恭仁宮の造営に忙しく、天平十五年(七四三)十二月に恭仁宮の造作を停止するまで、とても国分寺の造営に着手できる余裕はなかったに違いない。既存の寺院あるいは寺院に改めることが可能な宮室などの建築物を、国分寺に転用または改造する方が、国郡司にとって新建するよりも現実的な対策であったに

違いない。近江国もまた紫香楽宮（甲賀宮）と甲賀寺の造営で同様の事情が想定され、天平十九年十一月から三年以内の時点で、甲賀寺を近江国分寺に改めたと考えられる。山背国分寺と甲賀寺で同笵瓦が出土するのは、[31]山背国分寺と近江国分寺の造営がほぼ時を同じくし、その工人組織を共通にしたことを示している。

ところで、初期の近江国分寺が甲賀宮の故地に所在したことを認めた上で、その後まもなく大津市瀬田地区（瀬田川東岸）の近江国府域に移り、さらに延暦四年（七八五）の火災で焼失しても再建されず、弘仁十一年（八二〇）に定額寺の国昌寺をもって国分寺に当てられたが、その国昌寺の遺址は大津市石山地区（瀬田川西岸）にあるという、国分寺三転説が有力である。[32]いま、この近江国分寺三転説に対する疑義を呈して、二転説をとなえたい。

平安時代の国分寺が近江国府域に存したことは、文献からも確かめられるが、甲賀宮の故地から移転の時期を、柴田實氏は肥後氏の見解[33]に引きつられて、「天平宝字六年石山寺創建に関する正倉院文書の中に信楽故京の遺材を以て石山に法備国師を入れ奉るべき板屋を造る旨の見えてゐる事は頗る注意すべく、これ或いは国分寺の移転を意味するのではないかと思はれる」と、石山寺造営に関連させている。国師は国司とともに一国の寺務を検校し、国分寺に止住するのを常例とするから、法備国師を入れ奉るべき板屋が石山に建てられることは、「そこに国分寺が移される事を告げるものではないかと思はれる」というのが推測の論拠であった。しかし、論拠となった正倉院文書の読解に誤りがある。近江国師の法備は天平宝字五年（七六一）十二月、信楽にあった「二条殿」（平城京の二条に邸宅を構えた貴族）の建物三宇のなかの板殿一宇（三丈殿）を買い取って、翌年正月これを石山寺に「奉入」した。[34]板屋は法堂に改作されたが、この「法備国師奉入」は、「法備国師を入れ奉る」ではなく、「法備国師が入れ奉る」と読むべきで、「奉入」とは寄進の意味である。したがって、法備国師の住むべき板屋が石山寺に建てられわけではないから、国分寺の移転を示唆する史料とは言いがたい。むしろ法備国師は信楽の国分寺に止住していた可能性が大きいのである。

　石山寺への板屋運搬に関して、二通の丈尺勘注解が残っている(35)。その一通は法備国師奉入の三丈殿、もう一通は信楽宮辺より買った板殿（筑紫帥藤原豊成の板屋）の五丈殿の丈尺勘注解で、それぞれに某寺の三綱等が連署している。福山敏男氏はこの某寺を「甲賀寺即ち当時の近江国分寺」と考えられたが(36)、福山氏の推定は正しいと思われる。第一に、信楽から壊し運ぶにあたり、板屋を解体した部材とその法量（丈尺）の確認に立ち会った現地の寺院とは、信楽にあった近江国分寺以外に想定できない。第二に、三綱等の名前が寺主僧最善、上坐僧最貞、可信僧最琳、鎮僧最信というように、全員「最」字が共通する。これは偶然だろうか。天台宗の開祖・最澄は宝亀十一年（七八〇）十一月、「国分寺僧最寂死闕之替」として得度したが(37)、最澄の「最」字は最寂の死闕による得度であることを示すために付けられたと考えられる。国分寺の僧尼は定員制をとり、もし欠員が生じた場合には、随時に替わりのものを得度させたが(38)、補欠で得度したものの法名に「最」字が付いたことは、近江の国分寺僧は全員その法名に「最」字を付けていたことを示唆する。そうすると、三綱等の法名に「最」字が付くこの某寺は、近江国分寺といわざるを得ない(39)。

　ところで近江国分寺は、平安時代に入ると信楽から移転する。その所在地を文献上で確認しよう。正中二年（一三二五）十一月に、承鎮法親王から尊雲法親王（護良親王）に譲られた本尊聖教・房舎・寺領等のなかに「諸国末寺所々御領等」として「勢多国分寺敷地」がある(40)。鎌倉時代の後半に、近江国府が存した勢多（瀬田）に国分寺の敷地があって、梶井門跡の諸国末寺庄園散在御領に数えられていたことがわかる。ただこれは敷地の存在が判明するものの、伽藍の存在証明とはならない。つぎに『西宮記』巻十八（伊勢使）に、

　出会坂関、近江国祇承、到勢多駅、国分寺前、勢多橋不下馬、国司差供給、次到野洲河祓、其儀如前、次到甲賀駅宿、国司供給、

とあるのに注意したい。これは伊勢例幣使が伊勢神宮までおもむく経路を記している。会（逢）坂関を出ると、

近江国司が祗承して、勢多駅にいたり供給をすすめる。つぎに野洲河にいたり祓いを行なう。つぎに甲賀駅にいたり宿にて国司が供給する。このような文脈のなかで、「国分寺前、勢多橋不下馬」という割注は、「国分寺前」が勢多駅の位置を指し、「勢多橋不下馬」は伊勢使が下馬しないで勢多橋を渡る、という補足説明である。国分寺は（京都から来て）勢多橋を渡った（瀬田川東岸の）勢田駅の前に位置したのである。延喜の斎宮式に「凡頓宮者、近江国国府・甲賀・垂水」とあり、伊勢使と斎宮群行の経路がほぼ一致しているので、勢多駅は国府の近辺にあらねばならない。現在、大津市大江（瀬田川東岸）の国府遺跡の南に点在する諸遺跡に、国分寺や勢多駅を比定するのが妥当であろう。その一つの瀬田廃寺（大津市野郷原）をもって、近江国分寺の遺址と考えるのが最も可能性が高い(41)。

五　おわりに

平安時代の中ごろの文献で、近江国分寺が国府域に所在したことが判明した。信楽から国府域に移転したのはいつか、を最後に推測しておこう。『日本紀略』弘仁十一年（八二〇）十一月庚申条に、

近江国言、国分僧寺、延暦四年火災焼尽、伏望以定額国昌寺就為国分金光明寺、但勅本願釈迦丈六更応奉造、又応修理七重塔一基、云々、許之、

とある。通説によると、延暦四年（七八五）に焼失した国分寺は国府域に所在し、弘仁十一年それに代わった定額寺の国昌寺は瀬田川西岸に位置したと考えられている。だが、平安中期の文献からうかがわれる国分寺が依然として「勢多」にあった点で問題が残る。瀬田川の東岸は栗太郡勢多郷、西岸は滋賀郡古市郷、荘郷制の粟津荘に属し、東岸の地名「勢多」が西岸におよぶことはないのである。国昌寺が瀬田川の西岸側に所在したとみなす最大の典拠は、『沙弥十戒威儀経疏』を著わした唐僧法進が巻五の巻末にそえた「天平宝字五年十月十五日、

随賀《駕乎》往保良宮、住国昌寺」という跋文にある。国昌寺は保良宮の近傍に存し、保良宮跡が現在の大津市石山地区の台地上に想定されるところから、国昌寺の遺址も同地区内のいずれかと考えられて、光が丘町の寺院址が「国昌寺跡」に比定されている。(42) しかし、法進が孝謙上皇の保良宮行幸に随駕し、国昌寺に住んだというだけであって、国昌寺の所在を保良宮の近傍にかぎる必要はなにもない。保良宮の上皇に近侍するために往復できるところ、すなわち勢多橋を渡った東岸側の大津市瀬田地区に所在を求めても差し支えないのである。要するに、この跋文から国昌寺の位置を推定することは困難であろう。

　結論を急ぐと、延暦四年焼亡の国分寺とは信楽にあったもの、弘仁十一年に代替の国分寺に措定された国昌寺は国府域に存在したと考えている。このように考える方が、両者の遺跡から得られた考古学の知見と整合性が出てくるのである。最初の近江国分寺は甲賀寺を改めたものであるから、甲賀寺の遺跡すなわち「史跡」が国分寺の遺跡でもある。「史跡」の調査報告によれば、出土瓦のうちⅡ型式は平安前期の特徴をもち、(43) 遺跡は平安時代に火災に遭っているという。(44) この国分寺が石山寺造営にかかわって国府域に移転したとすれば、平安前期まで存続した遺跡の性格をどのように理解するかである。国府とは大戸川沿いの道で通じ、国分寺としての機能を果たしているのに、移転しなければならない理由がみあたらないのである。

　一方、国府域における国分寺遺跡と推定されている瀬田廃寺は、白鳳期にまでさかのぼることができる寺院である。最も多く出土するⅢ型式の瓦は奈良後期とみられ、この寺院の発展期にあたるが、そのことは国分寺に転用されたことを意味するとはかぎらない。平安時代に属するⅣ型式・Ⅴ型式の瓦も出土しており、瀬田廃寺は平安時代を通じて存続したという。(45) こうした遺跡の特色は、延暦四年に焼失した後、ついに再建されなかったとする国分寺の遺跡にふさわしいのであろうか。結局、信楽の「史跡」と瀬田廃寺の両方を矛盾なくつなぐのは、前掲した『日本紀略』弘仁十一年十一月庚申条の記事である。筆者は瀬田廃寺こそが国昌寺と考えたいのである。

瀬田廃寺の塔の礎石の配置が通常の寺院址のものと異なるのは、国分寺の代替として「応修理七重塔一基」に関連しているからではないか。

(1) 肥後和男「紫香楽宮阯の研究」(『滋賀県史蹟調査報告』四、一九三一年)。
(2) 同右。
(3) 滋賀県教育委員会『史跡紫香楽宮跡保存施設事業報告書』(一九六八年)。
(4) 信楽町教育委員会『宮町遺跡出土木簡概報』一(一九九九年)。
(5) 信楽町教育委員会『今よみがえる紫香楽宮』(改訂版、一九九九年)。
(6) 滋賀県教育委員会ほか『新宮神社遺跡現地説明会資料』(二〇〇〇年)。
(7) 平成十二年十二月十日、於びわ湖ホール、滋賀県教育委員会ほか主催。
(8) 『国史大辞典』六(一九八五年)。
(9) 直木孝次郎『正倉院文書索引』官司・官職・地名・寺社編(平凡社、一九八一年)には四件をあげるが、『大日本古文書』一六巻二〇六頁の「信楽」は単なる地名であって、宮号とは解せない。
(10) 『大日本古文書』八巻一八九・一九一・一九六頁。なお文書名は『大日本古文書』に従う。
(11) 前掲注(9)に同じ。
(12) 『大日本古文書』八巻四三九・四四〇頁。
(13) 川原秀夫「紫香楽宮写経に関する一考察」(『正倉院文書研究』一、吉川弘文館、一九九三年)
(14) 『大日本古文書』八巻四四八頁、二巻三五五〜三五七頁。
(15) 『大日本古文書』八巻四五九・四六〇頁。
(16) 『大日本古文書』二巻三九〇・四七四頁。
(17) 『大日本古文書』三巻五三五頁。
(18) 「紫香楽」は字音仮字(万葉仮名)を用いた嘉好表記と思われる。「香」は〈カ〉の字音仮字であるから、シカラキと濁らずに読むのが正しい。
(19) 前掲注(1)に同じ。
(20) 直木孝次郎「天平十六年の難波遷都をめぐって」(『飛鳥奈良時代の研究』、塙書房、一九七五年)。
(21) 林陸朗『完訳・注釈　続日本紀』二(現代思想社、一九八六年)注四七頁、直木孝次郎ほか『続日本紀』二(平凡社、一九八八年)一三一頁。
(22) 『大日本古文書』二巻四七六・五七六頁、二四巻三一五頁。
(23) 足利健亮「紫香楽宮について」(藤岡謙二郎『山間支谷の人文地理』、地人書房、一九七〇年)。
(24) 畑中英二「甲賀寺雑考」(滋賀県文化財保護協会『紀要』一四、二〇〇一年)。
(25) 『大日本古文書』二巻四七六頁。
(26) 『大日本古文書』二巻五七六頁。
(27) 前掲注(24)に同じ。
(28) 前掲注(3)に同じ。
(29) 『大日本古文書』三巻一二八頁。
(30) 『大日本古文書』二四巻六〇四頁。
(31) 林博通「甲賀寺跡」(小笠原好彦ほか『近江の古代寺院』、近江の古代寺院刊行会、一九八九年)。
(32) 柴田實「近江国分寺」(角田文衛『国分寺の研究』上、考古学研究会、一九三八年)、林博通「近江国分寺に関連する発掘調査」(角田文衛『新修国分寺の研究』三、吉川弘文館、一九九一年)。
(33) 肥後和男「近江国分寺阯」(『滋賀県史蹟調査報告』五、一九三三年)。
(34) 『大日本古文書』五巻三四九頁、一六巻二一七頁。
(35) 『大日本古文書』四巻五二八〜五三一頁。
(36) 福山敏男「奈良時代に於ける石山寺の造営」(『日本建築史の研究』、桑名文星堂、一九四三年)三五三頁。
(37) 『大日本古文書』六巻六〇四頁。
(38) 拙稿「奈良時代の得度制度」(『日本古代仏教制度史の研究』、法藏館、一九九一年)。

（39）栄原永遠男「石山寺と国分寺」（『新修大津市史』一、一九七八年）。
（40）「承鎮法親王御附属状」（相田二郎『日本の古文書』下、七八五号文書、岩波書店、一九五四年）。
（41）林博通「瀬田廃寺」（前掲注31『近江の古代寺院』）二九〇頁。
（42）西田弘「国昌寺跡」（前掲注31『近江の古代寺院』）。
（43）前掲注（31）に同じ。
（44）「史跡」の調査報告には「（塔の礎石は）いづれも火に遭った形跡があり」（前掲注1）、「平城遷都後も存続し、出土屋瓦から見て、平安時代罹火して焼失したものと考えられる」（前掲注3）とある。
（45）注（41）に同じ。

［付記］　本稿を伊藤唯真先生古稀記念会の編集担当者に手渡したのは、平成十三年七月のことであった。その後、櫻井信也「近江国分寺の所在をめぐる二、三の問題」（西田弘先生米寿記念論集『近江の考古と歴史』、真陽社、二〇〇一年）の抜刷を平成十四年二月に受領したが、櫻井氏の研究成果を本稿に参照できなかったことを付記しておく。

［追記①］
本稿を本書に収録するにあたり、櫻井氏の所論に対する私見を述べておこう。
『日本紀略』弘仁十一年（八二〇）十一月庚申条に関して、拙著において「延暦四年罹災の後、国分寺僧は国昌寺へ移され、弘仁十一年よりも以前すでに国昌寺は国分寺の実質的な機能を果たしていたのではなかろうか」と推測した（『日本古代仏教制度史の研究』、法藏館、一九九一年、一七九頁）。ところが櫻井氏は、国分寺に指定されるまで丈六釈迦像がなかった国昌寺が国分寺の実質的な機能を果たすことは不可能であると断じ、「近江国分僧寺は、延暦四年の焼失後は新たに建立されることなく、既存の別の寺院が国分僧寺に指定され、その機能を担ってきたが、弘仁十一年になって、何らかの理由により、これまでの国分僧寺指定寺院に代えて新たに国昌寺が国分僧寺に指定されることになったと考える」という。

櫻井氏の論拠は、延暦十年（七九一）十二月二十八日付け「僧綱牒」（『平安遺文』四二八七号文書）にある。この文書には最澄の所属寺院を「近江国国分寺」としており、延暦十年の時点で近江国分僧寺が存在したということになる。そこで櫻井氏は「延暦四年に国分僧寺が『日本紀略』の記載の通りに「焼尽」し、なおかつ延暦十年に別に近江国分僧寺が存在した」と考えられたのである。最澄の所属寺院の表記の異同に関しては、ここに再論するにおよばないが、最澄は国分寺焼失後、僧尼籍のうえでは所属寺院が近江国分僧寺であったとしても、現実の所属寺院は国昌寺であったとみることで十分である。

かりに櫻井氏のごとく考えることができるとすれば、「既存の別の寺院が国分僧寺に指定され、その機能を担ってきた」ものを、わざわざ弘仁十一年に国昌寺に代える必然性はどこにあるのだろうか。「何らかの理由により」というのは、余りにも非論理的である。

［追記②］

櫻井信也氏は「平安時代における近江国分寺の所在」（『仏教史学研究』五二巻二号、仏教史学会、二〇一〇年）において、本稿での史料解釈の誤りを指摘された。それは『西宮記』巻十八（伊勢使）に、

出会坂関、近江国祇承、到勢多駅、国分寺前、勢多橋不下馬、国司羞供給、次到野洲河祓、其儀如前、次到甲賀駅宿、国司供給、

とある箇所を引いて、「「国分寺前、勢多橋不下馬」という割注は、「国分寺前」が勢多駅の位置を指し、「勢多橋不下馬」は伊勢使が下馬しないで勢多橋を渡る、という補足説明である」と読解したことである。『礼儀類典伊勢公卿勅使抄』（『神道大系神宮編』三）所収「承保元年記」の承保元年（一〇七四）六月十二日条に、

近江祇承官人二人出来粟津、件官人須来逢坂也、仍雖致其責、殊無所陳、亥刻著勢多駅、是国司館也、須造借屋也、而年来例只如此者

不咎也、今日途中雖経国分寺前勢多橋等不下、是先例也、国司遣目代前伊豆守業亮郎等有事儲、今夜終夜雨下、

とあり、さらに『中右記』の永久二年（一一一四）正月二十七日条にも、

東行会坂関、近江国祇承来向、山城国祇承留帰、勢多橋国分寺前不下馬、亥刻許来勢多宿所、近江館也、欲入居所之間、於庭中先祓、国司顕隆朝臣在儲、毎事美々也、

とあり、『西宮記』の「国分寺前、勢多橋不下馬」という割注は、「国分寺前」が勢多駅の位置を指すのではなく、会坂関から勢多駅（宿所）にいたる間の国分寺前と勢多橋では下馬しないことを意味したのである。

伊勢公卿使が近江の勢多駅（宿所）にいたる行路の「勢多橋」と「国分寺前」について、史料によって位置を異にするが、安元三年（一一七七）に伊豆に流される明雲を延暦寺の衆徒が「粟津ノ国分寺」で取り返したという『源平盛衰記』（巻五）の記事について、『清獬眼抄』（凶事）の「山座主明雲配流事」に「衆徒二千余人許、行向勢多橋西辺、奪取座主当登山了」と記すところから傍証されるので、この国分寺は勢多橋の「西辺」（「粟津」）に存したとみられる。櫻井氏の国分寺の位置に関する綿密な考証は正しいといわざるを得ない。

ただ問題は、「粟津ノ国分寺」がいつごろまでさかのぼるのかである。櫻井氏は国昌寺が国分寺に指定された弘仁十一年にさかのぼると考え、その遺跡を大津市石山光が丘町の寺院址に求めている。筆者は「粟津ノ国分寺」を石山地区の寺院址に比定するとしても、文献上は十一世紀初頭よりさかのぼらないと考えている。それは、天延四年（九七六）六月十八日に発生した大地震について、『扶桑略記』には「内裡築垣頽、天下舎屋、京洛築垣、皆以頽落」と記した後に、近江の崇福寺や関寺の損害と並んで、

近江国分寺大門倒、二王悉砕損、国府幷雑屋卅余宇顚倒、

と書きあげ、また『小右記』寛仁元年（一〇一七）十二月十四日条に

昨日近江国々分(寺脱カ)幷尼寺等、為野火焼亡、先尼寺焼亡、次国分寺、両寺相去頗遠、而風吹移云々、

とある二つの記事をどう解釈するかにかかわるのである。この国分寺はほとんど壊滅したに違いなく、櫻井氏は「国昌寺がそうであるように、（中略）他の寺院が国分寺に指定されることも想定されるが、罹災の後も国分寺の法灯は同所において守られていた」と、同一地において再建されたとみている。しかし筆者は、『扶桑略記』の記載は国分寺が国府域に所在したことを示唆し、かつての国昌寺の先例にならって、他の寺院が国分寺の代替寺院にあてられたと想定したいのである。すなわち国府域にあった国分寺が寛仁元年に焼亡し、勢多橋の西辺の粟津にあった某寺が新たに国分寺となったと考えるのである。

本稿では近江国分寺の二転説を論じたが、ここに改めて三転説を主張するものである。

第三章　平安初期の神仏関係
――特に護法善神思想と神前読経・神分得度について――

一　はじめに

神仏習合思想の典型ともいうべき本地垂迹説の意図は、「問、神明《ニ》皈《シテ》何《ノ》利益有《ルヤ》、答、遠近《ノ》有㆓両益㆒、近《ハ》垂迹《ノ》利生《ニ》依、今生安穏《ナリ》、遠《ハ》本地《ノ》誓願《ニ》依、後生善処《ナリ》」(1)という問答や、「和光ノ神明マヅ跡ヲ垂テ、人ノ荒キ心ヲ和ゲテ、仏法ヲ信ズル方便トシタマヘリ。本地ノ深キ利益ヲ仰テ、和光ノ近キ方便ヲ信ゼバ、現生ニハ息災安穏ノ望ヲ解（遂ゲ）、当来ニハ無為常住ノ悟ヲ開クベシ」(2)という文章から明らかなように、究極的には神祇信仰と仏教信仰を融和させて、現当二世にわたる一貫した信仰体系を築くことにあった。したがって、神祇信仰は仏教信仰にとって「和光ノ御本意ハ、仏道ニ入レン為ナリ。世間ノ利益ハ暫クノ方便ナルベシ」(3)であったはずだが、現実的には「和光ノ方便ヲ放レテ仏法立ガタキニヤ」(4)ともいわれるほど、仏教信仰は神祇信仰を基盤としなければ成り立ちがたかった側面も存したのである。

周知の通り、本地垂迹説は法華経如来寿量品の「或説己身、或説他身、或示己身、或示他身、或示己事、或示他事」の仏身論にもとづき、また中世でよく用いられた和光同塵という言葉は『摩訶止観』（巻六下）の「和光同塵、結縁之始、八相成道、以論其終、亦名為化、亦名為応」を典拠としており、天台宗の教学に立脚した本地垂迹＝和光同塵の神仏習合理論は、近世にいたるまでわが国の宗教思想を支配した。奈良時代の中ごろより発展した神仏習合思想は、本地垂迹説の他にも護法善神説や神身離脱説などを生み出した。しかし、護法善神説は、「大神ハ為守彼仏法尓忝顕神道太利」[5]とか、「我仏法を守護せんがために此国に跡をたれり」[6]とかの告文や託宣からうかがわれるように、本地垂迹説と複合しやすく、しかも本地垂迹説が普及する前段階に現われた一つの習合理論として理解されるためか、これまで十分に究明されていない。とりわけ山王神道の伝教大師（最澄）創始説、両部神道の弘法大師（空海）創始説を否定するあまり、最澄や空海の神祇観や、初期の天台・真言宗の神仏関係の分析が不十分であった嫌いがある。本稿では平安初期の神仏関係を、護法善神思想の展開や神前読経・神分得度などを基軸にながめていきたい。

二　八幡神と女帝の〈護法善神〉

『続日本紀』天平十三年（七四一）閏三月庚戌条に、

　奉八幡神宮秘錦冠一頭、金字最勝王経、法華経各一部、度者十人、封戸馬五疋、又令造三重塔一区、賽宿禱也、

とある記事は、すこぶる重要である。前年の十二年（七四〇）十月壬戌条に「詔大将軍東人令祈請八幡神焉」とあるから、藤原広嗣の乱の平定に対する報賽であった。「又」以下で別記する三重塔の建立は、明らかに神宮寺（弥勒寺）の造営を意味すると考えざるを得ないが、この時、八幡神宮に奉ったものは、秘錦冠と馬をのぞけば、最勝王経、法華経、度者であって、これは寺院に対するのとまったく変わらない。ここに〈宮寺〉様式の成立を認める[7]かどうかは慎重を要するが、従来の神祇に対する宗儀とはおよそ異質な仏教的宗儀が行なわれた点に注意を促すべきである。

　東大寺の大仏造営に八幡神がかかわってくるのは、天平勝宝元年（七四九）の八幡神向京であった。『続日本

紀』によって順を追うと、十一月己酉（十九日）に八幡神が託宣して向京せんとした。庚寅（二十四日）に参議石川年足、侍従藤原魚名らを「迎神使」として遣わし、路次の諸国に兵士一〇〇人以上を差発して前後を駆除せしめ、また八幡神が向京のために経過する国々では殺生を禁断し、従者の供給には酒宍を用いず、道路を清掃して汚穢せしめなかった。十二月戊寅（十八日）に五位一〇人、散位二〇人、六衛府の舎人各二〇人を遣わして八幡神を平群郡に迎え、同日八幡神は入京した。宮南の梨原宮に新殿を造って八幡神の神宮とし、僧四〇人を請じて七日間、悔過せしめた。丁亥（二十七日）に八幡大神の禰宜尼大神杜女は乗輿と同じ紫色の輿を許され、東大寺を拝した。この日、孝謙天皇、聖武太上天皇、光明皇太后もまた東大寺へ行幸し、百官および諸氏の人等が東大寺に集まり、僧五〇〇〇人を請じて礼仏読経せしめ、大唐・渤海・呉の楽、五節の田舞、久米の舞をなし、八幡大神に一品、比咩神に二品を奉り、左大臣橘諸兄が宣命を読みあげたのである。この一連の記事で特に注意しておきたいのは、八幡神の向京する所歴の国に「禁断殺生」し、従人の供給に「不用酒宍」しめたことで[8]、〈神〉というよりあたかも〈仏〉に応対する体たらくを看取するのである。つぎに梨原の新殿において僧四〇人をもって悔過したことで、この悔過は神祇信仰の祓いに類する呪法であった[9]としても、神前で僧侶による仏教儀礼が行なわれたことは、大いに意味のあるところである。神に対して仏教の宗儀が手向けられており、神仏習合の現象はまずこうした宗儀の側面から捉えられるべきであると思うが、八幡神がその最初であった。

さて、八幡大神は「神我天神地祇乎率伊佐奈比天、必成奉无、事立不有、銅湯乎水止成、我身遠草木土尓交天、障事無久奈佐牟止」と託宣した。盧舎那大仏の造営が難渋している時、八幡大神は「神たる我は天神地祇を率ゐ誘つて必ず成し申し上げよう。何も特別の事をしようというのではなく、あの熱い銅の湯を冷い水とする程の霊力を働かせ、我が身を草木土に等しくしてどんな鄙事をも辞せずに、障害なく成さう」[10]と託宣したというのである。八幡神のこうした一連の動きは、時勢の移り変わりに巧みな神職団の露骨な策謀であったとしても[11]、神仏習合思想の発展をうながしたことは看過できない。

辻善之助氏は神仏習合の現象の根底に〃神が仏法を悦び之を擁護する〃という思想が横たわっていたというが、(12)もう少し厳密にいえば、神前における読経・悔過等の仏教宗儀は〃神は仏法を悦び受く〃、大仏造営に対する助力の表明は〃神は仏法を尊び護る〃という考えを生み出したのである。仏法を悦び受けることと、仏法を尊び護ることとは別の観念であって、それぞれ本地垂迹説に先行する神仏関係の基本観念と捉えておきたい。

〃神は仏法を尊び護る〃という考え方は、天平神護元年（七六五）十一月庚辰条の、

神等乎三宝余利離天不触物曾止奈毛人能念天在、然経乎見末都礼方、仏能御法乎護末都利尊末都流方、諸乃神多知仁伊末志家利、故是以出家人毛白衣毛相雑天供奉仁、豈障事波不在止念天奈毛、本忌之可如久方不忌之天、此乃大嘗方聞行

という称徳天皇重祚の大嘗祭における宣命に現われる。この宣命は大嘗祭の「猶良比」（なほらひ）の「豊明」を行なったさいのもので、女帝は特に「此遍能常余利別仁在故方、朕方仏能御弟子等之天菩薩乃戒乎受賜天在」とことわっている。出家した称徳天皇が尼形法体のまま宮廷の最大祭儀である大嘗祭を主催し、太政大臣禅師の道鏡がこれに列席するのを、「神等乎三宝余利離天不触物」と、〈神〉の立場から忌避する意見に対して、女帝はおそらく彼女が信奉していた最勝王経に説く〈護法善神〉の教理をかりて、仏法を護り尊ぶのは神々の本意であると主張したのである。(13)日本在来の神祇を仏教にいう〈護法善神〉とみなしたことは、神仏習合の理論的根拠を明示した事例として特筆すべきであろう。ただ、よく注意すると、ここでは宮廷祭儀において「出家人毛白衣毛相雑天供奉」という僧俗の混在を忌み、「神等乎三宝余利離天不触物」と、神仏隔離を唱える官人らに対する反論として、〈護法善神〉の神仏習合の理論が呈示されたのである。「本忌之可如久方不忌之天」強行したのは「出家人毛白衣毛相雑天供奉」ことであって、それを〈神〉と〈仏〉は隔離すべきものではなく、むしろ〈神〉は〈仏〉を尊び護るものであると、弁解したにすぎないのである。

ところで〈護法善神〉は女帝の宣命にしばしば登場する。『続日本紀』天平宝字元年（七五七）七月戊午条に、諸司ならびに京畿の百姓に詔して、橘奈良麻呂らの謀反のことは「此誠天地神乃慈賜比護賜比、挂畏開闢已来御宇天皇大御霊多知乃、穢奴等乎伎良比賜弃賜布尓依氐、又盧舎那如来観世音菩薩護法梵王帝釈四大天王乃不可思議威神之力尓依氐志」発覚したという。天平神護三年（七六七）八月癸巳条の、伊勢の外宮など各地に麗しい雲が現われた祥瑞をもって神護景雲と改元した宣命に、この景雲は「大神乃慈備示給幣流物奈梨、又掛毛畏岐御世御世乃先乃皇我御霊乃助給比慈給幣流物」であって、また去る正月に七日間、諸大寺の大法師を請じて最勝王経を講読し、吉祥天悔過を修したその大法師等の勤仕や、諸臣等の政事の奉仕により、「三宝毛諸天毛、天地乃神多知毛共尓示現賜弊流奇久貴伎大瑞乃雲尓在良之止奈毛念行須」とある。神護景雲三年（七六九）五月丙辰条の、巫蠱に坐した県犬養姉女を配流する詔に、「盧舎那如来最勝王経観世音菩薩護法善神梵王帝釈四大天王乃不可思議威神力、挂畏開闢已来御宇天皇御霊、天地乃神多知乃護助奉都流力尓依弖」彼女らの厭魅が発覚したという。同工異曲の宣命は聖武天皇の時にもみえ、天平勝宝元年四月甲午条の、盧舎那大仏の前で陸奥国から黄金が出土したことは「三宝乃勝神枳大御言験乎蒙利、天坐神地坐神乃相宇豆奈比奉佐枳波倍奉利、又天皇御霊多知乃恵賜比撫賜夫事依弖、顕自示給夫物在自等念召波」とある。

右に引いた宣命は、いずれも天神地祇、天皇祖霊、仏・菩薩・諸天の威力や恩寵をたたえている。当面の課題に即すると、梵王・帝釈・四大天王などの「護法善神」は、仏・菩薩に従属する存在であって、〈ホトケ（三宝）〉と〈カミ（神祇）〉と〈タマ（祖霊）〉の三者に図式化すれば、むしろ〈ホトケ（三宝）〉のカテゴリーに入り、わが国の「天地神」と同一の概念では捉えられていないのである。これは仏教本来の教義に照らせば至極当然のことであろう。先述した大嘗祭の場における僧俗混在を忌む神仏隔離論に反駁して、三宝より避けて触れぬ「神」と、仏法を尊び護る「神」を、同じ神だと言い張ることの方が突飛な、女帝らしい強弁であった。仏典に説く〈護法善神〉とは梵王・帝釈・四天王・十二神将・二十八部衆などの仏法を擁護する諸天鬼神を指し、わが国の神祇

は、

凡て迦微《カミ》とは、古御典等《イニシヘノミフミドモ》に見えたる天地の諸《モロモロ》の神たちを始めて、其《ソ》を祀《マツ》れる社に坐御霊《スミタマ》をも申し、又人はさらに云ず、鳥獣《トリケモノ》木草のたぐひ海山など、其余何《ソノホカナニ》にまれ、尋常《ヨノツネ》ならずすぐれたる徳《コト》のありて、可畏《カシコ》き物を迦微《カミ》とは云なり。

とあるように(14)、その神観念をまったく異にした。結局、わが国の神祇を〈護法善神〉と同質と認識されることはなく、神仏習合理論としての護法善神思想は〝不発〟であったと思う。

三　最澄と空海の神祇観

最澄の神祇観をうかがうに確実な史料は案外と少ない。『叡山大師伝』によると、最澄は弘仁五年（八一四）の春、渡唐時の願を果たすべく西下し、八幡大神のために神宮寺で法華経を講じた時、大神が「我不聞法音久歴歳年、幸値遇和上得聞正教、兼為我所修行種種功徳、至誠随喜何足謝徳矣」と託宣し、手づから斎殿を開いて紫袈裟を最澄に捧げたという。また賀春神宮寺でも法華経を講じた。ここはその昔、最澄が渡海にのぞむ時、途中で田河郡賀春山下に寄宿した夜の夢に、左半身は人に似て右半身は石のごとき姿をした梵僧が現われ、最澄に対して「我是賀春、伏乞、和上幸沐大悲之願海、早救業道苦患、我当為求法助昼夜守護」と告げた。翌朝に賀春山をみると、山の右脇がくずれて岩ばかりで草木が生えておらず、夢中の梵僧の右半身のようであったので、法華院（賀春神宮院）を建て、法華経を講じたところ、やがて山くずれのところは草木がおいしげったという。この時、賀春神は「海中急難時、我必助守護」とも託宣している。『続日本後紀』承和四年（八三七）十二月庚子条に、

大宰府言、管豊前国田河郡香春岑神、辛国息長大姫大目命、忍骨命、豊比咩命、惣是三社、元来是石山、而上木惣無、至延暦年中、遣唐請益僧最澄躬到此山祈云、願縁神力、平得渡海、即於山下、為神造寺読経、爾

来草木蓊鬱、神験如在、毎有水旱疾疫之災、郡司百姓就之祈禱、必蒙感応、年登人寿、異於他郡、望預官社、以表崇祠、許之、

とあって、最澄が香春神のために「造寺読経」したことは事実であったと考えられる。

八幡大神の託宣は〝神は仏法を悦び受く〟という思想を現わしているが、香春神の託宣は、その仏法を受けるのは神が「早救業道苦患」と願うためであった。これは当時、神仏習合理論として行なわれていた〈神身離脱〉の思想(15)によるもので、とりわけ目新しくない。ところが、香春神は仏法を受けて業道の苦患を免れる見返りとして、「我当為求法助昼夜守護」とか「海中急難時、我必助守護」と宣している。これは〝神は仏法を尊び護る〟の思想に近いが、厳密にいえば仏法を体現するところの仏道修行者を守護するという意味になろう。

光定の『伝述一心戒文』（巻上）によると、最澄は弘仁九年（八一八）四月二十六日、祈雨のために九院を定めて、金光明経・仁王般若経・法華経などの長講を発願した。それは「奉資一切天神地祇、起恨怨神祇等、令離苦得楽」ために金光明経を長講し、「抜済一切国裏百部鬼神等、令離苦得楽」ために仁王般若経を長講し、「奉資大日本国開闢以来一切国主御霊、延暦以前一切皇霊、並平崩怨薨王霊、臣霊、比丘霊、比丘尼霊、優婆塞霊、優婆夷霊、賢霊、聖霊、及六道四生受苦一切竜鬼等霊、永出三界皆悉成仏」ために法華経を長講するというのであった。霊魂観に興味を引かれるが、神仏関係にかぎってみると、神祇の恨怨をなだめ、離苦得楽のために読経するのであるから、これまた〈神身離脱〉の思想によっていることがわかる。

また同書（巻上）に、弘仁三年（八一二）九月、「為果渡海願、為奉住吉大神、供一万灯読於大乗、随於先師、修種種願」とある。ここに「為果渡海願」「随於先師」とあるから、最澄は八幡大神や香春神への報賽に先立って、住吉大神に渡唐時の神恩を奉謝するため、献灯や読経等を行ない、光定はこの時、最澄に随行したというのである。この記事のすぐ前に、同年の七月十六日、「登於金嶽、為奉神明奉読説法華、二七日間彼願已畢」ともあ

る。これは光定自身がこの年の四月に具足戒を、七月に菩薩三聚浄戒を受けたことに対する「願」を果したものと解される。このように僧徒であっても神祇に祈願し、また報賽していたこと、そのさいに神祇信仰特有の伝統的な宗儀を用いず、〝神は仏法を悦び受く〟の観念のもとに、読経・講説・献灯などの仏教宗儀を手向けていたことが知られる。こうした仏教的な〝新儀〟が普及すれば、僧徒でなくても神祇への祈願・報賽に仏教宗儀を行なおうとする者が出現するのは避けられない傾向であろう。

つぎに空海の神祇観をみよう。最初に詩文集『性霊集』（巻六）に収める「為藤中納言大使願文」をとりあげる。遣唐大使藤原賀能（葛野麿）は延暦二十三年（八〇四）に大唐に赴く途中、海上で暴風雨に遇ったが、「冥護」を求めて「奉為一百八十七所之天神地祇等、奉写金剛般若経毎神一巻」ことを祈願した。無事に使命を遂げて帰国した後、延び延びになっていたが、弘仁四年（八一三）に写経を終えて供養した時、「伏願以此妙業崇彼神威」と述べている。天神地祇のために金剛般若経を神ごとに一巻ずつ写すことをもって渡海の安全を祈請したことは、先述の最澄と趣旨を同じくするが、その報謝の願意に写経の功徳で神威をあがめんといっている点に注意すると、神仏関係において〝仏力をもって神威を増す〟という思想が登場したことに気づく(16)。

同書（巻二）の「沙門勝道歴山水瑩玄珠碑并序」には、補陀洛山（二荒山・日光山）登頂に二度も失敗をかさねた勝道が天応二年（七八二）三月、「奉為諸神祇写経図仏」して、その経像を背負い山麓にいたって、読経礼仏すること七日間、「若使神明有知願察我心、我所図写経及像等、当至山頂為神供養、以崇神威饒群生福、仰願善神加威毒竜巻霧、山魅前導助果我願、我若不到山頂亦不至菩提」と誓願を起こし、ついに登頂に成功したとある。写経図仏の功徳をもって神威をあがめんと願ったことに併せて、特に「善神加威」という言葉に注目したい。「二荒山神」を始め、山中の「山魅」を含むもろもろの神祇を、仏法修行者に加護をたれる「善神」と捉えているのである。最澄における香春神よりも〝護法性〟は明確となり、ここに前代ではなお未熟であった〈護法善神〉の思想が発展しつつあるのを読みとらねばならない。

ところが、同書（巻九）の「高野建立初結界時啓白文」になると一層明瞭になる。空海が弘仁七年（八一六）高野山に伽藍を建てるにあたり、諸仏・諸尊・諸天および「国中天神地祇」ならびに「此山中地水火風空諸鬼等」に対して、結界（寺域設定）の趣旨を述べ、その加護を祈念した文である。この両部曼荼羅の道場は「五類諸天、及地水火風空五大諸神、并此朝開闢已来皇帝皇后等尊霊、一切天神地祇」をもって「檀主」となし、東西南北四維上下七里の結界内にいる一切の「悪鬼神等」は退去し、一切の「善神鬼等」は随意に住せよ、と願っている。「高野建立壇場結界啓白文」という文もほぼ同趣旨のことを述べ、東西南北四維上下七里の結界内にいる「所有一切破壊正法」の悪鬼神等を退去せしめ、「若護正法善神鬼等、我仏法中有利益者、随意而住於此伽藍防護仏法」せよという。

右の二つの結界啓白文を通してみたる空海の神祇観は、つぎの点が注目される。すなわち高野山の寺域内にある神々を梵釈四王竜神等の「護法諸天」と並べ立て、正法を護る「善神」として仏法擁護の役割を課した。これはわが国の神祇を仏典に説く〈護法善神〉と等質の存在と認識したことを意味し、重大な神観念の変化であった。表現を変えていうなら、日本の神祇はここで仏法を護る護法神の性格を与えられ、〈神〉は〈仏〉に仕える関係に位置づけられたのである。(17) ただ、空海のいう正法とは密教のことであるから、この神仏関係を密教で解釈するとどうであろうか。諸天以下、竜・夜叉の異類にいたるもろもろの護法神は、胎蔵界曼荼羅では外衆として外金剛部院に配し、大日如来の周囲を仏・菩薩の諸尊が何重にも取り囲むその最も外周（「最外院」）に描かれる。したがってわが国の神々は、大日如来を中心とする密教的世界の外延に包摂されたことになる。このように日本在来の神祇の本源的な神格を否定せず、これに護法神という属性を付与して密教の世界にとりこみ、新しい神仏関係を確立したのは空海の創見であって、高く評価されねばならない。

結界啓白文では東西南北四維上下七里の結界内の「善神鬼等」とするだけで、高野山の地主神に対する認識は顕著でない。真済の作と伝えられる『空海僧都伝』に、空海が高野山に住む時、「頻有明神衛護」したとあり、この明神とは女神・丹生津媛のことらしく、丹生津媛は「妾在神道望威福久矣、菩薩到此山、弟子之幸也、冀献己私苑表以信情」と託宣して、空海に「私苑」（現に開田二～三町ばかりの「常庄」）を献上したという。いわゆる丹生津姫命の託宣は次第に潤色され、『御遺告』によれば「妾在神道望威福久也、方今菩薩到此山妾之幸也、弟子昔現人之時、食国𤭖命給家地以万許町、南限南海、北限日本河、東限大日本国、西限応神山谷也、冀也献永世表仰信情」とあり、丹生津姫命が高野全域を献上したというのである。『諸寺縁起集』（醍醐寺本）所収の『高野寺縁起等』に収める寛弘元年（一〇〇四）九月二十五日の太政官符には、空海が高野山に登る途中、猟師二人が現われ、「吾等是此山領主、丹生高野祖子両神也、霊所尤在此地、幸遇聖人遂宿願、仍注領山之四至、永奉結縁之三宝、願建立伽藍引導吾等、随則吾等為護法神、永以護持」と述べたとある。ここでは丹生・高野の両明神が高野山の地を奉り、護法神となって伽藍の護持を誓っているのである。高野山の地主神が「護法神」として伽藍を護るという構図になっており、護法神は同時に伽藍神であった。

『拾遺雑集』の「建立金剛峯寺最初勧請鎮守啓白文」では、空海が高野山開創の時、両部曼荼羅・上下五類天衆および「定慧二体地主」（丹生・高野の両明神）に向かって、「一百二十社、一十二伽藍四神、及以朝中千余社」を勧請して道場建立にとりかかり、新たに勧請した「朝中霊社一百二十所」を四方に分け、月ごとに一日一社を壇主として、人法と伽藍の「鎮将」たらしめることを祈願している。後世の真言宗徒が空海に仮託して作った文であるが、鎮守神に寺域の枠を超えた日本国中の霊社を勧請する、いわゆる〈三十番神〉思想へと発展していくのである。

四　神前読経と神分得度

さて、『類聚国史』巻五（八幡大神）、延暦十三年（七九四）三月庚寅条に、

遣少僧都伝灯大法師位等定於豊前国八幡、筑前国宗形、肥後国阿蘇三神社読経、為三神度七人、

とある。平安時代における神前読経と神分得度の確かな最初の記事である。[18]神前読経はこの後、『日本後紀』延暦二十四年（八〇五）二月庚戌条の「有勅、准御年数、屈宿徳僧六十九人、令読経於石上神社」、大同四年（八〇九）正月乙未条の「令天下諸国、為名神写大般若経一部、奉読供養、安置国分寺、若无国分寺者、於定額寺」と続く。

諸国の名神社における神前読経は、『続日本後紀』承和三年（八三六）十一月丙寅条にも、

勅、護持神道、不如一乗之力、転禍作福、亦憑修善之功、宜遣五畿七道僧各一口、毎国内名神社、令読法華経一部、国司検校、務存潔信、必期霊験、

とみえるが、ここでは「護持神道、不如一乗之力」の言葉に注意したい。名神のなかでもかつて若狭比古神は「我稟神身、苦悩甚深、思帰依仏法、以免神道」[19]と託宣し、多度神は「吾経久劫、作重罪業、受神道報、今冀永為離神身、欲帰依三宝」[20]と託宣していた。宿業の報いによって「神身」=「神道」をうけた苦悩から免れるため、神は三宝に帰依し解脱を願い求めるという〈神身離脱〉の思想では、〈神〉は〈仏〉の救済対象であった。しかし、この承和三年勅では、神を苦界に沈淪する存在とみなしても、神みずからが解脱を願い望むという考えに代わって、仏教の力で「神道」そのままの状態を「護持」しようとする考えが現われたのである。

『三代実録』貞観三年（八六一）正月二十一日条に、東大寺大仏の修理は本願天皇（聖武）の弘願に準拠して、「八幡大菩薩」を主となし、「天下名神」および万民を知識衆となしたが、その修造を成し遂げた功徳をもって

「使八幡大菩薩別得解脱、令諸余名神神力自在」とある。八幡大菩薩には従来の通り「解脱」を願うが、名神には「神力自在」を願っているのである。これはおそらく菩薩号を称する八幡神と、菩薩号を称していない名神との差異であって、後者は先に述べた〝仏力をもって神威を増す〟という考えにもとづいている。同じ八幡神に対しても、八幡弥勒寺の年分度者は三年以上修道するものを試経することを定めた天長七年（八三〇）七月十一日の太政官符に、「護宗廟鎮社禝、大神之威無二、助神霊増威勢、大覚之徳最一」(21)とあって、こうした考えが主流になりつつあることを示している。

『三代実録』の貞観七年（八六五）四月二日条に、近江国野洲郡の奥島神が「雖云神霊、未脱蓋纏、願以仏力、将増威勢、擁護国家、安存郷邑」と託宣したので、元興寺僧の賢和が神宮寺を建立したとある。仏教の善業を施すことで、神の苦悩を救おうというのではなく、神の威力を開こうとするのである。要するに、〈荒ぶる神〉は荒ぶるままに、神が本源的にもつ「可畏き」力すなわち神威を、仏力で増益せんと意図している点に注意しなければならない。『続日本後紀』の天長十年（八三三）十二月癸未条に、加茂大神のために神戸の百姓が建てた岡本堂を検非違使が毀廃したが、「仏力神威、相須尚矣、今尋本意、事縁神分」として再建を許している。ここに〈神〉と〈仏〉が相依り相助ける交互作用が説かれているが、それによって一層の宗教的効験が期待されたのである。

ところで、検非違使が岡本堂を毀廃したのは神仏隔離論に従ったものと思われるが、神戸の百姓が賀茂大神のために建立した本意は「事縁神分」と認めている。「神分」とは「神のためにする」の意味であろう。これまで神仏習合の研究でとりあげられてきた典型的な「神分」の善業は、神宮寺建立・写経造仏・神前読経などであったが、神のためにする得度、すなわち神分得度について少し論及したく思う。

神分得度は天平十三年（七四一）八幡神宮に度者一〇人を奉じたのが最初で、これは臨時得度であった。年分度者は天平勝宝元年（七四九）に神戸から毎年一人を得度させているが(22)、天長七年七月の官符には前引の文に続いて「是以聖朝建立弥勒寺、度年分一人、以酬彼神霊」と、八幡の「神霊」にむくいるためであることを明記している。彼らは神宮寺で仏道を修したが、『続日本後紀』承和五年（八三八）三月甲申条に、遣唐使の安全を祈るため九人を得度し、香襲宮に二人、同宮にまつる大臣（武内宿禰）に一人、八幡大菩薩宮に二人、宗像神社に二人、阿蘇神社に二人を当て、彼らを「於国分寺及神宮寺、安置供養、使等往還之間、専心行道令得穏平」させたとあるのは、神宮寺でない神社にあてられた僧が国分寺に住んで神に祈願したことを示している。ここに〝神前〟で行われない神のための読経と、それに専従する僧が現われた。

『文徳天皇実録』嘉祥三年（八五〇）五月丙戌条に、「是日有制、為諸名神、令度七十人、各為名神、発願誓念、其得度者、皆以神字、被於名首」とある。名神のために得度した僧の法名に「神」字を付けることで、彼らがどこに居住しようとも、それぞれ名神のために誓念する義務を負わせて、得度の趣旨を判然とさせたのである。こうした傾向は臨時得度にかぎらず、年分度者もまた神宮寺以外の寺院にあてられ始めた。

天台宗の年分度者は嘉祥三年十二月十四日、円仁の奏請によって二人が増加された。[23]これは円仁が「釈氏之棟梁、朝家之鎮衛」であることを考慮した特例という性格をもつが、年分度者を増加する「功業」を回向して、「大梵天王、三十六天主、帝釈天王、四方之四王、三界之諸天、閻魔法王、天神地祇、一切護法、共成随喜、咸倍威光」とある。わが国の神祇を護法善神の範疇に入れているのは天台宗の密教化の影響であろうが、年分度者をもって護法神の威光に資そうとする考えが彷彿とうかがわれる。ついで貞観元年（八五九）八月二十八日、恵亮の奏請によって延暦寺の年分度者はさらに二人が増加された。[24]恵亮の表請文に「皇覚導物、且実且権、大士垂迹、或王或神、故聖王治国、必頼神明之冥助、神道剪累、只憑調御之慧刃」とあって、「垂迹」の語が初出する点で注目されるが、この時は「一人奉為賀茂名神可令読大安楽経一部卅八巻」「一人奉為春日名神可令読維摩詰所説経一部三巻」と明記し、彼らに一二年間の籠山中、「一日不闕、長講件経、利益名神、奉護聖朝」ことを義務づけている。比叡山の西塔宝幢院で試度して一二年間も籠山する僧が、山門の外にある賀茂と春日の両名神の神威の増益を祈念したのは、国家的な神祇信仰（名神への崇敬）を天台宗にとりこむ意図が存したと考えられ、天台宗年分度者の拡大に神仏習合思潮が利用されたという感じがしなくもない。

しかし、近江国栗太郡の金勝寺に年分度者二人をあてる寛平九年（八九七）六月二十三日の太政官符にも[25]、「一人奉為甲賀郡飯道名神、坂田郡山津照名神」「一人奉為野洲郡三上兵主両名神」と、特定の名神のために得度することがみえる。甲賀・野洲両郡司が、この四名神は「国家所尊崇、人民所帰仰、感山門之精勤、為護法之鎮主、吏民之祝必有感験」ので、「欲使弥増威光以加冥助、殊振神力而添鎮護」と、四か所の名神のために度者の新設を請うている。度者に対して六年間、山門を出ずに本業の経を転読して、「専誓願彼名神、鎮衛国家、覆護村邑」することを課している。右にみた延暦寺であれ、金勝寺であれ、年分度者の学業修道それ自体が、名神を「利益」すること、すなわち神威を増し神力を振るうことにつながり、同時に聖朝＝国家を鎮護するという論理であった。ただ、いずれの場合も、国家や人民の崇敬する霊験ある名神のために行なった神分得度であって、伽藍の地を領する地主神のためではなかったのである。そこで伽藍の地主神たる名神に対する神分得度が主張されて当然であろう。

仁和三年（八八七）三月十四日の太政官符で延暦寺にまた年分度者二人が増加された[26]。座主の円珍は、先に賀茂明神分一人、春日明神分一人の年分度者があてられたが、延暦寺の「主神」（地主神）にその分がないため、「冥祟」がしきりに起こると上表して、大比叡明神分一人、小比叡明神分一人の年分度者を請うたのである。円珍は「当寺法主大比叡小比叡両所明神、陰陽不測、造化無為、弘誓亜仏、護国為心」と述べ、また「両神之分」として年分度者を加えるのは「解地主之結恨、増護国之冥威」ことになるという。延暦寺の「法主」の「主神」である大小比叡両明神は、高野山における丹生・高野両明神と同じく、護法神・伽藍神となり、さらに護国神の属性を与えられた。

以上にみた名神に対する神前読経や神分得度の事例を通して、やや結論めいたものを導き出しておこう。鎮護国家の仏教がその胎内に神祇信仰をはらむことによって、従来の共同体に即自した神祇信仰は〝鎮護国家の神祇信仰〟へと変質していくのではないかと考えられる。近江の奥島神や四所名神にうかがわれるごとく、従来もっぱら「安存郷邑」「覆護村邑」を事とした神祇が、「擁護国家」「鎮衛国家」の役割をも担う神祇へと〝成長〟したとすれば、それは神仏習合を触媒として始めて可能であったといわざるを得ない。

五　おわりに

平安初期の神仏関係について考察した。要約すると、〈護法善神〉思想は奈良時代に宮廷祭儀における僧俗混在を忌む神仏隔離の主張に対する反論として呈示されたが、わが国の神を仏典に説く護法善神と等質に理解されることはなかった。ところが、空海は日本の在来の神祇を護法の諸天と並べて密教的世界の外周に包摂し、その本源的な神格を否定せずに護法神の属性を与えたのである。また、平安初期の神前読経と神分得度は、神威を増益することに趣意があった。仏力によって神が本源的にもつ「神威」を発揚させようと図ったのである。

ここで注意したいのは、神仏習合の展開において、その対象となった神祇が多くの場合「名神」であったことである。神仏習合現象でよくとりあげられるのは、神のための造寺・造仏・写経・読経・得度などであるが、本稿で扱った神前読経と神分得度はその対象がほとんど「名神」であったし、本稿では論及しなかった神宮寺を例にすると、豊前国の宇佐八幡神宮寺（弥勒寺）、越前国の気比神宮寺、若狭国の若狭比古神宮寺、伊勢国の多度神宮寺、常陸国の鹿島神宮寺、下野国の二荒山神宮寺、能登国気多神宮寺、近江国の奥島神宮寺、大和国の石上神宮寺など、それぞれ対象の神祇は「名神」で、菩薩号を称する神もまた八幡神や多度神のほか、常陸国の大洗磯前薬師菩薩・酒列磯前薬師菩薩は「名神」であった。

名神（明神とも書くのは音通）とは「霊験を以て名ある神の意」[27]で、臨時祭の名神祭に預かる特定の神社を指すが、すべて大社でもある。国家の重大事件にさいして臨時に祭祀が行なわれる特別の神である点に名神の意義があって、官社→大社→名神社の階梯を踏むとなれば[28]、名神は特に朝野の崇敬を集め、霊験を有する神祇ということになる。名神は『続日本紀』天平二年（七三〇）十月庚戌条に「遣使奉渤海信物於諸国名神社」と初出するが、名神の列格が弘仁二年（八一一）から天安二年（八五八）までで、しかも承和年間（八三四〜四八）を頂点とすることは[29]、平安初期になって律令祭祀の実質が名神制度へ移行したと考えられるのである。そうした国家の神祇祭祀の変質を象徴する名神の制度と、神仏習合がこの名神に始まり展開したこととの関連は、今後深く追求する必要があろう。

（1）『神道集』〈東洋文庫本〉巻一（神道由来之事）。
（2）『沙石集』巻一（太神宮御事）。
（3）『沙石集』巻一（神明道心ヲ貴ビ給フ事）。
（4）『沙石集』巻一（出離ヲ神明ニ祈事）。
（5）『扶桑略記』延久五年四月二十七日条。
（6）『古今著聞集』巻二（春日大明神留明慧上人渡天給事）。
（7）中野幡能『八幡信仰史の研究』上巻第二章第二節「東大寺大仏の造立」。
（8）養老神祇令に「凡散斎之内、諸司理事如旧、不得弔喪問病問食宍、亦不判刑殺、不決罰罪人、不作音楽、不預穢悪之事」、僧尼令に「凡僧尼飲酒食宍服五辛者、三十日苦使」とあり、「宍を食ふ」は神祇信仰も仏教もともに禁忌だが、「酒を飲む」は仏教の禁忌であった。
（9）村山修一『本地垂迹』三三三・四二二頁。

（10）金子武雄『続日本紀宣命講』一八三頁。
（11）横田健一『道鏡』一九七頁。
（12）辻善之助「本地垂迹説の起源について」（『日本仏教史之研究』所収）。
（13）高取正男『神道の成立』九頁。
（14）本居宣長『古事記伝』巻三（神代一）。
（15）神仏習合理論としての〈神身離脱〉思想は、別に拙稿「神仏習合」（上田正昭『講座日本古代の信仰1』所収）で詳論した。
（16）延暦二十（十）年の「多度神宮寺伽藍縁起資財帳」（『平安遺文』第二〇号文書）に「伏願、私度沙弥法教幷道俗知識等、頃年之間、構造法堂僧坊太衆湯屋、種々所修功徳、先用廻施於多度大神、一切神等、増益威光、永隆仏教、風雨順序、五穀豊稔、速截業網、同致菩提」とある。〈神身離脱〉思想に併せて、傍線のごとく仏力をもって神威を増益せんとする考えが出ている。
（17）湯浅泰雄『古代人の精神世界』二二九頁。
（18）これは臨時得度であって、「為神得度」と称しても構わないが、年分得度の寺院に就くものを「寺分」、宗派に就くものを「宗分」と称するのに準拠し（文部省宗教局「得度受戒の制度」、『宗教制度調査資料』第八巻所収）、年分・臨時を問わず神のために得度者を当てることを、本稿では便宜的に「神分得度」と称しておく。
（19）『類聚国史』巻一八〇（諸寺）、天長六年三月乙未条。
（20）「多度神宮寺伽藍縁起資財帳」（『平安遺文』第二〇号文書）。
（21）『類聚三代格』巻二（年分度者事）。
（22）『類聚三代格』天平勝宝元年六月二十六日太政官符。ただしこの官符は年号表記に疑いがある。
（23）『類聚三代格』巻二（年分度者事）。
（24）『類聚三代格』貞観元年八月二十八日太政官符。『三代実録』貞観元年八月十八日条。
（25・26）『類聚三代格』巻二（年分度者事）。
（27）梅田義彦「名神考」（『神道学』二号）。

(28) 宮城栄昌『延喜式の研究』〈論述篇〉第三篇第四章第二節「神名帳の成立」。
(29) 宮城栄昌『延喜式の研究』〈史料篇〉五一〜三頁の名神列格記事を参照。

第四章　祇園社の創祀と牛頭天王――今堀太逸氏の所論に寄せて――

一　はじめに

筆者は、『鎮護国家と呪術』（『図説・日本仏教の世界』第二巻）に「御霊会と祭り」という小文を寄せ、これを「疫病と御霊会」と改題し、拙著『行基と古代仏教』に収めた（以下、前稿という）。前稿の狙いとするところは、神仏習合思想が展開していく過程で、〈宮寺〉様式と仏教的カミが創出されて、仏教を核に諸信仰が融合して日本宗教の原形が作られたことを明らかにすることであった。しかし、文章や表現を平易にするという出版社の企画方針に従って書き、史料を生のかたちで引用することを避け、先行学説の出典を明示しなかったためか、学術論文としての体裁を欠き、また意を尽くすことができなかった。ところが、今堀太逸氏の「疫病と神祇信仰――牛頭天王と蘇民将来の子孫――」という論文(1)に接し、氏の所論に若干の疑念を抱くとともに、改めて祇園社の創祀と牛頭天王に関する私見を補強しておく必要を感じたのである。

今堀氏の論文は「蘇民将来呪符」の現行民俗から説き起こし、古代の疫病対策から近世の牛頭天王信仰まで、論点は実に多岐にわたる。そのすべてに批評を加えることは筆者の能力を超えるので慎みたいが、私見に直接かかわるのは、「二　朝廷・幕府の疫病対策」の「②朝廷の疫病対策――平安時代」「③仏法の場としての神社」、「四　蘇民将来の呪符の成立」の「①祇園社の祭神について」の各節となる。そこで右の各節の順に、筆者が抱いた疑念と卑見を述べていきたい。

二　朝廷の疫病対策の祭儀と祇園天神堂

平安時代における朝廷の疫病対策の事例として、今堀氏もまた、延喜十五年（九一五）と天暦元年（九四七）の場合をとりあげ、『日本紀略』および『扶桑略記』の記事を紹介している。氏は「『日本紀略』『扶桑略記』には、毎年のように疫病流行の記事（咳病・疱瘡・赤痢）がみえる」と言いながら、『類聚符宣抄』第三（疾疫事）に掲げる疱瘡の「発年々」である天平七年（七三五）・延暦九年（七九〇）・弘仁五年（八一四）・仁寿三年（八五三）・元慶三年（八七九）・延喜十五年・天暦元年・天延二年（九七四）・正暦四年（九九三）・寛仁四年（一〇二〇）・長元九年（一〇三六）のうち、なぜ延喜十五年と天暦元年の場合だけをとりあげたのか、その理由が明らかでない。

筆者が前稿においてこの両年をとりあげた理由を述べると、延喜十五年の場合は、『日本紀略』によれば、十月十六日に紫宸殿大庭・建礼門・朱雀門等の三か所で「大祓事」があり、仁寿殿で「御読経事」があり、また建礼門前で「鬼気祭事」があって、伝統的な神事の大祓と仏事の読経に加えて、陰陽道による鬼気祭を併修した最初の事例を紹介したのである。(2)なお、『扶桑略記』同年九月二十五日条の「定諸社諸寺仁王経読経事、三箇日、為祈京中諸国疱瘡赤痢病也」に言及しなかったのは、煩わしさを避けたにすぎない。天暦元年の場合は、同じく『日本紀略』によると、八月十四日に建礼門前で「鬼気祭」を修し、翌十五日に紫宸殿・建礼門・朱雀門の三か所で「大祓」があり、十八日に仁寿殿で「御読経」を行なっており、大祓・読経・鬼気祭の併修が踏襲されている事例としてあげたのである。ここで、今堀氏が『貞信公記抄』同年八月二十二日条の「四角祭、次々可有四隅四界等祭」を引いていないのは残念である。

四角祭・四堺祭は、『西宮記』巻七（臨時御願）に「四界祭 陰陽寮向四角祭以蔵人所人為使 四角祭 陰陽寮宮城四角祭、有使所人 已上天下有疾之時、陰陽寮進支度 料物官宣」と言い、疫病流行の時に修する陰陽道の祭儀であった。『朝野群載』巻一五（陰陽寮）に「四角四堺祭使等歴名」を収め、宮城の四角や郊外四所に遣わされた勅使・陰陽寮官人・陰陽師らの名を記している。四角祭には「宮城四角巽方鬼気御祭」「宮城四角坤方鬼気御祭」、四堺祭には「祭治郊外四所鬼気」とあり、四角四堺祭は鬼気祭の一種と考えられる。実際、鎌倉時代には「四角四堺鬼気祭」と称している。[3] そうすると、天暦元年には八月十四日に建礼門前で鬼気祭を修したが、二十二日にも再び鬼気祭を宮城の四方で修し、しかもそれを「次々」と繰り返したことがわかる。疫病対策の祭儀において、次第に陰陽道への傾斜がうかがわれるのである。

　四角四堺祭は、宮城の四方や郊外の四界で修する鬼気祭のことであった。この「鬼気」とは、前稿で論じたように、疫病を起こさせる主体の「疫気」を指し、「疫神」と同義である。すなわち、四角四堺祭は陰陽道の疫神祭であった。四角四堺祭は一〇世紀初頭に成立したようであるが、これと類似した祭儀には、少なくとも光仁年間（七七〇～八〇）にさかのぼり、『延喜式』巻三（臨時祭）に「宮城四隅疫神祭 若応祭京域四隅准之」「畿内堺十処疫神祭 山城与近江堺一（中略）摂津与播磨堺十」と規定する宮城四隅疫神祭および畿内堺十処疫神祭があった。宮城四隅・畿内堺十処の疫神祭は、明らかに神祇官所轄の律令祭祀であり、陰陽道の四角四堺祭が律令祭祀の疫神祭の役割をになうものとして新しく登場したとするなら、[4] 四角四堺祭を神祇祭祀とまったく無関係な祭儀と捉えることは難しく、神祇信仰と陰陽道が習合した形態の、もしくは神祇信仰の陰陽道的変容の祭儀であったとみなければならない。なお、こうした神祇信仰と陰陽道の習合的祭儀には大儺（追儺）がある。[5]

　つぎに今堀氏は、『類聚符宣抄』第三（疾疫）に収録する諸寺社読経の官符・官宣旨のうち、ⓐ天徳二年（九五八）五月十七日官宣旨、ⓑ治安元年（一〇二一）四月二十日官宣旨、ⓒ長元三年（一〇三〇）三月二十三日官宣旨をとりあげ、神社の社頭での経典読誦について論じている。氏は「平安時代に、どうような場合に神社の社頭で経典読誦が行なわれたのか考えてみる」というが、ここに収める官符・官宣旨は、いずれも疫病退散祈禱のため寺社に経典読誦などを命じたものばかりであるから、「どのような場合に」という問題設定自体が意味をなさない。それはともあれ、ⓐ官宣旨の事書きに「詣寺社」とあるところから、

本宣旨では、西寺御霊堂・上出雲御霊堂・祇園天神堂を「寺」とみなしているのである。「御霊堂」「天神堂」は「寺」として建立された堂なのであり、両堂にはしたがって仏教経典にもとづいた本尊（祭神）が安置されていたと想像される。いずれにしても「御霊堂」「天神堂」は日本固有の「神の社」ではないのであり、仏法との深い関係のもとに建立された堂であったことだけはまちがいないのである。

と言い、ⓑ官宣旨の事書きが「詣諸社」となっているところから、

ここでは、北野が登場してくることと、「西寺御霊堂」は変わらない。しかし「祇園天神堂」は「祇園」となり「社」となっているので、天神信仰が「神社における信仰」の一環とみなされるようになっていることを指摘しておきたい。

ともいう。そして、ⓒ官宣旨の本文を引いた後に、

神社の社頭での仏教経典読誦の意味であるが、これらの宣旨を読むかぎり、神社の社頭での仏教経典読誦にさいして、祭神に三宝の冥助を応援してもらうといったことの記載が思いのほか少ない。記載されていても常套句である。理解できることは、ただ為政者にとって神社が「仏法の場」として最適であったということである。

明治維新の神仏分離まで、神社がなにゆえ最高の仏法の場であり続けたのであろうか。神と仏の本地垂迹説の展開や、末法の時代に神社が「仏法の場」として活性化することを考えるうえでも、なおざりにはでき

ない研究課題である。

と結ぶ。第一、第二の点は極めて明解なだけに納得されやすかろうが、第三の点はいくら読んでも筆者には理解できないのである。後者は注記に回すが(6)、前者についていうと、「祇園天神堂」は「寺」で、「祇園」は「社」であるという今堀氏の論拠は、天徳二年のⓐ官宣旨に「寺社」として、石清水・賀茂上・賀茂下・松尾・平野・大原野・稲荷・春日・大和・住吉・比叡・西寺御霊堂・上出雲御霊堂・祇園天神堂の一四か所を列記するが、このうち「社」たること明らかな石清水から比叡までの一一か所を除けば、残る三か所は「寺」とみなければならず、また、治安元年のⓑ官宣旨に「諸社」（長元三年のⓒ官宣旨にも「諸社」）として列記する石清水・賀茂上・同下社・松尾・平野・稲荷・春日・大原野・大神・住吉・梅宮・吉田・祇園・北野・比叡・西寺御霊堂の一六か所は、西寺御霊堂を例外に扱うことで、以外のすべてが「社」となり、したがって「天神堂」の名を落とした「祇園」は「社」に変じたというのである。しかし、天徳二年から治安元年までの間に「寺」から「社」へ変わったとみることが可能であろうか。

今堀氏は祇園社の創祀については明言を避けるが、筆者は前稿において「祇園社の創祀は明らかでないが、ほぼ一〇世紀初頭のころと考える」と述べ、史料的に早いものをいくつか簡単にあげておいた。「寺」か「社」かの論議に関係する史料を引用すると、『貞信公記抄』延喜二十年（九二〇）閏六月二十三日条に、

為除咳病、可奉幣帛走馬祇園之状、令真祈申、又令鑑上人立冥送願、

とあり、幣帛・走馬を奉っているので、「祇園」はまさしく「社」である。今堀流にいうなら、祇園は「社」→「寺」→「社」と三転したことになろうか。今堀氏が祇園を「寺」とみなした根拠はⓐ官宣旨にあるが、国史大系本の鼇頭によれば、ここに「諸社宣」の付箋が貼られていた。事書きからすれば「寺社宣」でなければならないのに、付箋に「諸社宣」と書かれていたのは、「天神堂」も「御霊堂」も「寺」でありながら、また「社」ともみなし

うる存在であったからではないか。そうなれば、ⓑⓒ官宣旨の西寺御霊堂を例外に扱う必要はなく、また、祇園は当初から「社」とみなされていたことになる。

続いて『日本紀略』延長四年（九二六）六月二十六日条に、

供養祇園天神堂、修行僧建立、

とあり、「祇園天神堂」が修行僧によって建立されたという。『本朝世紀』天慶元年（九三八）七月三日条に、「今日於諸寺諸社被下可奉読仁王経一万部宣旨、是依地震未休也」として、元慶寺・仁和寺・醍醐寺・法性寺・勧修寺・海印寺・神護寺・極楽寺・禅林寺・安祥寺・常住寺・石清水・賀茂上社・同下社・平野社・松尾社・稲荷社・大原野社・広隆寺・感神院・大屋寺の諸寺社に転読させたが、ここに現われる「感神院」が祇園社の別称であることは周知の通りである。『日本紀略』天慶五年（九四二）六月二十一日条に、

奉東遊走馬十列於祇園社、依東西賊乱御賽也、

と「祇園社」の名称が登場する。ところが、『本朝世紀』同日条は同じことを、

今日依主上御祈、有被奉東歌幷走馬 左右十列各五匹也 於祇園寺感神院、以右近衛権少将良岑朝臣義方為勅使、以左右近衛各十人為舞人幷歌人、左十人 舞人五人歌人五人 右十人 舞人五人歌人五人 其装束料給人別下襲幷白布袴等 於蔵人所給之 但舞人着退紅染衣、歌人着蛮画衣 此等衣賀茂行幸之日新所調也、

と記す。『日本紀略』が原史料に「祇園寺感神院」とあったところを「祇園社」と書き換えたと解せないことはない。しかし、『日本紀略』が「祇園社」で統一しているわけではなく、例えば天徳三年（九五九）三月十三日条に「同日、感神院与清水寺闘乱、遣検非違使制止之」とあり、天延三年（九七五）六月十五日条に、

公家始自今年、被奉走馬幷勅楽東歌御幣等感神院、是則去年秋依皰瘡御悩有此御願、今被賽也、是日也、太政大臣参向感神院、公卿上官供奉、中宮職奉幣同社、有東歌等、使亮従四位下藤原季平、

とあって、『日本紀略』にも「感神院」の名称が現われ、しかも感神院を「同社」と表記している。右の『本朝世紀』や『日本紀略』によれば、感神院は祇園寺子院の「寺」でありながら、東歌・走馬・奉幣などに預かる「社」でもある、という二重性格を有していたと考えざるを得ない。こうした一種の曖昧さは、前稿でも述べたように、実は〈宮寺〉様式に由来するのである。今堀氏が筆者の前稿の、

> 祇園社が感神院ともよばれたのは、神仏習合の表象であるが、神社における神宮寺でもなければ、寺院内の鎮守社でもない、仏堂と社壇が混在する〈宮寺〉という特異な形態が想定されよう。強いていえば、境内全域が寺院（感神院）かつ神社（祇園社）であった。

の箇所を無視せず、〈宮寺〉様式の特性に注目しておれば、「寺」か「社」かの一方に断定する無意味さに気づいたと思う。

三　『二十二社註式』承平五年官符

ここで祇園社の創祀について論ずる場合、避けて通ることのできない史料を引いておこう。『二十二社註式』に、

> 人皇六十一代朱雀院承平五年六月十三日官符云、応以観慶寺為定額寺事（字祇園寺）在山城国愛宕郡八坂郷、地一町、檜皮葺三間堂一宇（在庇四面）檜皮葺三間礼堂（在庇四面）安置薬師像一躰、脇士菩薩像二躰、観音像一躰、二王、毘頭盧一躰、大般若経一部六百巻、神殿五間檜皮葺一宇、天神、婆利女、八王子、五間檜皮葺礼堂一宇、右得山城国解偁、故常住寺十禅師伝燈大法師位円如、去貞観年中奉為建立也、或云、昔常住寺十禅師円如大法師、依託宣、第五十六代清和天皇貞観十八年、奉移山城国愛宕郡八坂郷樹下、其後藤原昭宣公、感威験、壊運台宇建立精舎、今社壇是也、

とある。『二十二社註式』の著者は吉田兼右に擬せられ、天文年間（一五三二〜五五）の半ばから元亀四年（一五七三）にかけて成立したと考えられており、(7)室町時代の編纂だけに信憑性が問われる。「人皇六十一代朱雀院」「第五十六代清和天皇」などは明らかに編者の追記であろうが、観慶寺を定額寺になすという承平五年（九三五）六月十三日の官符は、官符としての体裁を整えているから、久保田収氏(8)がいうように偽作と疑う理由はみあたらない。ただ、山城国解は「故常住寺十禅師伝燈大法師位円如、去貞観年中奉為建立也」だけであって、「或云」以下にはおよばないと思われる。十巻本『伊呂波字類抄』の「幾」（諸社・祇園）に、

昔常住寺十禅師円如、有託宣、貞観十八年、奉移八坂郷樹下、其後昭宣公、盛（感）威験、壊運台数宇建立精舎、

と、「或云」以下と同趣旨を「官符文」として引くが、福山敏男氏(9)のいうように、承平五年の官符とは別個のものと考えられる。承平五年官符によれば、観慶寺は貞観年間（八五九〜七七）に常住寺十禅師の円如が建立したと伝えるが、別の官符によると、貞観十八年（八七六）に円如が託宣によって移し奉り、その後に昭宣公（藤原基経）が威験を感じて邸宅を壊し運んで精舎（今の社壇）を建立したと伝える。前者は観慶寺が定額寺となる以前に私寺として貞観年間にさかのぼる歴史を主張し、後者は託宣・奉移・威験・社壇の語から推すに、観慶寺の「神殿」に関する歴史を主張していると解される。この神殿に祀るカミの奉移が貞観十八年で、昭宣公が神殿を建立したとする官符は、十巻本『伊呂波字類抄』が鎌倉初期には成立していたようであるから、(10)平安末期以前のものでなければならない。ところが、寿永三年（一一八四）三月の「感神院所司等解」(11)に、

当社是鎮護国家之社壇、霊験殊勝之大神也、所謂従元慶聖主陽成御宇之時、令奉崇御以降、数百余歳于茲、

とあって、官符とのかかわりは判然としないが、祇園社の元慶年間（八七七〜八五）創祀説が平安末期に行なわれていた。さらに元亨三年（一三二三）祇園社執行晴顕が筆録した『社家条々記録』(12)には「祇園社草創以来代々勅願次第」として、

清和天皇御宇

当社草創根元者、貞観十八年、南都円如上人始建立之、是最初本願主也、

別記云、貞観十八年南都円如先建立堂宇、奉安置薬師千手等像、則今年夏六月十四日、天神東山之麓祇園林ニ令垂跡御坐、

陽成院御宇

当社始而被成勅願之社監（濫）觴者、元慶元年、疾疫瘇瘡起于天下、貴賤尊卑迷于方術、神祇官陰陽密卜定之所指、依為辰巳角神之御祟、雖被発遣勅使伊勢太神宮、無其減之間、重雖被進稲荷社、又以無其減之間、以勅使被尋計辰巳角方之神明之処、祇園社御坐之由依経奏聞、被発遣勅使之処、於当社被奉献官幣於宝前、相斯時疾疫忽除却、瘇瘡属無為之間、感天神之威験、壊運昭宣公（基経于時摂政右大臣）台榭、立数宇精舎為社壇、被奉安置天王・婆利・八大王子等霊躰、

と記す。貞観十八年に天神が垂跡し（「別記」）、元慶元年（八七七）に昭宣公の邸宅を壊運して社壇を建て、天神以下の霊体を安置したとする社伝の基本は、官符にもとづいて形成されたと考えて差し支えなかろう。官符の「其後」が元慶元年という年紀になったが、疫疾流行が辰巳角神の祟りで、伊勢大神宮や稲荷社に勅使を発遣しても疫疾は治まらず、当社に勅使を発遣して官幣を宝前に奉献したところ、たちまち疫疾が除却したという社伝は、官符にいう昭宣公が感じた「威験」の内容を指しているに相違ない。

こうした創祀に関する社伝の微妙な相違は、おそらく観慶寺としての創建と祇園社としての創祀とはその年代を異にしていたのに由来するものと考えられる。『鳩嶺雑日記』に「祇園社（本名観慶寺）貞観年中、円如大徳建立、元慶年中、依神託殊搆精舎」というような、観慶寺は貞観年間の創建、祇園社は元慶年間の創祀とする伝承が早くからあって、それから祇園社の創祀を観慶寺の創建年代に近づけるべく貞観十八年説が登場して、これが官符に記載されたのではなかろうか。

右の私見に大きな誤りがないとすれば、円如が薬師を本尊とする観慶寺を建て、その後ある人（円如と同一人かは問わない）が託宣によって観慶寺のなかに神殿を建てて天神を祀った、これが縁起の大筋である。その天神を祀る神殿（社壇）の造営に昭宣公が邸宅を壊運したかどうかは、公が感じた「威験」の実否にかかってくる。元慶元年に流行した疫疾は、辰巳角神の祟りで、辰巳の方角にあたる伊勢大神宮や稲荷社に勅使を発遣しても止まず、当社に勅使を発遣して官幣を宝前に奉献して始めて疫疾が終息したという『社家条々記録』の伝承は、祇園社の創祀と疫病のかかわりを示唆して余りある。しかし、元慶元年はもとより、同年間において疫病が流行したという記録がほかにみえない。『三代実録』や『日本紀略』によれば、貞観十四年（八七二）正月二十日条の、

是月、京邑咳逆病発、死亡者衆、人間言、渤海客来、異土毒気之令然焉、是日、大祓於建礼門前以厭之、

から、寛平五年（八九三）閏五月条の、

十四日辛巳、勅諸国停貢相撲人、依疫癘之患、（中略）十八日仁王会、依祓疫癘之難也、

までの間、疫病流行を示す記事はないのである[13]。この二〇年間にまったく疫病が発生しなかったとは断言できないが、国史に記録されないのは、朝廷が神仏に祈禱するにおよばなかったからであろう。少なくとも元慶年間（八七七〜八五）の前後の時期に疫病の流行が確認できない以上、昭宣公が天神の威験に感じ邸宅を壊運したという伝承は、信憑性を低めることになり、したがって祇園社の創祀は、疫病流行のことが史書に現われる寛平・昌泰（八八九〜九〇一）の交から以後の時期を想定するのが妥当である。

四　諸社読経と祇園社

祇園社の創祀は一〇世紀初頭または早くとも九世紀末であったと考えられるが、延喜二十年（九二〇）閏六月、この年の春夏に流行した咳病を除くため幣帛・走馬を「祇園」に奉じたのが、確かな史料による初見である。こ

れは、朝廷の公的祭祀というより、むしろ藤原忠平の私的祭祀の性格に近いと思われる。延長四年（九二六）六月に修行僧が「祇園天神堂」を供養しているのは、これが初建ではなく、修理もくしは拡張の造営であって、祇園天神に対する信仰の進展を示唆している。この時、例の官符や『社家条々記録』に伝える「威験」のことがあったとする方が辻褄が合うようである。そして、承平五年（九三五）六月に太政官符をもって観慶寺は定額寺に列せられた。その観慶寺は、薬師三像を安置する本堂・礼堂と、天神・婆利女・八王子を祀る神殿・礼堂との、二つの堂舎群から成り立っていたが、後者の堂舎群は「祇園」とか「祇園天神堂」と称され、観慶寺の子院という意味では「感神院」の号で呼ばれることもあった。さらに祇園天神への信仰が高まるに従い、観慶寺そのものを「祇園寺」と通称することさえあった。

天慶元年（九三八）七月、地震いまだ止まざるにより、諸寺社に仁王経を転読させたが、その寺社に「感神院」が加えられ、ついに公的祭祀の対象寺社になったのである。その対象寺社とは、前にも述べたように、元慶寺・仁和寺・醍醐寺・法性寺・勧修寺・海印寺・神護寺・極楽寺・禅林寺・安祥寺・常住寺・石清水・賀茂上社・同下社・平野社・松尾社・稲荷社・大原野社・広隆寺・感神院・大屋寺の二一社寺である。ところが、『貞信公記抄』には、

七月三日、夜半地震、地振度々、左大弁来云、可令読仁王経一万部事也、（中略）八日癸丑、十五大寺延暦寺幷京辺諸社諸寺、令読仁王経、為御息災、令止地震也、

とあって、元慶寺以下二一の寺社は「京辺諸社諸寺」に相当するが、これらとは別に「十五大寺延暦寺」でも仁王経転読が行なわれていたのである。「十五大寺」とは東大・興福・薬師・元興・大安・西大・法隆・法華・新薬師・本元興・招提・東・西・四天王・崇福の各寺を指し(14)、これに延暦寺を加えて、律令制下の国家仏教を象徴する諸寺であった。いっぽう「京辺」の諸寺は、元慶寺など院宮や摂関家の御願寺か、広隆寺など太子信仰にか

かわる寺か、いずれにしても比較的近い時代になって朝野の崇敬を集め出した寺々で、「十五大寺」とは寺史において一線を画する寺院であった。目的を同じくする仁王経転読も、「十五大寺延暦寺」と「京辺諸社諸寺」とでは、前者が〈律令的〉なれば、後者は〈非律令的〉とでもいうべく、性格が異なっていたと思われる。朝廷の行なう公的祭祀が〈律令的〉なものと〈非律令的〉ものとが同時に修される場合もあれば、単独にどちらか一方の場合もあるが、これは国家祭祀の律令制崩壊の過渡的な形態とみられる。

神社に僧何口かを遣わして仁王経等を転読せしめる「諸社読経」は、〈非律令的〉な新儀の祭祀様式であった。諸社読経の事例を、昌泰元年（八九八）から天徳元年（九五七）までの期間について、できるだけ拾いあげてみると[15]、以下のようなことがいえる（番号は注15の史料番号）。まず諸社読経の目的や動機は、祈雨と疾疫が圧倒的に多いが、ほかに祈年穀・地震・坂東兵賊・三合年などもある。つぎに対象の神社が判然とせず単に「諸社」とあるのは、史料の性格上やむをえないとしても、昌泰（八九八〜九〇一）から延喜（九〇一〜二三）の前半まで対象の諸社は「七社」「十社」「十二所」と定まらなかったが（①〜④）、延喜の後半からは「十一社」に固定される傾向にある（⑥⑦⑧⑫⑭⑮など）。このうち「七社」は八幡・賀茂上・同下・稲荷・松尾・春日・住吉の各社と思われ（①）、「十社」「十二所」はこれに幾つかの他社を適宜加えたに違いない。改めていうまでもないが、水旱・疾疫などの災害に対処する祭儀は、これまで寺院には読経、神社には奉幣が通例であった。祈雨奉幣について考察された並木和子氏[16]の研究によると、延喜年間（九〇一〜二三）前後から特定の「諸社」に対する祈雨奉幣が行なわれ出し、その諸社には一六社および一一社を数えた。一六社とは伊勢・石清水・賀茂・松尾・平野・稲荷・大原野・春日・大神・石上・大和・広瀬・龍田・住吉・丹生川上・貴布禰の各社で[17]、一一社とは木嶋・乙訓・水主・火雷・平岡・恩智・広田・生田・長田・座摩・垂水の各社である。『日本紀略』延喜一六年（九一六）七月六日条に「奉幣諸社、依祈雨也、十六社之外十一社」とみえ、延喜の後半には一六社や一一社に限定した祈雨奉幣が行なわれていた。

ところで、諸社読経の一一社と祈雨奉幣の一一社とは一致するであろうか。一一社に限定した諸社読経が現われるのは、延喜十五年（九一五）四月の疾疫祈禱からであるが、その神社名は明らかでない（⑥〜⑧）。しかし、天慶二年（九三九）七月の祈雨による諸社読経のことを記した『本朝世紀』には「石・賀上下・松・平・原・稲・春・大神・住吉・比叡等也」と注している（⑫）。同書によると、六月二日に丹生と貴布禰へ奉幣使を立て、十二日に「石・賀上下・松・平・稲・原・春・神・石・大和・広・龍・住・丹・貴」の一六社に奉幣し、二十日から二十五日まで大極殿において百僧を請じ大般若経を転読し、七月五日から三日間、既述の諸社読経を修し、八日に「除先日奉幣諸社之外十一社」、すなわち木嶋・乙訓・水主・大雷（火カ）・平岡・恩智・座摩・垂水・広田・長田・生田の各社に奉幣すべきことを定め、十日に「十五大寺幷延暦寺有供諸寺」にて読経すべきことを定めており、いずれも祈雨の祈禱であった。「十五大寺幷諸社」の読経は五月にも「坂東兵賊事」で行なわれていたが、祈雨もまた、読経は「十五大寺幷延暦寺有供諸寺」および「十一社」、奉幣は「十六社」および「十一社」であった。ここで注意したいのは、第一に、二二社制の先蹤たる一六社は寺院の一五大寺にも相当する位置にあること、第二に、読経の一一社は奉幣の一一社とはまったく一致せず、むしろ一六社のなかから石上・大和・広田・龍田・丹生川上・貴布禰を除き、比叡を加えたものといえることである。これらのもつ意味は別の機会に考察するとして、読経の諸社の選定理由について考えると、①に「大名神社」、⑤に「名社」、⑬に「高名」、㉑に「験所」、少し後になるがⓒ官宣旨に「霊社」などといった表現がみうけられるから、名神の中でも霊験をもって聞こえるカミ、朝廷の崇敬が厚いカミ、のごとき基準が想定される。

さて、こうした諸社読経の趨勢のもとに、祇園社を位置づけよう。天慶元年に仁王経を転読した二一社寺のなかに「感神院」が入っている（⑪）。「京辺諸社諸寺」のうち、元慶・仁和・醍醐・法性・勧修・海印・神護・極楽・禅林・安祥・常住・広隆・大屋の一三寺を選んだ基準はなお明らかでないが、石清水・賀茂上・同下・平野・松尾・稲荷・大原野の七社は、諸社読経の一一社から春日・大神・住吉・比叡の四社をはずした「京辺諸社」である。承平元年（九三一）に諸社読経一一社のうち「京辺七社」へ名僧を遣わして読経し、御息災を祈らしめた前例（⑩）を踏襲したのであろう。ところで、感神院を選定したのは「寺」としてか「社」としてか、それが問題である。「寺」として選定されたのなら、感神院は観慶寺の子院であるから、本坊たる観慶寺の名で出てきてしかるべきであり、その観慶寺でさえ、元慶寺以下の諸寺に比肩しうる由緒をもつとは到底考えられないのである。[18] 感神院はその名称から「寺」であっても、ここでは「社」として選ばれたといわざるを得ない。

そのことは、天徳二年（九五八）五月の官宣旨（㉒）で諒解されると思う。この官宣旨は、読経の対象に石清水・賀茂上・賀茂下・松尾・平野・大原野・稲荷・春日・大和[19]・住吉・比叡・西寺御霊堂・上出雲御霊堂・祇園天神堂の一四か所をあげる。祇園天神堂が感神院と同じく祇園社の別称たることは再説するまでもない。前年の天徳元年六月、同年は三合年にあたり、水旱疾疫の災いが絶えざるにより、「十四社験所」へ僧綱一人が僧一〇口を率いて仁王経を読んでいるが（㉑）、この「十四社験所」は、翌年の官宣旨にいう一四か所と同一ではないかと思われる。一四か所のうち、石清水から比叡までは既述のように諸社読経の一一社であった。しかし、残る三か所については、天慶元年の場合の元慶寺以下一三寺と選定の基準を異にしたと考えられる。かりに読経対象の諸社と相並ぶところの諸寺の扱いなら、西寺や観慶寺の寺名だけですみ[20]、あえて「御霊堂」とか「天神堂」と限定した表記は必要ないからである。筆者は前稿で、

天徳二年（九五八）五月、疾疫多発のため僧を遣わし、仁王経を読ませた諸社寺のなかに、西寺御霊堂・上出雲御霊堂とならんで、祇園天神堂の名が見えるところからすると（『類聚符宣抄』）、天神堂は寺院における「御霊堂」の性格をもっていたと解される。

と述べたが、観慶寺における祇園天神堂が西寺の御霊堂と同じ性格をもっていたとは、寺院内の仏堂としてよりも、その堂自体が寺院内に存しながら「社」の性格をもつ特異な堂宇——具体的には神殿建築——であった、と積極的にいうべきであった。先に天神堂も御霊堂も「寺」でありながら、「社」ともみなし得る存在であったと述べたのは、こうした理由からである(21)。

ここに感神院＝祇園天神堂は、西寺御霊堂や上出雲御霊堂とともに、諸社読経の一一社に準ずるか、または同列の「社」として、朝廷の公的祭祀に預かるにいたったのである。それは、祭神の祇園天神が時代の要請にこたえた「威験」あるカミとして、急速に朝野の崇敬を受けたことを意味しているのである。

五　疫神観の発展

時代の要請とは、疫病に対する宗教的観念である。筆者は前稿でつぎのように述べた。九世紀前半になると、奉幣・読経など疫病の退散を祈禱する場合、「疫気を攘う」とか「疫気を禦ぐ」または「疫気に謝す」といった表現が定形化する。この「疫気」は疫病を起こさせる主体、病原の本体という意味で「疫鬼」あるいは「疫神」と同義であり、その「疫鬼」「疫神」は実際には死霊と観念されていた。疫病の本源を死霊とみる宗教的観念は、九世紀前半の古代社会をおそった慢性的な疫病の蔓延に対する人びとの恐怖感の所産である。疫病退散の祭儀のうち、「疫気を攘う」と「疫気を禦ぐ」はわが国の神祇祭祀のハライ（祓）とミチアエ（道饗）を継承するものであったが、「疫気に謝す」は前二者と異なり、死霊を祀る新しい祭儀であった。この死霊は一般的な霊魂ではなく、朝廷であれば政略にかかり憤死した者、民間であれば疫病や洪水で死没した者、いわば非業の死をとげた人びとの冤魂、すなわち御霊である。九世紀後半から一一世紀にかけて、民間では御霊を祀るかたちの祭儀が主流となり、疫病流行のたびごとに、京都の内外では疫神を祀る祭儀として御霊会が盛んに行なわれた。こうした御霊信仰の展開として、祇園社の創祀を位置づけたのである。

しかしながら、疫病と御霊信仰の関係だけで祇園社の創祀を論ずることは不十分であった。というのも、柴田實氏[22]が指摘したように、御霊にはもともと明確な個体（霊格）の観念がなく、これまで漠然と御霊の祟りとして恐れられていた疫病を治めるために、祇園天神牛頭天王を祀ったことで、御霊＝疫神の個体（霊格・神格）化が達成された点について、十分な説明を施していなかったからである。そこで、本節において「疫神」観念の推移を考察したい。

九世紀初頭以前の文献で「疫神」観を示す代表的なものは、『令義解』（巻二、神祇令）に、鎮花祭について「大神狭井二祭也、在春花飛散之時、疫神分散而行癘、為其鎮遏、必有此祭、故曰鎮花」、道饗祭について「卜部等於京城四隅道上而祭之、言欲令鬼魅自外来者、不敢入京師、故預迎於道而饗遏也」と注し、『日本霊異記』（中巻、第二五縁）に「讃岐国山田郡、有布敷臣衣女、聖武天皇代、衣女忽得病、時偉備百味、祭門左右、賂於疫神而饗之也」という記事の三点である。疫癘を起こす「疫神」や「鬼魅」は境外（異界）から訪れるものと考え、その侵入を防ぐために境界の道路上または門口にあらかじめ迎え、饗応して退却を願い、あるいは飛散する「疫神」を鎮める、というのが「疫神祭」のパラダイムであった[23]。すなわち、行疫の鬼神を祀る方法に、「鎮遏」と「饗遏」の二種があったのである。

道饗祭についてみると、道に饗える対象は「鬼魅」であり、鬼魅そのものが祭祀の主体となっていた。ところが、『延喜式』（巻八、祝詞）に収める道饗祭の祝詞をみると、「八衢比古八衢比売久那斗止御名者申氐辞竟奉久波、根国底国与里麁備疎備来物爾相率、相口会事無氐、下行者下乎守理、上往者上乎守理、夜之守日之守爾守奉斎奉礼止」とある。八衢《やちまた》比古・八衢比売・久那斗の神を祀るのは、根の国・底の国より麁《あら》び疎《うと》び来《きた》る物を夜も昼も守れ、と祈るためであるという。この祝詞では、幣帛を奉るのは黄泉国から来る鬼魅を防ぐ八衢比古・八衢比売・久那斗の三神であって、鬼魅は饗えの対象になっていないのである。

笹生衛氏は「道饗祭における鬼魅（疫神）観は、饗応の対象から八衢比古以下の諸神に防禦される存在へと変化している」と言い、こうした疫神観の変質はすでに八世紀末には始まっていたとする。(24)しかし、『延喜式』の道饗祭祝詞は『令義解』撰上の天長十年（八三三）以後に改作されたとみる三宅和朗氏の所説に従えば、(25)もう少し時期を遅らせるべきであり、さらに筆者は、疫神観の変質というよりも、「疫神祭」の変容とみるべきであると考えている。祭祀の主体が鬼魅そのものから、鬼魅を防御するチマタ・クナドの神へと移り、祭祀の方法が「饗遏」から「防遏」へと変じたのである。鬼魅は異界から訪れるものと考える疫神観は相変わらず、境界や道の岐路に立ち悪霊・邪気をさえぎるサエの神が疫神を防遏する役目をになわされ、前面に押し出されてきた、というべきであろう。そして、チマタ・クナドなど伝統的なサエの神より強烈な力をもつ神が要請されて当然である。大儺において陰陽師が読む宣命体の祭文に、(26)

大宮内爾神祇官宮主能伊波比奉里敬奉留天地能諸御神等波、平久於太比爾伊麻佐布倍志登申、事別氏詔久、穢悪伎疫鬼能所所村々爾蔵里隠布留乎波、千里之外、四方之堺、東方陸奥、西方遠値嘉、南方土佐、北方佐渡与里乎知能所乎、奈牟多知疫鬼之住加登定賜比行賜氏、五色宝物、海山能種種味物乎給氏、罷賜移賜布所所方方爾、急爾罷往登追給登詔爾、挟姦心氏留里加久良波、大儺公、小儺公、持五兵氏追走刑殺物曾登聞食登詔、

とある。(27)穢く悪しき疫鬼が所々村々に蔵《おさ》まり隠れるをば、千里の外・四方の堺（東は陸奥、西は遠値嘉、南は土佐、北は佐渡）より遠き所を疫鬼の住処と定め、五色の宝物・海山の味物を給りて急ぎ追いやり、もし疫鬼が姦心を挟み留まり隠れるなら、大儺公・小儺公が五兵を持って追走し刑殺する、という。これまで饗遏・防遏の祭儀は疫神・鬼魅の追却を意図したが、所詮は個々の共同体を越えるものではなかった。ここに疫鬼を日本の国外に追い出す祭儀と、疫鬼を追走・刑殺する大儺公（方相氏）なる陰陽道のカミが登場したのである。

このように「疫神祭」は行疫の鬼神を祀る祭儀から、行疫の鬼神を防御し追放し刑殺するカミを祀る祭儀へと展開した。しかし、道饗祭であれ大儺であれ、行疫の鬼神を「麁備疎備来者」「穢悪伎疫鬼」、すなわち為体の知れないものと捉え、従来の疫神観から少しも脱却していないのである。そこへ新しく出現するのが疫神を御霊と観念し、御霊を祀る祭儀である。御霊会は「疫神祭」パラダイムを変容せしめた。貞観五年（八六三）五月二十日の神泉苑御霊会は、この後しばらく朝廷が御霊会を営むことなく、史料的にやや孤立しているが、「疫神祭」たる御霊会の本質を理解する上で、『三代実録』の同日条後半の記事はみのがせない。今その要点をあげると、

(1)御霊とは祟りをなす冤魂のことで、近年に疫病が頻発して多く死亡するのは、この御霊のしわざである。

(2)疫病は京畿から発生し、畿外の諸国にまで蔓延するので、毎年夏秋のころに御霊会を修している。

(3)御霊会にはあるいは礼仏説経し、あるいは歌舞する。また演劇・相撲・騎射などの歓を尽くす。これはすでに民間習俗となっている。

となる[28]。九世紀中ごろの京畿の民間では、疫病の原因を冤魂の祟りにあると考え、その冤魂を慰撫する御霊会が行なわれていた。御霊は祟りをなすので、歌舞・相撲・騎射などの歓楽によって慰撫すべきものと捉えていたのである。こうした考えは、御霊に対して人格神の観念をもっていたことを意味する。行疫の鬼神を御霊とみなすことで、防御し追却すべき対象ではなく、慰和すべき対象に転化し、ここに初めて疫神が人格神となる思想的経路が開かれたのである。もちろん、こうした疫神の人格神化が一挙に形成されることはなく、一部の宗教者の間で急速に展開したにせよ、伝統的な宗教意識にとらわれる人びとにあっては、旧来の疫神観が払拭されたわけではないと思う。だが、疫神としての御霊への信仰が高まるに従って、御霊の神格化が進み、獄卒をイメージした牛頭天王のごとき特定のカミを祀るものが出現したとしても不思議ではない。

六　牛頭天王＝祇園天神

随分と遠回りしたが、今堀氏の所論に戻ろう。氏は、祇園天神堂の祭神は創建当初から牛頭天王であったかと疑義を発し、つぎのようにいう。

『廿二社註式』では、天禄元年（九七〇）に初めて祇園社で御霊会を修したとされるが、祇園社において御霊会が盛んに行なわれるようになるのは、紫野・船岡などの御霊会に遅れてである。祇園天神堂とよばれた時代に御霊会が修されていたことは確認できない。わたしは、「寺」とみなされていた時代の祇園天神堂においては、御霊会は修されていなかったし、祭神も牛頭天王ではなかったと推察している。

それがいつしか祇園御霊会の展開のなかで、天神とは牛頭天王のことだとみなされるようになったのである。

「疫病」、ことに「モガサ」は異国の病とされた。疫病を攘除するための御霊会においては、その祭神は日本の神であるより異国の神であったほうがよい。そうでなければ、異国の鬼神が原因の流行病は御霊会では攘除できない。祭神が異国の牛頭天王とされることと、御霊会が祇園社で恒例の祭祀となり年中行事化し盛大に催されるようになる時期とは、密接な関係があるのではないだろうか。

今堀氏の考えでは、祇園社の祭神が「天神」から「牛頭天王」になるのは一一世紀以後のことで、さらに牛頭天王と蘇民将来の話が結びつくのは一三世紀も末のようである。要するに、祇園天神堂とよばれ、「寺」とみなされていた時代には御霊会も修されず、祭神も牛頭天王ではなかったという。反論の第一は、『二十二社註式』が祇園社御霊会の始まりを天禄元年とする点について、すでに柴田實氏は「延長もしくは承平に円如が祇園天神堂（御霊堂）を造って以来、この年まで御霊会は行なわれなかったのであろうか。そういうことは考えがたいとすれば、この記事はあるいは官祭としての御霊会の起こりを伝えたものとすべきであろう」(29)と解釈し、柴田説は広く支持されている。(30)『本朝世紀』長保元年（九九九）六月十四日条に「今日祇園天神会也」とみえ、御霊会の名で現われないことをもって、今堀氏は自説の傍証に使いたいかも知れないが、この天神会は、長和二年（一〇一三）六月十四日条の「今日祇園御霊会」の記事と比較すると、祭日や風流の点から同じ祭礼であったと思われる。(31)そこで、祇園御霊会の開始を天禄元年はおろか一一世紀以後まで下げる今堀説には従いがたい。

第二に、祇園は当初から「社」とみなされていたと考える筆者には、「寺」とみなされていた時代の祇園天神堂」云々は認めがたい。祇園天神堂とよばれた時代の祭神は「祇園天神」で、祇園社とよばれる時代の祭神は「牛頭天王」であるとの仕切りは、一見すると史料に忠実なようである。しかし、祭神が牛頭天王になったという一二世紀以後にあっても、例えば久安三年（一一四七）の祇園社奉幣使の宣命に「天皇我詔旨止掛畏支祇薗天神乃広前爾恐美恐美毛申賜止波久申、（中略）天神此状遠平久安久聞食天、無為無事爾令有給天」(32)、康永三年（一三四四）の祇園社奉幣使の宣命に「天皇我詔旨止掛畏幾祇園天神乃広前爾恐美恐美毛申給止波久申久、尊神者垂霊跡於洛東礼天、振冥威於海内比給布、（中略）掛畏天神此状遠平久安久聞食天、無事故久納受給弖」(33)とあり、牛頭天王に対して祇園天神と呼びかけている。今堀氏は、祇園天神堂を「仏法との関係で建立された堂」とだけ説明し、祇園天神の神格に関して何ら説明を加えていないが、少なくとも祇園天神と「異国の牛頭天王」とは異種のカミと捉えているのであろう。異種のカミとみた場合、前引の宣命のように牛頭天王に対して祇園天神と称することはありえない。

今堀氏が「「牛頭天皇（王）」が登場する文献上もっとも初期の例」という『本朝世紀』久安四年（一一四八）三月二十九日条は、

未剋、火自三条末河原辺小屋出来、焼失数百烟、延焼祇園宝殿幷三面廻廊舞殿南門、尤足驚歎、寺僧繦奉出御躰、安置南門外云々、依此事、今夜雖可有仗議、諸卿於摂政直廬定申大略事等、昔永祚大風之時、宝殿一

宇顛倒、見局記了、其後延久二年十月十四日、寺家別当安誉雇鍛冶令作釘之間、火出来焼失宝殿幷飲舎屋、
牛頭天皇御足焼損、蛇毒気神焼失了、今度奉出御躰、尤可謂希夷、

とある。この記事のなかで牛頭天王像に言及するのは、延久二年（一〇七〇）の火災に関してである。久安四年三月二十九日、三条河原から出火し、祇園社の宝殿等に延焼した。祇園社の被害状況や修造などを諸卿が議定したさいに、外記に先例を勘ぜしめているので、「其後延久二年十月十四日」から「牛頭天皇御足焼損、蛇毒気神焼失了」までは、その時に提出された勘文を抄記したのではないか。承久二年（一二二〇）四月十四日にも祇園社は焼けたが、『玉蘂』同日条に外記勘例として、

祇園社焼亡例事
延久□（二）年□□（十月）十四日、辛未、戌剋、感神院榊地焼亡、牛頭天王御足焼損、八王子御躰幷蛇毒気神大将軍御躰同焼亡、廿七日、甲戌、差遣左少史紀重倫幷左史丞（生）上村主重邦等、於祇園社、被実検焼亡事、官使検注云、焼亡子細尋問寺家所司之処、申云、御殿未申方在本堂、於彼堂辰巳角、別当安誉居鍛冶工令造釘之間、切林木焼炭積置彼堂之間、去十四日夜戌剋程、件炭中猛火出来、本堂焼亡、及于宝殿、別当安誉幷僧等、（中略）僅随捜待（得）八王子一躰奉取出之程、安誉身焼損、（中略）宝殿幷堂塔、皆悉焼亡之後、上下諸人各汲水銷御所火、奉求御躰之処、被埋大壁五（牛）頭天玉（王）幷婆梨女御躰御座、（中略）但左右御足焼損給、各御長六尺余計歟、八王子三躰所々焼損、同所御座也、御長三尺計、（中略）其残八王子四躰、蛇毒気神、大将軍御躰等皆悉焼失畢云々、

とある。この祇園社焼亡勘例から、延久二年火災の時点において、祇園社で祀られていた神像は、牛頭天王・婆梨女・八王子のほか、蛇毒気神・大将軍などであったことが確認できるのである。なお、同勘例に「（延久三年八月）廿五日、丁丑、寅剋、祇園天神奉遷新造神殿」とあって、祭神の牛頭天王を祇園天神と称している。

さらに牛頭天王を追ってさかのぼるなら、『二十二社註式』所引の承平五年（九三五）官符にたどりつく。承平

五年の時点で観慶寺の神殿五間檜皮葺一宇に天神・婆利女・八王子が祀られている。筆者は前稿で「「天神」とはいかなる神なのであろうか。「天神・婆利女・八王子」の天神となれば、牛頭天王より以外には考えられない」と述べた。ところが、今堀氏はこの承平五年官符に対して何の考察も加えていない。信ずるに堪えない史料であるというのなら、そのことを論証しなければ、研究者としてどうかと思われる。

筆者は、祇園社の創祀から祭神は牛頭天王であって、その牛頭天王を祇園天神と称したと考えている。[34] 観慶寺のなかに神殿を建て、祇園精舎の守護神と言い伝える牛頭天王を疫神として祀り、祇園天神という新奇な――仏教的カミの――名をつけたのであろう。神道史の大家西田長男氏は、

この官符の発せられた承平五年は、祇園社が創立せられた「貞観年中」若しくは「貞観十八年」からは、ほぼ八十年ばかりの長年月を経過している。随って、はたして創立の当初から、かく牛頭天王を祭神として奉祀していたかどうかは疑えば疑い得られなくもなかろう。けれども、祇園社のその後における発展の歴史的経過より帰納して、これを否定するより肯定したほうがはるかに真に近いことはもちろんであろう。

と述べている。[35] 今堀氏に捧げたい言葉である。

七　おわりに

本稿の目的は冒頭でも断わったが、祇園社と牛頭天王に関する私見を補強することにあって、今堀氏の論考に全面的に反駁するものではない。氏の論文は論点が多岐にわたる労作であって、筆者が本稿で批判した点はごくわずかな部分にすぎず、たとえ筆者の意見が大方の支持を得られたとしても、氏の論文に与えられる評価を何ら損なうものでない。

今堀氏が力説される牛頭天王の縁起と蘇民将来の呪符との関係については、もはや紙数を浪費しすぎたので、

別の機会を得て論じたく思う。

（1）『仏教史学研究』三六巻二号。

（2）鬼気祭は『三代実録』貞観九年正月二十六日条に「神祇官陰陽寮言、天下可憂疫癘、由是、令五畿七道諸国、転読仁王般若経、幷脩鬼気祭」とあるのが初出。ただしこの時は大祓を行なっていない。

（3）『吾妻鏡』寛元二年四月二十六日条。

（4）岡田莊司「陰陽道祭祀の成立と展開」（『国学院大学日本文化研究所紀要』五四号）。

（5）『儀式』巻一〇（十二月大儺儀）や『延喜式』巻一六（陰陽道）などによると、陰陽師が読む祭文（呪文）は音読漢文体と和文宣命体とからなる。岡田莊司氏は前掲論文注(23)において、「神祇官宮主の奉斎する諸神を対象に陰陽師の祭文が奏せられていることは、陰陽師と神祇官の卜部から選定される宮主との間に、共通性のあることを窺い知ることができよう」という。しかし、筆者は神祇官宮主の奉斎する諸神および「疫鬼」を対象に陰陽師が読む宣命体の祭文こそが、陰陽道の追儺に神祇祭祀をとりこんだ痕跡であると考えている。

（6）問題は二つあると思う。一つは神前読経の意味、もう一つは神社が「仏法の場」として最適・最高であったという見解である。今堀氏は、神前読経の意味について、「これらの宣旨を読むかぎり、神社の社頭での仏教経典読誦にさいして、祭神に三宝の冥助を応援してもらうといった記載が思いのほか少ない」という。わずか三点の史料からこのように帰納すること自体あまり好ましくないが、「祭神に三宝の冥助を応援してもらう」云々は、ⓑ官宣旨の「右去冬以来、疫疾滋起、夭死之者、多有其聞、仍種々祈禱、一一勤修、三宝之冥助難及、一天之病患未除矣」を指しているようであるが、ここは「去冬以来、疫疾ますます起こり、夭死する者が多いと聞く。そこで種々に祈禱し、一々に勤修すれども、三宝の冥助も及び難く、天下の病患は未だ除かれない」と訳すべきである。三宝（ホトケ）の冥助も及び難いので、諸社の神祇（カミ）の力を仰ぐという趣旨である。ⓒ官宣旨には「転災禍者無先仏法、生福祚亦在崇神明、（中略）故占霊社之砌、敬講護国之教、冥助之不疑、感応豈其虚哉」という。ここの「冥助」は神明の冥助であって、護国の経典を講ずる（仏法を神明に手向ける）ことで神明が感応し、疾疫を退散させてくれることを祈禱したのである。神前読経や神分得度の意図は、仏教的善業を施すことで神の威力を増加させることにあった（拙稿「平安初期の神仏関係」、菊地康明編『律令制祭祀論考』所収→**本書第五部第三章**）。したがって神前読経が「祭神に三宝の冥助を応援してもらう」ことを意図したとは到底考えられない。

つぎに「神社が『仏法の場』として最適であった」「明治維新の神仏分離まで、神社がなにゆえに最高の仏法の場でありつづけたのであろうか」の文章に接すると、筆者は直ちに、それでは寺院は仏法の場として神社よりも劣るのであろうか、顕密諸宗の諸大寺におけるさまざまの仏事法要は一体何の価値をもつのか、と反問したくなる。本地垂迹思想が普及する中世の神祇信仰史において、神社が仏法の場として最適・最高であったことが周知の事実なのか、あるいは今堀氏が他の論文等で論証ずみなのかは、筆者の不明にして知らないところであるが、少なくとも平安中期において神社が仏法の場として最適・最高であったと断定できない。さらに「末法の時代に神社が「仏法の場」として活性化する」という文章にいたってはよほどの注記が必要で、平安中期以前における神社の役割や神祇信仰の実体を踏まえずして、軽々に論ずべきないと思われる。

(7)『群書解題』第六(神祇部)。
(8) 久保田収「祇園社の創祀」(同『八坂神社の研究』所収)。
(9) 福山敏男「八坂神社本殿の形式」(同『日本建築史の研究』所収)。
(10)『国史大辞典』1。
(11)『平安遺文』第四一四五号文書。
(12)『八坂神社記録』二(『増補続史料大成』44)。
(13) 寛平五年閏五月十八日の臨時仁王会の呪願文は菅原道真の草するところで、『菅家文草』第一二(呪願文)に「去歳有疫、往々言上、今年痛甚、家々病死、城外城中、累旬累月」とあって、前年の寛平四年から流行していたことがわかる。この後、『日本紀略』昌泰元年三月二十八日条に「為消疫癘、於十五大寺、限三箇日、転読金剛般若経一万巻、天下潔斎」、四月十三日条に「為消京中外国疫癘、遣使於八社奉幣」、『扶桑略記』同年六月二十六日条に「為銷疫癘、有臨時仁王会」とみえ、疫癘流行の記事は頻出する。
(14)『類聚符宣抄』第三(疾疫)所収寛仁元年五月二十五日官宣旨。

(15)　検索漏れもあろうが、左記の二三例で大体の傾向はうかがえると思う。

①昌泰元・5・1「又召官寮御卜不雨由、又為祈甘雨、於七社、以名僧令読金剛般若経」(『扶桑略記』)

5・4「是日因畢(旱)、使僧綱智行僧等大名神社、令読金剛般若経」(『祈雨記』)

5・17「左大将藤原朝臣奏、依不雨、令僧綱等於八幡賀茂上下稲荷松尾春日住吉等名神、所為読経巻数、又依不雨、興福寺読経巻数等」(同)

②延喜2・6・17「祈雨山陵使、同日、五龍祭、同於十社読経、又於十五大寺延暦寺読経」(『日本紀略』)

③延喜6・5・27「左大臣以下就陣、於十社可転読仁王経之由被定、為祈時気年穀也」(『扶桑略記』)

④延喜9・5・10「諸卿就陣為祈疾疫、於諸寺諸社、限三日、可読仁王経之由給宣旨、定十二所」(『扶桑略記』)

⑤延喜12・5・5「節会、名社幷十五大寺、読仁王経、祈疾疫事」(『日本紀略』)

⑥延喜15・4・12「三箇日、於十一社、令読仁王経、祈諸国京師疫」(『扶桑略記』)

9・25「定諸社諸寺仁王経読経事、三箇日、為祈京中諸国疱瘡赤痢病也」(同)

⑦延喜19・6・14「被定始自今月十七日至十九日三箇日間、為祈雨、諸社十一社可修読経之由」(『扶桑略記』)

⑧延喜22・5・29「依京中病死、於十一社、請僧十口、自今日三箇日、可読仁王経之由被定」(『扶桑略記』)

⑨延長3・6・13「又被定諸社御読経事、依祈雨也」(『扶桑略記』)

⑩承平元・6・4「京辺七社遣名僧、始自今日三箇日、読経奉拝、令祈御息災、虹立承明門下」(『貞信公記抄』)

⑪天慶元・7・3「今日於諸寺諸社、被下可奉読仁王経一万部宣旨、是依地震未休也去一二日記破失了

元慶寺十口　仁和寺十口　醍醐寺十口

法性寺十口　勧修寺七(十)口　海印寺十口

神護寺十口　極楽寺十口　禅林寺十口

安祥寺十口　常住寺十口　石清水十口

賀茂上社十口使志金可率九口　同下社十口使敬一可率九口　平野社十口使泰舜可率九口

松尾社十口使明達可率九口　稲荷社十口使貞誉可率九口　大原野社十口使温教可率九口

広隆寺十口　感神院十口使惟然可率九口　大屋寺十口使常照可率九口

右坤元乖例、震動未休、求之旧記、訪之卜筮、絳闕之下、変異難量、丹墀之間、咎徴可慎、夫以仁王般若者、護国之防禦、済世之神符也、紫微宮中、青瑣門外、縦有妖蘖、宜消繊液於朝旭之前、縦有禍胎、須払遊氛於暁嵐之後、中納言藤原朝臣実頼宣、奉勅、宜仰綱所、令件寺社、殊請堅固修練智行兼備者、今月八日自巳二点、専竭精誠、転件経者、綱所承知、依宣行之、仍須熟仰寺社、心身不退令僧一口読経五部義也、依彼仁王之妙力、将増聖徳之遐算、事縁綸旨、不得疎略」(『本朝世紀』)、「夜半地震、地振度々、左大弁来云、可令読仁王経一万部事也」(『貞信公記抄』)

7・8「十五大寺延暦寺并京辺諸社諸寺、令読仁王経、為御息災令止地震也」(同)

⑫天慶2・5・19「諸卿参陣、被定行自来廿五日三箇日間、於十五大寺并諸社、可被修仁王経御読経之由、是依坂東兵賊事也」(『本朝世紀』)

7・2「依祈雨、自来五日三箇日、於諸社、僧綱等率十口僧、可読般若経之由被定、供養料等、下知本国石、賀上下、松、平、原、稲、春、大神、住吉、比叡等也、」(同)

⑬天慶3・1・21「高名十余社、□綱十禅師為使頭、各率十口僧、令読仁王経」(『貞信公記抄』)

⑭天慶5・5・7「被定行為祈雨於諸社可有御読経事、

石清水律師寛晴　賀茂上権律師貞誉　賀茂下権律師明珍　松尾権律師仁斅　平野権律師仁揚　大原野権律師空晴　稲荷禅喜　春日少僧都平

源　住吉権律師昌禅　大神律師基高　比叡敬一

以上、各可率十口僧、但別口供料白米一斗、菜料黒米一斗、以各当国正税可給之由、弁官下宣旨」(『本朝世紀』)

⑮天慶6・5・「石清水・賀茂上下・松尾・平野・稲荷・春日・大原野・住吉・大神・比叡十一社、有御読経、僧綱為使、各可率十口僧、為使充此料、召近江丹波年料米、若当年料尽者、可進明年料云々……又五龍祭」(『北山抄』第六、祈雨例)

⑯天暦元・6・29「自今日、於南殿并十五大寺諸社、修臨時仁王経御読経穢中」(『日本紀略』)

⑰天暦2・6・2「於七社、自今日限三箇日、令転読仁王経、祈雨也」(『日本紀略』)

6・3「定十一社并龍穴神等、遣僧綱以下、又七大寺僧集東大寺大仏殿、可祈雨之由」(同)

⑱天暦3・6・17「被定於諸社并十五大寺可転読仁王経事、為祈年穀消疫病也」(『日本紀略』)

⑲天暦3・　「諸社及西寺御霊堂御読経」(『北山抄』第六、祈雨例)

⑳天暦8・4・25「於七大寺東西寺延暦寺幷諸社転経祈雨」（『祈雨日記』）
㉑天徳元・6・3「定於十四社験所読仁王経事、毎社僧綱一口、率十口僧、是依今年当三合年水旱疾疫之災不絶」（『日本紀略』）
㉒天徳2・5・17
左弁官下　綱所
　応分頭詣寺社転読仁王般若経事
　石清水　権少僧都　僧十口
　賀茂上　律師　僧十口
　賀茂下　律師　僧十口
　松尾　律師　僧十口
　平野　権律師　僧十口
　大原野　律師　僧十口
　稲荷　権少僧都　僧十口
　春日　権少僧都　僧十口
　大和　律師　僧十口
　住吉　権律師　僧十口
　比叡　僧正　僧十口
　西寺御霊堂　権律師　僧十口
　上出雲御霊堂　僧　僧十口
　祇薗天神堂　僧　僧十口
右廼者疾疫多発、死殤遍聞、雖修般若之斎会、未有病悩之消除、右大臣宣、奉勅、宣仰綱所、命件僧等、各率浄行僧十口、詣彼寺社、始従今月二十四日辰二点、三箇日間、専竭精誠、転読件経、除愈黎元之病痾、兼祈年穀之豊稔、其料物、石清水・賀茂上下・松尾・平野・大原野・稲荷等社、西寺御霊堂・上出雲等御霊堂・祇薗天神堂料請山城国、

春日・大和両社料請大和国、住吉社料請摂津国、比叡社請近江国者、綱所承知、依宣行之、事在攘災、不得疎略、

天徳二年五月十七日　　　　　　　　　　大史竹田宿禰

右大弁源朝臣　　　　　　　　　　　　　　　　　　（『類聚符宣抄』第三、疾疫）

(16) 並木和子「平安時代の祈雨奉幣」（二十二社研究会編『平安時代の神社と祭祀』所収）。

(17)「十六社」に伊勢神宮を入れる場合は賀茂上・同下社を一社に数え、入れない場合は二社に数えたようである。並木氏は前掲論文において「六国史段階では、賀茂下・上は二社として数えている例が多いが、それ以降の史料では下・上で一社とすることが通例である」という。しかし、「賀(茂)上下」と書かれておれば二社に、「賀(茂)」と書かれておれば一社に数えるのが、史料に則した解釈であろう。

(18) 大屋寺のことをよく調べていないので、今は考察の対象から除外する。

(19)「大和」は「大神」の誤りである可能性が高い。

(20) 例えば、⑲に「諸社及西寺御霊堂」とあるが、⑳に「七大寺東西寺延暦寺幷諸社」とあって、西寺と西寺御霊堂は使い分けている。『日本紀略』康保三年（九六六）七月七日条に「又自来十日三箇日、於諸寺有読経、七大寺延暦寺東西寺御霊堂上出雲寺祇園等也、依天下疾疫也」とある「東西寺御霊堂」は、「東寺・西寺御霊堂」の意味に解するか、もしくは記事に混乱があるとみて、「東西寺・上出雲寺御霊堂・祇園等」と読むかである。

(21)『山城名勝志』（第二上）「八所御霊」の注記に「或云、上御霊ハ上出雲寺ノ御霊堂也、下御霊ハ下出雲寺ノ御霊堂也」とある。「御霊堂」から独立した神社に発展するケースも想定できる。

(22) 柴田實「御霊信仰と天神」（同『日本庶民信仰史・神道篇』所収）

(23) 酒向伸行「疫神信仰の成立――八、九世紀における霊的世界観――」（鳥越憲三郎博士古稀記念会編『村構造と他界観』所収）を参照。

(24) 笹生衛「奈良・平安時代における疫神観の諸相――杯（椀）・皿形人面墨書土器とその祭祀――」（二十二社研究会編『平安時代の神社と祭祀』所収）。

(25) 三宅和朗「『延喜式』祝詞の成立について」（『日本歴史』四五四号）。

(26)『延喜式』巻一六（陰陽寮）

(27) 大儺は弘仁十二年（八二一）撰上の『内裏式』に恒例の祭儀としてみえ、『儀式』に祭文を収める。神祇官宮主の奉斎する諸神の平穏を祈るところに神祇信仰と習合の痕跡がうかがわれ、宣命体祭文は九世紀前半には成立していたと考えられる。

(28) 柴田實「祇園御霊会――その成立と意義――」（同『日本庶民信仰史・神道篇』所収）参照。

(29) 同右。

(30) 例えば、林屋辰三郎『京都』、京都市『京都の歴史』1（平安の新京）。

(31) 久保田収「祇園御霊会の成立」（同『八坂神社の研究』所収）。

(32) 『本朝世紀』久安三年七月二十七日条。

(33) 『園太暦』康永三年閏二月二十一日条。

(34) 祇園社の名は祇園天神（牛頭天王）に由来する。久保田収氏は、前掲注(8)論文において、藤原基経がその邸宅を移築して観慶寺に寄進したことから、須達長者が釈迦に祇園精舎を与えた故事にならって、観慶寺を祇園寺と呼び、そのなかに垂迹した天神の祠を祇園社と称するようになったという。しかし、もしそうした由来があるのなら、祇陀林寺の例にならって、祇園社の縁起類に特記される違いない。

(35) 西田長男「祇園牛頭天王縁起の成立」（同『神社の歴史的研究』所収）。

［追記］

今堀太逸氏は著書『本地垂迹信仰と念仏――日本庶民仏教史の研究――』（法藏館、一九九九年）の第三章に「牛頭天王と蘇民将来の子孫」を収録するにあたり、本稿での指摘を受けて部分的に補訂している。しかし自説に拘泥してか、私見への反論にはなりえず、納得し難い箇所がある。以下に摘記しておこう。

まず朝廷の疫病対策の事例として、今堀氏は拙稿と同じく延喜十五年（九一五）と天暦元年（九四七）の場合をとりあげた理由について、「歴史書における疫病流行の叙述パターンについて少し考えてみたいためでもある」

という。それならば『類聚符宣抄』（第三）の疱瘡「発年々」にあげる、延喜十五年・天暦元年より以外の天延二年（九七四）や正暦四年（九九三）の場合をとりあげてもよかったはずある。『日本紀略』には簡略ながらもこの両年の「皰瘡」対策の叙述パターンたりうる記事を備えているからである。ここは正直に「中井氏に倣って延喜十五年と天暦元年の両年を取り上げるが、詳細に検討しよう」とでも書くのが、先行研究をやたらと注記したがる氏のとるべき公正な態度であろう。

つぎに『類聚符宣抄』のⓒ長元三年（一〇三〇）三月二十三日官宣旨に関連して、本稿注(6)で今堀氏の神前読経の理解のほどを論難した点を踏まえ、

ⓒの宣旨には、「故占霊社之砌、敬講護国之教、冥助之不疑、感応豈其虚哉」と祭神に『仁王般若経』読誦による冥助を期待する文句が入れられている。これは『仁王般若経』、すなわち仏法の利益が最大限発揮されますようにとの願いのためである。すなわち、このことにより神社が『仁王般若経』（般若経典）読誦の場としては最高の場（「仏法の場」）と意識されているということができる。

と書き改めている。再説することになるが、官宣旨にいう「冥助」とは神明の冥助であり、護国経典を講ずることで神明が「感応」し、疾疫を攘除してくれることを祈禱したのである。『仁王般若経』（仏法）の利益が最大限発揮されることを祈願したというのは、史料に忠実な解釈ではない。「すなわち、このこと」以下の所説が成り立たないのは言うを俟たないであろう。

今堀氏は著書において、第四節「蘇民将来の呪符の成立」のうち、旧稿「①祇園社の祭神について」を、第一項「祇園の天神堂」と第二項「天神と御霊会」に分けて改稿している。「祇園」は寺か社かの判別において、第三節ではⓐ天徳二年（九五八）官宣旨によって「天神堂」を「祇園（寺）という寺の境内に建立」とし、ⓑ治安元年（一〇二一）官宣旨によって「祇園天神堂」は「社」、「祇園」は「祇園社」のことだとする。第四節第一項で

も、『本朝世紀』天慶元年（九三八）七月三日条の諸社読経にみえる「感神院」を「寺」とし、天慶五年（九四二）六月二十一日条の「感神院」を「祇園寺の境内にあった社」と解している。要するところ、「「祇園」が神社として登場するのが（中略）治安元年（一〇二一）以前、十世紀後半以後のこと」になるとみている。こうした「寺」か「社」かの判別の無意味さは、「仏堂と社壇が混在する〈宮寺〉という特異な形態」に注目した私見に対するまともな批判を加えることなく、嘱目した史料によって異なる表記の違いに拘泥しすぎた戯論である。

牛頭天王の創祀について、今堀氏は「『本朝世紀』久安四年（一一四八）三月二十九日条が、「祇園天神」を「牛頭天皇」とする文献上もっとも初期の例」という。しかし、その直前に『扶桑略記』延久二年（一〇七〇）十月十四日条の感神院焼亡記事のうち「天神御躰奉取出之」、十一月十八日条の「以官使検録感神院八王子四躰、幷蛇毒気神大将軍御躰焼失実否」を引いているではないか。本稿で指摘した『本朝世紀』久安四年条および『玉蘂』承久二年（一二二〇）四月十四日条に引く外記勘例と照合すれば、この「天神御躰」とは牛頭天王像であったことは明らかある。したがって文献操作上、「祇園天神」を「牛頭天王」とするのは、延久二年までさかのぼるである。井上一稔氏は「平安時代の牛頭天王」（『日本宗教文化研究』一五巻一号、二〇一一年）において、「中井氏の説明は明快で、延久二年に牛頭天王という名称が使われていることは疑いえないものであろう」と今堀説を否定し、さらに『二十二社註式』の承平五年（九三五）太政官符は信用できると実証している。

■初出一覧■

（注：本書収録にあたって一部表題をかえたものがある）

第一部　法然上人絵伝の系譜

第一章　「法然伝」研究二題
日本の名僧第七巻『念仏の聖者　法然』（吉川弘文館・二〇〇四年十月）

第二章　法然上人絵伝の成立
『佛教論叢』第五十五号（浄土宗教学院・二〇一一年三月）

第二部　法然上人絵伝の個別的研究

第一章　『伝法絵』の善導寺本と国華本
『佛教大学アジア宗教文化情報研究所紀要』第二号（佛教大学アジア宗教文化情報研究所・二〇〇六年三月）

第二章　『伝法絵』（『本朝祖師伝記絵詞』）の作者と成立
『善導寺蔵『本朝祖師伝記絵詞』本文と研究』（佛教大学アジア宗教文化情報研究所・二〇〇七年三月）

第三章　『法然上人伝絵詞』（琳阿本）について
『妙定院蔵『法然上人伝絵詞』本文と研究』（佛教大学アジア宗教文化情報研究所・二〇〇八年三月）

第四章　『法然聖人絵』（弘願本）について
『佛教大学宗教文化ミュージアム研究紀要』第七号（佛教大学宗教文化ミュージアム・二〇一一年三月）

第五章　『拾遺古徳伝絵』について
『常福寺蔵『拾遺古徳伝絵』本文と研究』（佛教大学宗教文化ミュージアム・二〇〇九年八月）

第六章　『法然上人行状絵図』成立私考――『九巻伝』取り込み説批判――
佐藤成順博士古稀記念論文集『東洋の歴史と文化』（山喜房佛書林・二〇〇四年四月）

第三部　『法然上人行状絵図』をめぐる諸問題

第一章　法然諸伝にみえる遊女教化譚――『行状絵図』と『九巻伝』の前後関係――
宮林昭彦教授古稀記念会編『仏教思想の受容と展開』（山喜房佛書林・二〇〇四年二月）

第二章　『法然上人行状絵図』と『法然上人伝記』（九巻伝）
髙橋弘次先生古稀記念論集『浄土学佛教学論叢』（山喜房佛書林・二〇〇四年十一月）

第三章　『法然上人行状絵図』所収の太政官符　宇高良哲先生古稀記念論文集『歴史と仏教』（文化書院・二〇一二年十一月）

第四章　『法然上人行状絵図』の書誌
中井真孝校訂『新訂　法然上人絵伝』解題（佛教大学宗教文化ミュージアム・二〇一二年三月）

第五章　『法然上人伝記』（九巻伝）の成立について
『佛教大学宗教文化ミュージアム研究紀要』第六号（佛教大学宗教文化ミュージアム・二〇一〇年三月）

第四部　百万遍念仏考

第一章　念仏結社の展開と百万遍念仏――専修念仏の前史――　薗田香融編『日本仏教の史的展開』（塙書房・一九九一年十月）

第二章　藤原頼長の百万遍念仏　水谷幸正先生古稀記念論集『佛教福祉・佛教教化研究』（思文閣出版・一九九八年十二月）

第五部　古代仏教の諸相

第一章　僧尼令の法的起源――特に任僧綱条を中心にして――
新野直吉・諸戸立雄両教授退官記念歴史論集『中国史と西洋世界の展開』（みしま書房・一九九一年二月）

第二章　甲賀宮・甲賀寺と近江国分寺
伊藤唯真編『日本仏教の形成と展開』（法藏館・二〇〇二年十月）

第三章　平安初期の神仏関係――特に護法善神思想と神前読経・神分得度について――
菊地康明編『律令制祭祀論考』（塙書房・一九九一年二月）

第四章　祇園社の創祀と牛頭天王――今堀太逸氏の所論に寄せて――
『鷹陵史学』第十九号（佛教大学鷹陵史学会・一九九四年三月）

あとがき

　ここに筆者にとって第三冊目の論文集を上梓することになった。『日本古代仏教制度史の研究』（法藏館、平成三年）、『法然伝と浄土宗史の研究』（思文閣出版、平成六年）の公刊から二〇年前後の歳月が経過しており、研究成果の貧しさを示していると思えば、内心忸怩たるものがある。言い訳がましいことを許していただければ、佛教大学で役職に就いて、研究よりも大学運営の業務に時間を割かれたことによろう。

　佛教大学の学長時代に、大学改革の一環として、全教員の前で「Publish or Perish」（研究を公表しなさい。さもなければ大学を去りなさい）と発言したことがある。教員の業績を勧奨するために、大学改革に関する何かの本の受け売りでいったのだが、文系大学の教員は研究成果を公刊することが責務であると考えていたので、この言葉は自分自身に対する誡めでもあった。

　学長在任中に、文部科学省のオープン・リサーチ・センター整備事業に採択されて設立した佛教大学アジア宗教文化情報研究所（のちに佛教大学宗教文化ミュージアムと改称）で、大型研究プロジェクト「アジアにおける宗教文化の総合研究と研究成果の情報化による高度利用」を推進するために、みずから「法然上人絵伝の基礎的研究」という研究班を立ち上げたことは、筆者にとって忘れがたいできごとであった。その時までほそぼそと進めていた法然伝研究を一気に加速させる契機となったからである。法然上人絵伝の調査や影印本の刊行と並んで、研究所（ミュージアム）から『法然絵伝を読む』（平成十七年）、『新訂　法然上人絵伝』（平成二十四年）を公刊したのも、先の言葉を実践したものと自負している。

さて、浄土宗総本山知恩院に蔵する国宝の『法然上人行状絵図』を『法然上人絵伝』と呼ぶことがある。詞書と絵図が交互に展開する絵巻物の様式で制作された法然上人の伝記を、一般に「法然上人絵伝」または「法然絵伝」と総称するのが学術用語として正しいと思う。『法然上人行状絵図』をたんに『法然上人絵伝』と称するのは、「法然上人絵伝」のなかで最も浩瀚であり、最も優れた美術品であるために、それらの代表格として世に知られているからである。本書において「法然上人絵伝」または「法然絵伝」という時は、特定の絵巻物を指すのではなく、それらを総括して普通名詞的に使用している。

法然上人絵伝のなかで、特定のものを呼称する場合、絵伝の題名でいうか、別名・略称でいうか、じつにさまざまである。現在に通用している別名・略称を紹介すると、巻数でいえば『四十八巻伝』(法然上人行状絵図)『十巻伝』(法然上人伝)『九巻伝』(法然上人伝記)『四巻伝』(本朝祖師伝記絵詞)、所蔵者またはもとの所有者でいえば『善導寺本』(本朝祖師伝記絵詞)『増上寺本』(法然上人伝)『国華本』(法然上人伝法絵流通)『高田本』(法然上人伝法絵)『琳阿本』(法然上人伝絵詞)『弘願本』(法然聖人絵)、編纂事情でいえば『勅修御伝』略して『勅伝』(法然上人行状絵図)などである。絵伝ではないが法然伝の祖形と評価される『醍醐本』(法然上人伝記)もある。

また『善導寺本』の原題は『伝法絵流通』であり、『国華本』の『法然上人伝法絵流通』、『高田本』の『法然上人伝法絵』と、題名において「伝法絵」が共通するところから、絵伝の系譜的関係がうかがわれる。これらの三本および詞書や絵図の継受が指摘できる『琳阿本』『拾遺古徳伝絵』までを、「伝法絵」系の絵伝と総括して、それらの発展継承を跡づけることが可能である。

本書に収録した各論文において、これらの法然上人絵伝を呼称するに当たり、固定して用いているわけではない。執筆したさいの学的態度によって、例えば宗派の人を対象にした文章ならば、宗派内で最もよく用いられている呼び方で、学術的な立場をとった論文であれば、できるかぎり一般に知られた呼称でというように、それぞれ異なるのである。また宗祖に対しても同様である。宗派に属している者にとって「法然上人」と敬称を付して呼ぶのが当然であるが、学術論文には「上人」を付けずに「法然」と称するのが普通であろう。本書に収録した論文間でこうした不統一があるが、それはそれとして諒解せられたい。

さらに既往の論文を一書に編む場合、論旨の重複を避け、引用史料を制限し、注記の形式を整えるべきあるが、本書では論文発表時のままで、統一していない。古稀の年齢に達した筆者に、そうした統一をとらせる根気がなくなったためである。これまた寛恕を願う次第である。

本書の構成について一言いうと、第一部の第二章「法然上人絵伝の成立」は、法然絵伝の成立過程を鳥瞰した、いわば総論にあたる。宗派の学会における基調講演の筆記録なので、文体は他と異なっているが、法然絵伝を概括したものとして、あえて本書に収めた。

最後になったが、本書の出版にさいして、佛教大学附属図書館事務部長の松島吉和氏には構成・校正その他の雑務一切を処理していただいた。また思文閣出版編集長の林秀樹氏には、出版に関するさまざまな作業に適切なアドバイスをいただいた。ともにその名を記して感謝の念をあらわしたく思う。

なお、本書の刊行には平成二十五年度佛教大学の出版助成を受けた。ここに記して御礼申し上げる。

平成二十五年八月十五日　盂蘭盆会を終えて

著者しるす

索　　引

【人　名】

し

【寺　社】

ら・り・れ・ろ

わ

【事　項】

あ

い

う

え

た

ち

つ

て

と

な

に

ね

の

は

ひ

ふ

へ

ほ

ま

み

【絵　伝】

け

こ

さ

し

せ

み

む

も

よ

り

⦿著者略歴⦿

中井　真孝（なかい　しんこう）

1943年　滋賀県生
1972年　大阪大学大学院文学研究科博士課程（国史学専攻）修了
1985年　佛教大学文学部教授
1991年　文学博士（佛教大学）
1999年　佛教大学学長
2012年　学校法人佛教教育学園理事長
著書：『日本古代の仏教と民衆』（評論社）『日本古代仏教制度史の研究』（法藏館）『行基と古代仏教』（永田文昌堂）『朝鮮と日本の古代仏教』（東方出版）『法然伝と浄土宗史の研究』（思文閣出版）『日本の名僧⑦ 念仏の聖者法然』（編，吉川弘文館）『法然絵伝を読む』（思文閣出版）『法然上人絵伝集成』1～3（監修，浄土宗）『絵伝にみる法然上人の生涯』（法藏館）『新訂　法然上人絵伝』（思文閣出版）

法然《ほうねん》上人《しようにん》絵伝《えでん》の研究《けんきゅう》

2013（平成25）年９月30日発行

定価：本体9,500円（税別）

著　者　中井真孝
発行者　田中　大
発行所　株式会社　思文閣出版
〒605-0089 京都市東山区元町355
電話 075-751-1781（代表）

印　刷
製　本　株式会社 図書印刷 同朋舎

© S. Nakai ISBN978-4-7842-1694-9　C3021

◎既刊図書案内◎

中井真孝校注

新訂 法然上人絵伝

法然上人の伝記中、最も浩瀚であり先行する諸伝を集大成した『法然上人行状絵図』（浄土宗総本山知恩院蔵・国宝）の詞書を、著者の長年にわたる法然伝研究の成果をもとに、新たに校訂を施した本文と、簡潔な語注によって提供する平成版定本。法然上人の生涯を原文で味わえる一冊。

ISBN978-4-7842-1654-3　▶Ａ５判・486頁／定価2,940円

中井真孝著

法然伝と
浄土宗史の研究
思文閣史学叢書

都市的な顔と田舎的な体を具有する浄土宗の性格が形成された過程を解明する待望の論集。
【内容】第１篇　法然上人伝の研究／第２篇　中世浄土宗寺院の研究／第３篇　近世本末関係の研究／付篇

ISBN4-7842-0861-5　▶Ａ５判・426頁／定価9,240円

平祐史著

法然伝承と
民間寺院の研究

近世社会において、民間の浄土宗寺院はどのような変化をとげてきたのか。日本各地の民間寺院に伝わる開創・宗祖伝承や地名、史料等の考察を通じて、浄土宗教義の変容や民俗信仰との関わりあいを明らかにし、歴史民俗と浄土教学史という双方の立場から、民間寺院における近世化の実態に迫る。

ISBN978-4-7842-1534-8　▶Ａ５判・444頁／定価9,450円

今堀太逸著

権者の化現
天神・空也・法然
佛教大学鷹陵文化叢書

３部構成で仏・菩薩が衆生を救うためにこの世に現れた仮の姿について明かす。
【内容】「天神」—日本国の災害と道真の霊／「空也」—六波羅蜜寺の信仰と空也／「法然」—浄土宗の布教と法然

ISBN4-7842-1321-X　▶四六判・312頁／定価2,415円

水谷幸正著

仏教思想と浄土教

学・行・信の課題に応えて研鑽を積まれた著者永年の業績を集成
【内容】第１篇　仏教思想研究／第２篇　如来蔵思想と浄土教研究／第３篇　浄土教思想研究／第４篇　導空二祖の浄土教研究

ISBN4-7842-0989-1　▶Ａ５判・728頁／定価12,600円

浄土宗 大本山くろ谷
金戒光明寺 発行

大本山くろ谷
金戒光明寺 宝物総覧

当山には、応仁の乱を含め四回の焼失にもかかわらず復興されてきた七堂伽藍をはじめ、仏像・仏画・仏典・古文書など、多くの文化財が蔵され、公刊が望まれていた。約570点の宝物全点をＦＭスクリーン高精細印刷による、オールカラーの大型図版で後世に残す。

ISBN978-4-7842-1564-5　▶Ａ４判変型・516頁／定価29,400円

思文閣出版　（表示価格は税５％込）